80년간의 부동산일주 로드맵

0세

+15점

부모님의 청약가점 가산

3세

+5점

동생이 태어나
부모님의 청약가점 가산

14세

만 14세부터 청약통장
가입 기간 인정

40세

살던 집 세주고
학세권으로 이사

35세

청약 당첨으로
내 집 마련 성공

33세

신생아 특공
아이템 획득

47세

조합원입주권 양수

50세

다가구주택 매입해
용도 변경 후 매도

55세

나도 이제
갓물주!

꼬마빌딩 매입

19세

청약통장을 청년우대형
주택청약종합저축으로
갈아타기

20세

자취방 마련으로
생애 첫 월세 계약
(무주택기간 시작)

22세

이래 봬도
건물주!
알바비로 리츠 투자 시작

32세

신혼부부 특공
아이템 획득

29세

청약통장 가입기간
17점 만점 달성

27세

전세자금대출로
원룸 탈출!

70세

절세의 황금비를 찾아
증여

72세

주택연금(역모기지)
평균 가입 연령

80세

나
가거든
......
상속 준비

80 YEARS
WITH
REAL ESTATE

80년간의 부동산일주

초판 1쇄 발행 | 2024년 1월 10일
초판 2쇄 발행 | 2024년 5월 9일

지은이 | 남혁진, 박은우
펴낸이 | 이원범
기획 · 편집 | 김은숙
마케팅 | 안오영
표지 · 본문 디자인 | 강선욱

펴낸곳 | 어바웃어북 about a book
출판등록 | 2010년 12월 24일 제2010-000377호
주소 | 서울시 강서구 마곡중앙로 161-8(마곡동, 두산더랜드파크) C동 1002호
전화 | (편집팀) 070-4232-6071 (영업팀) 070-4233-6070
팩스 | 02-335-6078

ISBN | 979-11-92229-33-1   03320

80 YEARS WITH REAL ESTATE

투자 백년지계를 세울 첫 공부

80년간의 부동산일주

남혁진·박은우 지음

어바웃어북

부동산 투자 성공 비결은 수백 가지, 그러나 실패 이유는 단 한 가지

62.2%. 2017년 5월 이후 5년간 서울 집값 상승률이다(KB부동산 조사). 근래 우리는 실로 엄청난 부동산 상승장을 목도했다. 특히 부동산 투자에서 후발주자인 젊은 세대는 다시는 오지 않을 기회를 놓치고 있는 건 아닌지 불안할 수밖에 없었다. 이에 무리해서라도 대출을 받아 부동산을 매수하는 '영끌족'이 잇따라 출현했다. 2023년 2분기 20대의 주택담보대출 연체율은 전 세대 중 최고치인 0.44%를 기록하며 역대 최고치를 경신했다. 그리고 30대와 40대의 연체율 역시 2배에 달하는 수준으로 폭등했다. 어찌 보면 당연한 결괴다. 그러니 영끌족이 아니면 '벼락거지'가 된다고 느껴질 수밖에 없는 상황에서, 달리 선택지가 있는 것도 아니었다.

벼락거지는 부동산 시장의 잔인함을 명확하게 보여주는 용어이기도 하다. 우리 모두 좋든 싫든 이미 부동산 시장의 참여자다. 부동산은 인간의 삶에서 필수불가결하기에 모두가 어떤 방식으로든 부동산을 '소비'한다. 즉, 부동산을 매수하지 않고 있는 것조차 하나의 선택이다. 그러니 꼭 적극적으로 투자하고 있지 않더라도 시장의 영향력은 우리 모두에게 미친다. 우리는 전세사기를 통해 부동산 시장의 참여자라는 인식조차 없던 사람들의 삶이 얼마나 처참하게 파괴되는지 목격했다.

우리나라에서 부동산 투자가 최고의 재테크 수단 중 하나인 것도 사실이다. 부동산만큼 변동성이 덜하면서도, 일정 규모 이상의 자산을 수익률 저하 없이 운용할 수 있을 뿐 아니라 실물로서의 가치도 건재한 투자 수단은 드물다. 대한민국에서 부동산은 교양의 지평을 넓히는 차원에서 접근하는 선택적 영역이 아니라, 살아가기 위해 필수로 공부해야 하는 영역이다.

그럼 부동산은 대체 어떻게 공부해야 할까? 이렇게만 하면 큰돈을 벌 수 있다고 말하는 부동산 콘텐츠는 서점, 커뮤니티, 유튜브, 온·오프라인 강의 어디에서나 쉽게 만날 수 있다. 콘텐츠를 하나씩 살피다 보면 마치 식당에서 10페이지쯤 되는 메뉴판을 들여다보는 기분이 든다. 처음 식당을 방문한 손님 입장에서는 고역일 수밖에 없다.

더 큰 문제는 정보 대부분이 너무 '파편화'되어 있다는 것이다. 청약, 갭투자, 경매, 건물 투자, 현금 흐름 세팅법 등 특정 주제를 다루는 콘텐츠는 그야말로 넘쳐난다. 물론 이런 정보는 부동산 시장이 어떻게 움직이는지 제대로 꿰고 있는 사람들에게는 큰 도움이 될 수 있다. 그러나 부동산 시장에 이제 막 발을 들인 사람들에게도 마찬가지일까? 우리는 아니라고 확신한다. 이는 부동산 시장에 관한 지식의 '체계성' 때문이다. 즉 부동산에 대한 지식들은 서로 유기적으로 연결되어 있기 때문에 전제되는 지식에 대한 이해 없이 딱 한 부분만을 정확히 알기 어렵다.

갭투자를 예로 들어보자. 갭투자는 주택을 매수함과 동시에 그 주택에 전세를 내주고 받은 전세보증금으로 매수자금 중 일부를 충당하는 투자법이다. 갭투자를 하려면 기본적으로 '레버리지(leverage)'의 효과, 즉 투자를 위해 타인자본을 끌어들일 때의 장단점을 알아야 한다. 다른 한편으로 전세계약을 맺기 위해서는 당연히 전세로 들어온 사람에게 무엇을 해줘야 하고, 무엇을 받아내야 하는지 알아야 할 것이다. 따라서 임대차에서 임차인의 권리와 의무 또한 이해할 필요가 있다. 나아가 근본적으로는 집주인이 된 입장에서 전세와 월세 중 어떤 방식이 자신에게 유리한지 분석할 수 있어야 한다.

부동산 경매는 어떨까? 경매란 간단히 말해 채무자가 빚을 갚지 못하고 있을 때 돈을 받아내기 위해 채무자가 소유한 물건을 팔아치우는 과정이다. 경매 물건에 투자하기 위해서는 경매를 거친 뒤에 소멸하는 권리와 남아 있는 권리를 구별하는 '권리분석'이 필수다. 권리분석을 하려면 기본적으로 권리의 소멸과 잔존에 대한 원리 자체를 알아야 하며, 이를 위해서는 임대차를 비롯해 부동산에 관한 다양한 권리 각각을 알아야 한다. 한편 이 모든 것은 등기부에 관한 이해를 전제로 한다.

자금을 어떻게 마련할지도 중요하다. 전액 내 돈으로 부동산 매매대금을 지급할 수도 있겠지만, 이는 쉬운 일이 아니다. 설령 가능하다 하더라도 비효율적인 선택일 수 있다. 특히 주택은 가치가 높을수록 오히려 상승폭도 높아지는, 다른 투자상품과 비교했을 때 매우 기이한 경향성이 관찰될 때가 많기 때문이다. 즉 어떤 집을 내 돈만으로 매수할 만큼 자금이 충분하다면, 끌어모을 수 있는 만큼 돈을 모아 더 비싼 집을 매수하는 게 우수한 전략이 될 수 있다.

따라서 부동산 매수를 위해서는 자금 마련에 관한 계획을 체계적으로 수립할 필요가 있는데, 이를 위해서는 대출 규제를 이해해야 한다. 대출이 나올 때 이른바 '방공제(219쪽)'에 따라 대출이 가능한 금액이 줄어드는 경우가 있다. 방공제 적용 여부 및 감액 규모에 대해 가늠하려면 무엇을 알아야 할까? 놀랍게도 임대차에 대한 이해가 도움이 될 수 있다. 애초에 방공제가 생겨난 이유도 소액임차인을 보호하기 위한 제도와 관련 있기 때문이다.

이와 같은 간단한 예시만으로도 부동산 시장에 관한 지식이 얼마나 유기적으로 연결되어 있는지 선명하게 드러난다. 요컨대 파편화된 지식 하나하나를 공부해봤자 이들이 어떻게 맞물려 영향을 주고받는지 알지 못하는 이상, 한 조각의 지식조차 제대로 이해할 수 없다는 것이다. 체계성에 대한 이해 없이 파편화된 지식만을 좇는 것은 마치 격투기 선수가 스파링은 한 번도 해보지 않고 '암바' 기술만 갈고닦는 것과 같다. 필살기 하나만으로 경기에서 이길 수는 없다. 어떤 때 그 기술로 연계해 나갈 수 있는지, 그 기술이 어떤 면에서 강점이 있으며 취약한 점은 무엇인지에 대한 이해가 없다면 무의미하다.

이는 반대로, '체계적 이해'가 얼마나 큰 무기가 되는지를 시사하기도 한다. 부동산 시장 전반에 대해 대략이나마 이해하고 있다면, 파편화된 지식 하나하나를 흡수하는 것은 시간 문제다. 기초체력이 되고 운동신경이 받쳐준다면 새로운 종목도 금세 능숙해지곤 한다. 기술적인 부분에서 차이가 있을 뿐 기저의 본질은 같기 때문이다.

이 책은 바로 이 '기초체력 강화'에 초점을 맞췄다. 평생에 걸쳐 참여하게 될 부동산 시장을 이해하는 데 필요한 지식 전반을 다룸으로써, '체계적 이해'로 나아갈 수 있는 발판이 되는 것을 목적으로 집필했다. 부동산 공부는 바로 이 지점, 즉 시장의 체계적 이해를 위한 지식 전반에서 시작되어야 한다.

이러한 목적 아래, 우리는 임대차 및 관련 법제에 대한 본질적 이해부터 시작해, 가치 있는 부동산의 조건들, 매수를 위한 자금 마련에 관련된 여러 제도 및 정책, 청약·경매 등 구체적인 부동산 매수 방법, 리츠 등 간접투자, 등기부를 통해 권리들을 읽어내는 법, 도시계획 및 건물의 용도와 토지의 지목 등에서 핵심 주제를 뽑아 깊이 있으면서도 알기 쉬운 방식으로 풀어내고자 했다. 마지막 페이지를 덮을 때쯤이면 부동산 시장을 이해하는 기초체력이 충분히 배양되어 있을 것이라 자신한다.

경험만으로 잔뼈가 굵어져 '체계적 이해'에 도달하는 사람도 많겠지만, 숱한 시행착오를 거치는 건 그리 쉬운 일이 아니다. 특히 부동산 시장은 실패했을 때 치러야 할 수업료가 너무 비싸다. 그러니 경기장에 들어서기 전에 기초체력을 단단히 다져둘 필요가 있다. 물론 기초체력을 열심히 닦아도 당장 성공으로 이어지지 않을 수도 있다. 한두 번의 성공에는 지식보다 요행이 따르기 때문이다. 다만, 탄탄한 기본기가 '이기는' 투자로 직결되지는 않을지언정, '지지 않는' 투자에는 분명 이바지할 것이다. 나아가 한두 번의 수익이 아닌 장기적 성공에 있어서는 지지 않는 투자를 반복하는 것이 훨씬 중요하다.

- 남혁진·박은우

CONTENTS

Chapter · 1
주거와 투자 생활의 첫 단추, 임대차

Chapter · 2
절대로 '지지 않는' 실전 투자

Chapter · 3
1만 원 또는 1억 원으로 할 수 있는 건물 투자

Chapter ▪ 4
투자 승률을 높이는 마지막 무기, 부동산 법률

Chapter · 1

주거와 투자 생활의 첫 단추, 임대차

1

'빌리는 자 vs. 빌려주는 자'에 대한 오해

빌려주는 사람 ≠ 집주인, 빌리는 사람 ≠ 세입자

누구라도 단박에 답할 수 있는 아주 쉬운 질문을 하나 해보려 한다. '부동산 임대차에서 빌려주는 자는 누구이고 빌리는 자는 누구인가?' 임대차는 사용자가 대가를 지급하고 특정 목적물을 사용하기로 약속하는 계약이다. 사용하기로 한 대상이 부동산, 즉 주택이라면 빌려주는 사람이 집주인이고 빌리는 사람이 세입자일 것이다.

이것은 임대차에 관한 가장 대표적인 오해다. 임대인과 임차인의 관계는 이렇게 단순하지만은 않다. 물론 집주인인 임대인이 빌려주는 사람인 것은 맞다. '임대차계약'의 법적인 정의 자체가 상대방에게 부동산 등 물건을 사용하게 해주는 대신 돈을 받는 계약이다. 임대인은 임차인에게 집을 빌려주고 사용료를 받는 사람이 맞다. 다만 이는 전적으로 '물건'에 초점을 맞춘 해석이다. 관점을 달리해 사용료인 '돈'에 초점을 맞춰보자. 특히 월세계약이 아닌 전세계약의 형태를 가정해보자. 전세계약에서 임차인은 정해진 기간이 종료했을 때 돌려받는 것을 전제로 임대인에게 전세보증금을 지급한다. 오고 가는 돈에만 집중하면 일반적인 대출계약과 양상이 아주 비슷하다. 임차인이 오히려 돈을 빌려주는 셈이다.

돈을 빌려주는 사람이 얻는 것 또한 유사하다. 바로 금전적 이익이다. 통상 대출계약에서 돈을 빌려주는 사람이 대가로 이자를 받는 것처럼, 임차인은 전세금을 빌려줌으로써 '월세 - 전세보증금에 대한 이자'만큼의 이익을 얻는다. 예를 들어 어떤 집의 월세가 100만 원인데, 임차인이 월세로 들어가는 대신 2억 원의 전세보증금을 지급했다고 해보자. 금리가 3%라고 가정하면, 임차인은 전세금에 대한 연 600만 원(2억 원 × 3%)의 이자를 잃는 대신 1200만 원의 월세를 아끼게 된다. 임차인은 실질적으로 매년 월세와 전세보증금에 대한 이자의 차액인 600만 원만큼 이익을 본다.

나아가 전세계약과 대출계약은 빌려주는 사람이 상환을 '보장받는 방식'도 비슷하다. 대출계약에서 상환을 보장하기 위해 취하는 가장 흔한 방식은, 돈을 빌리는 사람의 재산에 저당권(115쪽)을 설정해 담보로 잡는 것이다. 이와 비슷하게 임차인은 임차한 주택에 전입신고(33쪽)를 하고 확정일자(87쪽)를 받는 방식으로 해당 주택을 (전세보증금에 관한) 담보로 잡을 수 있다. 이와 같은 조처를 한 임차인은 마치 돈을 빌려주고 담보를 잡은 사람처럼 주택이 경매에 부쳐졌을 때 우선 배당받음으로써 빌려준 전세보증금을 돌려받을 수 있다.

흔히 대출계약에서 돈을 빌려주는 사람을 '빌릴 대(貸)'자를 써서 '대주(貸主)'라고 하고 빌리는 사람을 '빌릴 차(借)'자를 써서 '차주(借主)'라 한다. 세입자는 건물을 빌리는 '임차인'이자 동시에 돈을 빌려주고 이자(월세 - 전세보증금에 대한 이자)를 받는 '대주'나 마찬가지다. 말하자면 전세계약에서 모든 세입자는 임차인인 동시에 '쩐주(錢主)'이기도 한 것이다. 이는 임대차 중 월세계약에서는 나타나지 않는 전세계약에 한정된 실질이다.

이처럼 임차인과 임대인의 관계가 희한해지는 것은 전세가 근본적으로 '기형적'인 계약이기 때문이다. 임대차의 본래 형태는 월세계약에 가깝다. 물건을 사용하고 일정 기간 사용료로 월세를 지급하는 매우 직관적인 계약이다. 그러나 전세계약은 사용료를 내는 대신 돈을 빌려주는 것으로 그 대가를 갈음하도록 한다.

'빌려주는 사람 = 집주인, 빌리는 사람 = 세입자'라는 구분은 임대차에 관한 가장 대표적인 오해다. 사용료인 '돈'에 초점을 맞추면, 세입자는 건물을 빌리는 '임차인'이자 동시에 돈을 빌려주고 이자를 받는 '대주'다. 말하자면 전세계약에서 모든 임차인은 동시에 '쩐주(錢主)'이기도 한 것이다. 그림 속 인물은 천동설을 부정하고 지동설을 주장한 천문학자 코페르니쿠스다. 부동산의 본질에 다가서려면 코페르니쿠스적 사고 전환이 필요하다.

전세계약의 기형적인 구조 탓에 임차인이 갖는 대주의 성격을 정확히 인식하는 사람은 거의 없다.

사금융만이 제공하는 레버리지 찬스

임차인이 임대인에게 돈을 빌려주는 전세의 본질에 주목할 때, 전세는 '사금융'이라는 해석이 가능하다. 사금융이라고 하면 사채 같은 불법적인 개인 간 거래를 떠올리기 십상이지만, 금융기관을 통하지 않는 금융거래는 모두 사금융이라 칭할 수 있다. 전세 또한 큰 틀에서 임차인 소유의 돈이 임대인에게 향하므로 사금융의 일종이다.

그렇다면 임대인은 어떤 이유로 세를 놓는 것일까? 실질적으로 임대인이 차주, 임차인이 대주라는 점을 파악한 우리는 이 질문을 살짝 비틀어 볼 수 있다. 대체 임대인은 어떤 목적으로 임차인에게 돈을 빌리는 것일까?

당연히 돈을 빌리는 목적은 차입금을 어디에 활용하는지와 결부된다. 단순히 돈을 묵혀 둘 목적으로 이자를 지급할 사람은 없을 테니 말이다. 돈을 빌리는 행위는 경제적 행위를 하는 데 있어 자기자본뿐 아니라 타인자본까지 활용한다는 의미다. 이를 '레버리지(leverage)'를 활용한다고 표현한다.

레버리지를 활용하는 목적은 자명하다. 첫째로 레버리지를 활용하면 자기자본만으로 취득 혹은 투자할 수 없는 자산에 대한 접근성이 높아진다. 전 재산이 1억 원인 사람이 100억 원짜리 빌딩을 자기자본만으로 취득하는 것은 불가능하다. 그러나 극단적으로 99억 원의 타인자본을 끌어온다면 빌딩 매입을 고려해 볼 수 있다. 두 번째 목적은 수익률을 증폭시키기 위해서다. 레버리지는 비단 부동산뿐 아니라 다양한 투자에서 투자수익률을 증폭시키기 위해 활용된다. 사모펀드가 1조 원 가치의 기업을 매입할 때 은행으로부터 5000억 원을 빌려 인수자금

전세는 임차인이 임대인에게
돈을 빌려주는 사금융의 일종이다.
집주인의 수요와 임차인의 수요가
기가 막히게 들어맞는 지점에 전세가 있다.
집주인 입장에서는 레버리지 효과를
누릴 수 있는 유일한 방법이고,
세입자 입장에서는
월세 대비 경제적 이익을
챙길 수 있는 대안이다.

을 마련하는 경우나 나스닥100지수의 하루 등락폭의 세 배를 따라가도록 설계된 TQQQ와 같은 ETF 상품 모두 레버리지를 활용한 좋은 예다.

요컨대 전세보증금을 활용하는 사람은 위와 같은 레버리지 효과를 누리게 된다. 전세금 등 일정 부채를 활용해 부동산을 매입하는 '갭투자'가 그렇다. 전세를 활용하지 않았다면 애초 매입하지 못할 지역의 부동산에 투자하거나 수익률을 극대화하기 위해 임대인은 임차인에게 돈을 빌려 투자한다. 더욱이 우리나라 부동산은 역사적으로 가격대 상위권에 포진해 있을수록 수익률과 안정성이 비례해 높아지는, 타 투자군에서는 결코 찾아보기 힘든 특징이 있다. 따라서 부동산은 레버리지가 효과를 발휘하기 좋은 투자처다. 이미 100% 자기자본으로 대금 지급을 완료한 부동산이라 해도 집주인의 투자 생활 전반에서 전세보증금은 레버리지가 된다. 전세보증금은 임대한 부동산 외에 다른 투자처에 활용될 것이고 이 또한 자기자본만을 활용했을 때보다 더 높은 수익 실현을 위한 행위가 되기 때문이다.

다시 원점으로 돌아가 답을 찾아보자. 집주인이 금융기관을 통하지 않고 사금융을 활용하는 이유는 무엇일까? 사실 이 질문은 전제부터 잘못되었다. 엄밀히 말해 집주인은 금융기관을 통하지 않는 게 아니라 통할 수 없는 것이다. 흔히 갭투자라 하면 신용대출 등 제도권 대출을 0~50% 수준으로 받고, 나머지 금액을 전세보증금으로 충당하는 경우를 일컫는다. 사금융을 활용하지 않는다는 이야기는, 자기자본을 제외한 자금을 제도권 금융에서 끌어온다는 것이다. 그러나 제도권 금융 중 자산가액의 90%에 육박하는 돈을 대출해 주는 곳은 찾아보기 어렵다. 이는 레버리지가 가지고 있는 본질적인 불안정성과 맞닿아 있다.

레버리지는 수익 극대화에 활용되지만, 반대급부로 손실 또한 극대화한다. 흔한 표현으로 '양날의 검'이라 할 수 있다. 멋진 한강 뷰를 자랑하는 성수동 트리마제 아파트를 자기자본만으로 20억 원에 매입한 경우를 생각해 보자. 만일 매매가가 20% 오른다면 수익률도 20%가 될 것이다. 이번엔 자기자본 2억 원과 타인자본 18억 원으로 매입한 경우를 생각해 보자. 만일 매매가가 20% 올라 24억 원이 된다면, (세금 및 부대비용을 고려하지 않을 때) 단돈 2억 원으로 4억 원의 순수익을 낸 셈이다. 수익률 200%짜리 '로또 투자'인 것이다. 그러나 가격이 20% 하락할 경우 자기자본 2억 원은 흔적도 없이 사라지고 한순간에 빚이 2억 원 더 늘어날 뿐이다. 집주인은 더 이상 운치 있는 한강 뷰를 누릴 수 없을 것이다.

은행을 위시한 제도권 금융이 일정 수준 이상의 LTV(주택담보대출비율, 181쪽)를 용인하지 않는 것도 이런 맹점을 고려했기 때문이다. 즉 전세는 집주인의 차입 수요와 임차인의 대여 수요가 기가 막히게 들어맞는 지점이다. 차주인 집주인 입장에서 전세는 예측 가능한 자금 운용 및 레버리지 효과를 누릴 수 있는 유일한 방법이고, 대주인 세입자 입장에서 전세는 월세에 비해 경제적 이익을 챙길 수 있는 대안이다.

비트코인 투자와 전세계약에 들이미는 두 가지 잣대

여기까지의 설명을 받아들였다면, 빌려주는 사람이 꼭 임대인만은 아니라는 사실이 이해될 것이다. 임차인은 일종의 사금융업자로 임대인에게 돈을 빌려주는 '대주'가 된다. 특히 임대인이 전세보증금을 '빌려' 건물을 매입할 자금을 마련하는 통상의 전세 구조에서는, 오히려 '집을 빌려주는 사람'이 임대인이라는 것보다 '돈을 빌려주는 사람'이 임차인이라는 사실에 주목할 필요가 있다. '쩐주'가 투자를 결정하기 때문이다.

은행 등 제도권 금융기관이든 사모펀드든 결국 주된 수익 창출 수단은 돈을 빌려줌으로써 '투자'하는 것이다. 투자의 대가로 무엇을 받는지에는 차이가 있을 수 있으나, 어쨌든 돈을 쥐고 빌려주는 사람이 주인공인 건 비슷하다. 전세계약에서도 마찬가지다. 전세계약을 통해 임차인은 임대인에게 '투자'를 한다. 말하자면 임차인이 임대인의 '건물 매입 사업'에 투자하는 것 정도로 이해할 수 있다. 이 투자는 거듭 말했듯 '월세 – 전세보증금에 대한 이자'라는 대가를 위한 것이다. 이 대가를 간단하게는 주거비용의 절약 정도로 표현할 수 있다.

임차인이 의식했든 의식하지 못했든 임대인에게 일종의 투자를 하는 것임을 이해하는 순간, 전세사기를 다른 관점에서 바라볼 수 있게 된다. 전세보증금을 돌려받지 못하는 전세사기 중에는 애초부터 임대인이 보증금을 반환하지 않겠다고 작정한 경우도 있지만, 꼭 이런 악질 임대인에 의해서만 전세사기가 발생하는 건 아니다. 더 많은 유형은 임대인이 방만하게 갭투자를 일삼다가 리스크 관리에 실패해 빚더미에 올라앉아 버려 건물 등이 경매에 부쳐지는 상황에 이르고서도 보증금을 반환하지 못하는 경우다. 말하자면 일종의 '파산'이다. 즉, 전세사기 피해자는 '실패한 사업에 투자한 투자자'다. 주거비용의 이득을 누리고자 임대인의 '주택 매입 사업'에 투자했는데, 그만 사업이 망해버려서 이득은커녕 원금조차 회수하지 못한 것이다.

일반적으로 우리는 실패한 투자자들을 어떻게 바라보는가? 극단적인 예를 하나 들어보자. 비트코인과는 비교도 안 되는 잡코인에 3억 원을 투자했다가 잃은 사람이 있다고 해보자. 사람 대 사람으로는 안타깝지만, 과연 그를 '피해자'라고 생각하는 사람이 얼마나 될까? 나아가 잡코인에 투자했다가 거액을 날린 사람을 나라에서 구제해 줘야 한다고 생각하는 사람이 얼마나 있을까?

　전세사기 피해자와 잡코인 투자자를 동일선상에서 비교하는 것에 당연히 거부감이 들 것이다. 코인 투자와 전세는 다르니 말이다. "코인은 돈을 벌고자 투자하는 것이고, 전세는 거주할 곳을 구하는 것이니 다르다"는 주장은 설득력이 떨어진다. 꼭 전세를 통해서만 거주할 수 있는 건 아니기 때문이다. 월세로 거주할 수 있는데도 전세라는 방식을 선택한 진짜 이유는 경제적 이득을 누리기 위해서다. 즉 코인 투자든 전세든 경제적 이득을 좇은 선택이라는 점은 같다.

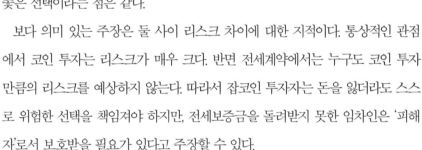

　보다 의미 있는 주장은 둘 사이 리스크 차이에 대한 지적이다. 통상적인 관점에서 코인 투자는 리스크가 매우 크다. 반면 전세계약에서는 누구도 코인 투자만큼의 리스크를 예상하지 않는다. 따라서 잡코인 투자자는 돈을 잃더라도 스스로 위험한 선택을 책임져야 하지만, 전세보증금을 돌려받지 못한 임차인은 '피해자'로서 보호받을 필요가 있다고 주장할 수 있다.

　그러나 실상을 파헤쳐 보면 '리스크의 차이' 또한 전세계약과 코인 투자의 차이가 되지 못한다. 전세계약 또한 본질적으로 매우 리스크가 큰 투자이기 때문이다. 전세보증금을 돌려받지 못하는 게 임대인이 꼭 뿔 달린 악마라서만은 아니다. 전세는 근본적으로 보증금을 제때 돌려받기 힘든 매우 불안정한 계약이다.

태생이 위험한 전세계약

왜 전세가 불안정한 계약일까? 전세가 보증금을 '빌려주는 계약'이기 때문이다. 그것도 생판 모르는 남인 집주인에게 몇천에서 몇억 원 규모의 큰돈을 빌려주는 계약이다. 친구 사이에서도 쉽지 않은 게 돈을 빌려주는 일이다. 하물며 생판 남이라면 어떨까?

물론 임차인을 보호하는 제도가 여럿 있다. 대표적인 것이 경매 이후 다른 권리자들보다 먼저 배당받을 수 있는 권리인 우선변제권이다. 임차인은 전입신고를 하고 임대차계약의 확정일자를 갖춤으로써 우선변제권을 확보할 수 있다. 이것은 임차한 주택을 담보로 잡는 것과 거의 같은 효과가 있다. 주택을 담보로 잡고서 돈을 빌려줬다면, 만약 돈을 돌려받지 못했을 때 주택을 경매에 부쳐 팔아넘김으로써 빌려준 돈에 상당하는 금액을 돌려받을 수 있다. 이처럼 우선변제권이 있는 임차인은 임차한 주택이 경매에 부쳐졌을 때 보증금에 상당하는 금액을 배당받을 수 있다.

그러나 임차인은 우선변제권을 확보한 것만으로 전세계약의 불안정성과 완전히 작별을 고할 수 없다. 낡은 시계 하나로 수억 원을 담보할 수 없듯, 물건을 담보로 삼는 건 어디까지나 그 물건이 충분한 가치가 있을 때 의미가 있다. 주택도 마찬가지다. 주택이 경매에 부쳐졌을 때 자신의 전세보증금을 충분히 돌려받을 수 있을 만큼 비싼 값에 팔려야 한다. 그러나 경매에서 주택이 얼마에 매각될지는 완전한 미지의 영역이다. 그나마 임차 주택이 대단지 아파트 등 비슷한 조건의 주택이 거래된 이력을 찾아볼 수 있는 곳이라면, 경매에 부쳐졌을 때 대략이나마 매각대금을 예상할 수 있다. 이와 달리 오피스텔이나 특히 빌라는 예상치도 못한 헐값에 매각되는 일이 비일비재하다.

경매에서 충분한 값에 건물이 팔리더라도 자신보다 앞서 배당받을 사람이 많다면 말짱 도루묵이다. 대표적으로는 임차인보다 먼저 주택에 저당권 등을 설정해 둔 채권자가 있다. 저당권을 설정해 둔 채권자가 있는지는 등기부만 떼어봐도 확인할 수 있다. 진짜 문제는 등기부에 드러나지 않으면서 배당받을 권리가 있는 존재들이다. 대표적인 예가 국가다. 임대인이 미납한 세금이 있다면 국가가 경매에서 먼저 배당금을 받아 간다. 국가 외에도 숨어 있는 존재는 많다. 가령 다가구주택에서 먼저 확정일자를 받은 다른 임차인 또한 자신보다 앞서 배당금을 받아

갈 수 있다.

이처럼 전입신고를 하고 확정일자를 받는 등 임차인이 할 수 있는 대비를 다 해도 매우 불안정할 수밖에 없는 게 전세계약이다. 그러나 등기부를 비롯해 사전에 확인할 수 있는 모든 서류를 꼼꼼히 확인하는 임차인은 드물다. 심지어 꼼꼼히 확인해도 경매 시 매각가액이 낮아지는 등 예상할 수 없는 위험이 곳곳에 도사리기 때문에 전세계약의 불안정성이 해소되지 않는 건 매한가지다. 하물며 가장 기본적인 보호 수단인 전입신고 등도 하지 않고 '괜찮겠지'라는 근거 없는 믿음으로 전세계약을 맺는다면 얼마나 불안정하겠는가?

이게 끝이 아니다. 전세 구조상 존재할 수밖에 없는 근본적인 위험이 하나 더 있다. 바로 '역전세'다. 역전세는 부동산가격이 하락해 새롭게 갱신될 전세보증금이 기존 전세보증금보다 낮아지는 현상이다. 본래 자산의 시가 하락으로 인한 손해는 해당 자산을 매각하는 시점에 비로소 현실이 된다. 그러나 역전세 때문에 전세를 내준 집주인은 부동산을 매각하기도 전에 부동산 투자 실패에 따른 손해를 고스란히 감내해야 한다. 실시간으로 돈이 '파쇄'되는 것이다.

역전세는 부동산가격이 하락해 새롭게 갱신될 전세보증금이 기존 전세보증금보다 낮아지는 현상이다. 역전세 때문에 전세를 내준 집주인은 부동산을 매각하기도 전에 부동산 투자 실패에 따른 손해를 고스란히 감내해야 한다. 실시간으로 돈이 '파쇄'되는 것이다.

가령 매매가 10억 원인 아파트에 6억 원짜리 전세로 들어온 세입자가 있다고 해보자. 만일 매매가가 7억 원으로 떨어져 전세가 또한 4억 원으로 하락한다면 어떻게 될까? 집주인 입장에서는 기존 임차인과 계약을 갱신하든 시세에 맞춰 새로운 임차인을 구하든, 해당 시점까지 반드시 현금 2억 원을 마련해야 하는 어려운 처지에 놓이게 된다. 임차인은 임대인에 대한 투자자나 마찬가지이기 때문에 임대인이 위와 같은 위험에 노출된다는 것은 임차인에게도 큰 위협이 된다.

심지어 임대인이 여러 채의 부동산을 보유하고 동시에 전세계약을 맺고 있는 사람이라면 위험은 더 커진다. 동시다발적으로 전세계약의 만기가 도래하기라도 하면 임대인은 한순간 모든 전세에 대해 전세보증금 하락분만큼의 돈을 마련해야 한다. 그러지 못해 임대인이 파산한다면, 임차인이 보증금을 돌려받는 일은 요원해질 것이다.

세입자가 아닌 '투자자'의 자세 필요

오해가 없길 바란다. 결코 전세사기 피해자가 잡코인에 투자하다가 실패한 사람과 마찬가지라는 말을 하고 싶은 게 아니다. 아직 언급하지 않은 둘 사이의 핵심적인 차이점이 분명 존재한다. 첫째는 '중요성'의 정도다. 전세계약은 인간 삶에서 가장 밑바탕이 되는 필수불가결한 조건인 주거생활과 밀접한 관련이 있다. 다른 투자 성패도 마찬가지이지만 특히 전세사기 피해자가 겪는 고통을 결코 가볍게 볼 수 없다. 자산 대부분을 주거에 투자하는 게 우리나라의 전형적인 자산 배분 방식이며, 사회 초년생은 사실상 전세보증금이 전 재산인 경우가 허다함을 고려하면 더욱 그렇다.

둘째는 현실적인 '인식'의 정도다. 전세계약은 위험성이 매우 높지만, 이와 별개로 그 위험성을 정확히 인지하고 있는 사람이 많지 않다. 누구도 잡코인에 투자할 때처럼 전세보증금을 걸고 '배팅'을 한다고 생각하지 않는다. 비록 실질적으로는 위험성이 비슷하더라도, 위험이 얼마나 드러나 있는지에 따라 구제의 필요성도 달라질 수밖에 없다.

그러나 언제까지 '알기 어렵다'는 사실에만 기댈 수 없는 노릇이다. 전세사기가 사회적 문제로 대두되면서 '전세가 위험하다'는 생각은 흐릿하게나마 많은 사람에게 공유되었다. 이제 임차인들은 '투자자'로서 자신의 정체성을 견지하고, 전세계약에 '투자'함으로써 무엇을 얻게 되고 어떤 위험을 부담하는지 면밀히 파악할 필요가 있다. 이러한 관점의 변화는 기본적인 원리를 이해하는 것만으로도 상당 부분 해결할 수 있다. 전세계약에 숨어 있는 본질, 즉 빌려주는 주체가 누구인지 파악하는 것만으로 전세에 도사린 위험을 직시할 수 있는 것처럼 말이다.

이는 비단 전세계약만의 얘기는 아니다. 부동산 시장에서 내리는 많은 선택은 그 하나하나가 모두 '벼랑 위의 선택'이다. 전세로 살까, 월세로 살까, 아니면 매매를 해볼까? 지금은 건물이 좀 낡아서 볼품없어 보이지만, 이 정도 입지라면 간단히 리모델링만 해도 가치가 굉장히 높아지지 않을까? 이 근방을 재개발한다는데 미리 사두는 게 좋지 않을까? 등기부에 가압류된 건물이라고 표시되어 있긴 한데, 이 정도 위험은 감수할 만하지 않을까? 지역주택조합에 가입하거나 리츠에 투자하는 건 어떨까? 이 모든 선택에는 저마다의 이익과 리스크가 공존한다.

된장인지 직접 찍어 먹어 보지 않더라도 부동산 시장에 대한 기본적인 구조와 지식을 파악하는 것만으로, 선택에 내재된 이익과 리스크 중 상당 부분을 이해할 수 있다. 물론 이런 노력이 매번 '이기는' 선택을 보장하는 건 아니다. 그러나 최소한 '지지 않는' 선택을 가능하게 한다.

이 책도 지지 않는 선택의 전제가 되는 부동산 시장의 구조와 작동 메커니즘을 꿰뚫는 것을 목표로 한다. 이 책을 완독할 때쯤이면 그 수준에 충분히 가까워져 있을 것이라 자신한다. 이제 우리가 함께할 기나긴 부동산일주는 시장 참여의 첫걸음인 임대차에서부터 시작한다.

2

역사상 최초의
'부동산 재벌'을 만든 임대차

주거와 투자의 첫 단추, 임대차

부동산 시장을 이해하는 데 있어 '임대차'는 필수적인 개념이다. 대부분의 사람은 평생 한 번쯤 임대인 혹은 임차인이 되는 경험을 한다. 임대차는 때로는 주거생활의 필수불가결한 수단이 되기도 하고 때로는 매우 훌륭한 투자 도구가 되기도 한다. 미디어에서 쉴 새 없이 전세와 월세에 관하여 이야기하는 이유는 그만큼 임대차가 중요하기 때문이다.

그러나 임대차는 '가까우면서도 먼' 개념이다. 따지고 들어가면 잘 모르는 부분이 많다. 미국의 수도를 '뉴욕'으로 알고 있더라도 당장 잃는 건 없지만, 임대차 개념을 제대로 이해하지 못하면 당장 돈을 잃을 확률이 매우 높아진다.

2022년과 2023년 대한민국 부동산 시장을 뒤흔든 전세사기 또한 임대차를 제대로 이해한 뒤, 보수적이고 분석적인 자세를 견지했다면 리스크를 최소화할 수 있었던 사안이다. 뒤집어 생각해 보면 임대차에 대한 지식을 완비할 경우 손해를 보지 않는 수준에서 한 걸음 더 나아가 재테크에 있어서 보다 현명한 선택을 할 수 있다.

임대차는 무엇일까? 우리 사법(私法)의 근간이 되는 「민법」에서는 임대차를 다음과 같이 정의한다.

> **제618조(임대차의 의의)** 임대차는 당사자 일방이 상대방에게 목적물을 사용, 수익하게 할 것을 약정하고 상대방에게 이에 대하여 차임을 지급할 것을 약정함으로써 그 효력이 생긴다.

임대차는 사용자가 대가(차임)를 지급하고 특정한 물건을 사용하기로 약속한 계약이다. 부동산뿐 아니라 자동차, 장비, 기계 등 다양한 형태의 재산에 대해서도 임대차가 이루어질 수 있다. 해운사가 선사로부터 선박을 리스하는 것 또한 임대차의 일종으로 볼 수 있다. 물론 가장 널리 이루어지는 임대차계약은 역시 부동산에 대한 임대차다.

사용의 대가로 지급하는 정해진 비용, 즉 차임은 보통 매달 지급하는 것으로 정한다. 임대차계약을 맺을 때 임대인은 일반적으로 일정 수준의 보증금도 함께 지급받는다. 임차인이 차임을 제때 지급하지 않을 수도 있고, 혹시 물건을 훼손할 수도 있으니 부동산을 빌려주는 임대인 입장에서는 불안할 수밖에 없다. 따라서 임차인이 그 의무를 다할 것을 '보증'하는 돈을 미리 받아두는 것이다. 과거에는 보증금이 없는 '사글세' 형식의 임대차도 종종 있었다. 하지만 근래에는 고시원 등 일부 주거환경을 제외하고 사글세 형식의 임대차는 거의 자취를 감추었다.

임차권의 서로 다른 두 얼굴, 월세와 전세

보증금과 차임의 액수는 당연히 임대인과 임차인이 마음대로 정할 수 있다. 차임을 '0'으로 설정할 수도 있을까? 물론 가능하다. 차임을 0으로 설정하고 보증금을 대폭 늘리면 우리가 아는 전세가 된다. 전세는 월세계약에서 월 차임을

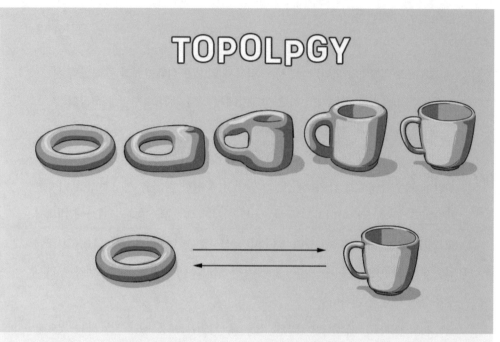

머그컵과 도넛의 형상이 본질적으로 같듯이, 월세와 전세는 법적 관점에서 동일한 임차권이다. 단지 월 차임과 보증금 중 어느 쪽을 높일지의 문제일 뿐이다.

0으로 맞추고 보증금을 대폭 늘린 것일 뿐, 법적인 관점에서 월세와 완전히 동일하다.

임대차계약을 통해 발생하는 건물을 사용·수익할 권리인 임차권은 '채권'이다(31쪽 〈임차권이 왜 채권일까?〉 참조). 채권은 채권자가 특정한 채무자에 대하여 특정한 행위를 요구할 수 있는 권리다. 즉, 임차인은 자신의 채무자인 임대인에 대해서만 자신의 권리를 주장할 수 있고, 제3자 가령 새로운 집주인이 된 사람 등에 대해서는 원칙적으로 자기 권리를 내세우지 못한다. 따라서 별도의 조처를 하지 않는 한 임차물에 대한 매매, 교환, 증여 등으로 임차인의 권리는 사라질 수 있다. "매매는 임대차를 깨뜨린다"는 유명한 법언은 이를 두고 한 말이다. 나아가 임대인의 동의 없이 임차권을 양도하거나 전대(빌린 것을 다시 다른 사람에게 빌려줌)하는 것 또한 불가능하다. 이러한 임차인의 권리와 의무에 대해서는 뒤에서 더 자세히 살펴보자(93쪽).

로마시대까지 거슬러 올라가는 임대차의 역사

단순한 질문을 한 번 더 던져보자. 임대차계약은 왜 이루어지는 것일까? 임차인과 임대인 모두에게 필요하기 때문이다. 먼저 임차인 입장에서 매매 대신 전월세를 택할 이유는 무척 많다. 목돈을 아껴 다른 데 투자할 수도 있고, 돈이 부족해 애초에 매매라는 선택지가 없는 경우도 있다. 이외에도 자녀가 학교에 다니는 몇 년간 학군지에서 살기 위해서라거나, 직장과 가까운 곳에 특정 기간만 거주하고자 할 때도 임대차는 유용한 선택지가 된다.

임대인이 세를 놓는 이유는 더 단순하다. 돈을 벌기 위해서다. 집을 보유한 사람이 임대수익을 얻는 것은, 주식을 보유해 배당수익을 얻거나 채권을 보유해 이자수익을 얻는 것이나 마찬가지다. 특히 코로나19 이후 주택가격이 폭등하기 전만 하더라도 월세수익률이 예금수익률을 크게 상회했으니, 임대차만큼 효과적으로 돈을 굴리는 방식도 드물었다.

나아가 전세 형태로 임대하는 경우 임대인은 목돈을 다양하게 활용할 수 있다. 은행에서 대출받는 대신 전세금을 받아 새로운 주택 구매에 활용할 수도 있고, 다른 투자처에 투자할 수도 있다.

이처럼 임차인과 임대인의 이해가 맞아떨어지는 만큼, 사람들은 누가 등 떠밀지 않더라도 임대차계약을 체결한다. 따라서 최소한 사유재산의 개념이 받아들여지는 곳이라면, '임대차계약'이라는 개념은 자연발생적으로 탄생할 수밖에 없다.

임대차 역사를 거슬러 가다 보면 로마 제국까지 닿는다. 현대법의 근간으로 평가되는 로마법은 기원전 2세기경 이미 매매·임대차·조합·위임 등에 관하여 규정하고 있었다.

로마 제국에서 임대차는 꽤 본격적이었다. 로마 제국의 '인술라(Insula)'는 최초의 주상복합건물이자 공동주택으로, 오늘날 아파트의 기원이다. 로마는 인구 과밀에 따른 주택난 해소를 위해 인술라를 건설했다. 당시 로마 귀족들 사이에서는 인술라를 매수한 뒤 임대해 임대수익을 얻는 사업이 성행했다. 카이사르Gaius Julius Caesar, BC100~BC44와 함께 삼두정치의 한 축이었던 크라수스Marcus Licinius Crassus, BC115~BC53는 엄청난 부자로도 유명

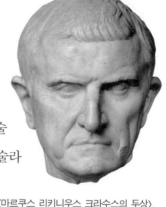

〈마르쿠스 리키니우스 크라수스의 두상〉, 작자 미상, 1세기경, 대리석, 27×22cm, 파리 루브르박물관.
역사상 최초의 부동산 재벌로 불리는 로마 공화정시대 정치가이자 군인 크라수스.

했다. 크라수스의 재산은 당시 로마의 1년 치 국가 예산과 맞먹을 정도로 막대했는데, 그의 큰 수입원 중 하나가 임대사업이었다. 목재와 진흙으로 지은 인술라는 안전에 취약했다. 특히 다닥다닥 붙어 있어 불이 나면 쉽게 옮겨붙었다. 크라수스는 화재가 났다고 하면 급히 달려가 헐값에 불 탄 건물을 사들이고, 수리한 뒤 다시 임대하기를 즐겼다고 한다.

로마의 공동주택인 인술라. 로마 귀족들 사이에서는 인술라를 매수한 뒤 임대해 임대수익을 얻는 사업이 성행했다.

임차권이 왜 채권일까?

우리 법은 재산에 관한 권리인 '재산권'을 크게 물권, 채권, 지적재산권으로 나
눈다. 물권은 물건을 직접 지배해 이익을 얻을 수 있는 배타적 권리다(336쪽).
대표적인 물권이 물건을 자유롭게 사용하고 수익을 얻고 처분할 수 있는 소유
권이다. 채권은 특정인에 대해 특정 행위를 요구할 수 있는 권리다. 채권은 계
약을 통해 발생하는 경우가 많다.

물권과 채권의 가장 두드러진 차이는 세상 모든 사람에게 효력이 미치는 '대세
효(對世效)'가 있는지다. 물권에는 대세효가 있고, 채권에는 대세효가 없다. 예를 들
어 내가 노트북을 가지고 있다면(정확히 말해 노트북에 대한 소유권이 있다면), 세상 누

◆ 물권과 채권의 차이

	물권	채권
정의	물건을 직접 지배해 이익을 얻을 수 있는 배타적 권리	특정인에 대해 특정 행위를 요구할 수 있는 권리로, 주로 계약을 통해 발생
차이	대세효가 있음 ⇩ 세상 모든 사람에게 효력이 미침	대세효가 없음 ⇩ 계약 상대방에게만 효력을 미침

구에게든 그 노트북이 내 것이라고 주장할 수 있다. 따라서 내가 그 노트북을 사용하는 것을 누구도 방해할 수 없다. 이 노트북을 김갑동 씨에게 팔았는데 (즉 매매계약을 체결했는데), 아직 돈을 받지 못했다고 해보자. 길을 가는 아무나 붙잡고 돈을 달라고 할 수 없다. 나(채권자)

세입자는 전입신고를 통해 자신의 임차권(채권)을 물권과 유사한 효력을 갖도록 만들 수 있다.

는 김갑동 씨(채무자)에게만 노트북값을 달라고 요구할 수 있다.

임차인(세입자)이 갖는 권리인 임차권은 임대차계약을 맺음으로써 발생하는 채권이다. 즉 임차권에는 대세효가 없다. 따라서 세입자는 "임차권이 있으므로 나는 이 집에 살 수 있다"는 주장을 아무에게나 할 수 없다. 오로지 자신과 임대차계약을 맺은 상대방에게만 그런 주장을 할 수 있다.

가령 집주인이었던 김갑동 씨와 임대차계약을 체결했는데, 계약 기간 중 집주인이 이을남 씨로 바뀌었다고 해보자. 세입자는 이을남 씨에게도 자신의 임차권을 주장할 수 있을까? 원칙적으로는 불가능하다. 계약의 당사자였던 김갑동 씨에게만 주장할 수 있을 뿐이다. 이을남 씨가 집에서 나가라고 하면, 세입자는 눈물을 머금고 나가야 한다.

다만 이런 식이라면 세입자에게 너무나 불리할 것이다. 그래서 우리 법은 임차

● 임차권이 채권이기 때문에 발생할 수 있는 문제

임차권은 대세효가 없는 채권이기 때문에, 아무에게나 주장할 수 없고 오로지 자신과 임대차계약을 맺은 상대방에게만 주장할 수 있다.

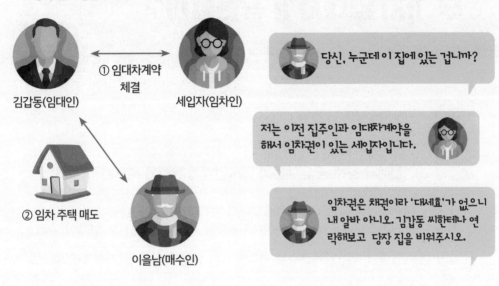

당신, 누군데 이 집에 있는 겁니까?

저는 이전 집주인과 임대차계약을 해서 임차권이 있는 세입자입니다.

임차권은 채권이라 '대세효'가 없으니 내 알바 아니고. 김갑동 씨한테나 연락해보고 당장 집을 비워주시오.

권에 대해서는 특별히 특정 조건이 갖추어졌을 때 물권과 유사한 효력을 갖도록 허락한다(물권화). 가장 대표적인 조건이 전입신고다. 전입신고는 새로운 주거지로 이사할 때 주소지 변경 및 등록을 하는 것이다. 주택에 관한 임대차로서 「주택임대차보호법(이하 주임법)」이 적용되는 경우 세입자는 전입신고를 통해 자신의 임차권을 물권화하여, 부분적으로 대세효를 확보할 수 있다. 즉 전입신고를 했다면 세입자는 집의 주인이 바뀌더라도 새로운 주인에게 "계속 이 집에서 살겠다"고 주장할 수 있다. 세입자들에게 일단 전입신고를 하라고 권장하는 데는 이런 배경이 있다.

전입신고는 새로운 거주지에 전입한 날부터 14일 이내에 거주지 관할 기관(주민센터 등)을 방문해 주소지 변경 및 등록을 위한 전입 사실을 신고하면 된다('민원24' 홈페이지에서도 신고 가능).

3

왜 한국은 전세와 월세, 두 가지 임대차가 공존할까?

전세와 월세 중 임대인과 임차인에게 유리한 제도는?

전세는 외국에서 사례를 찾아보기 힘든 독특한 제도다. 임대인과 임차인의 이해가 대체 어떻게 맞아떨어졌길래 한국에서는 전세와 월세 두 가지 유형의 임대차가 공존하는 걸까?

임차인의 이해는 명확하다. 경제적 이유다. 매달 월세를 지불하는 것보다 나중에 돌려받기로 하고 전세금을 맡겨두는 것이 더 경제적이다. 기분 탓이 아니라 실제로 계산해 보면 그렇다. 지금이야 전세대출금리가 꽤 올랐지만 코로나19가 확산할 무렵 전세대출금리는 2% 전후였다. 전세금 자체는 돌려받을 돈이니 이자만 계산하면, 1억 원짜리 전세계약을 위해 1년에 200만 원만 지출하면 된다.

반면 같은 전세계약을 월세 형태로 바꾸면 얼마가 지출될까? 통상 전월세전환율*이 6% 정도로 추산되므로, 전세금 1억 원짜리 임대차를 월세로 살려면 1년에 600만 원을 지불해야 한다. 물론 이는 전세금을 반환받지 못할 위험이나 다양한 기회비용을 고려하지 않은 단순한 계산이지만, 어쨌든 단순 계산으로는 전세가 월세보

전월세전환율 전월세전환율은 한마디로 '교환비'다. 전세보증금을 1억 원을 낮추는 대신 월세를 100만 원 높인다면 전월세전환율은 12%(100만 원×12개월/1억 원)가 된다. 즉 전월세전환율이 6%라는 것은, 보증금 7억 원짜리 전셋집이라면 월세로는 대략 350만 원씩 받을 수 있다는 뜻이다.

다 3배쯤은 더 경제적인 셈이 된다.

문제는 임대인 쪽이다. 위와 같은 단순 계산을 따를 때 전세는 임대인에게 유리해 보이지 않는다. 전세금을 활용하는 부동산 투자, 즉 갭투자를 한다고 해보자. 10억 원짜리 아파트를 매수한 뒤 임대해 전세금 7억 원을 받았다고 해보자. 이때 임대인은 별다른 현금 흐름을 기대할 수 없고 그저 집값 상승을 노릴 뿐이다.

전세가 아닌 월세 형태라면 어떻게 될까? 집주인이 전세금을 받는 대신 7억 원의 대출을 받아 집값을 치르고, 임차인에게 월세를 받는다고 해보자. 6%의 전월세전환율에 따랐을 때, 월세는 한 달에 350만 원, 1년에 4200만 원이 될 것이다. 이때 7억 원에 대한 대출금리가 6%만 넘지 않는다면 7억 원의 대출이자보다 받을 수 있는 월세가 더 커질 것이다. 즉 임대인은 전세가 아닌 월세로 임대해 주는 것만으로, 매년 [(전월세전환율) - (대출금리)](%) 만큼의 이익을 얻을 수 있다. 이런 계산에 근거할 때, 대출금리가 전월세전환율에 비해 높지 않은 이상 전세를 선택하는 임대인은 '바보'라는 결론이 나온다.

전국 전월세전환율

전셋값을 매달 내야 하는 월세로 전환할 때 적용되는 연간 이자율인 전월세전환율 추이.
2020년 1월 5.87%였던 전월세전환율은 2023년 7월 6.05%까지 올랐다.

* 자료 : KOSOS 국가통계포털

물론 모든 임대인이 바보일 리는 없다. 일단 가정이 틀렸다! 10억 원짜리 아파트의 집값을 치르기 위해 7억 원을 대출받는다고 가정하였는데, 우리나라는 선진국 대비 주택담보대출 규제가 엄격하므로 이 정도 규모로 대출받는 것은 쉽지 않다. 그래서 전세가 선택이 아닌 필수가 되어 버리는 경우가 생긴다. 우리나라의 주택담보대출 규제가 빡빡한 것은 전세제도가 성행하는 이유 중 하나로 손꼽힌다.

대출을 받아 집을 사려는 모든 개인은 대출 한도를 제한하는 정부 규제를 적용받는다. 정부가 개인의 대출 한도를 얼마나 제한할지 정하는 기준은 크게 주택담보대출비율(LTV), 총부채상환비율(DTI), 총부채원리금상환비율(DSR) 등 세 가지로 나뉜다. 우리나라는 선진국 대비 주택담보대출 규제가 엄격하다. 우리나라의 주택담보대출 규제가 엄격한 것은 전세 제도가 성행하는 이유 중 하나로 손꼽힌다.

주택담보대출

DSR

DTI

LTV

'그럼 대출이 가능한 수준에서만 주택을 매수한 다음, 월세를 내주는 게 더 유리한 거 아닌가?'라는 의문이 들 수도 있다. 매우 타당한 의문이다. 꼭 남의 돈을 써서 주택을 사야 하는 것은 당연히 아니기 때문이다. 다만 아직 언급하지 않은 대전제가 있다. "집값은 결국 오른다"는 대전제다. 향후 집값이 오른다고 전제하면 무조건 남의 돈을 가능한 한 많이 빌려서 주택을 사는 게 이득이다. 이 대전제는 지난 70여 년간 대부분의 경우에서 유효했다.

그뿐만 아니라 전세는 더 안정적인 자금 운용을 희망하는 집주인의 니즈와도 부합한다. 이를 이해하기 위해서는 대출이율과 월세수익률이 동일하다고 할 때, 전세를 내어줌으로써 이자비용을 부담하지 않는 것과 대출을 받고 월세 수입으로 이자비용을 충당하는 행위의 경제적 실질이 전혀 다름을 알아야 한다. 이자비용과 월세수익률의 변동성은 비대칭적이다. 금리 인상기에 대부분의 은행이 변동금리를 제시하는 반면 월세는 인상 가능 여부가 불확실하고 인상폭에 제한이 있다. 더구나 공실이 나거나 기존 임차인의 자금 사정이 악화된다면 월세를 받지 못할 수도 있다. 물론 이런 위험에 대비하기 위해 전세보증금이 존재하지만, 그렇다면 애초에 반전세 내지 월세보다 전세가 유리한 선택이 되는 셈이다. 요컨대 전세는 레버리지를 활용할 수 있게 하는 창구이면서 동시에 보다 예측 가능한 현금 운용을 가능케 하는 선택지다.

지갑 사정에 따라 달라지는 전월세 선호

전월세전환율이 금리를 훌쩍 뛰어넘는다는 점을 고려했을 때, 한 가지 결론에 도달할 수 있다. 금리보다 높은 전월세전환율에도 불구하고 군이 전세로 집을 내주는 임대인은 비교적 '현금 비중'이 낮은 즉 (주택의 소유 등을 위해) 목돈이 필요하다는 사실이다. 마찬가지로, 군이 월세를 선택하는 임차인 또한 '현금 비중'이 낮을

○ 집주인과 세입자의 자금 사정에 따른 선호 임대차 유형

집주인의 현금 비중이 높고 세입자의 현금 비중이 낮으면 월세, 집주인의 현금 비중이 낮고 세입자의 현금 비중이 높으면 전세를 선호한다.

	현금 비중 高	현금 비중 低
현금 비중 高		전세
현금 비중 低	월세	

가능성이 높다. 이를 고려했을 때 두 가지 지점에서 균형이 생긴다(물론 현실에서는 전세자금대출 제도가 활발해, 현금 비중이 낮은 임차인도 전세를 선호하는 경우가 많다).

즉 월세와 전세는 두 가지 유형으로 나뉘는 집주인과 세입자의 지갑 사정에 따라 결정된다는 해석이 가능하다. 만약 이 세상 모든 집주인이 현금 비중이 높은 다주택자였다면 전세 공급이 메말라 우리나라 또한 여타 국가들처럼 월세 혹은 매매의 양자택일 구도를 마주했을 수도 있다.

전세와 월세 그리고 금리의 '밀당'

4

전세와 월세는 어떤 관계일까?

지금까지 임대차가 어떤 메커니즘으로 이루어지는 것인지, 월세와 전세의 배경에는 어떤 수요와 공급이 존재하는지 알아보았다. 이제 보다 심화된 질문을 던질 차례다. 월세와 전세는 서로 어떤 관계일까? 두 변수의 관계를 분석하는 것은 시장의 미래를 예측할 수 있는 창구가 되기에 무척 중요하다.

월세와 전세가가 서로 비례관계인지 반비례관계인지에 대해 미디어마다 제각각 다르게 해설하는 것을 볼 수 있다. 이는 근본적으로 월세와 전세가 서로 대체관계에 있으면서 월세가 전세가의 기준점이 되기도 하고, 제3의 변수에 의해 각각의 가격이 동행하기도 하기 때문이다. 복잡해 보이지만, 하나씩 뜯어보면 알기 쉽다.

대개 주택 공급과 구매력에 의해 월세가격이 영향을 받고, 그 월세가격에 준거하여 전세가격이 결정된다. 다만 금리 변동에 따라 월세가와 전세가가 다르게 진동할 수 있다. 전세 대비 월세가 금리에 영향을 받는 정도는 대단히 미미하다. 사회적·법적인 이유로 금리가 오른다고 해서 월세를 올리는 것이 어렵기도 하고, 반대로 금리가 내린다고 집주인이 월세를 내려줄 이유가 없기 때문이다. 요컨대 대략적인 흐름은 주택보급률이나 경기침체 등의 이슈로 주택 공급 및 구매력 등이 달라지면 그에 따라 전월세의 움직임이 정해지고, 이와 함께 금리 변동, 기타 세부 정책 등이 반영되어 전세가의 움직임이 정해지는 구조라고 이해할 수 있다.

금리와 거꾸로 움직이는 전셋값

그렇다면 전세는 금리와 어떤 관계에 있는 걸까? 전세는 월세와 금리의 함수다. 월세가 변동하지 않을 때 전세가는 금리와 역의 관계다. 금리가 오르면 전세가가 떨어지고, 금리가 내리면 전세가가 오른다.

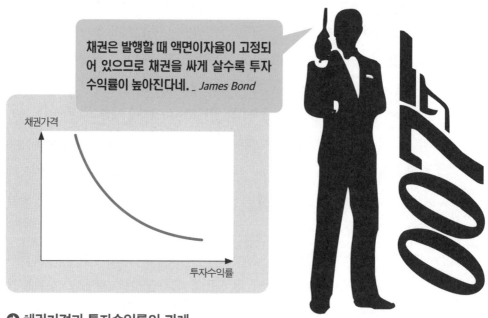

◑ 채권가격과 투자수익률의 관계

채권가격과 투자수익률은 반대방향으로 움직인다. 예를 들어 1년 뒤에 100만 원을 지급하는 채권의 가격이 97만 원에서 98만 원으로 상승하면, 수익이 3만 원에서 2만 원으로 줄어들게 된다. 따라서 투자수익률이 하락하게 된다.

금리와 전세가의 반비례관계를 이해하기 위해서는 먼저 채권(bond)의 수익률과 채권가격 간의 반비례관계를 이해해야 한다(여기서 말하는 채권은 정해진 원금과 이자를 주는 금융상품으로, 앞서 31쪽에서 말한 법적 용어로서의 채권과 헷갈려서는 안 된다). 우선 채권수익률은 특정 시점에 매입한 채권을 만기까지 보유했을 때 얻을 수 있는 수익률을 가리킨다. 가령 액면가 1000달러에 발행된 채권의 액면이자율(coupon rate)이 5%라고 해보자. 이 채권을 1000달러의 가격에 매입했다. 채권 매입자는 만기까지 50달러의 이자와 함께 만기에 원리금 1000달러를 돌려받아 연 5%의 투자수익률을 기록한다.

우리가 매입하는 채권은 이미 액면이자율이 고정되어 있기 때문에 채권을 싸게 살수록 투자수익률이 높아진다. 이때 액면이자율과 투자수익률이 엄연히 다른 개념임을 유의해야 한다. 액면이자율은 앞으로 채권이 지급하기로 약속한 정기적인 이자수익을, 투자수익률은 이자수익과 원리금이 현재 지불하는 금액 대비 얼마나 되는지에 대한 지표다.

그렇다면 채권가격은 어떻게 결정되는 것일까? 모든 자산이 그렇듯 채권가격 또한 수요와 공급에 따라 결정된다. 채권 수요는 기준금리*에 큰 영향을 받는다. 한국은행이 기준금리를 올리는 경우를 생각해 보자. 채권을 최초 발행할 때 결정되

기준금리 중앙은행(우리나라는 한국은행)이 경제 활동 상황을 판단하여 정책적으로 결정하는 금리이다. 중앙은행이 결정하는 기준금리는 시중금리(예금금리, 대출금리)의 기준이 된다.

는 액면이자율은 발행 당시 기준금리와 발행 주체의 부도 위험 등을 반영한다. 따라서 채권 발행 이후 기준금리가 높아지면 채권의 상대적인 투자수익률이 낮아진다. 이후 발행될 채권은 더 높은 액면이자율을 제시할 것이기 때문이다. 즉 현재 유통시장에서 매매되는 채권 보유의 기회비용이 높아지는 셈이므로 채권에 대한 수요가 낮아진다. 이는 이미 발행된 채권가격의 하락으로 이어지고 투자자들이 해당 채권을 더 싼값에 매입할 수 있으므로 투자수익률 상승으로 이어진다.

반대로 금리가 낮아지면 이미 발행된 채권이 다른 투자처보다 더 높은 투자수익률을 약속하는 셈이니 채권 수요가 상승해 채권가격이 오르고 투자수익률은 하락한다. 이렇듯 채권의 투자수익률은 금리와 대체로 같은 방향으로 움직인다.

이처럼 채권의 가격이 결정되는 논리는 전셋값 결정에 그대로 적용할 수 있다. 전세가 곧 이자수익이 거주 권리로 대체된, '2년 만기 채권'이기 때문이다. 세입자

◑ 금리 · 채권가격 · 투자수익률의 관계

금리가 오르면 채권가격이 내려가고, 금리가 내리면 채권가격이 올라간다. 채권가격이 내려가면 투자수익률이 올라가고, 채권가격이 올라가면 투자수익률이 내려간다.

⊙ 금리와 전세가의 시소관계

금리와 전세가는 거꾸로 가는 관계다. 금리가 오르면 전세가가 떨어지고, 금리가 내리면 전세가가 오른다.

금리 ▲   전세가 ▼   금리 ▼   전세가 ▲

는 전세에 투자함으로써, 채권의 이자 대신 그 건물을 쓸 권리를 얻는 것이다. 즉 금리가 높아질 경우 채권 투자자(세입자)의 수익률이 낮아짐에 따라 전세가가 낮아지는 것이 이론적인 모델이다. 현실에서는 금리 상승기에도 전세가가 오르는 경우가 있는데, 이는 금리 외 기타 변수가 작용한 결과일 뿐이다. 결론적으로 금리는 전세가와 반비례관계에 있다.

전셋값은 '월세와 금리의 함수'

월세도 하나의 재화이므로 공급과 수요에 의해 가격이 결정된다. 여기서 공급은 주택 공급을 가리키며, 수요는 구매력을 가리킬 것이다. 즉 주택 공급이 줄거나 소득이 늘어 월세 지불 능력이 올라갈 때 월세가격은 오른다. 특히 보증금이 상대적으로 낮고 월별 지출액이 큰 월세의 본질상 구매력이 월세가에 미치는 영향은 매매가에 미치는 영향을 크게 상회한다.

월세가가 변동하면 전세가도 변하게 된다. 만약 아파트가 '황금알을 낳는 거위'라면, 월세가 다달이 나오는 황금알이고 전세는 거위를 빌려주는 행위다. 다달이 나오는 황금알(월세)의 가치가 상승할 경우 거위(아파트)를 빌려주는 기회비용이 늘어나니 '대여료(전세가)'가 오르는 것은 당연지사다. 전셋값은 다음과 같은 함수로 나타낼 수 있다.

● 전셋값과 월세, 금리의 관계

전셋값 = f [월세(소득, 주택 공급), 금리]

위 식에서 월세가 오르면 전셋값이 상승하게 된다. 앞서 이를 '황금알을 낳는 거위'에 비추어 설명했는데, 전세와 월세의 대체재로서의 성격을 통해서도 이를 설명할 수 있다. 곧 높은 월세를 감당하기 어려운 세입자 수요가 전세로 이동해 비례관계가 형성된다는 논리다. 뒤에서 설명하겠지만 상업용 부동산의 가장 기본적인 가격 책정 방식도 월세 수입에 특정 배수(multiple)를 곱하는 식이다(274쪽).

금리와 전셋값는 반비례하는데, 위 식을 참조하면 금리가 상승하더라도 월세 변동성이 더 크다면 전셋값이 되레 오르는 일도 가능하다는 점을 알 수 있다. 가령 금리가 2%에서 3%로 오를 경우 전셋값은 이론적으로 내리기 마련이지만, 같은 시기 월세가 큰 폭으로 올라 전세에 상대적 가격경쟁력이 생긴다면 높아진 전세 수요에 따라 전셋값은 균형을 찾아 오르게 된다.

아파트가 황금알을 낳는 거위라고 해보자. 다달이 나오는 황금알(월세)의 가치가 상승할 경우 거위(아파트)를 빌려주는 기회비용이 늘어나니 대여료(전세가)가 오르는 것은 당연하다.

5

전세를 월세로 돌렸을 때, 적당한 월세는?

전월세전환율에도 '국룰' 이 있다

앞서 전월세전환율에 대해 간략히 언급한 바 있다. 전월세전환율은 전셋값을 매달 내야 하는 월세로 전환할 때 적용되는 연간 이자율이다. 즉 전세를 월세로 전환할 때 적용하는 비율로 이해하면 된다. 전월세전환율은 전세 시장, 나아가 부동산 경기를 이해하는 데 중요한 개념이므로 더 깊게 살펴볼 필요가 있다. 전환율은 다음과 같은 수식을 통해 계산할 수 있다.

$$전월세전환율 = \frac{월세}{(전세보증금 - 월세보증금)} \times 100\% \times 12개월$$

전세가가 7억 원가량 책정된 집의 전월세전환율이 6%라는 것은 월세로 전환했을 때 대략 월 350만 원씩 받을 수 있다는 뜻이다. 만일 집주인이 7억 원을 활용해 6%를 상회하는 수익을 얻을 것으로 기대할 경우 월세계약은 6% 전환비 이상에서 체결될 것이고, 반대의 경우라면 6% 이하에서 체결될 것이다. 이런 본질을 고려할 때, 전세금에 대한 기대투자수익률이 교환비가 되어야 할 것이다.

한 가지 흥미로운 점은 전월세전환율에 두 가지 유형이 있다는 것이다. 시세에 해당하는 '시장 전월세전환율'과 기존 전세계약을 월세로 전환할 때만 적용되는 '법정 전월세전환율'이 있다. 우리가 흔히 전월세전환율이라 부르는 것은 시장 전월세전환율이다.

법정 전월세전환율은 기존 전세계약을 월세로 전환할 때 적용되는 것으로, 특정한 값으로 책정되어 있다. 2023년 8월 기준 법정 전월세전환율은 5.5%다. 현행 「주임법」에 따라 '한국은행 기준금리(현행 3.5%) + 대통령령으로 정하는 이율(현행 2.0%)'이 법정 전월세전환율의 상한이 된다.

5.5% 상한이 생긴다는 것은 정확히 어떤 의미일까? 기존에 전세보증금 1억 원을 받던 계약에서, 보증금 2천만 원에 나머지는 월세로 전환하려는 경우를 가정해 보자. 앞서 살펴본 전환율 공식에 따라 월세로 전환하는 보증금에 전환율을 곱한 뒤 12개월로 나누면 월세를 계산할 수 있다. 월세로 전환하고자 하는 8000만 원에 전환율 5.5%를 곱한 후 12로 나누면 약 37만 원이 나온다. 즉 전세 1억 원짜리 임대차계약이 보증금 2000만 원, 월세 37만 원으로 전환될 수 있다.

◑ 법정 전월세전환율

구분	내용
정의	기존 전세계약을 월세로 전환할 때 보증금에 적용되는 월세 비율
비율	두 값 중 작은 비율 1. 은행에서 정하는 대출금리와 해당 지역의 경제 여건 등을 고려하여 대통령령으로 정하는 비율 2. 한국은행에서 공시한 기준금리에 대통령령으로 정하는 이율(2%)을 더한 비율
유의 사항	1. 법정 전월세전환율보다 낮은 비율로 전환하더라도 아무런 문제 없음 2. 법정 전월세전환율을 초과해 전환된 월세계약의 경우 세입자는 초과분 월세에 대해서는 납부하지 않아도 됨
전환 조건	기존 전세계약을 월세로 전환하기 위해서는 임대인과 임차인, 양측이 모두 이에 동의해야 함

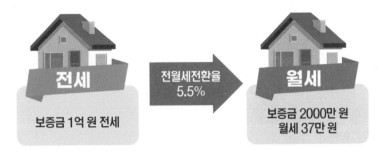

○ 전월세전환율 5.5%를 적용했을 때 전셋값과 월세값 변화

전세
보증금 1억 원 전세

전월세전환율
5.5%

월세
보증금 2000만 원
월세 37만 원

　집주인은 법정 전월세전환율을 초과하여 월세로 전환할 수 없다. 만일 집주인이 전세계약을 월세계약으로 전환할 당시 적용한 전환율이 법정 전월세전환율을 상회할 경우, 세입자는 이미 냈던 초과분을 반환해달라고 청구할 권리가 있다. 물론 전환을 위해서는 세입자와 집주인 모두의 동의가 선결되어야 한다.

　이러한 법정 전월세전환율에는 한 가지 문제가 있다. 잠시 뒤에 살펴보겠지만, 지방과 서울, 서울 내에서도 지역별로 시장 전월세전환율은 제각각 다르다. 다시 한번 식을 들여다보자. 전환율을 5.5%로 고정할 경우 본래 7%에 육박하던 지방의 전세가가 폭등할 수밖에 없는 구조다. 월세 및 월세보증금이 고정된다고 할 때 전환율이 낮아지기 위해선 전세보증금이 올라야 하기 때문이다. 풍선의 한 곳을 누를 때 다른 한쪽이 부풀어 오르는 현상과 유사하다.

　법정 전월세전환율은 이미 맺어진 전세계약을 월세계약으로 전환할 때 적용되는 것일 뿐이다. 막상 본인 집의 전월세 비율을 계산해 보면 5.5%를 넘는 경우가 허다한 이유다.

전월세
전환율
5.5%

지방
전세값

풍선의 한 곳을 누르면 다른 곳이 불거져 나오는 것처럼 문제 하나가 해결되면 또 다른 문제가 생겨나는 현상을 '풍선효과'라고 한다.

미디어에서 흔히 사용하는 '전환율'이라는 표현은 시장 전월세전환율, 즉 시세를 가리킨다. 계산식에 따라 전셋값(전세보증금)이 내려가거나 월세 혹은 월세보증금이 오르면 시장 전월세전환율이 상승하고, 반대로 전셋값이 오르거나 월세 혹은 월세보증금이 내려가면 시장 전월세전환율은 떨어지게 된다.

코로나19 팬데믹이 수그러들 즈음 금리가 오르는 국면에서 전환율이 상승한 것도 이자 비용 부담을 피해 월세 수요가 늘었기 때문이다. 금리가 오름에 따라 전셋값이 쉽게 오르지 않는 국면에서 월세 및 월세보증금이 올라 전월세전환율을 밀어 올린 것이다.

강남에서 놀려면 대가를 지급해야 한다

한 가지 주지할 만한 점은 지역별로 나타나는 전월세전환율이 판이하다는 것이다. 지역별 전월세전환율을 보면 한 가지 뚜렷한 경향이 보인다. 전월세전환율은 지방지역일수록 높고, 서울지역일수록 낮다. 특히 강남의 경우 2023년 5월 기준으로 5%라는 전국 최저 수치를 보인다. 이 자료는 오피스 및 주택을 아우르고 있으므로 오피스와 주택 두 가지 측면을 모두 살펴야 한다.

우선 오피스의 경우 통상 강남지역의 전월세전환율이 높게 나타나는 게 일반적이다. 강남은 다른 지역 대비 소형빌딩 비중이 높은데, 소형빌딩의 경우 보증금 비율이 높은 전월세계약 비중이 높다. 소형 오피스빌딩 소유주 중에는 대기업보다 개인 및 중소형 법인이 많다. 빌딩을 새로 건축할 때 들어가는 막대한 비용을 충당하기는 여간 어려운 일이 아니다. 물론 은행으로부터 대출을 받을 수도 있고 상업용 부동산은 기타 유형의 부동산 대비 더 높은 레버리지를 활용할 수도 있다. 하지만 건축 이후 앞으로 어느 정도 월세 수익이 들어올지 명확하지 않은 시점에 막대한 이자비용을 부담하는 것은 건축주 중 나름 '영세'한 축에 속하는 개

◎ 2023년 5월 지역별 전월세전환율 단위 : %

전셋값을 매달 내야 하는 월세로 전환할 때 적용되는 연간 이자율을 전월세전환율이라고 한다. 전월세전환율이 높아지면 상대적으로 전세보다 월세 부담이 커졌다는 의미다. 전월세전환율은 지역마다 다른데 지방지역일수록 높고, 서울지역일수록 낮다. 특히 강남의 경우 2023년 5월 기준으로 전월세전환율이 5%로, 전국 최저를 기록하고 있다. 강남의 '평균' 전월세전환율이 낮은 이유는 타 지역 대비 크고 비싼 주택 비중이 높기 때문이다. 일반적으로 집이 크고 비쌀수록 면적당 월세값이 싸다. 거꾸로 이야기하면 작고 싼 집일수록 평당 월세값이 높아진다.

서울 평균	강북지역	도심권	동북권	서북권	강남지역	서남권	동남권
5.2	5.6	5.6	5.6	5.5	5	5.2	4.6

부산	대구	인천	광주	대전	울산	세종	경기
6.1	6.2	6.7	6	6.2	6.7	6.3	6.4

강원	충북	충남	전북	전남	경북	경남	제주
6.9	7.3	7.9	7.3	6.5	7.3	6.6	6.2

* 자료 : 한국부동산원

인 및 중소형 법인이 쉽사리 신탁할 수 있는 선택지가 아니다. 월세 수익 변동에 따른 재무적 민감도가 대기업 대비 훨씬 높기 때문에 비교적 보증금 비중이 높은 계약을 선호하는 것이다. 이때 보증금은 초기 현금 유출을 막을 수 있는 민간 대출 역할을 하므로 종종 건축비를 줄이는 목적으로 투입된다. 소형빌딩 소유주가 대형빌딩 소유주 대비 보증금 비중이 높은 전월세계약을 선호하는 이유다.

이에 따라 보증금 비율이 높은 계약을 하고자 하는 건물주의 전세 공급이 늘어 전세보증금은 낮아지게 된다. 동네에 아이스크림 할인점이 많아질수록 아이스크림 평균 판매가가 낮아지는 현상과 일맥상통한다. 가격이 공급을 거슬러 오르는 경우는 거의 찾아보기 어렵다. 이를 앞에서 본 식에 대입하면 소형빌딩이 밀집해 있는 강남권역의 전월세전환율이 기타 권역의 전월세전환율 대비 높게 형성되는 이유가 명확해진다.

그렇다면 지역별 전월세전환율 통계에서 되려 강남의 전환율이 높게 나와야 하는 것 아닌가? 남은 답은 한 가지다. '주택'이 범인이다. 강남의 '평균' 전월세전환율이 낮은 이유는 타 지역 대비 크고 비싼 주택 비중이 높기 때문이다. 일반적으로 집이 크고 비쌀수록 면적당 월세값이 싸다. 거꾸로 이야기하면 작고 싼 집일수록 평당 월세값이 높아진다. 세입자의 월세 지급능력이 낮을수록 집주인은 공실 및 연체 리스크에 대비하고자 한다. 신용도가 낮을수록 대출금리가 높아지는 것과 같은 맥락이다. 세를 주는 것도 결국 투자의 일종이니, 세입자 리스크가 클수록 더 높은 월세를 받는 아주 기본적인 원칙을 따르는 것뿐이다.

월세 지급능력이 부족한 사람이 소형 평형에 거주하는 비율은 고가의 대형평형에 거주하는 비율을 상회한다. 모든 지역에 걸쳐 단독·다가구, 다세대·연립, 아파트 순으로 전월세전환율이 낮아진다. 따라서 강남보다 대학 상권 및 원룸 등이 밀집해 있는 타 권역의 전월세전환율이 상대적으로 높게 나타나는 것이다.

왜 우리나라는 월세수익률이 형편없을까?

강남-지방 구분을 떠나 우리나라의 월세수익률은 타 국가 대비 낮은 수준이다. 월세수익률은 지금껏 설명했던 전월세전환율과 동치의 개념은 아니다. 월세수익률은 [월세가/(매매가-보증금)]으로 계산하는 지표로, 간단하게 임대사업의 수익성을 의미한다. 비교하자면 주식의 배당수익률과 유사하다. 월세수익률이 오른다는 의미는 매매가 대비 월세 혹은 월세보증금이 오른다는 것이다. 우리나라의 월세수익률이 낮은 이유로 크게 세 가지 요인을 꼽을 수 있다.

우선 그간 아파트가격이 가파르게 상승한 영향이 있다. PIR(Price Income Rate) 지수는 가구소득 대비 주택가격비율로, 가구의 연소득으로 특정 지역 또는 국가의 주택을 사는 데 얼마나 걸리는지를 나타내는 지표다. 쉽게 말해 PIR 지수는 숨만 쉬고 살면서 월급을 몇 년 모아야 집을 살 수 있는지를 보여준다. KB부동산이 발표한 자료에 따르면 2022년 서울의 PIR은 14.2로 홍콩 다음으로 높다. 전 세계에서 연소득 대비 주택가격비율이 가장 높다는 의미다. 이는 물가가 비싸기로 유명한 런던(8.7)이나 뉴욕(7.1)보다 훨씬 높은 비율이다. 중위소득 가구가 소득을 한 푼도 쓰지 않고 14.2년을 꼬박 다 모아야 비로소 서울에 거처를 마련할 수 있다는 얘기다.

아파트가격이 오르면 월세수익률은 떨어진다. 월세의 특성상 아파트가격이 오르더라도 이에 발맞추어 가격을 올리기 어렵기 때문이다. 물론 보유자 입장에서도 아파트가격이 올라 월세수익률이 낮아지는 것이 기분 나쁜 일은 아닐 것이다.

가령 주식을 산 이후 주가(집값)가 올라 배당수익률(월세수익률)이 하락한 것이라면, 그 현상을 두고 불평할 투자자는 없을 테니 말이다.

미국은 전통적으로 주식에 대한 믿음이 있고 '부동산 부자'보다는 '주식 부자'를 좀 더 현실적이라 보는 경향이 있다. 반면 우리나라는 '강남불패'로 대변되는 부동산 성장을 전 국민이 겪은 만큼 주식보다는 부동산에 대한 믿음이 강하다. 소득 대비 부동산가격을 가리키는 지표에서 홍콩 다음으로 2위를 기록한 것도 이러한 믿음을 기반으로 다져진 웃지 못할 결과다.

◗ 2022년 주요 도시의 PIR 지수

PIR은 가구소득 대비 주택가격비율로, 주택구매력을 나타내는 지표다. 예를 들어 PIR이 10이라는 것은 10년 동안의 소득을 한 푼도 쓰지 않고 모두 모아야 해당 지역에 집 한 채를 살 수 있다는 의미다. 2022년 서울은 PIR이 14.2다. 즉 중위소득 가구가 소득을 한 푼도 쓰지 않고 14.2년을 꼬박 다 모아야 비로소 서울에 거처를 마련할 수 있다.

* 자료 : KB부동산

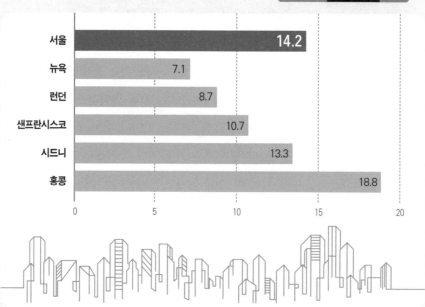

도시	PIR
서울	14.2
뉴욕	7.1
런던	8.7
샌프란시스코	10.7
시드니	13.3
홍콩	18.8

두 번째는 보증금 여부다. 놀랍게도 우리나라처럼 월세에 보증금을 대폭 덧붙이는 경우는 찾아보기 어렵다. 현재 우리나라의 보증금은 평균적으로 월세의 22개월 치 정도인 반면, 일본은 1~3개월 치, 영미권 국가는 1개월 정도에 그친다.

사실 이것은 문제 상황이라기보다 법률 차이에 따른 결과에 가깝다. 외국의 경우 세입자의 퇴거가 쉽고 연체 발생 시 보통 2개월 내 강제 퇴거 조치가 가능하다. 반면 우리나라는 임대인과 임차인 사이 분쟁이 소송으로까지 번지면, 최소한 6개월은 족히 소요되는 지난한 과정을 거쳐야 한다. 기본적으로 국내 주거 관련 법률은 세입자를 보호하는 데 방점이 찍혀 있기 때문이다. 기타 선진국의 경우 세입자가 부득이한 사유로 월세를 지급하지 못하면 이를 대납해 주는 월세보증회사가 존재하는 특수성도 있다.

마지막은 집주인의 교섭력에 대한 것인데, 한국의 집주인들은 교섭력이 약한 편이다. 집주인의 교섭력은 '라이벌 집주인'과 자기 자신의 재무 구조에 따라 결정된다. 자신과 비슷하거나 더 좋은 조건을 내거는 집주인이 적을수록, 집주인의 부채비율이 적을수록 교섭력은 강해지기 마련이다.

우리나라의 부동산 풍토상 레버리지율이 낮은 집주인보다 갭투자를 통해 고레버리지를 일으킨 집주인들이 많다. 이들의 특징은 당장 융통하고 있는 모든 돈이 사라질 경우 상당히 곤란한 처지에 놓인다는 것이다. 그러다 보니 기존에 전세로 세를 두던 부동산을 섣불리 월세로 전환하기 어려울 뿐 아니라, 전세가를 올려 공실 리스크를 떠안을 엄두를 쉽게 내지 못한다. 반면 레버리지율이 낮은 집주인이라면 어느 정도 높은 월세를 호가로 내놓으며 세입자가 구해질 때까지 버틸 여력이 있다. 그러나 대부분의 집주인 그러니까 부채비율이 높은 집주인들이 전세를 던져대니 월세를 맘 편히 올리지 못하는 것이다.

귀양 떠난 조선 선비들의 후회에서 비롯된 전세제도

정약용도 서울 집값 상승의 피해자

월세 형태로 이루어지는 임대차는 흔하지만 우리나라만큼 전세가 활성화된 국가는 찾아보기 어렵다. 물론 인도, 모로코 등의 국가에서도 유사한 제도를 찾아볼 수 있지만 이들 모두 금융제도가 후진적인 국가라 직접적인 비교는 어렵다. 전세는 언제부터 우리 삶 속에 있었을까?

전세의 역사는 조선시대까지 거슬러 올라간다. 조선시대 관료들에게 내려지는 징계 중 '귀양'이 있었다. 이는 현대사회에서의 '좌천'이나 마찬가지다. 곤장을 맞은 후 남해안 혹은 추위로 유명한 함경도 쪽으로 내쫓기는 게 일반적이었다. 한 가지 흥미로운 점은 귀양지로 향한 관리 중 몇몇 사람에게는 일종의 '패자부활전'이 있었다는 점이다. 그러니까 임금님의 심경이 바뀌거나 임금 자체가 바뀔 경우 서울로 다시 복직하는 경우가 더러 있었다. 정권이 바뀜에 따라 지방과 서울 인사가 바뀌는 현대사회의 모습을 당대에도 찾아볼 수 있었다.

초기 귀양이라는 제도가 도입되었을 때만 해도 귀양 처분을 받은 관료들은 여생을 꼼짝 없이 귀양지에서 보낼 것으로 생각했기에 귀양 가기 전에 거주하던 서울집을 파는 경우가 다반사였다. 그러다 보니 다시 서울 복직 명령이 떨어졌을 때, 기쁜 마음과 자연을 떠난다는 약간의 아쉬움과 함께 '서울 올라가면 집은 어떻게 하나?' 하는 고민이 밀려왔을 터이다.

서울 집값이 요지부동이었다면 배부른 고민이었겠으나 서울 집값 상승은 당시에도 큰 화두였다. 2010년에 거주하던 서울 집을 팔고 받은 돈을 고이 예·적금으로 모셔둔 채 13년이 지난 2023년, 같은 집을 구매하고자 한다면 곤란한 상황을 마주할 게 뻔하지 않겠는가? 당시는 지금과 달리 자산을 불릴 뾰족한 투자처가 있던 것도 아니었으니 말이다.

실제로 조선 후기의 실학자 정약용丁若鏞, 1762~1836 또한 서울 집값 상승의 피해자였다. 1795년 천주교 관련 사건으로 골머리를 앓던 정조正祖, 1752~1800는 정약용을 지금의 충청남도 청양군 남양면에 해당하는 금정 지역으로 좌천시켰다가 다섯 달 만에 서울로 불러들였다. 유배가 끝날 무렵 정약용은 서울에 집을 알아보았지만, 그새 집값이 많이 올라 남양주에 집을 구해 복귀할 수밖에 없었다.

정조가 승하한 뒤 정약용은 장기(경상북도)에서 강진(전라남도)으로 유배지를 옮겨가

▶ 정약용이 아내의 빛바랜 치마를 자르고 다듬어 만든 서책 『하피첩』에는 부동산과 관련한 흥미로운 대목이 나온다. "서울에 살 곳을 정해 세련된 문화적 안목을 떨어뜨리지 말라." 정약용은 남양주에 사는 두 아들에게 가급적 서울에 살라고 당부했다.
사진은 남양주 정약용유적지 안에 있는
⟨다산 정약용 선생 상⟩.

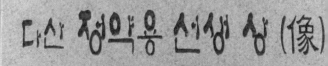

편법과 불법은 시대를 불문한다

이런 식의 전세가 우후죽순 등장하니 여러 편법도 판을 쳤다. 여연겸이라는 사람은 본래 10칸이던 집을 3등분하여 30칸에 세를 주기도 했다. 현재도 '비상주사무실'이라고 하여 하나의 사무실을 여러 개로 쪼개어 사업자등록증에 기재될 '멋진' – 이를테면 '서울특별시 강남구'로 시작하는 – 주소를 판매하는 비즈니스도 꽤 잘 되는 사업 유형 중 하나다. 10층에 90평짜리 사무실 하나가 있으면 1001호부터 1090호까지 1평짜리 사무실 90개를 만들어 판매하는 식이다. 2023년 화두가 된 전세사기 또한 당시부터 성행했던 문제다.

며 18년간 유배 생활을 했다. 정약용이 유배지로 떠난 지 10년쯤 지났을 무렵 그의 아내는 남편에게 다섯 폭의 치마를 보냈다. 혼례 때 입었던 다홍색 치마였다. 정약용은 아내의 빛바랜 치마를 70여 장으로 자르고 다듬어 두 아들에게 보내는 편지를 썼다. B5보다 조금 작은 크기의 이 서책이 『하피첩(霞帔帖)』이다.

『하피첩』에는 부동산과 관련한 흥미로운 대목이 나온다. 정약용은 남양주에 사는 두 아들에게 "중국은 궁벽한 시골에서도 성인이나 현인이 되는 데 장애가 없지만, 우리는 도성에서 수십 리만 떨어져도 인간의 법도에 눈뜨지 못한 동네"라고 했다. 그러니 "서울에 살 곳을 정해 세련된 문화적 안목을 떨어뜨리지 말라"고 당부했다. 또 "내가 유배를 당한 처지여서 (너희들을) 농촌에 물러나 살게 하고 있지만, 훗날 계획은 꼭 도성 십 리 안에 살도록 하는 것"이라고 덧붙였다.

이런 '귀양살이 선배들'의 모습을 본 '귀양살이 후배들'은 한 가지 아이디어를 냈다. 그들의 아이디어가 고도화되어 현대의 전세제도가 탄생했다고 봐도 과언이 아니다. 그들은 집을 파는 대신 집값의 7~8할만 내고 일시적으로 집을 빌려주는 방식을 고안했다. 집값 전체를 부담하지 않고 거주처를 얻을 수 있는 수요와 집값 상승 시 수혜를 볼 수 있는 기대가 만든 계약이다.

도시화 · 고금리 · 가파른 집값 상승으로
전셋값이 고공행진한 1970년대

한국전쟁 이후 국가의 기틀이 갖추어지며 다시금 전세제도가 고개를 든다. 전세제도는 대략 1970년대부터 재차 유행하기 시작했다. 지금이야 은행 대출금의 상당 부분이 전세자금대출이지만, 당시만 하더라도 사채시장이 매우 활발했다. 지금도 고소득 전문직을 '쩐주'로 하여 자금을 중개하는 사채나 기타 음지의 사채시장이 있지만, 당시 사채시장의 비중은 지금과 비교가 안 되는 수준이었다. 모든 시장은 수요와 공급이 맞아야 형성된다. 당시 정부가 은행 예금금리 및 대출금리에 상한을 두는 '공금리'라는 제도를 운용했으니, 은행을 둘러싼 초과 수요가 발생하는 것은 당연히 수순이었다.

당시 대기업이 은행으로부터 돈을 빌리며 지급한 금리는 15% 이상이었다. 심지어 은행의 개인 대출금리 혹은 개인의 사채금리는 더 높았다. 사채금리는 대개 월 단위가 기준이고 당시 5%가량이었으니, 연이자로 환산하면 무려 60%에 달하는 수치였다.

은행금리도 15%로 높을 뿐 아니라 대출시장의 상당 부분을 형성하던 사채금리가 60%를 육박하는 상황에서 집값은 가파르게 올랐다. 집주인 입장에서는 다달이 받는 월세의 매력이 떨어질 수밖에 없었다. 전세 형태로 세입자에게 목돈을 받아 사채를 빌려주거나 다른 부동산에 투자하면 돈이 '복사'가 됐으니 말이다. 당시 월세를 희망하는 집주인을 좀처럼 찾아보기 어려웠던 이유다.

특히 1970년대는 강남 개발의 시작점이자 농촌에서 상경한 청년들로 서울이 붐비던 시기였다. 빠르게 늘어나는 주택 수요를 공급이 쫓아가지 못하니, 집값은 계속 상승할 수밖에 없었다. 아무쪼록 세입자는 비교적 저렴한 전세에 들어가서 한 푼 두 푼 돈을 모아 자가를 마련하는 것이 내 집 마련을 위한 정석이었다. 집주인들 또한 그렇게 받은 전세를 바탕으로 다주택자가 되어 집값 상승에 편승하

경향신문 1976년 3월 5일

셋방 얻기가 어렵다

땅, 집 등 서울 시내의 부동산 거래가 거의 이루어지지 않는 부동산 불경기 속에 전셋값이 치솟고 전세를 찾는 사람에 비해 전세를 내놓는 사람이 적은 기현상을 빚고 있다.

이 같은 현상은 ▲올봄 들어 각종 건축자재값과 미장공, 벽돌공, 목수 등의 인건비가 올라 건축단가가 높아졌고 ▲「건축법」 시행령의 개정으로 종전 60%까지 지을 수 있었던 주거지역의 건폐율이 40%로 낮아질 움직임을 보여 새로 집을 지으려면 땅값 부담이 늘어나는 등 집값이 크게 오를 것이라고 전망한 집 소유자들이 집을 내놓지 않거나, 내놓아도 높은 값을 불러 빚어지는 것이라고 부동산 전문가들이 분석하고 있다.

이에 따라 서울 시내 각 복덕방에는 하루에도 10여 명씩 몰려 셋방을 찾고 있으나 방이 없어 소개하지 못하는 실정이다.

(중략)

고자 했다.

이처럼 전세는 정부 등 누군가에 의해 만들어진 제도가 아니라 시장 요구에 부응하여 형성된 '사적 금융'에 가깝다. 더불어 당시는 국가적으로 급속한 경제 성장을 목표로 하던 시기다. 국가 경제의 기틀이 되는 건설 경기 활성화를 위해 건설 물량을 받쳐줄 수요가 필요했다. 이에 수요 촉진을 위해 분양과 전세 제도를 국가 차원에서 밀어준 측면도 있다.

현대사의 부침이 오롯이 새겨진 전세제도

이처럼 본래 사적 계약의 형태로 진행되던 전세는 1981년을 맞아 정부의 「주임법」안에서 규율되기 시작하였다. 개인의 약속이던 전세가 비로소 '제도'로 자리 잡은 것이다. 「주임법」을 제정한 가장 큰 목적은, 주택 소유권이 다른 이에게 귀속되면서 전세보증금이 증발하는 경우를 막기 위해서였다. 계약 기간 또한 기존에는 통상 6개월 단위이던 것을 최소 1년 단위로 바꾸었다.

교양으로라도 경제학을 배운 사람이라면 수요와 공급 곡선에 대해 배웠을 것이다. 기본적으로 '가격'은 초과 수요 혹은 공급 부족 등 다차원적인 요인들로부터 영향을 받아 형성된다. 1990년 부근을 두고 '호황형 전세난 시기'라고 부른다. 1990년 무렵에는 경제성장률이 두 자릿수였을 만큼 지금으로는 상상하기 어려운 비약적 성장을 보이며 각종 유동성이 부동산 시장에 몰려 자연히 전세가가 올랐다. 3000만 원 정도이던 전국 평균 전세가가 3년 만에 두 배가량 오르기도 했다.

특히 1990년은 「주임법」 개정에 따라 계약 기간이 2년으로 늘어나며 전셋값이 재차 뛰었다. 빠른 경제 성장을 지켜본 집주인들이 더 이상 1년마다 전셋값을 올릴 수 없게 되자 단번에 전세보증금을 크게 올린 탓이다. 단순 계산으로 특정 순간에 존재하는 전세 매물이 절반(2년 → 1년)으로 줄어듦에 따라 공급이 감소한 것으로 해석할 수도 있다.

다만 IMF 사태로 전세 시장에도 한차례 요동이 있었다. 외환 위기로 인한 주택 수요 감소로 1998년 전셋값은 전년 대비 20% 가까이 폭락했다. 하지만 전셋값 폭락은 오래가지 않았다. 이듬해 금리 인하 및 각종 규제 완화로 수요는 금세 다시 확대되었고, 반면 1997년 주택 건설이 중단된 여파로 공급은 감소했다. 수요와 공급 불균형에 경기 회복에 대한 기대감이 맞물리며 전세가는 2002년까지 평균 10%씩 성장했다. 2002년에는 전국 평균 전세가가 1억 원을 돌파하기도 했다.

전세가격지수 추이(61쪽)를 보면 2004년 전세가가 주춤했던 것을 확인할 수 있다. 여기에는 정부가 2001년과 2002년에 걸쳐 무려 55만 가구에 달하는 주택을 공급한 배경이 작용했다. 하지만 2006년에 접어들며 참여정부의 여러 부동산 규제 정책에 따라 공급이 축소되는 동시에 전세자금대출제도가 활성화되면서 전세가가 재차 상승했다.

앞서 IMF 당시 주택 공급이 줄어든 영향이 시차를 두고 나타났다고 하였다. 2008년 글로벌 금융위기 당시 각종 시공이 중단되었는데 이는 2010년 '공급 절벽'이라는 부메랑으로 돌아왔다. 결국 2010년 전세가가 상승하였다. 그래프 기울기로 확인할 수 있듯이 2010년 부근에 전셋값이 크게 뛰었다. 2008년 서울에서 전세계약을 한 세입자들이 2년 만기가 지나서 2010년에 크게 오른 전셋값을 충당할 수 없게 되자, 수도권 외곽으로 밀려나는 경우도 자주 목격되었다.

매매가와 전세가의 동행관계

기본적으로 전세 시장의 흥망성쇠를 이해하기 위해서는 전세가의 특징을 이해해야 한다. 기본적으로 전세가는 매매가와 동행하는 경향이 있다. 어찌 보면 당연한 이야기다. 전세가는 오로지 해당 물건의 사용가치를 담아내고, 매매가는 해당 집의 사용가치 및 교환가치를 담고 있다. 물론 투기 수요에 의해 교환의 기대가치가 홀로 오른다면 전세가율(= 전세가/매매가)은 하락하게 된다.

매매가와 전세가 사이에 묘한 균형점이 형성되어 있기도 하다. 가령 매매가 대비 전세가가 올라 전세가율이 올라가면 그만큼 임차인의 위험이 증가하게 된다. 따라서 전세가율이 일정 수준을 넘을 경우 전세 수요 일부가 매매 수요로 전환되는 것이 보통이다. 즉 전세가 상승이 매매가를 밀어 올린다.

앞서 전세와 월세 사이의 공식을 설명하며, 전세가는 월세가를 기준으로 책정된다고 하였다. 여기에 방금 설명한 내용을 덧댄다면, '월세가가 정해진 후 전세가가 정해지고, 그렇게 정해진 전세가에 따라 매매가가 정해지는 것'이다.

부동산의 본질은 결국 '금융자산'이기 때문에, 부동산의 가격 또한 금융소득의 수익률과 리스크에 의해 결정된다는 금융자산 만고불변의 원칙을 벗어나지 않는다. 2023년 말 서울 상급지 아파트의 월세수익률은 예·적금 금리를 하회하는 2~3% 수준이었다. 금리가 더 하락하지 않는 이상 실거래가가 하락할 것이라는 당시 의견의 기저에는 이런 기본적인 원칙이 내포되어 있었다.

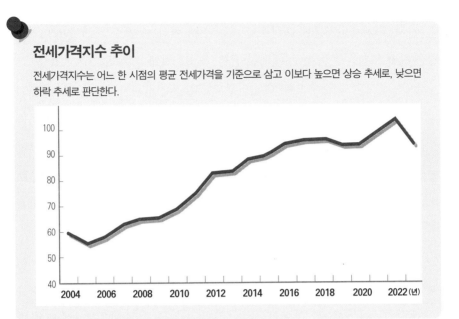

전세가격지수 추이

전세가격지수는 어느 한 시점의 평균 전세가격을 기준으로 삼고 이보다 높으면 상승 추세로, 낮으면 하락 추세로 판단한다.

* 기준 : 종합주택 전세가격지수, * 자료 : 한국부동산원

전세 시장은 이후 부침을 반복하다 2020년 유례없는 유동성 공급 및 저금리 기조에 따른 구매력 상승으로 전세가와 매매가가 동반 상승하는 모습을 보였다. 그러다 2022년에 접어들며 금리 상승이 본격화되고, 2023년은 전세사기 이슈로 얼룩지며 전세의 인기가 급격히 떨어졌다. 이렇듯 우리나라 부동산 역사는 전세의 흥망성쇠와 함께하므로 전세 동향을 살피는 것은 매우 중요하다.

말도 많고 탈도 많은 전세제도의 수명은 언제까지?

2022년에는 미국발 금리 인상에 따라 전세가가 급락하며 역전세난이 일어났다. 2023년에는 전세사기 피해가 수면 위로 떠올랐다. 그러자 전세라는 유일무이한 제도를 운용하는 우리나라의 주택금융이 후진적이라는 비판이 제기되었

다. 이에 따라 세입자들을 대상으로 거주 주택 매입 시 양도세, 취득세 면제와 같은 세제 혜택을 주는 등 구체적인 전세 줄이기 정책이 논의되기도 했다.

전세가 수요와 공급에 따라 자연발생적으로 탄생했다는 사실이, 전세제도가 그 자체로 완전무결하다는 의미는 아니다. 전세의 본질은, 결국 은행이 아닌 제3자(세입자)가 금융 외 대가(계약 기간 동안 집을 사용)를 받는 대신 목돈을 대출해 주는 것으로 파악할 수 있다. 우리가 주택 매매 직후 계약금을 전세보증금으로 충당하는 사람을 두고 '매매를 한 후 전세를 내주었다'고 표현하기보다 '갭투자를 했다'고 표현하는 이유이기도 하다.

만일 부동산이 상승하기만 한다면 전세가 문제되는 경우는 좀처럼 찾기 어려울 것이다. 앞서 임대인과 임차인의 거래 동인을 살펴보며 언급했듯, 전세계약을 낀 갭투자는 암묵적으로 부동산 상승세를 전제로 한다. 반대로 생각해 보면 부동산 상승기라는 대전제가 성립하지 않는 상황에서 전세는 대단한 위험을 안게 된다. 예를 들어 부동산 하락기에 전세 시장이 어그러지는 것은 당연한 수순이며, 전세사기 또한 어느 정도 예정된 문제로 바라볼 수 있다(집값이 상승하기만 한다면 의도적인 것과 의도하지 않은, 즉 고의성이 없는 전세사기 모두 발생 가능성이 현격히 줄어든다).

역전세난과 전세사기가 화두가 되자 가까운 미래에 우리나라에서 전세를 찾아보기 어려워질 수 있다는 주장도 고개를 들었다. 우리나라 부동산에서 전세가 차지하는 비중이 무척 높기 때문에 단번에 전세제도가 없어지는 것은 현실과 먼 이야기처럼 들리는 게 사실이다. 2022년 말 기준 전세보증금 규모는 약 1060조 원이다. 국내 상위 100대 기업의 시가총액 합계나 명목GDP 모두 2000조 원 수준이며, 국민연금 운용자산 규모가 약 1000조 원임을 고려할 때 엄청난 수치다. 이런 현실을 고려할 때 전세제도를 두고 '대마불사(大馬不死 : 쫓기는 큰 돌무리가 위태롭게 보여도 필경 살길이 생겨 죽지 않는다는 바둑 용어)'라는 의견도 일리가 있으나, 전세제도의 종식을 예상하는 주장도 꽤 합리적인 근거를 기반으로 한다.

어쩌면 전세가 자연히 사라질 수도 있지 않을까? 집값 상승률이 하락해 차익 실현 가능성 및 기대감이 낮아지는 동시에 금리가 내려 보증금의 이자수익률도 덩달아 낮아질 경우를 생각해보자(결코 비현실적인 가정이 아니다). 이 경우 전세보다 월세로 전환하거나 혹은 매도가 더 나은 전략이 되기 때문에 집주인 입장에서 전세의 매력이 반감된다. 또 다주택자에 대한 중과세 등의 규제가 심화될 경우 그간 전세 공급의 큰 축을 담당하던 레버리지율 높은 집주인 비율이 감소해 전세 공급 또한 감소할 것이라는 의견도 합리적이다. 물론 전세제도 자체가 임대인과 임차인 모두의 필요에 부합하는 형태이기 때문에 곁가지 시장의 충격만으로 전세 역사가 막을 내릴 일은 없을 것이라는 시각이 지배적이다. 다만 이러한 충격이 지속될 경우 점진적으로 반전세화, 월세화가 이루어지며 전세의 위상이 한풀 꺾일 가능성은 염두에 둬야 할 것으로 보인다.

7

전세제도의 본질을 알면
전세사기가 놀랍지 않다!

사기와 파산 사이 그 아찔한 경계

2023년 상반기 부동산 시장을 흔든 가장 큰 이슈는 전세사기였다. 2022년 12월경, 주택을 몇십 채에서 수천 채씩 소유한 악질 임대인들, 소위 '빌라왕'들 때문에 수많은 세입자가 전세보증금을 반환받지 못한 사태가 발생하면서 전세 문제가 수면 위로 떠올랐다.

다만 전세사기는 꼭 '빌라왕'에게만 당하는 것이 아니다. 우리 주변에서 전세보증금을 돌려받지 못하는 경우를 숱하게 찾아볼 수 있다. 이 모든 경우가 전세사기에 해당할까? 만약 아니라면 어디까지가 전세사기일까? 꼭 '사기'가 아니더라도 전세보증금을 반환받지 못할 수 있다. 간단하다. 사기를 치려 작정하지 않더라도, 임대인이 돈을 돌려줄 능력을 잃으면 전세보증금을 반환해 주지 못한다. 이는 말하자면 '파산'이다.

사기와 파산을 굳이 구별하자면 고의가 있었는지가 기준이 될 것이다. 전세보증금을 반환하지 않을 작정이었거나, 최소한 반환할 수 없게 될 가능성이 높음을 알면서도 방만하게 투자했다면 사기에 가까워지고, 그게 아니라면 파산에 가까워진다.

다만 사기든 파산이든 임차인이 보증금을 반환받지 못한다는 점에서는 같으니, 이러한 구별은 큰 의미가 없을 수도 있다. 이보다는 왜 이토록 전세에 관해서 사기 혹은 파산이 빈번한지를 아는 것이 중요하다. 이는 전세제도의 본질에서 비롯된다.

전세제도의 본질은 '대출'이다!

전세제도는 해외 선진국에서 사례를 찾아보기 힘든, 아주 한국적인 제도다. 건물을 사용하고 대가를 지불하는 방식으로 가장 직관적인 것은 당연히 기간별로 사용료를 내는 월세 형태다. 이에 비해 전세는 매우 이질적인 방식이다.

◐ 전세제도의 본질

전세는 임차인(세입자)이 임대인(집주인)에게 돈을 빌려주고, 이자를 받는 대신 건물을 사용하는 계약이다. 우리나라에서는 '전세의 탈'을 쓴 고액 대출이 수시로 일어나고 있다.

"전세제도의 본질은 대출이다"

임대인
= 이자
보증금 = 대출금
임차인

임대인
=
돈을
빌리는 사람

임차인
=
돈을
빌려주는 사람

앞에서 전세와 월세가 법적으로는 같다고 했지만, 이는 반만 맞는 얘기다. 전세는 본질적으로 월세와 경제적 성격이 다르고 매우 불안정하다. 따라서 압도적인 위험을 내포하고 있다.

법적으로는 전세와 월세 모두 임차권에 해당한다는 점은 같다. 월세에서 월마다 지급하는 차임을 낮추는 대신 보증금을 높이면 곧 전세가 된다. 다만 전세와 월세는 보증금의 맥락이 완전히 다르다. 원래 보증금은 임차인이 월세를 지급하지 않거나 건물을 손상하는 등 미연의 사태에 관한 '보증'을 위해 미리 받아두는 것일 뿐, 딱히 보증금이 (건물 사용에 대한) 대가로서의 의미를 갖는 건 아니다. 그러나 전세계약에서 임대인과 임차인 그 누구도 보증금을 보증의 용도로 생각하지 않는다. 전세계약의 당사자들은 전세보증금을 건물 사용에 대한 대가로 생각한다.

보증금은 다시 돌려받는 돈인데 어떻게 사용의 대가가 되는 것일까? 그야 간단하다. 돈을 주고 나중에 돌려받기로 약속하는 것은 곧 그 돈을 빌려준다는 의미다. 따라서 임차인은 임대인에게 전세보증금에 해당하는 만큼을 '빌려주는 것'이다. 원래는 돈을 빌려주면 당연히 이자를 받아야 한다. 그러나 임차인은 따로 이자를 받지 않는다. 그 대신 건물을 사용한다. 즉 전세는 임차인이 임대인에게 돈을 빌려주고, 이자를 받는 대신 건물을 사용하는 계약이다.

전세제도가 독특한 이유가 바로 이것이다. 건물 사용의 대가를 지불하는 방식으로, '일정 기간마다 돈을 주는' 게 아니라 '돈을 빌려주고, 이자를 안 받는' 방식이니 말이다. 적게는 수천만 원에서 많게는 수억 원을 생판 남에게 빌려줄 일이 얼마나 있을까? 살면서 한 번 있을까 말까 한 일이다. 그러나 대한민국에서는 이 드문 일이 '전세의 탈'을 쓰고 수없이 일어나고 있다. 여기서 모든 문제가 시작된다.

본질적으로 커다란 위험을 내포한 전세

가장 가까운 친구에게조차 돈을 빌려주는 건 쉬운 일이 아니다. 아무리 부주의한 사람이더라도 생판 모르는 남이 대출을 부탁한다면, 설령 이자를 제법 붙여준다고 한들 선불리 빌려주지 않을 것이다. 왜일까? 돈을 갚는다는 약속을 믿을 수 없기 때문이다. 따라서 상대방을 신뢰할 수 있는지 제대로 파악하지 못하는 한 돈을 빌려주는 것은 아주 힘들다.

돈을 빌리는 일이 통상 개인과 은행 등 금융기관을 매개로 이루어지는 것은 이러한 이유에서다. 은행은 상대방을 얼마나 믿을 수 있을지 개인보다 훨씬 잘 파악한다. 소득수준을 상세히 조회하고, 갖고 있는 재산이 있다면 그 가치를 평가해 담보로 잡기도 한다. 개인 입장에서는 이렇게 신용평가를 자세히 하기가 어려우니, 애초에 큰돈을 빌려주지 않는 게 맞다. 나아가 만약 담보도 없이 돈을 빌려줬다면, 오히려 무사히 돈을 돌려받는 게 더 신기한 일이다. 그런데도 우리나라에서는 전세의 탈을 쓴 고액 대출이 숱하게 이루어지고 있다.

심지어 이 전세의 탈을 쓴 대출은, 일반적인 대출보다도 돈을 돌려받지 못할 위험이 더 클 수도 있다. 바로 돈을 갚아야 하는 시점 때문이다. 잠시 뒤에 살펴보겠지만 「주임법」이 적용되는 경우 전세 기간(100쪽)은 기본적으로 2년씩 갱신되며, 첫 2년 이후 묵시적으로 갱신(103쪽)된 기간에는 임차인이 마음대로 종료 시점을 정할 수 있다. 따라서 임대인과 임차인 사이 '대출'은 기본적으로 2년마다 그 만기가 도래하되, 첫 2년 이후에는 임차인이 원하는 시점에 만기가 도래하는 꼴이다. 따라서 빌려준 사람(임차인)이 원하는 시점에 곧바로 전세금을 돌려받기는 정말 쉬운 일이 아니다. '임대인이 언제든 갚을 준비를 하고 있어야 하는 것 아니냐고?' 그럴 여유가 있었다면 애초에 집주인이 월세를 두고 전세를 선택하지 않았을 것이다.

임차인 보호장치의 어쩔 수 없는 한계

우리나라에서 임차인을 보호하기 위한 제도가 꾸준히 발달하고, 별도로 임차인을 보호하는 법률까지 만들어진 것도 이러한 문제 때문이다. 잠시 뒤에 살펴볼 대항력(87쪽)이나 우선변제권(123쪽)도 모두 임차인을 보호하는 장치다. 임차인이 따로 신경 쓰지 않아도, 전입신고를 한 뒤 확정일자를 받기만 하면 그 집을 담보로 삼을 수 있게 해준다. 마치 은행이 대출금에 대한 담보를 잡는 것처럼 말이다. 최소한의 보호장치다.

그러나 이는 절대 근본적인 해결책이 되지 못한다. 담보로서의 가치를 제대로 평가한 다음에 담보로 삼는 것이 아니라, 단순히 임차한 그 건물에 대하여 자동으로 담보를 설정하는 것에 불과하기 때문이다. 건물의 가치가 보증금을 담보하기에는 부족한 경우도 정말 많다. 가령 건물에 이미 저당권이 설정되어 있는 등 여러 이유로 자신보다 앞서 돈을 받아 갈 사람이 많은 경우가 있다. 애초에 건물 자체의 가치가 생각보다 높지 않을 수도 있다.

특히 빌라 등에 전세로 들어갔을 때 이 문제는 더 두드러진다. 빌라의 가치가 정확히 어느 정도일지 알 수 없기 때문이다. 가령 대단지 아파트라면 가치 산정이 비교적 쉽다. 같은 단지 내 조건이 비슷한 세대가 최근 얼마에 거래되었는지를 보면 된다. 그러나 빌라라면 방법이 없다. 건물이 경매에 부쳐져 매각되었는데 막상 그 값어치가 얼마 안 된다면, 기껏 담보로 잡아놓은 의미가 사라진다.

결국 이것이 전세사기 유형의 대부분이다. 임차인 입장에서는 임차한 건물이 담보가 되어 자신의 보증금 회수 기회를 보호해 줄 것이라 기대한다. 통상의 경우에 이러한 보호는 충분하다. 그러나 동시에 이는 보증금 회수 기회에 대한 '유일한' 보호이기도 하다. 임차한 건물이 사실 담보로서의 가치가 없다고 판명되는 순간, 임차인은 임대인이 자발적으로 어떻게든 돈을 마련해 돌려주는 것밖에는 기대할 수 있는 게 없다.

전세제도의 본질을 고려했을 때
전세와 관련해서 문제가 생기지 않는 것이
오히려 신기한 일이다.
전세는 생판 모르는 남에게
수천에서 수억 원을 빌려주는 '고액 대출'이다.

이 문제의 근본적인 해결책은 임차인이 임차 주택의 담보로서의 가치를 정확히 평가하는 것이다. 하지만 개인에 불과한 임차인에게 이런 노력을 바라는 것은 과하며, 애초에 노력만으로 해결하기 어려운 일이다.

깡통전세와 전세사기

사실 임차인이 보증금을 돌려받지 못하는 게 꼭 임대인이 작정하고 사기를 쳐서만은 아니다. 오히려 의도하지 않은 결과물일 경우가 더 많다. 다시 말해, 꼭 '보증금을 돌려주지 말아야겠다'고 계획하지는 않았더라도 보증금 반환이 늦어지거나 불가능해질 수 있다는 것이다.

특히 임대인의 위험한 투자와 부동산 시장 냉각이 맞물리면 보증금을 돌려받기가 매우 어려워진다. 가령 ① 10억 원짜리 주택을 매수한 뒤 6억 원의 전세보증금을 받고 임대해 주는 경우와 ② 그냥 4억 원짜리 주택을 매수하는 경우를 생각해 보자. 동일하게 4억 원을 쓴 투자지만 ①의 리스크와 리턴이 더 크다.

두 주택의 시가가 동일하게 30%씩 상승했다고 해보자. ①의 경우에서는 전세금 6억 원을 낀 주택의 값이 13억 원이 되었으니, 4억 원의 투자가 7억 원으로 돌아온 셈이 된다. 반면 ②의 경우 4억 원을 투자해 얻은 것은 5억 2천만 원 정도에 머무른다. 심지어 우리나라 부동산 시장의 특성상 더 비싼 부동산일수록 가격 상승도 가파른 경향이 있음을 고려한다면 실질적 차이는 더 클 수도 있다.

그러나 이는 부동산 시장의 상승세를 전제로 한 것이다. 부동산 시장이 냉각되면 어떻게 될까? 반환해야 할 전세보증금 액수는 그대로인데, 주택의 매매가와 전셋값은 뚝 떨어지게 된다. 위 예로 돌아가, 이번에는 주택의 시가가 30%씩 떨어졌다고 해보자. ②의 경우 4억 원짜리 주택이 2억 8천만 원이 되었으니, 1억 2천만 원의 손해를 본 셈이 된다. 반면 ①의 경우 10억 원짜리 주택이 7억 원이

◐ 전세가 고위험 고수익 투자인 이유

똑같이 4억 원을 투자했더라도 A가 B보다 투자 손실과 이익이 더 크다. 임차한 주택의 매매가 하락은 곧 임차인이 갖고 있는 담보가치가 하락하는 것이나 마찬가지다.

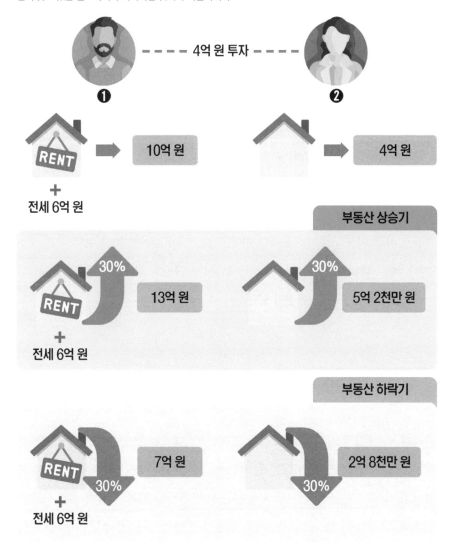

되었는데, 돌려줘야 할 전세보증금은 6억 원이니 남은 것은 1억 원뿐이다. 4억 원으로 투자를 시작했으니, 돈을 잃은 비율이 무려 75%에 달한다.

이렇게 주택가격이 하락하면 집주인만 슬픈 게 아니다. 임차인도 입이 바싹 마를 수밖에 없다. 임차인에게 임차한 주택은 곧 '담보'다. 주택의 매매가 하락은 곧 임차인이 갖고 있는 담보가치가 하락하는 것이나 마찬가지다. 만약 매매가의 감소가 보다 심해져, 임차 주택의 가치(정확히는 임차인 입장에서의 순가치로, 임차 주택의 시가에서 임차인보다 앞서는 권리자들이 배당받을 금액을 제한 금액)가 보증금 이하까지 하락하면 어떻게 될까? 하다못해 그 주택이 경매에 부쳐지게 되더라도 보증금을 전부 돌려받지 못하게 된다. 이런 것이 바로 전세보증금이 매매가를 웃도는 '깡통전세'다.

깡통전세는 전세사기일까? 애매하다. 사기의 고의가 있었는지가 문제다. 일부 악질적인 임대인은 '매매가가 오르면 좋고, 아니면 배 째라고 해야겠다'는 마음가짐으로 전세계약을 맺어 가며 매우 위험한 투자를 이어가기도 한다. 물론 이런 경우는 아주 악질적인 사기에 해당한다고 보는 것이 맞다. 그러나 보다 많은 경우 깡통전세는, 말하자면 사기가 아니라 '파산'이다. 단순히 임대인이 돈을 떼먹은 것이라고 보기에는 애매한 지점이 있다.

돈이 저절로 파쇄된다 : '역전세'의 문제

전세가 왜 그리 위험하다는 것인지 조금만 더 얘기해 보자. 지금껏 얘기한 문제는 전세계약에서만 일어나는 문제도 아니고, 사실 그리 독특하거나 특별한 얘기도 아니다. 부동산이든 주식 투자든 레버리지가 있는 투자에서 리스크(손실)와 리턴(이익)이 모두 커지는 것은 일반적인 현상이다. 결국 남의 돈을 빌려 투자하면 벌어도 크게 벌고, 잃어도 크게 잃는다. 꼭 임차인의 경우가 아니더라도, '위험 선호형 투자자'에게 돈을 꿔준 사람은 누구나 위험에 노출된다. 전세의 무서움은 따로 있다. 전세에 기반을 둔 레버리지 투자라면, 손해가 강제로 '현실화'된다는 것이다.

● 전세에 기반을 둔 레버리지 투자에서 손해의 강제 현실화

부동산가격이 떨어지더라도 떨어진 시가에 팔지 않는 이상 곧바로 손해가 현실화되지 않는다. 그러나 전세에 기반을 둔 레버리지 투자라면, 손해가 강제로 현실화된다.

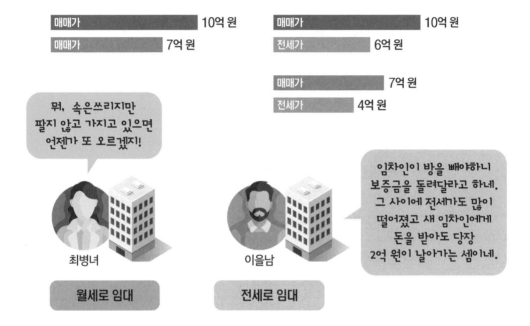

원칙적으로 투자한 자산의 가치가 하락한다고 하여 그 손해가 곧바로 현실화되는 것은 아니다. 9만 원에 삼성전자 주식을 샀는데, 주가가 5만 원까지 떨어졌다고 해보자. 내가 지금 당장 4만 원을 잃은 건가? 평가 방식에 따라 대답이 갈리겠지만, 손해가 현실화되는 것은 실제로 5만 원에 주식을 팔았을 때다. 손에 쥐고 있으면 어디까지나 손해는 잠재적일 뿐이다. 부동산도 마찬가지다. 부동산가격이 하락하더라도 떨어진 시가에 팔지 않는 이상 곧바로 손해가 현실화되지 않는다.

그러나 전세를 낀 경우 얘기가 달라진다. 바로 '역전세' 현상 때문이다. 역전세란 부동산가격 하락으로, 돌려주어야 할 전세금의 액수가 새로 끌어올 수 있는 전세금의 액수를 역전하는 현상이다. 역전세로 인해 부동산을 실제로 팔지 않더라도 부동산 투자 손해가 꾸준히 현실화된다.

예를 하나 살펴보자. 최병녀 씨는 은행에서 대출을 받아 주택을 산 뒤 월세로 사는 임차인을 받은 사람이고, 이을남 씨는 전세로 사는 임차인을 받아 그 돈으로 주택 매수대금을 충당한 사람이다. 두 경우 모두 주택가치가 10억 원이었다가 7억 원으로 하락했다고 해보자.

최병녀 씨의 입장에서 3억 원의 손해는 잠재적 단계에서만 머무른다. 물론 집값이 떨어진 건 슬픈 일이지만, 되팔지 않고 버티는 이상 손해가 현실화된 것은 아니다. 그러나 이을남 씨의 입장에서는 어떨까? 이을남 씨의 집에서 임차인이 방을 빼겠다고 하는 순간, 이을남 씨는 곧바로 2억 원의 손해를 본다.

그 이유는 물론 역전세 때문이다. 주택의 매매가가 떨어질 때 전세가도 함께 떨어지는 것이 일반적이다. 따라서 매매가가 하락세일 때 기존 임차인이 임대차계약을 끝내겠다고 하면, 설령 운이 따라줘서 새로운 임차인이 빠르게 구해진다고 하더라도 그에게 받을 수 있는 전세금이 기존 임차인에게 돌려줘야 할 전세금보다도 낮아지게 된다. 따라서 임대인 입장에서는 집을 팔지도 않았는데, 전세가가 하락한 만큼에 대한 손해가 곧바로 현실화된다.

이것이 전세를 그토록 위험하게 만드는 원인이다. 전세를 활용한 투자는 '존버(수익이 날 때까지 버티기)'를 불가능하게 한다. 다시 말해 투자자(즉 임대인)가 예측하지 못한 타이밍에 손해가 현실이 된다. 사기든 아니든 간에 어쨌든 임대인이 파산에 이르는 순간 임차인은 보증금을 돌려받지 못하게 되는 것인데, 예측하지 못한 타이밍에 손해가 현실화된다면 파산 가능성은 당연히 급증할 것이다.

일단의 결론 : 전세, 피할 수 없다면 조심하라

전세의 본질이 무엇이며, 왜 전세가 이토록 위험한 것인지에 대해 간단히 살펴보았다. 이쯤 되면 적어도 전세의 위험도가 매우 높다는 것 정도에는 공감대가

형성되었을 것으로 생각한다. 그렇다면 전세가 위험하다는 사실은 우리에게 무엇을 시사하는 것일까?

여러 가지가 있겠지만 최소한 한 가지 확실한 것은, 어쩌면 전세보증금을 돌려받지 못하는 것이 생각보다 그리 놀라운 일은 아닐 수 있다는 사실이다. 꼭 임대인이 '빌라왕'이라거나, 악덕 집주인이어서 보증금을 잃는 게 아니다. 지금까지 부동산 시가가 상승세였거나 최소한 보합이었기 때문에 이러한 문제가 부각되지 않았던 것뿐이다.

파산이면 임대인을 탓할 수는 없는 것일까? 물론 그렇지는 않다. 정도의 차이는 있겠지만 어쨌든 임대인은 일종의 방만한 투자를 한 것이고, 비난의 가능성이 있을 것이다. 다만 임차인은 결백한가?

어떤 사람들은 임차인도 마찬가지로 임대인과 함께 이득을 얻으려 했을 뿐이라고까지 주장한다. 이는 곧 임차인은 위험한 투자를 하는 투자자(즉 임대인)에게 두둑한 이자율로 돈을 빌려준 사람일 뿐이라는 논리다. 어쨌든 임차인도 월세에 비해 경제적으로 이득이 되니까 전세를 택한 것이다. 그러니 임차인 또한 하이 리스크 하이 리턴(high risk high return : 고위험 고수익)인 '투자'를 한 셈일 뿐, 임대인은 가해자이고 임차인은 피해자 구도로 볼 게 아니라는 논지다. 임차인에게는 잔인한 말이겠지만 어쩌면 아주 틀린 말은 아닐 수도 있다.

다만 어찌 되었든 우리의 목적은 잘잘못을 가리는 것이 아니라, '지지 않는 것'이다. 지지 않기 위해선 시장 참여자로서, 최소한 내가 무엇에 참여하고 있는지는 정확히 알아야 할 것이다. 사기든 파산이든 실질은 비슷하고, 임차인 입장에서 문제를 회피하기 위해 신경 써야 하는 부분들도 결국 정해져 있다. 따라서 전세의 위험에 대한 정확한 이해 아래에서, 조금 더 리스크를 지는 대신 단단히 대비할 것인지 혹은 안정적인 선택을 할 것인지를 고르면 되는 것이다.

8

임대인과 임차인이라면
반드시 알아야 할 두 가지 법률

「주임법」과 「상임법」 적용의 대전제

임대차계약은 기본적으로는 개인 간의 권리관계를 다루는 「민법」에 의해 규율
된다. 다만 임대차계약이 우리 사회에서의 주거생활 및 경제생활에서 차지하
는 중대성을 고려하여, 입법자들은 「민법」에 관한 특례를 규정해 임대차계약
에 관한 안정성을 확보하고자 했다. 이러한 의도로 만들어진 법이 「주택임대
차보호법」(이하 주임법), 그리고 「상가건물임대차보호법」(이하 상임법)이다.

이처럼 특칙에 해당하는 만큼, 「주임법」과 「상임법」은 임대차계약을 매우 강력
하게 규율한다. 통상 임대차계약을 맺는 사람들에게 뚜렷하게 체감되는 제도 중
대부분이 「주임법」 혹은 「상임법」에 의한 것이라 해도 과언이 아닐 정도다. 따라
서 다양한 임대차계약 중에서도 「주임법」과 「상임법」이 어떤 경우에 적용되는지
몰라서는 안 된다.

먼저, 「주임법」 혹은 「상임법」이 적용되기 위한 한 가지 대전제는 '적법하게 체
결된 임대차계약'이어야 한다는 것이다. 임대차계약이 적법하게 체결되었는지는
보통 임대인에게 '적법한 임대 권한'이 있는지에 따라 결정된다.

그럼 어떤 경우 적법한 임대 권한이 있을까? 대표적인 것이 '소유권'이다. 소유

임대차계약을 체결하는 것은 누구든 가능하다. 임대 권한이 있는지도 무관하다. 가령 김갑동 씨가 X주택에 관해 아무런 권한이 없더라도, 김갑동 씨는 이을녀 씨에게 X주택을 임대해 주기로 하는 계약을 체결할 수 있다. 다만 김갑동 씨가 계약 내용에 따라서 이을녀 씨에게 X주택을 사용하게 해주지 못한다면 그에 따른 손해를 배상해야 할 뿐이다. 즉, '적법한 임대 권한'이 있는지는 '임대차계약을 체결할 수 있는지'와는 완전히 다른 차원의 문제다.

권자는 특별한 사정이 없는 한 당연히 임대 권한이 있을 것이다. 따라서 건물을 소유한 자와 체결한 임대차계약은 '적법하게 체결된 임대차계약'으로, 「주임법」 혹은 「상임법」이 적용될 수 있다.

다만 꼭 소유권이 있어야만 하는 것은 아니다. 가령 전세권등기*를 해둔 사람에게도 적법한 임대 권한이 있다. 혹은 소유권자에게 건물을 임대해 줄 권한을 받은 사람일 수도 있다. 어쨌든 중요한 점은, 어떻게든 적법하게 건물을 임대해 줄 권한을 확보한 사람이 아니라면 이 사람과 맺은 임대차계약에 「주임법」 혹은 「상임법」이 적용되지 않는다는 것이다.

> **전세권등기** 정확한 명칭은 '전세권설정등기'다. 세입자가 전세보증금을 지급하고 집주인의 집을 점유해 이에 대한 권리(사용 및 수익)를 얻기 위해 신청하는 등기다. 전세권등기를 통해 전세권자가 됨으로써 누릴 수 있는 권리 중 하나가 바로 제3자에게 집을 빌려줄 권한이다. 한편 전세권설정등기를 하면 보증금 미반환 사고가 발생했을 경우에 후순위 권리자와 기타 채권자보다 보증금을 우선 변제받게 된다. 전세권설정등기는 임차인과 임대인이 공동 신청해야 하므로 임대인의 동의가 없다면 설정할 수 없다.

「주임법」이 적용되는 '주택'의 범위

「주임법」은 '주택'에 관한 임대차계약에 적용되고, 「상임법」은 '상가 건물'에 관한 임대차계약에 적용된다. 특히 어디까지가 주택에 해당하는지는 종종 문제가 된다. 사람이 거주하는 건물의 형태가 실로 다양하기 때문이다. 주택의 일부가 주거 외의 용도로 사용될 때도 있고, 주택의 일부에서 소소하게 영업을 할 때도 있고, 등기부나 건축물대장에는 용도가 주택으로 기재되어 있지 않지만 실제로는 주거용으로 사용될 때도 있으며, 아예 등기부에 편재되지 않은 미등기 주택도 있다. 과연 이 모든 주거지가 주택으로 인정받을 수 있을까?

결론부터 말하면 그렇다. 「주임법」은 목적이 국민의 주거생활 안정에 있으며 실질적으로는 임차인을 보호하는 방향으로 기능하는 것이 대부분이다. 따라서 주택의 범위를 넓게 인정해 주는 방향으로 해석되고 있다. 그래서 등기부 등 서류상에 주거용 건물로 기록되어 있지 않더라도 그 실제 용도가 주거용이라면 주택으로 인정하며, 건물의 일부가 비주거용이라 하더라도 다양한 기준*을 고려하여서 「주임법」을 적용할 만하다고 인정된다면 그 건물을 주택으로 인정하고 있다.

다만 주객이 전도되어 비주거용 건물 일부를 주거 목적으로 사용하는 정도라면 주택으로 인정받기 어려울 것이다. 법원은 미용실 혹은 제과점 등의 영업시설을 임차한 뒤 그 면적의 절반 정도를 주거용으로 사용한 사안에는 「주임법」이 적용된다고 인정했다(특히 이 사안에서는 임대인이 주거를 위한 보일러 시설을 설치해 주는 등 상호 간에 임대차 목적물을 주거용으로 사용하기로 합의한 듯한 사정이 있었다). 그러나 임차한 공장의 방 한 칸을 주거용으로 사용한 사안과 여관을 경영하고자 임차한 임차인이 그 일부분을 임의로 주거용으로 사용한 사안에 대해 「주임법」이 적용되지 않는다고 하였다.

홈+

건물의 일부가 비주거용이더라도 주택으로 인정되는 다양한 기준 중 판례가 명시적으로 언급한 것은 다음과 같다. 주거용 공간의 면적 비율, 임대차계약의 목적, 전체 건물 및 임대차 대상물의 구조와 형태, 임차인이 그곳에서 일상생활을 하는지 등이 있다.

무소유와 무욕을 강조했던 고대 그리스의 철학자 디오게네스(Diogenes, BC 240~BC 152)는 아테네 아크로 폴리스에서 커다란 항아리를 집으로 삼고 살았다. 디오게네스의 항아리를 '주택'이라고 볼 수 있을까? 사람이 거주하는 건물의 형태가 실로 다양하기 때문에, 어떤 주거지까지 주택으로 볼 것인지가 종종 문제가 된다.
장 레옹 제롬, 〈디오게네스〉, 1860년, 캔버스에 유채, 74.5×110cm, 볼티모어 월터아트뮤지엄

　　나아가, 주거용 건물인지를 판단하는 기준 시점은 원칙적으로 임대차계약을 체결할 당시다. 따라서 비주거용 건물을 임차한 뒤 임차인이 임의로 주거용으로 개조했다거나 주거용 건물을 증축했다면, 그러한 공사를 임대인이 승낙했다는 등의 특별한 사정이 없으면 주거용 건물로 인정받기 어렵다.

'부자 임차인'에게는 적용되지 않는 「상임법」

한편 「상임법」의 적용 범위는 더 특수한 방식으로 제한된다. 바로 '환산보증금'이다. 환산보증금이란 '보증금 액수 + (월 차임 × 100)'으로 계산한 금액이다. 가령 보증금이 1억 원, 월세가 100만 원이라면 환산보증금은 2억 원으로 계산된다. 「상임법」은 환산보증금이 일정 액수 이상*이면 적용되지 않는다. 이는 「상임법」의 취지를 고려한 것이다. 「주임법」과 마찬가지로, 「상임법」 또한 임차인을 보호하는 방향으로 기능하는 것이 대부분이다. 이는 물론 임차인이 상대적으로 약자에 해당하기 때문이다. 그러나 당연하게도 모든 임차인이 사회적 약자에 해당하는 것은 아니다. 특히 일정 액수 이상의 보증금 및 월 차임을 족히 감당하는 상가 건물 임차인이라면 약자라 보기 어려울 것이다. 따라서 제도의 취지에 맞추어, 이러한 경우 「상임법」의 적용을 배제한다.

다만 환산보증금의 액수를 넘어 「상임법」이 적용되지 않는 임대차계약일지라도, 예외적으로 「상임법」상 몇 가지 규정은 적용된다. 이는 대항력, 권리금, 차임 연체로 인한 해지, 갱신요구권에 관한 규정들이다. 이 규정들의 의미는 차차 설명할 것이다.

홈+

「상임법」이 적용되는 환산보증금은, 2019년 4월 개정된 시행령을 기준으로 서울특별시는 9억 원, 기타 과밀억제권역 및 부산광역시는 6억 9천만 원, 기타 광역시 및 세종특별자치시, 파주시, 화성시, 안산시, 용인시, 김포시, 광주시는 5억 4천만 원, 그 밖의 지역은 3억 7천만 원이다.

9

임대인이 되려는 자,
집주인의 무게를 버텨라! : 임대인의 의무

집에 문제 생기면 연락드릴게요! : 인도와 수선 의무

계약의 본질은 계약을 맺은 당사자들에게 일정한 권리와 의무를 부과하는 것
이다. 임대차계약도 마찬가지다. 임대차를 맺으며, 임대인과 임차인은 서로에
대해 일정한 권리와 의무를 갖게 된다. 임대차계약에 의해 임대인에게는 어떤
의무와 권리가 생길까?

임대인의 의무는 간단하다. 임차인에게 임대차의 목적물을 사용할 수 있게 해
주는 것이다. 이를 위해 임대인은 임차인에 대해 인도와 수선 의무를 부담한다.
즉 임대차의 목적물이 건물이라면, 임대인은 열쇠를 주거나 도어락의 비밀번호를
알려주는 등 인도 의무를 다해야 한다. 또한 그 건물을 사용하기 위해 꼭 필요한
것들, 가령 수도·가스·전기 등에 문제가 생겼을 때 이를 고쳐주는 등으로 건물을
목적에 따라 사용할 수 있게 해주는 수선 의무를 다해야 한다.

여기서 수선 의무는 건물 사용에 꼭 필요한 정도로 한정된다. '필요한 정도'의
범위는 유동적이다. 보통 난방·상하수도·전기시설 등 생활에 필수적이고 관리
에 비용이 많이 드는 주요 설비는 임대인의 관리 영역으로 보아, 수선 의무의 대
상으로 본다. 결로가 생겨 벽에 곰팡이가 슬었다거나, 누수 혹은 보일러 하자가

있다면 어떨까? 임대인 관리 영역 내 하자로 판단되어 수선 의무를 인정한 사례도 있고, 반대로 부정한 사례도 있다. 벽지가 담배 냄새에 심하게 찌들어 사용하기 힘들 정도일 때는 어떨까? 이런 경우 수선 의무가 인정되는 것이 일반적이다.

그러나 수도의 수압이 다소 약하다는 정도로는 임대인에게 수선 의무를 다하라고 하기 어려울 것이다. 또한, 상가 건물에 소방 관련 설비가 다소 미비해 임차인이 새로 설비를 설치하거나, 임차인이 필요에 따라 영업창고 및 직원식당을 개·보수한 사안에서 법원은 수선 의무를 부정했다. 임대인이 이러한 부분까지 신경써줄 필요는 없다는 것이다.

결국 수선 의무의 범위는 일률적으로 판단하기는 어렵고, 개별적으로 살펴봐야 할 수밖에 없다. 법적 구속력은 없지만, 참고가 될 만한 것은 주택관리공단에서 제시하고 있는 〈임대주택 수선비 부담 및 원상복구 기준〉이다. 이에 따르면 나사를 조이는 등 간단한 보수, 전구·건전지·레인지후드 필터 등 소모성 자재의 교체, 임차인이 별도로 설치한 중문·샤시·방충망·정수기 등의 보수는 임차인의 책임이다.

또한 임대인의 관리 영역에 해당하더라도, 임차인은 직접 주거하는 사람만이 할 수 있는 노력을 다해야 한다. 가령 임차인은 결로나 곰팡이가 생기지 않도록 환기 및 온·습도 조절에 노력해야 하며, 보일러의 동파를 방지할 수 있도록 열선 등 동파 예방 장치를 적절히 가동해야 한다. 나아가 수선이 필요한 문제가 발생했음을 즉시 임대인에게 통지해야 한다. 이러한 노력을 기울이지 않은 부주의 혹은 임차인의 고의로 발생한 피해에 대해서는 임차인도 책임을 져야 한다.

수선 의무는 '무과실책임'이다. 즉 임대인에게 아무 잘못이 없어도 지는 책임이라는 뜻이다. 태풍 등 자연재해로 설비가 파손된 경우는 물론, 이전 임차인의 잘못으로 문제가 생긴 경우에도 임대인은 늘 임차인에게 수선 의무를 다하여야 한다. 예를 들어 이전 임차인이 실내에서 흡연을 해 방에 담배 냄새가 밴 경우에도, 임대인은 새로운 임차인을 위해 수선 의무를 다해야 한다. 물론 임대인은 이와

임대인의 수선 의무 범위가
어디까지인지는
일률적으로 정할 수 없기에,
많은 분쟁의 씨앗이 된다.

별도로 이전 임차인에게 손해배상을 청구할 수 있다.

　인도와 수선 의무를 다해주지 않으면 당연히 임차인은 임대차 목적물을 제대로 사용할 수 없다. 만약 임대인이 인도와 수선 의무를 이행하지 않으면, 임차인은 손해배상을 청구할 수 있고, 직접 수리를 한 뒤 임대인에게 비용을 청구할 수도 있다. 또 사용·수익하지 못한 범위만큼 차임을 지급하지 않을 수도 있고, 그 정도가 심해 건물을 사용할 수 없을 정도라면 계약을 해제할 수도 있다.

진짜 집주인 맞으시죠? : 임차인이 내쫓기지 않도록 해줄 의무

이러한 인도와 수선 의무는 모두 '임차인에게 그 목적물을 사용하게 할 수 있게 해줄 의무'에 기반한다. 인도와 수선 의무를 다하지 않았을 때 외에, 목적물을 사용하게 해줄 의무를 다하지 못하는 전형적인 경우가 하나 더 있다. 바로 임대인이 임대해 줄 권한이 없는 경우다.

'적법한 임대 권한'에 대해서는 앞서 간략히 살펴보았다. 사실 임대차계약 자체는 아무 권한이 없어도 체결할 수 있다. 빈집이 있다고 해보자. 설령 김갑동 씨가 그 집에 관하여 소유권을 비롯하여 임대해 줄 어떠한 권한이 없더라도, 김갑동 씨는 이을녀 씨에게 그 집을 임대하겠다는 내용의 계약을 체결할 수 있다. 즉, 권한과는 별개로 김갑동 씨가 어떻게든 그 집을 사용할 수 있게 해주면 될 뿐이다.

다만 임대인에게 임대 권한이 없다면 임차인은 언제든 임대차 목적물을 사용하지 못하게 될 수 있다. 가령 최병석 씨가 빈집의 실제 소유자였다고 해보자. 이을남 씨가 그 집에 거주하던 중 최병석 씨로부터 퇴거하라고 요구받는다면, 당연히 이을남 씨는 집을 비워야 한다. 자신에게 집을 임대한 김갑동 씨에게 아무런 권한이 없기 때문이다.

이러한 경우에도 임대인(김갑동 씨)은 임대차 목적물을 사용하게 해줄 의무를 다하지 못한 것이다. 이처럼 임차인이 진정한 권리자(최병석 씨)로부터 목적물을 반환할 것을 요구받거나, 앞으로 자신에게 차임을 지급하라고 요구받게 될 경우, 임차인과 권한 없는 임대인 사이의 임대차계약은 그것으로 종료된다. 나아가 임차인은 그로 인해 입은 손해배상을 권한 없는 임대인(김갑동 씨)에게 청구할 수 있다.

2년 전 맡긴 돈, 그대로 돌려주세요! : 보증금을 반환해 줄 의무

지금까지 얘기했던 의무도 중요하지만, 실제로 가장 많이 문제되는 것은 보증금을 반환할 의무다. 보증금 없이 차임만 지급하는 소위 '사글세' 형태의 임대차는 차츰 사라져, 이제는 고시원이나 쪽방 등이 아니면 찾아보기 어렵다. 즉 대부분의 임대차가 시작될 때 임차인은 임대인에게 보증금을 지급한다. 이 보증금은 당연히 임대차가 종료되면 돌려받는 돈으로, 임대인은 임대차 종료 시점에 임차인에게 보증금을 돌려줄 의무가 있다.

보증금에는 어떤 의미가 있는 것일까? 물론 경제적으로 임대인에게 큰 의미가 있다. 임대인은 임차인에게 보증금을 돌려주기 전에 그 돈을 활용해 수익을 얻을 수도 있고, 건물을 매수하는 데 든 비용을 일정 부분 충당할 수도 있다. 임대차에서 보증금이 많아질수록 월세가 낮아지는 것도 이러한 이유에서다. 다만 보증금의 본질은 '보증'에 있다. 보증금은 임대인이 임차인에게 받아야 할 돈을 보증하는 역할을 한다. 그래서 만약 임차인이 응당 주어야 할 돈을 주지 않는다면, 임대인은 받지 못한 금액 상당을 보증금에서 공제하고 남은 돈만 돌려줄 수 있다.

따라서 보증금에서 어떤 돈을 공제할 수 있는지가 중요한 문제가 된다. 원칙적으로 임대인은 임차인이 임대차 목적물을 반환할 때까지, 임대차계약에 관하여 임차인이 갖게 된 모든 채무액을 공제할 수 있다. 가장 대표적인 것은 차임이다. 가령 보증금 1000만 원에 월세 100만 원짜리 임대차에서 임차인이 다섯 달 치 차임을 연체했다면, 임대인은 보증금 중 500만 원만 반환하면 된다. 이외에도 보증금에서 차감할 수 있는 돈은 다양한데, 대표적인 것이 임대차 목적물이 손상되는 것 등으로 인해 발생한 손해배상금이나 원상복구비용이다.

한 가지 기억해야 할 것은, 최소한 임대차가 계속되는 중이라면 임차인 쪽에서 멋대로 "보증금으로 차임을 충당하라"고 요구할 수 없다는 점이다. 즉 임차인은 임대차계약 기간 중에는 차임을 계속 지급해야 하며, 보증금을 이미 줬다는 이유

보증금은 임차인이 내야 할 돈을
내지 않는 위험에 관해 '보증'하는 돈이다.
연체된 차임부터 시작해 다양한 돈이
보증금에서 공제될 수 있다.

로 차임 지급 의무를 거부할 수 없다. 물론 임대인 쪽에서는 미지급된 차임을 보
증금에서 차감하는 것을 선택할 수 있다.

집주인이 보증금을 돌려주지 않으면 어쩌지? : 보증금에 대한 보호장치

보증금은 임대차가 종료됨과 함께 돌려받아야 하는 돈이지만 돌려받지 못하
는 경우가 왕왕 있다. 임대인이 보증금을 고이 보관해 두는 게 아니기 때문이
다. 따라서 임차인으로서는 보증금을 돌려받지 못할 수 있는 불안한 지위에 놓
이게 된다. 이러한 불안정성을 낮추기 위해, 우리 법은 임차인이 보증금을 돌
려받을 수 있게끔 다양한 보호장치를 마련해 두고 있다.

대표적으로 임차인은 보증금을 돌려받을 때까지 임대차 목적물을 반환하지
않을 수 있다. 계속 그 목적물을 사용·수익하면서 차임을 지급하지 않아도 되

고(이 경우 지급하지 않은 차임은 보증금에서 공제), 단순히 반환을 거부하기만 할 수도 있다.

만약 「주임법」 및 「상임법」의 적용 대상 건물이라면, 임차인이 보증금을 반환받을 때까지는 설령 임대차 기간이 끝났을지라도 임대차관계가 계속되는 것으로 본다. 특히 건물을 인도받고 전입신고를 마쳐 「주임법」상 '대항력(임차인이 임대인 외 제3자에게도 임대차계약에 따른 보증금 등의 권리를 주장할 수 있는 능력)'을 갖추었거나, 확정일자* 있는 계약증서를 통하여 '우선변제권(임차인이 보증금을 우선해서 돌려받을 수 있는 권리)'까지 갖춘 경우 보증금에 대한 보호는 한층 더 강화된다(123쪽 참조).

> **확정일자** 임대차계약서에 기입한 날짜로, 이를 법원이나 동사무소 등에서 확인받아 임대차계약서에 해당 날짜가 적힌 도장을 받으면 법적으로 인정받게 된다. 확정일자를 받은 임차인은 임차한 건물이 경매 또는 공매되었을 때 우선하여 보증금을 돌려받을 수 있다.

권리금은 내 몫이니 탐내지 마세요! : 권리금 회수 기회를 보호할 의무

상가 건물 임대인에게는 특별한 의무가 하나 더 있다. 바로 임차인의 '권리금' 회수 기회를 보호할 의무다. 권리금이란 무엇일까? 「상임법」은 권리금을 다음과 같이 정의한다. "상가 건물에서 영업하는(또는 하려는) 자가 영업시설·비품·거래처·신용·영업상의 노하우·위치에 따른 영업상 이점 등 유·무형의 재산적 가치의 양도 또는 이용 대가로서 임대인·임차인에게 보증금과 차임 외에 지급하는 금전 등의 대가." 말하자면 권리금은 '자릿값'이나 마찬가지다.

약국을 생각해 보자. 대형 병원 건물 2층에 있는 약국과 바로 옆 빌딩에 있는 약국 중 어디에서 매출이 잘 나올까? 당연히 병원과 같은 건물에 있는 약국이다. 다른 조건이 모두 똑같더라도, 병원 건물 안에 있다는 이유 하나 때문에 엄청난 영업상 이점이 생긴다. 그 약국을 인수하려면 기존에 영업하던 약사에게 그러한 영업상 이점에 대한 대가를 지불해야 할 것이다. 이것이 권리금이다. 적게는 수억 원에서 많게는 십억 원 단위를 넘어가는 때도 있다.

꼭 약국만 그런 것은 아니다. 장사가 잘되는 음식점 주인이 어느 순간 바뀌는 경우를 자주 볼 수 있다. 영업이 한번 잘 되기 시작하면, 주인이 바뀌더라도 일정 수준 이상의 매출을 유지할 수 있다. 인지도와 노하우가 있기 때문이다. 그런 만큼 그 음식점 주인은 맨입으로 다른 사람에게 영업을 양도하고 싶지 않을 것이다. 따라서 일정 금액의 권리금을 받게 된다.

원칙적으로 권리금은 임차인끼리 주고받는 돈이다. 임차인은 이전 임차인에게 권리금을 지불한 뒤 영업을 넘겨받고, 새로운 임차인에게 영업을 넘겨주며 권리금을 다시 회수한다. 즉 임차인은 권리금을 회수하기 위해서 자신의 영업을 넘겨받을 사람을 찾으며, 그로부터 권리금을 받는다. 그러나 이러한 구조에는 문제가 있다. 임대인이 마음만 먹으면 임차인 몫이어야 할 권리금을 빼앗을 수 있다는 것이다.

김갑동 씨가 소유하는 건물에서 임차인 이을남 씨가 꼼장어집을 운영한다고 해보자. 장사가 아주 잘 되자 최병녀 씨가 이을남 씨에게 권리금 2억 원을 지급하고 꼼장어집 영업을 양수한 뒤, 김갑동 씨와 5년 만기의 임대차계약을 새로 맺었다. 최병녀 씨는 5년의 계약 기간이 종료되어 갈 때쯤 꼼장어집 영업을 박정남 씨에게 넘겨준 뒤 권리금을 회수하고자 했다.

이때 건물주 김갑동 씨가 박정남 씨와 임대차계약을 새로 맺지 않고 최병녀 씨를 내쫓으면 어떻게 될까? 최병녀 씨가 회수했어야 할 권리금을 김갑동 씨가 가로채는 결과를 낳는다. 김갑동 씨가 꼼장어집을 운영하려는 새로운 사람에게 권리금 2억 원을 받아내며 임대차계약을 체결할 수 있기 때문이다.

이런 부당한 결과를 방지하기 위해, 「상임법」은 임대인이 위와 같은 방식으로 임차인의 권리금 회수 기회를 방해하는 것을 금한다. 즉, 임대인(김갑동 씨)은 임대

기간이 종료하기 6개월 전부터 종료될 때까지 임차인(최병녀 씨)이 자신에게 권리금을 지급하고 새로 임차인이 되려는 자(박정남 씨)를 데리고 온다면, 그와 새로 임대차계약을 체결하는 것을 이유 없이 거절할 수 없다. 나아가 임대인은 새로운 임차인에게 기존 임차인 대신 자신에게 권리금을 지급하라고 요구할 수도 없다.

창문에다 소변을 보는 취객 때문에 괴로운 송강호, 집주인에게 손해배상을 청구할 수 있을까?

임대인에게 임차인의 안전을 배려하거나 도난을 방지하는 등 보호 의무까지 인정될까? 흥미롭게도 법원은 임대인이 그러한 보호 의무까지 지지는 않는다고 판단했다. 사안은 반지하 건물의 임대차에 관한 것이었는데, 해당 건물은 길에 바로 접해 있으면서도 방범창과 대문이 없고 담장도 낮아 절도범이 침입하기 쉬웠다. 나아가 별도의 창문 가리개 등 차면시설이 없어 행인에게 임차인 및 그 딸들이 거주하는 집 내부가 훤히 보이는 상태였다. 우려가 현실이 되어 실제로 도난이 일어났다. 임차인은 임대인이 도난 방지를 위한 방범창 등의 시설 및 차면 시설을 설치하지 않은 것이 보호 의무를 다하지 않은 것이라 주장하며 손해배상을 청구했다. 그러나 법원은 임대인에게 그러한 의무가 없다고 판단했다.

이는 법원이 숙박시설 경영인에 대하여 보호 의무를 인정한 것과는 대비된다. 숙박계약 또한 그 기간이 매우 짧을 뿐, 일종의 임대차계약으로 볼 수 있기 때문이다. 여관에 불이 나 인명피해가 발생했으며, 여관 주인은 "불이야!"라고 외친 뒤 소화기로 불을 끄다가 연기가 심해지자 대피한 사건이 있었다. 법원은 이 사안에서 숙박시설을 경영하는 자로서 고객에 대하여 부담하는 보호 의무를 다하지 않았다는 이유로 손해배상을 인정했다. 특히 화재 발생 이후 여관 주인이 고객에

한국 사회의 불평등 구조를 신랄하게 비판한 영화 〈기생충〉.
기택(송강호 분)의 반지하 집 창문에는 햇빛 대신 취객의 소
변이 더 자주 쏟아졌다. ⓒ CJ엔터테인먼트

게 화재 발생 사실을 제대로 통보하지 않았다는 점을 주로 고려한 판단이었다.

임차인이 장기 사용하는 것을 전제하는 통상의 임대차계약과 달리 숙박계약
에서는 오로지 숙박시설 경영인만이 건물을 관리하는 지위에 있으므로 이러한
판단 차이가 있었던 것으로 짐작된다. 물론 위 반지하 건물에 대한 법원의 판단
은 오래전인 1999년에 이루어졌다. 무엇보다도 구체적인 사실관계에 따라 판단은
언제든 달리 이루어질 수 있다(해당 사안에서는 임차인이 건물의 상태를 알고도 임대차계
약을 체결한 점, 도난 사건 이후 임대인이 즉시 방범창을 설치해 주는 등으로 수선 의무를 다했
다고 생각되는 점 등이 고려되었다). 다만 현재로서는 임대인에게 임차인의 안전을 배
려하고 도난을 방지하는 등의 보호 의무까지는 인정되지 않는다고 보아야 할 것
이다.

'무권리자'에서 '위탁자'까지, 권한 없는 임대인 솎아내기

권한 없는 임대인과 임대차계약을 맺는 것은 당연히 매우 위험하다. 진정한 권리자에게 언제든 쫓겨날 수 있음은 물론이거니와, 「주임법」 혹은 「상임법」의 적용을 받지도 못한다. 이 법들은 어디까지나 '적법하게' 체결된 임대차계약 상의 임차인을 보호하기 때문이다. 손해배상을 청구할 수 있다고 하더라도 잘해봐야 본전이다.

따라서 임차인은 임대차계약을 체결하는 상대방에게 임대할 권한이 있는지를 정확히 확인할 필요가 있다. 84쪽에서 든 예는 아무런 권리가 없는 '무권리자'인 김갑동 씨가 계약의 상대방인 경우였다. 사실 작정하고 서류를 위조한 게 아니고서야, 이러한 무권리자에게 속아 넘어가는 경우는 많지 않다. 보통은 임대차계약을 체결하며 등기부상 소유자가 누구인지를 열람해 본 뒤 상대방 신분증과 대조해 보는 과정을 거치기 때문이다. 이보다 속을 위험이 큰 경우는 '신탁등기'가 되어 있을 때다.

신탁은 간단히 말해 주택의 관리 및 운용을 전문가에게 맡기는 것이다. 여기서 말하는 '전문가'는 보통 신탁회사다. 이때 물건을 맡기는 원래 소유자(집주인)를 '위탁자'라고 하고, 물건을 맡아 관리하는 자(신탁회사)를 '수탁자'라고 한다. 신탁등기가 완료되면 주택을 관리할 권한은 소유자인 집주인으로부터 수탁자인 신탁회사로 넘어간다. 따라서 집주인은 등기부상 소유자일지라도 신탁 이후에는 원칙적으로 임대를 하지 못한다. 다만 신탁계약의 내용에 따라 신탁자에게 여전히 임대할 권한이 있을 수는 있다.

◑ 부동산 담보 신탁의 구조

부동산 담보 신탁은 원래 소유주(집주인)가 부동산신탁회사에 부동산의 소유권을 넘기고 금융기관으로부터 대출을 받는 상품이다. 신탁등기가 완료되면 주택을 관리할 권한은 소유자인 집주인으로부터 수탁자인 신탁회사로 넘어간다. 따라서 집주인은 등기부상 소유자일지라도 신탁 이후에는 원칙적으로 임대를 하지 못한다.

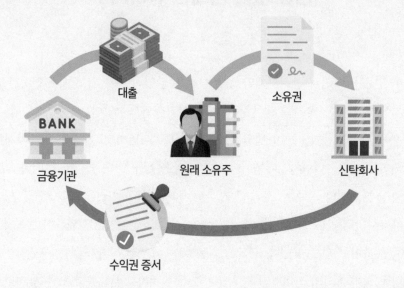

이처럼 신탁이 이루어진 부동산일 경우, 등기부를 대충 보는 것만으로는 집주인에게 임대할 권한이 있는지 알기 어렵다. 물론 신탁등기가 되어 있겠지만 어쨌든 등기부에는 소유자로 기재되어 있으니, 신탁의 법리를 모르는 사람이라면 그에게 임대할 권한이 있다고 오인하기 쉽다. 나아가 '신탁등기가 되어 있으면 원칙적으로 수탁자(즉 신탁회사)에게 임대할 권한이 있다'는 법리를 아는 사람일지라도 등기부만 보아서는 임대 권한에 관해 정확히 알 수 없다. 신탁계약의 내용에 따라 소유자가 여전히 권한을 가질 수도 있기 때문이다.

그럼 어떻게 해야 할까? 간단하다. 계약하려는 부동산에 신탁등기가 되어 있으면 '신탁원부'라는 서류를 추가로 확인시켜달라고 하면 된다. 신탁원부는 신탁계약의 내용에 관해 기재되어 있는 서류로, 임대할 권한이 누구에게 귀속되어 있는지 기재되어 있다.

10

"내 집처럼 살라"는 말의 숨은 뜻
: 임차인의 의무와 권리

사는 동안 내 집처럼 아껴주세요

이번에는 임차인이 갖는 권리와 의무를 살펴보자. 무엇보다 임차인은 임대인에게 계약에서 정해진 대로 보증금을 납입하고 차임을 지급할 의무가 있다. 건물을 사용하는 도중에는 정해진 사용법에 따라 적절한 주의를 기울여 써야하고, 수리 등이 필요해지면 이를 바로 임대인에게 통지해야 한다. 또한 임대인이 건물 보존에 필요한 행위를 할 때는 이를 용인해야 한다.

임대인의 동의 없이 제3자에게 건물을 다시 빌려주는 것은 가능할까? 이를 '전대차'라고 하는데, 임대인의 동의 없는 전대차에는 효력이 없다. 임대차계약에서는 인적 신뢰가 중요하기 때문이다. 임대인으로서도 마음에 드는 임차인에게 건물을 쓰게 하고 싶을 텐데, 임차인이 멋대로 다른 사람을 데리고 오면 곤란하다. 이는 심지어 기존 임차인과 계약을 해지할 수 있는 사유도 된다.

임차인에게 전대차가 금지되는 것은 '전세권자'와 비교된다. 전세권등기를 한 전세권자는 다른 사람에게 다시 전세권을 설정해 줄 수 있다. 이를 '전전세'라 한다. 전대차와 달리 전전세는 (특별히 전전세를 하지 않겠다고 약속한 게 아닌 한) 전전세인이 등기를 마치기만 하면 언제든 허용된다. 이 또한 채권인 임차권과 달리 전세권이

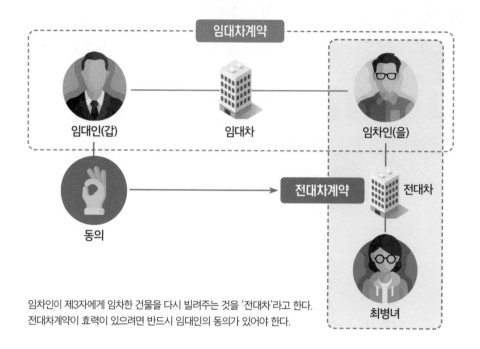

임차인이 제3자에게 임차한 건물을 다시 빌려주는 것을 '전대차'라고 한다.
전대차계약이 효력이 있으려면 반드시 임대인의 동의가 있어야 한다.

물권(378쪽 참조)이기 때문에 발생하는 차이로 이해할 수 있다.

임차인님, 이건 고쳐놓고 가셔야죠

특히 중요한 것은 임대차계약이 종료되었을 때 목적물을 반환할 의무다. 이때 목적물은 임대차 이전 원상태 그대로여야 하고, 만약 계약 전과 상태가 달라졌다면 임차인은 원래대로 돌려놓을 의무가 있다. 이를 임차인의 '원상회복 의무'라고 한다.

임대인의 수선 의무와 비슷하게, 임차인의 원상회복 의무 또한 범위가 모호하여 분쟁이 생기는 경우가 잦다. 원칙은 고의나 부주의로 해당 건물의 가치를 떨어뜨릴 만한 행위를 한 경우, 그 부분을 원상회복해야 한다는 것이다. 따라서 세월에 따라 마모되고 손상된 부분, 가령 벽지의 변색이나 약간의 긁힘 정도는 원상

임대인의 수선 의무와 비슷하게, 임차인의 원상회복 의무 또한 범위가 모호하여 분쟁이 발생하는 경우가 잦다. 원칙은 고의나 부주의로 해당 건물의 가치를 떨어뜨릴 만한 행위를 한 경우, 그 부분을 원상회복해야 한다는 것이다. 자연스러운 마모가 아닌 부주의로 인한 긁힘이나, 흡연 혹은 반려동물로 인한 악취 혹은 변색은 원상회복 범위에 속한다. 제임스 길레이, 〈스모킹 클럽〉, 1793년, 에칭, 31×42.4cm, 런던 국립초상화미술관

회복의 범위에 속하지 않는다. 나아가 주택관리공단의 〈임대주택 수선비 부담 및 원상복구 기준〉에 따르면 핀, 압정 등으로 인한 구멍 자국도 그 정도가 자연스럽고 통상적인 수준에 그친다면 원상회복할 필요가 없다. 반면 자연스러운 마모가 아닌 부주의로 인한 긁힘이나, 흡연 혹은 반려동물로 인한 악취 혹은 변색은 원상회복 범위에 속한다. 다만 흡연 혹은 반려동물에 의한 손상의 경우 예외가 있다. 임대차계약서에 특약으로 흡연 혹은 반려동물을 기르는 것을 금한다고 명시하지 않았다면, 임대인에게도 일정 부분 과실이 있다고 참작될 수 있다.

적지 않은 경우 임차인의 원상회복 의무와 임대인의 수선 의무가 충돌할 수 있다. 가령 실내에 곰팡이가 심하게 폈다면 이는 원칙적으로 임대인의 수선 의무

범위에 속할 것이다. 그러나 임차인이 환기 등 주의 의무를 성실히 수행하지 않았다면 어떻게 될까? 임차인이 곰팡이로 인한 손상을 책임져야 할 수도 있다. 임차인의 원상회복 의무와 임대인의 수선 의무가 겹칠 때, 양자 간에 분쟁이 생길 수밖에 없다.

만약 임차인이 원상회복 의무를 게을리하고 원상태로 회복시키지 않고 임대차의 목적물을 반환했다면, 임대인은 그 부분에 대한 손해배상을 청구할 수 있다. 임대인이 아직 보증금을 돌려주지 않았다면 더 간단한 방법도 있다. 보증금에서 그 부분에 대한 원상회복 비용을 공제하고 반환하는 것이다. 보증금은 임대차계약에 관하여 발생한 임차인의 모든 채무를 보증하는 것이기 때문이다. 다만 예외적으로 원상회복 의무가 면제되는 즉 반대로 임차인이 임대인에게 비용 등을 청구할 수 있는 경우도 있다. 변형시킨 것이 오히려 건물가치를 상승시키면 원상회복 의무가 면제될 수 있다.

임차인이 임대인에게 요구할 수 있는 것들!

임대차계약에서 임차인은 어떤 권리를 가질까? 당연한 것은 임대차의 목적물을 사용하고 수익할 권리다. 나아가 임대인의 의무에 해당하는 모든 것을 요구할 권리가 있다. 가령 사용·수익에 지장이 생겼을 경우 그것이 임대인이 수선 의무를 지는 부분이라면 수선해달라고 요구할 수 있고, 임대차가 종료되었다면 보증금을 반환해달라고 요구할 수 있다.

임차인의 권리 중에서도 특징적인 것이 있다. 바로 비용상환청구권, 부속물매수청구권, 지상물매수청구권이다. 원상회복 의무를 설명하며 이야기한 예외의 경우다. 임차인이 임대차계약 전과 달리 임대차 목적물의 상태를 변화시켰는데 오히려 그것이 임대차 목적물의 가치를 증가시킨 경우, 원상회복 의무가 면제될 뿐 아니라 임대인에게 일정한 권리를 행사할 수 있게 된다.

▶ 내가 집에 쓴 돈을 돌려받을 권리 : 비용상환청구권

비용상환청구권부터 살펴보자. 비용상환청구권에는 필요비상환청구권과 유익비상환청구권이 있다. 필요비상환청구권은 건물의 보존을 위해 투입한 비용이고, 유익비상환청구권은 건물의 객관적인 가치 증가를 위해 투입한 비용이다. 임차인은 특정한 조건 아래 위와 같은 사유로 지출한 돈을 임대인에게 청구할 수 있다.

필요비상환청구권은 원래 임대인이 지출했어야 할 돈을 임차인이 지출한 것이기에, 지출 즉시 청구할 수 있다. 반면 유익비상환청구권은 객관적으로 건물의 가치 증가에 기여했고, 증가한 가치가 유지되고 있는 경우에만 청구할 수 있다. 출입구의 강화유리문, 바닥 타일, 화장실 보수, 외부 담장, 옥상 방수 장치 등을 설치한 경우 객관적 가치 증가로 인정된다. 그러나 특정 영업을 위한 간판 설치비용이나 카페 영업을 위한 공사비는 객관적 가치 증가라 할 수 없으므로, 그 비용을 임대인에게 청구할 수 없다는 것이 법원의 판단이다.

▶ 내 물건을 사가라고 요구할 권리 : 부속물매수청구권과 지상물매수청구권

부속물매수청구권*은 임차인이 건물 사용의 편익을 위해 임대인의 동의를 얻어 부속물을 설치했거나 임대인으로부터 부속물을 매수한 경우, 임대차가 종료한 뒤 그 부속물을 매수할 것을 요구할 수 있는 권리다. 부속물이란 건물에 완전히 합쳐지지는 않아 임차인 소유에 해당하면서도, 건물가치를 객관적으로 증가시키는 물건을 의미한다. 예를 들어 차양, 출입문, 섀시, 전기 수도 시설 등이 있다. 임차인의 특수한 목적에 따라 부속된 것은 어떨까? 유익비상환청구권에서와 비슷하게, 부속

> **부속물매수청구권** 부속물을 임차인이 소유할 수 있는지가 유익비상환청구권과의 차이다. 유익비상환청구권은 부가한 물건이 원래의 물건에 아예 합쳐져, 임대인 소유에 속하게 된 경우 청구할 수 있는 권리다.

물로 인정되려면 객관적 가치가 증가했다고 인정될 수 있어야 한다. 가령 사무실용 건물에 주방 시설을 설치한 경우, 객관적 관점에서 가치가 상승한 걸로 보기 어려우므로 부속물로 인정받을 수 없을 것이다.

지상물매수청구권은 건물 등을 소유하고자 토지를 임차한 임차인이 건물을 지었고, 임대차계약 종료 시에도 그 건물이 존재하며, 임대인이 임대차계약의 갱신을 거절한 경우 행사할 수 있는 권리다. 이 경우 임차인은 임대인에게 그 건물 등을 매수하라고 청구할 수 있다. 만약 지상물매수청구권이 인정되지 않는다면 원칙적으로 건물 등은 임대차계약 종료 후 원상회복 의무 이행으로 철거되어야만 한다. 이것이 사회적으로 손해이기에 차라리 임대인에게 그 건물 등을 구매하라고 요구할 수 있도록 한 것이다.

▶ 이 돈으로는 임대차 못 하겠는데요 : 차임증감청구권

마지막으로 살펴볼 권리는 차임증감청구권이다. 차임증감청구권은 임대인과 임차인 모두 행사할 수 있는 권리다. 처음에 약정했던 차임 혹은 보증금이 조세, 공과금, 그 밖의 부담 증감이나 경제 사정 변동으로 인하여 적절하지 않게 된 때 차임 혹은 보증금을 높이거나 낮출 것을 청구할 수 있다. 당연히 임대인은 차임 등을 높일 것을, 임차인은 낮출 것을 청구하게 될 것이다.

차임증감청구권은 「민법」과 「주임법」 및 「상임법」에 모두 규정되어 있으며, 내용상 큰 차이는 없다. 다만, 「주임법」 및 「상임법」에서는 최대 5% 범위에서까지만 증감을 청구할 수 있고, 임대차계약 체결 시점 혹은 보증금·차임의 증액 시점 이후 1년 내로는 청구할 수 없다는 식으로 권리 행사를 더 촘촘히 제한하고 있다.

임대인과 임차인 중 한쪽이 차임증감청구권을 행사했을 때 다른 한쪽의 동의가 필요한 것인지에 대해 약간의 논란이 있었다. 그러나 법원의 판단에 따르면 원칙적으로 그런 동의는 필요하지 않다고 보아야 한다. 차임증감청구권이 '형성권'이기 때문이다. 형성권은 권리를 가진 자의 일방적 의사표시만으로 곧바로 어떠한 법률관계가 형성되는 권리다. 즉 임대인이 차임을 100만 원에서 5% 증액하겠다며 차임증감청구권을 행사했다면, 임차인의 의사와는 무관하게 그것만으로 차임은 105만 원이 된 것이다. 따라서 바로 다음 달에 임차인은 105만 원을 납부해야 한다.

다만 차임증감청구권이 형성권이라고 해서 권리 행사에 대해 다툴 여지가 전혀 없다는 의미는 아니다. 위와 같은 사례에서 임차인은 증액할 이유가 없다고 다툴 수 있고, 이 경우 증액이 정당한지에 대해 최종적으로 법원이 판단하게 된다.

법원에서 차임증감청구권이 정당하다고 인정된 사례는 극히 드물다. 심지어 외환위기 정도의 경제 사정 변동에 대해서도 차임증감청구권 행사를 인정하지 않은 판례가 있을 정도다. 사실 임대인 혹은 임차인 입장에서도 차라리 처음 계약할 때 차임을 조정했으면 했지, 굳이 계약 도중에 차임증감청구권을 행사하는 게 쉬운 일이 아니다. 이렇다 보니 차임증감청구권은 사실상 행사되는 경우가 거의 없다. 코로나19 이후 매출 감소로 고통받는 소상공인이 많아지자 정부에서 차임증감청구권 행사를 유도하려 가이드 라인을 제작하기도 했으나, 마찬가지였다. 차임을 줄여준 사례가 있기는 했지만, 사실상 대부분은 임차인과 임대인 사이 자발적 합의에 따른 것이라 차임증감청구권이 행사되었다고 보기는 어렵다.

한편 뒤에 자세히 다룰 '임대차 3법' 입법으로 임대인이 원하는 것보다 더 오랜 기간 임대해야 할 가능성이 커지자, 차임증감청구권을 적극적으로 행사하게 될 것이라는 예상도 있었다. 현재까지는 그런 움직임이 보이지 않으나, 장기적으로 좀 더 살펴볼 일이다.

11

더 살고 싶어 vs. 그만 내보내고 싶어, 임대 기간은 어떻게 정할까?

먼저 계약을 종료하고 싶은 쪽이 '을(乙)'

임대차계약이 얼마나 유지되는지는 임차인과 임대인 모두에게 매우 중요하다. 아무 말 없었던 임대인이 임대 기간이 끝난 뒤 갑자기 임차인을 내쫓는 게 가능할까? 반대로 임차인이 임대 기간 전에 계약을 종료하는 건 가능할까? 이는 결국 계약이 언제 종료되며, 어떤 때 갱신되는지의 문제다.

임대차계약은 기본적으로 정해둔 기간이 끝나면 종료된다(임차인이 보증금을 반환받지 못했고 「주임법」과 「상임법」 적용 대상이라면 임대차계약은 계속되는 것으로 본다). 기간은 원칙적으로 임대인과 임차인이 자유롭게 정할 수 있으나, 법률상 상한 혹은 하한이 있다. 먼저 상한은 「민법」에서 20년으로 규정되어 있었는데, 그 기간이 매우 길기도 하고 계약 체결의 자유를 침해한다는 이유로 '위헌'이라 결정되었다. 따라서 상한은 없는 것으로 생각해도 좋다.

하한은 더 중요하다. 「주임법」이 적용되는 경우 임대차 기간은 최소 2년이고, 「상임법」의 경우에는 최소 1년이다. 이는 임차인에게 최소한의 임대차 기간을 보장해 주기 위함이다. 따라서 「주임법」 혹은 「상임법」이 적용되는 경우, 임대인은 2년 혹은 1년보다 짧은 기간만 임대하기로 정했다고 주장할 수 없다. 반대로 임차인이 스스로 2년 혹은 1년보다 짧게 임대차하기로 계약했다고 주장한다면 어떨까? 이 경우에는 법률상 하한보다 짧은 기간이라도 유효한 것으로 인정된다. 「주임법」 및 「상임법」은 어디까지나 임차인 보호가 주된 목적이기 때문이다.

정해둔 기간이 끝나기 전 계약이 종료될 수 있을까? 물론 임대인과 임차인이 정한 것보다 빠르게 계약을 종료하자고 합의할 수 있다. 설령 그러한 합의에 이

「주임법」 혹은 「상임법」이 적용되는 경우, 임대인은 2년 혹은 1년보다 짧은 기간만 임대하기로 정했다고 주장할 수 없다. 반대로 임차인은 2년 혹은 1년보다 짧게 임대차하기로 계약했다고 주장할 수 있다. 「주임법」 및 「상임법」은 어디까지나 임차인 보호가 주된 목적이기 때문이다.

르지 못하더라도, 뒤에 설명할 몇 가지 특별한 상황이 발생한다면 임대인과 임차인 중 한쪽의 의사만으로 계약을 해지할 수 있다.

달리 말해, 임대인과 임차인 사이에 합의가 없었고, 특별히 계약을 해지할 수 있는 사정도 없다면, 계약은 최소한 처음 정해둔 기간까지는 끝나지 않는다. 임대인과 임차인 중 한쪽이 계약을 빨리 끝내고 싶다고 하더라도 마찬가지다(묵시적 갱신이 이루어졌을 때는 달라진다. 103쪽 참조).

다만 현실적으로는 계약을 빨리 끝낼 필요가 있을 때가 많다. 그럴 필요가 있다면 어떻게든 계약의 상대방과 합의에 이르러야 한다. 이러한 경우 당연히 계약을 종료하고자 하는 쪽에서 시간과 돈을 들여야 할 것이다. 가령 임차인이 빨리 계약을 끝내고자 할 경우, 임대인에게 새로운 임차인을 주선해 주고 공인중개사에게 줄 수수료(속칭 '복비')까지 대납해 주는 것이 보통이다. 반대로 임대인이 계약을 끝내려 할 경우에는 통상 복비와 이사비 정도를 임차인에게 지급하고 합의하게 된다.

계약을 해지할 수 있는 특별한 상황들

다만 우리 법은 일정한 경우 정해진 기간이 끝나기 전이더라도 임대인 혹은 임차인 일방의 의사만으로 계약을 해지할 수 있게 하고 있다. 대표적인 것이 임차인이 차임을 연체한 경우다. 임차인이 2기 이상의 차임(「상임법」이 적용되는 경우는 3기)을 연체한 때 임대인은 계약을 해지할 수 있다. 이후 임대인은 보증금에서 연체된 차임만큼을 공제하고 반환하는 방법으로, 간단히 밀린 차임을 받아낼 수 있다. 이외에 임차인이 임대인의 동의 없이 무단으로 임대차 목적물을 제3자에게 전차했을 때나, 임대차 목적물을 개조하거나 계약과 다른 용도로 사용할 때도 임대인이 일방적으로 계약을 해지할 수 있다.

임차인 쪽은 어떨까? 만약 임대차 목적물이 파손되어 원래 목적대로 사용할 수 없게 되었고, 파손에 임차인의 잘못이 없는 경우 임차인은 일방적으로 계약을 해지할 수 있다. 또한 임대인이 임차인이 동의하지 않았는데 건물 보존을 위한 행위를 하고, 그 결과 임대차계약의 목적을 달성하지 못한 경우 임차인이 계약을 해지할 수 있다.

한편, 임차인이 임차인을 바꾸는 행위, 즉 전대차는 임대인의 동의가 없는 한 허용될 수 없다고 했다. 반대로 임대인이 제3자에게 임대인의 지위를 양도하는 것은 가능할까? 이는 임차인의 동의 없이도 가능하다. 임차인이 누구인지는 임대인에게 영향을 미치지만, 임대인이 누구인지는 임차인 입장에서 상관없기 때문이다. 다만 임대인이 바뀐 경우, 임차인은 원한다면 임대차계약을 해지할 수 있다. 만약 계약을 해지했다면 보증금은 누구에게 반환해달라고 해야 할까? 제3자(새로운 임대인)는 임대인의 지위에 있었던 적이 없는 셈이므로, 보증금은 원래 임대인에게 달라고 해야 한다.

서로 침묵하면 연장, 묵시적 갱신

앞에서 정해둔 기간이 끝나면 임대차계약이 종료된다고 말했지만, 임대인이나 임차인이 아무런 조처를 하지 않았는데도 기간이 끝나 계약이 종료되는 경우는 사실상 없다. 바로 '묵시적 갱신'에 관한 규정 때문이다. 묵시적 갱신은 간단히 말해, 임대인과 임차인이 별도로 계약을 끝내겠다고 하지 않으면 정해둔 임대 기간이 끝난 뒤에도 계약이 자동으로 연장된다는 의미다. 묵시적 갱신은 「민법」을 따를 때와 「주임법」과 「상임법」을 따를 때 적용하는 방식이 조금 다르다.

「민법」을 따를 때, 임대차 기간이 끝난 뒤에도 임차인이 계속 그 건물을 사용·수익하고 있는데도, 임대인이 빠른 시일 안에 이의를 제기하지 않는다면 묵시적 갱신이 이루어진다. 「민법」상 묵시적 갱신이 이루어진 때, 갱신 이후 차임이나 보증금 등 임대차계약 내용은 갱신 이전과 같다. 다만 그 형태만은 '기간의 약정 없는 임대차'로 본다.

이처럼 기간을 정해두지 않은 임대차계약에서, 우리 법은 임차인이 계약을 해지하겠다고 하면 그로부터 1개월 뒤, 임대인이 해지하겠다고 하면 6개월 뒤에 실제로 계약이 해지된다고 정해두고 있다. 즉 「민법」상 묵시적 갱신이 이루어졌다면, 임대인과 임차인은 모두 일방적으로 계약을 해지할 수 있다.

임차인을 편애하는 묵시적 갱신 규정

다만 묵시적 갱신에 「민법」 규정이 적용되는 경우는 사실 썩 많지 않다. 이보다는 「주임법」 혹은 「상임법」이 적용되는 경우가 더 많다. 「주임법」이 적용되는 임대차계약이라면, 임대인이 임대차 종료 6개월 전부터 2개월 전까지 갱신하지 않겠다는 취지의 통지를 하지 않는 한, 그 기간을 2년으로 해 다시 임대

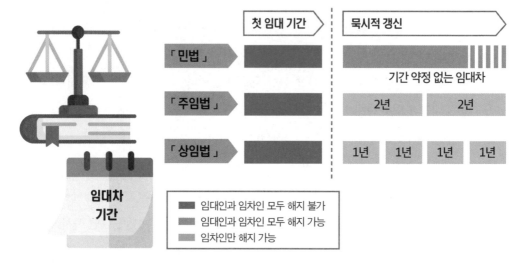

⭕ 법률에 따른 묵시적 갱신의 양상

「주임법」 및 「상임법」을 따랐을 때 임차인에게 훨씬 유리하다는 것을 알 수 있다.

	첫 임대 기간	묵시적 갱신
「민법」		기간 약정 없는 임대차
「주임법」		2년 / 2년
「상임법」		1년 / 1년 / 1년 / 1년

임대차 기간

- 임대인과 임차인 모두 해지 불가
- 임대인과 임차인 모두 해지 가능
- 임차인만 해지 가능

차한 것으로 본다(임차인이 2기 이상의 차임이 연체되었거나 그 밖에 임차인의 의무를 현저히 위반했다면 「주임법」상의 묵시적 갱신이 이루어지지 않는다). 보증금 등 조건도 그대로 유지된다. 즉 12월 31일에 끝나는 임대차계약이라면, 임대인은 최소한 10월이 다 지나기 전까지는 갱신하지 않겠다고 해야 한다는 뜻이다.

이처럼 묵시적 갱신이 이루어진 경우, 임대인은 계약을 해지할 수 없지만 임차인은 언제든 계약을 해지할 수 있다. 만약 임차인이 계약을 해지하겠다고 한다면 임대인이 통지를 받은 날로부터 3개월이 지났을 때 효력이 발생한다.

「주임법」의 묵시적 갱신 규정은 임차인에게 매우 유리하게 짜여 있다. 건물주인 김갑동 씨가 2020년 3월 1일에 대학생인 이을녀 씨와 기간을 2년으로 하는 임대차계약을 체결했다고 해보자. 원래대로면 계약은 2022년 2월 28일에 종료되어야 할 것이다. 만약 김갑동 씨가 2022년 1월 5일 이을녀 씨에게 임대차계약을 갱신하지 않겠다고 처음 통지했다면 어떻게 될까? 이러한 경우에도 계약은 묵시적으로 갱신된다. 임대차 종료 6개월 전부터 2개월 전까지 통지하지 않는 한 갱신 거절의 효력이 없기 때문이다. 즉 「주임법」이 적용되는 경우, 계약을 갱신하지 않으려는 임대인은 그러한 사실을 임대차 종료일로부터 최소한 2개월 전까지 알려주어야만 한다.

「주임법」이 적용될 때 묵시적으로 갱신된 임대차계약은 그 기간을 2년으로 본다고 했다. 따라서 김갑동 씨와 이을녀 씨 사이 임대차계약은 2024년 2월 29일까지가 된다. 갱신된 기간에도 임차인인 이을녀 씨는 김갑동 씨에 비해 훨씬 유리한 위치에 있다. 오직 이을녀 씨만 갱신된 계약을 중도에 해지할 수 있기 때문이다.

가령 이을녀 씨는 2023년 4월 1일에 김갑동 씨에게 일방적으로 계약 해지를 통지할 수 있고, 통지만으로도 3개월 뒤인 7월 1일, 계약은 실제로 해지된다. 계약 해지를 통지받은 순간, 김갑동 씨는 3개월 내로 어떻게든 이을녀 씨에게 반환해 줄 보증금을 마련해야 한다.

「상임법」이 적용되는 경우도 비슷하게 묵시적 갱신이 이루어진다(「상임법」에는 임차인이 차임을 연체하는 등 의무를 위반해도 묵시적 갱신이 되지 않는다는 규정이 없으므로, 묵시적 갱신의 폭이 더 넓다고 볼 수 있다). 다만 이 경우 임대인에게 조금이나마 더 유리하다. 임대인이 임대차 종료 6개월 전부터 1개월(「주임법」에서는 2개월) 전까지 갱신하지 않겠다고 통지하면 묵시적 갱신이 되지 않는다. 그리고 묵시적 갱신이 된 경우 기간은 1년(「주임법」에서는 2년)으로 본다.

'임대차 3법'의 핵심, 계약갱신요구권과 전월세상한제

2020년경 부동산 시장의 최대 화젯거리는 임대차 3법이었다. 임대차 3법이란 「주임법」상의 계약갱신요구권·전월세상한제·전월세신고제를 가리킨다. 이 중 핵심은 계약갱신요구권과 전월세상한제다.

본래 계약갱신요구권은 「상임법」에만 규정되어 있었고, 전월세상한제는 「주임법」 및 「상임법」 모두에 규정되어 있었다. 이를 2020년에 개정하여, 계약갱신요구권을 「주임법」에도 규정함과 동시에 기존 「주임법」상 전월세상한제가 계약갱신요구권이 행사된 경우에도 적용된다고 한 것이 '임대차 3법'의 골자다.

애초에 「주임법」과 「상임법」이 임차인의 보호를 위해 입법된 것인 만큼 임차인에게 유리하게 규정이 짜인 것은 당연하지만, 그중에서도 가장 강도 높은 규정이 바로 계약갱신요구권이다. 그 내용은 간단하다. 임대차 기간이 끝나기 6개월 전부터 2개월 전까지(「상임법」에서는 1개월 전까지) 임차인이 임대인에게 계약 갱신을 요구할 경우, 임대인은 요구를 거절하지 못한다.

요컨대, 임차인이 원한다면 임대인은 강제로 계약을 갱신해 줘야만 한다. 「주임법」상 계약갱신요구권은 한 차례만 행사할 수 있고, 행사한 경우 갱신된 계약은 그 기간을 2년으로 본다. 「주임법」의 적용을 받는 임대차계약 기간은 최소가 2년이므로, 임대차계약을 체결하기만 하면 임차인에게 최소한 2년 + 2년, 즉 4년의 임대 기간이 보장된다.

「상임법」이 적용되는 경우엔 어떨까? 그 보장 정도가 더 강력하다. 「상임법」상 계약갱신요구권이 행사된 경우 갱신된 계약은 원래 계약과 임대 기간이 같은데, 전체 임대 기간이 10년을 초과하지 않는 한 행사 횟수에 제한이 없다. 따라서 이 경우 최소한 10년의 임대 기간이 보장된다.

여기까지 보면 계약갱신요구권 제도는 임대인에게 너무 가혹하다. 임대인에 대한 최소한의 보호를 위해, 「주임법」 및 「상임법」은 '정당한 사유'가 있을 경우 임대인이 계약 갱신을 거절할 수 있다고 정해두었다. 정당한 사유란 주로 임차인이 의무를 현저히 위반한 경우를 가리킨다. 대표적으로 임차인이 2기(「상임법」이 적용되는 경우 3기) 이상에 해당하는 차임을 연체한 적이 있는 경우, 임차인이 임대인의 동의 없이 전대를 한 경우, 임차인이 건물을 파손한 경우가 있다. 이외에 건물을 철거 혹은 재건축하고자 하는 경우 또한 정당한 사유에 포함된다.

한편, 「주임법」은 정당한 사유에 독자적인 유형을 하나 두고 있다. 임대인 혹은 그 직계존속(부모, 조부모 등)이나 직계비속(자식, 손자 등)이 임대차 목적물에 직접 거주하려 하는 경우다. 다만, 이를 이유로 들어 임대차의 갱신을 거절해 놓고서 다른 자에게 건물을 다시 임대한 것으로 드러나면 원래의 임차인에게 손해배상을 해줘야 한다.

혹시 임대인이 갱신은 해주되 이전보다 훨씬 높은 차임을 요구해, 사실상 임차인의 갱신 요구를 거절할 수 있지 않을까? '전월세상한제*'가 이러한 가능성을 차단한다. 계약갱신요구권을 행사해 임대차가 갱신되는 경우 그 차임과 보증금을 늘릴 수는 있으나, 인상 폭은 최대 5%로 제한된다.

전월세상한제는 임대인과 임차인이 재계약 때 전·월세 인상률을 일정 수준으로 제한하는 제도다. 계약갱신요구권을 행사해 임대차가 갱신되는 경우 그 차임과 보증금을 늘릴 수는 있으나, 인상 폭은 최대 5%로 제한된다.

전월세상한제 임대인과 임차인이 재계약 때 전·월세 인상률을 일정 수준으로 제한하는 제도다. 임차인의 계약갱신요구권에 따라 계약을 갱신했을 때 적용된다. 임대차가 종료된 뒤 재계약을 한 경우나 합의에 따라 증액한 경우 등은 차임과 보증금의 인상 폭이 제한되지 않는다.

법을 피해 월세와 보증금을 올리는 꼼수 : '관리비' 부풀리기

다만 전월세상한제와 전월세신고제에는 한 가지 맹점이 있다. 규제 대상에 '관리비'를 포함하지 않는다는 것이다. 가령, 원래 차임이 월 100만 원이었고 관리비가 15만 원이었다고 해보자. 임차인의 갱신 요구에 따라 계약을 갱신하며 차임을 105만 원보다 높게 책정하는 것은 전월세상한제에 따라 불가능하

그리스 신화에 나오는 포악한 거인 프로크루스테스는 길을 지나가는 사람을 상대로 강도질을 일삼았다. 그는 붙잡아 온 사람을 침대에 눕히고는 키가 침대보다 크면 발을 자르고, 키가 침대보다 작으면 침대 길이에 맞춰 다리를 억지로 잡아 늘렸다. 입주자대표회의가 운영되는 공동주택과 달리, 오피스텔 등의 임대차에서 관리비는 사실상 '깜깜이' 방식으로 정해진다.

다. 그러나 관리비를 30만 원으로 높이는 것은 가능하다. 전월세상한제는 오직 차임 및 보증금에만 적용되기 때문이다.

전월세신고제도 마찬가지다. 전월세신고제는 임대인과 임차인이 임대차계약을 할 때 임대계약 당사자, 보증금, 임대료, 임대 기간, 계약금 및 중도금과 잔금 납부일 등의 내용을 30일 내에 시·군·구청에 신고하도록 한 제도다. 현행법상 보증금 6000만 원, 차임 월 30만 원을 초과하는 임대차계약이 신고 대상이다. 차임이 월 28만 원이고 관리비가 월 32만 원인 경우, 임차인이 실질적으로 부담하는 금액은 월 60만 원에 달하는데도 신고 대상이 아니다.

통상적으로, 차임에 비하여 관리비를 높이는 것은 임대인에게는 유리하고 임차인에게는 불리하다. 임대인 입장에서 임대소득이 일정 수준 이상이 되면 종합소득세 과세 대상이 되지만, 그 이하는 분리과세가 가능하고 세율도 낮다. 따라서 차임을 낮추는 대신 관리비를 높이는 게 유리하다. 반대로 임차인 입장에서 월세 지출은 소득공제 때 일부를 돌려받을 수 있으므로 관리비가 커질수록 불리해진다.

이러한 점들을 고려했을 때, 관리비를 필요에 따라 정확히 산정하지 않고 임대인의 편의에 따라 정할 수 있게 한다면 매우 부당한 결과가 발생한다. 임차인으로서는 세금 관련 불이익을 입을뿐더러, 전월세상한제 등 임차인 보호를 위해 마련된 제도를 제대로 적용받을 수 없기 때문이다.

이는 일정 규모 이상의 아파트 등 공동주택에서는 크게 문제가 되지 않는다. 아파트 관리비는 입주인의 모임인 입주자대표회의 등의 의결을 거쳐 결정되기 때문이다. 그래서 특정 임대인이 일방적으로 관리비를 인상할 수도 없고, 관리비가 어떻게 산정된 것인지 세부 내용을 게시하게 되어 있다. 문제가 되는 것은 일정 규모 이하의 공동주택이나 다가구주택이다. 흔히 보는 원룸·투룸 빌라나 오피스텔이 여기에 속한다. 이러한 건물은 관리비를 정하는 절차에 관한 규정도 없고, 산정 과정을 공개하도록 하는 규정도 없다. 하다못해 입주자대표회의를 통해 의견을 낼 수라도 있는 공동주택과는 달리, 빌라나 오피스텔에서는 특별한 교섭 단체가 상정되기도 어렵다. 따라서 임차인 입장에서는 깜깜이 방식으로 정해지는 관리비를 그저 받아들여야 하는 경우가 대다수다.

이런 부분에 대해서는 뾰족한 수가 없어 제도적인 개선이 있어야 한다. 특히 최근에는 관리비 공개 대상이 되는 공동주택의 기준을 기존 100세대 이상에서 50세대 이상으로 낮추거나, 소규모 빌라 및 오피스텔 등에 대해서도 관리비 산정 과정을 공개하도록 하는 등의 제도 개선이 추진되고 있다. 실제로 입법되어 효과를 거둘 수 있을 것인지는 조금 더 지켜봐야 할 것이다.

12

대항력으로 임차인의 HP가 플러스되었습니다!

대항력을 통해 확보할 수 있는 것

임차권은 원래 채권이라, 계약의 당사자들인 임대인과 임차인 사이에서만 효과가 있다. 그러나 임차인이 대항력을 가지는 순간, '채권의 물권화'(31쪽)가 이루어진다. 마치 물권을 가진 사람처럼 대항력 있는 임차인은 세상 모든 사람에게 '대항'할 수 있다. 즉 자신의 권리를 주장할 수 있게 된다.

그러나 이것만으로 명쾌해지지 않는다. 임차인은 정확히 무슨 권리를 주장할 수 있을까? 대항력을 갖추는 방법의 하나가 전입신고라고는 했는데, 정확히 어느 시점을 기준으로 확보되는 걸까? 대항력은 한 번 갖추면 사라지지 않는 걸까? 만약 임대인이 전입신고를 할 수 없다고 하면 어떻게 해야 할까? 지금부터 이 모든 질문에 대해 살펴보자.

대항력의 요점은 계약 당사자가 아닌 제3자에게도 계약에 따른 권리를 주장할 수 있다는 것이다. 임차인 입장에서 제3자에게 주장할 필요가 가장 큰 권리는 무엇일까? 뭐니 뭐니 해도 임대차의 목적물을 사용·수익할 권리 그리고 보증금을 반환받을 권리다. 그러니 만약 임차인에게 대항력이 없다면, 계약서에 임대인으로 적힌 사람 외에는 아무에게도 목적물의 사용·수익이나 보증금 반환을 요구할 수 없다.

애초에 임대인이 아닌 다른 사람에게 왜 임차권을 주장해야 하는지 의문이 들 수도 있다. 그러나 임차인 입장에서 다른 사람에게 권리를 주장하지 못하면 매우 불안정한 상태에 놓일 수밖에 없다. 대표적인 문제 상황이 매매다. 가령 임대인이 집을 빌려주고 나서, 다른 사람에게 그 집을 매도했다고 해보자. 대항력이 없는 임차인은 새로운 매수인에게 임차권을 주장할 수 없다. 기존 임대인에게는 어떤가? 그는 이미 건물을 팔았으니, 건물을 사용·수익하게 해줄 능력이 없다. 따라서 기존의 임대차계약은 더 이상 지속될 수 없고, 임차인은 그 집에서 쫓겨나게 된다. "매매는 임대차를 깨뜨린다"는 유명한 법언은 이러한 상황을 두고 하는 말이다.

대항력이 있는 임차인은 세상 모든 사람에게 '대항'할 수 있다. 즉, 계약 당사자(임대인)가 아닌 제3자(예를 들어 새로운 집주인)에게도 계약에 따른 권리를 주장할 수 있다. 임차인은 전입신고를 통해 대항력을 갖출 수 있다.

홈+

「주임법」과 「상임법」에는 임차인에게 대항력이 있을 때 매수인(새로운 집주인)이 임대인의 지위를 승계한다는 명시적인 규정이 있으나, 「민법」에는 그와 같은 규정이 없다. 다만 해석에 따라 매수인이 임대인의 지위를 승계한다고 본다. 임차인은 매수인이 임대인 지위를 승계하는 것을 거부할 수도 있다. 이 경우 승계는 이루어지지 않으며, 임대차계약은 해지되고, 기존 임대인이 그대로 보증금 반환 의무를 갖게 된다.

반대로 대항력이 있는 경우라면 어떨까? 임차인은 새로운 매수인에게 임차권을 주장할 수 있게 된다. 특히 임차인에게 대항력이 있는 경우, 우리 법은 아예 매수인이 임대인의 지위를 '승계'한다고 본다. 처음부터 매수인이 임대인이었던 것처럼 본다는 뜻이다. 따라서 임차인은 매수인이자 새로운 임대인에게 건물의 사용·수익은 물론 보증금 반환도 요구할 수 있다. 기존 임대인은 어떻게 될까? 그는 이제 임대인의 지위에서 벗어난 셈이므로, 모든 의무에서 면책된다.

매매 외에도 문제 상황은 다양하다. 또 하나 대표적인 문제 상황이 경매다. 임차 주택이 경매에 부쳐져 낙찰된 경우, 임차인은 그 주택에 계속 거주할 수 있을까? 이 경우 또한 매매와 마찬가지의 논리를 따른다. 경매에서 낙찰받은 경락인이든 직접 매수를 한 매수인이든, 해당 건물의 소유권을 새로 취득했다는 것은 같기 때문이다. 따라서 임차인에게 대항력이 있다면, 원칙적으로 경락인 또한 임대인의 지위를 승계한다. 즉 임차인은 그 주택에 계속 거주할 수 있고, 임대차가 종료되면 경락인에게 보증금 반환을 요구할 수도 있다.

다만 경매의 경우 임차인이 대항력을 언제 확보하였는지가 문제가 될 수 있다. 대항력을 확보한 시점이 늦었다면 설령 대항력을 확보했더라도 그 권리를 주장하지 못할 수 있기 때문이다. 이에 관해서는 116쪽에서 자세히 살펴보자.

오픈런 줄서기보다 중요한 대항력의 순서

대항력을 갖추는 방법은 「민법」, 「주임법」, 「상임법」 등에서 각각 달리 정하고 있다. 먼저 「민법」에 따른 방법은, ① 전세권설정등기(임대인의 동의 필요)를 하는 것, ② 건물 소유를 목적으로 한 토지임대차의 경우 임차인이 지상건물의 등기를 하는 것이다. 그러나 ①의 방법은 (바로 뒤에서 설명할) 임차인 혼자서 대항력을 갖추는 방법(전입신고)이 있기 때문에 잘 쓰지 않는다. ②의 방법도 애초에 우리나라에서 건물 소유를 목적으로 한 토지임대차가 흔하지 않아서 잘 이용되지 않는다.

더 널리 쓰이는 방법은 「주임법」 및 「상임법」에 따른 것이다. 먼저 「주임법」상의 대항력은, 임차인이 주택을 인도받은 뒤 주민등록(전입신고)을 마쳤을 때 취득할 수 있다. 「상임법」상의 대항력 취득 방법도 비슷하다. 임차인이 건물을 인도받아야 하는 것은 같고, 주민등록(전입신고)이 아닌 사업자등록을 해야 한다는 것만 다르다.

대항력은 단순히 갖추는 것만 중요한 게 아니다. 더 중요한 건 대항력을 언제 갖췄는지다. 시점을 고려하지 않고 막연히 대항력만 믿었다간 큰코다칠 수가 있다. 원칙적으로 대항력은 주택을 인도받고 전입신고를 한 '다음 날' 0시에 발생한다. 즉 주택 인도를 9월 3일에 받았고, 전입신고를 9월 4일 2시에 마쳤다면, 9월 5일 0시에 대항력이 생긴다.

대항력의 시점이 왜 중요할까? 그 이유는 바로, '내 대항력보다 앞선 자에게는 설령 대항력이 있더라도 대항할 수 없기 때문이다. 가령 임차 주택이 매도된 상황을 생각해 보자. 만약 매수인이 주택을 매수하고, 소유권이전등기까지 마친 다음에야 임차인이 대항력을 갖췄다면 어떻게 될까?

대항력에
2등은 필요 없다!
오직 1등뿐!

대항력

대항력은 언제 갖추었는지가 중요하다. 나보다 앞서 대항력을 갖춘 자에게는 대항할 수 없기 때문이다. 대항력은 주택을 인도받고 전입신고를 한 '다음 날' 0시에 발생한다.

대항력 있는 임차인이 임차한 주택의 매수인에게 대항할 수 있는지는 '매수인의 소유권이전등기 시점'보다 대항력 취득 시점이 앞섰는지에 따라 결정된다. 따라서 임차인의 대항력 취득 시점보다 매수인의 소유권이전등기 시점이 앞섰다면, 그 매수인을 상대로 임차권을 주장할 수 없다.

이처럼 대항력 취득 시점이 어떠한 '특정 시점'보다 앞서는지에 따라서 실제로 대항할 수 있는지가 결정된다. 특정 시점이 언제인지는 제각각이기 때문에 상황별로 어느 시점을 기준으로 하는지 알아두는 것이 무척 중요하다.

대부분 기준 시점은 등기부에서 확인되는 시점이라고 생각해도 된다. 가령 부동산에 가처분권자(353쪽)가 있는 경우, 가처분등기가 이루어진 시점이 기준이 된다. 미리 매매예약 등 가등기*가 되어 있는 경우는 어떨까(347쪽)? 마찬가지로 가등기 시점이 기준이다.

> **가등기** 소유권을 취득할 예정이라는 것을 미리 등기부에 기록하는 것. 나중에 본등기를 하면 그 대항력은 가등기 시점으로 소급하여 가등기 후에 제3자가 한 본등기보다 우선하게 된다.

'말소기준권리'만 알면 어려울 게 없는 대항력과 경매

다만 임차한 부동산이 경매에 부처진 상황이 되면 보다 복잡해진다. 다시 말해 임차인이 경매에서 낙찰된 경락인에게 대항하기 위해 얼마나 빨리 대항력을 취득해야 하는지가 중요해진다. 이를 알려면 경매의 원리에 대해 최소한이라도 이해해야 한다. 경매는 간단히 말하면 ① 빚을 갚지 못한 채무자의 물건을 팔아서(현금화), ② 채권자들에게 나눠주는 것이다(배당). 경매를 거치면 그 부동산에 얽힌 권리가 완전히 바뀌어 이를 분석해 내는 것이 중요하다.

경매에서 권리분석은 처음 보기에는 꽤 복잡하다. 다만 몇 가지 원칙을 알고 나면 보다 쉽게 느껴질 것이다. 가장 중요한 것은 '소멸주의(소제주의)'와 '인수주의'

다. 소멸주의와 인수주의는 서로 대립하는 개념이다. 소멸주의는 경매가 끝난 뒤 해당 부동산에 대한 권리는 모두 소멸시킨다는 것이고, 인수주의는 경매가 끝난 뒤에도 해당 부동산의 권리를 남겨둔다는 것이다.

우리 법은 경매에 관해 소멸주의를 원칙으로 하면서도, '말소기준권리'보다 앞서는 용익물권(해당 물건을 사용할 수 있는 권리로 지상권, 지역권, 전세권 등이 있음. 336쪽) 내지는 대항력 있는 임차권은 인수주의를 따라 남겨둔다고 정했다. 말소기준권리란 가장 먼저 설정된 저당권*·담보가등기·(가)압류**를 의미한다.

소멸주의가 원칙인 이유는 절차적 편의를 위해서다. 그 부동산에 돈 문제로 얽힌 사람들이라면, 경매 한 번에 싹 배당받고 다 같이 손을 떼자는 얘기다. 다만 예외적으로 인수주의를 따르는 이유는 용익물권자 혹은 대항력 있는 임차인의 '정당한 신뢰'를 보호하기 위해서다. 정당한 신뢰는 뭘까? 가령 임차인이 말소기

> **저당권** 채무자가 채무의 담보로 제공한 부동산에 대해 채권자가 권리를 설정해 두고, 약속한 때에 갚지 않으면 그 부동산을 경매해서 자기 돈을 우선적해서 회수할 수 있는 권리.
> **압류** 압류는 경매의 한 과정으로, 특정 물건이나 권리에 대해 처분을 금지하는 행위.

● 경매 개시 결정 후 임차권의 소멸과 지속

3번으로 대항력 확보

임차인이 말소기준권리보다 늦게 대항력을 갖췄다면 소멸주의에 따라 임차권은 소멸된다.

말소기준권리
- (근)저당
- (가)압류,
- 담보가등기
↓
경매 개시 결정

1번으로 대항력 확보

임차인이 말소기준권리보다 앞서 대항력을 갖췄다면 인수주의에 따라 임차권은 소멸하지 않는다.

준권리보다도 앞서서 대항력을 갖췄다면, 그는 그 부동산에 아무 문제가 없었을 때부터 대항력이 있었던 셈이다. 따라서 그는 향후 부동산이 경매에 부쳐지더라도 자신에게 대항력이 있으므로 부동산에 대한 임차권을 쭉 주장할 수 있으리라 믿었을 것이다. 이 신뢰는 정당하므로 마땅히 보호되어야 한다. 따라서 인수주의를 따라 경매를 거치더라도 임차권은 소멸하지 않는다.

반면 임차인이 말소기준권리보다 늦게 대항력을 갖췄다면 어떨까? 그는 대항

◑ 임차인은 경락인에게 대항할 수 있을까?

경매가 무엇에 의해 개시되었는지는 중요하지 않다. 중요한 것은 말소기준권리보다 앞서 대항력을 확보했는지다. 이 사례에서 말소기준권리는 가장 먼저 설정된 저당권인 제1저당권이었다.

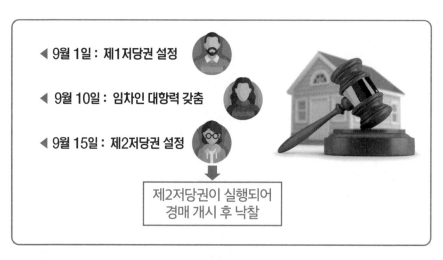

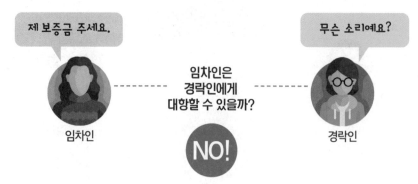

력을 갖추기 전에 등기부를 통해 자신보다 앞서서 저당권 등이 설정되어 있음을 확인했을 것이다. 그렇다면 애초에 경매를 거친 뒤에도 자신이 임차권을 유지할 수 있으리라 믿지 않았을 것이다. 따라서 이 경우 보호할 신뢰가 없어, 임차권은 소멸된다.

이제 본론으로 돌아가자. 결론적으로 임차인이 경매 이후 경락인(경매에서 낙찰받은 사람)에게 대항할 수 있으려면 그 대항력을 언제까지 갖추어야 할까? 정답은 말소기준권리 이전이다. 9월 1일에 제1저당권이 설정되었고, 9월 10일에 임차인이 대항력을 갖추었으며, 9월 15일에 제2저당권이 설정되었다고 해보자. 이때 제2저당권이 실행되어 경매가 개시되었고 낙찰되었다면, 임차인은 경락인에게 대항할 수 있을까?

정답은 '없다'이다. 경매는 제2저당권 실행으로 개시된 것인데, 왜 그보다 앞서 대항력을 갖춘 임차권으로 대항할 수 없다는 것인지 의아할 수 있다. 그러나 경매가 무엇에 의해 개시되었는지는 중요하지 않다. 중요한 것은 말소기준권리보다 앞서 대항력을 확보했는지일 뿐이니, 헷갈리지 말자! 위 사례에서 말소기준권리는 가장 먼저 설정된 저당권인 제1저당권이었다.

함부로 이사해버리면 안 되는 이유

한 번 대항력을 갖추면 그것으로 끝일까? 그렇지 않다. 대항력은 취득뿐 아니라 존속 요건까지 모두 갖추었을 때 성립한다. 존속 요건은 일단 효과가 발생한 뒤에도 계속 유지되어야 하는 요건

> **인도** 점유를 이전받는 것이다. 이사를 가면 더 이상 기존 주택을 점유한다고 볼 수 없다. 따라서 대항력의 요건 중 인도를 유지하지 못하게 된다.

이다. 즉 대항력의 취득 요건이자 존속 요건인 인도*와 주민등록(전입신고) 혹은 사업자등록은 처음 대항력을 확보한 이후로도 계속 유지되어야 한다.

만약 임차인이 다른 곳으로 이사하거나 새로 전입신고를 한다면 어떻게 될까? 임차인은 즉시 대항력을 잃게 된다. 대항력을 잃으면, 당연히 대항력의 효과를 누릴 수 없다. 예를 들어 일단 대항력을 취득한 임차인일지라도 임차 주택이 팔린 뒤 매수인이 소유권이전등기를 하기 전에 다른 집으로 이사를 가버린다면, 매수인에게 임차권을 주장할 수 없게 된다. 집을 계속 사용할 수 없음은 물론이고 보증금 반환을 청구할 수도 없다.

따라서 임차인은 매수인에게 대항하기 위해서는 소유권이전등기 시점까지, 경락인에게 대항하기 위해서는 경락인의 대금 납부 시점까지 특유의 대항 요건(인도, 주민등록·사업자등록)을 유지해야만 한다.

대항력을 잃은 뒤 임차 주택이 경매에 부쳐지는 등의 상황이 발생한다면 자칫 보증금을 완전히 날리는 큰 손해를 입을 수 있다. 바로 뒤에서 설명할 '우선변제권'이 대항력을 전제로 하는 것이라, 임차인은 대항력을 잃는 순간 우선변제권도 함께 잃게 되어서다. 이것이 정확히 무슨 의미인지는 우선변제권 부분에서 살펴보자.

다행히 몇 가지 경우에는 전출신고를 하더라도 대항력이 소멸되지 않는다. 대표적인 것이 가족과 함께 거주하던 경우다. 나머지 가족들이 주민등록을 유지하고 있다면, 다른 곳에 전입신고를 해도 대항력이 유지된다. 이외에, 다른 사람에 의하여 임의로 주민등록이 이전되었고 그에 관하여 임차인 잘못이 없는 경우에도 마찬가지로 대항력이 유지된다.

또, 설령 대항력을 잃더라도 이미 발생한 임대인 지위 승계의 효과가 사라지는 것은 아니다. 다시 말해, 임차인이 대항력을 갖춘 상태에서 기존 임대인이 임차 주택을 매도함에 따라 매수인이 임대인의 지위를 일단 승계했다면, 만일 추후에 임차인이 대항력을 잃더라도 그 지위는 유지된다. 따라서 임차인은 대항력을 잃은 것과는 무관하게, 여전히 새로운 임대인(즉 매수인)에게 그 주택을 계속 사용하겠다고 할 수도 있고, 임대차가 끝난 뒤에는 보증금을 돌려달라고 할 수도 있다.

보증금 못 받았는데 이사는 가야 하고, 어떻게 하죠?

임차인 입장에서 대항력이 존속 요건이라는 건 퍽 불편한 일이다. 대항력을 잃지 않으려면 임차인은 좋든 싫든 임차한 주택에 전입신고를 한 채 계속 머물러야 하기 때문이다. 만약 보증금을 반환받지 못한 상태라면 이사를 가고 싶어도 갈 수가 없게 된다. 정말 강제로 그 집에서 쭉 지내야만 할까?

물론 다 방법이 있다. 첫 번째는 간접점유를 해 대항력 요건을 유지하는 것이다. 간접점유는 임차인이 '전대차'를 한 경우를 생각하면 된다. 임차인이 전차인에게 건물을 다시 임대하는 것을 전대차라고 한다. 전대차 후에는 전차인이 건물을 '직접점유'할 것이며, 전차인의 점유를 통해 임차인이 그 건물을 '간접점유'한다고

⊙ 전대차를 통한 임차인의 간접점유

임차 주택

임차인
(전대인)

전차인

보증금을 반환받지 못하면 강제로 임차 주택에서 쭉 지내야 할까? 전차인의 점유를 통해, 임차인(전대인)은 건물을 간접점유한다. 이 경우 대항력의 인도 요건은 유지될 수 있다.

본다. 설령 임차인이 건물을 직접점유하지 않고 간접적으로만 점유하고 있더라도, 대항력의 인도 요건은 유지될 수 있다. 따라서 임차인은 이사를 가도 괜찮다. 다만 이 경우 전입신고는 임차인(전대인)이 아닌 전차인이 해야 한다.

그런데 앞서 전대차는 허용되지 않는다고 했다. 모든 전대차가 그렇지는 않다. 허용되지 않는 전대차는 정확히 말하면 (임대인에 대한) '배신적 행위'가 되는 전대차다. 만약 임대인의 동의를 얻었다면 전대차는 언제든 가능하다. 명시적 동의가 없더라도, 전대차가 배신적 행위가 아니라고 볼 특별한 사정이 있는 경우도 마찬가지다. 특히 보증금을 돌려달라는 요구에 임대인이 묵묵부답하는 상황에서 전대차를 한 경우, 우리 법원은 배신적 행위가 아니라고 본다. 전대차를 통해서라도 보증금을 회수하는 데에 임대인이 묵시적으로 동의한 것이라는 논리에서다. 그러나 현실적으로 전대차가 어려울 수 있다. 보증금 미반환으로 골치를 썩이는 주택이라는 걸 알면서도 선뜻 들어오겠다는 전차인이 있을 리 만무하기 때문이다.

두 번째 방법은 전대차보다 훨씬 간단하고 현실적이다.

'임차권등기명령'을 신청하는 것이다. 임차권등기명령의 신청은 「주임법」 및 「상임법」이 적용되는 임대차계약에서 가능하다. 어떤 경우에 할 수 있을까? 매우 간단하다. 임대차가 종료되었는데 보증금을 돌려받지 못했다면, 임차인은 얼마든지 법원에 임차권등기명령을 신청할 수 있다. 신청이 받아들여져 임차권등기명령이 내려지면, 건물 등기부에 임차권등

우리 보증금 못 받았는데 이사 가도 괜찮아?

걱정하지 마. 임차권등기명령 신청했어.

기가 이루어진다.

임차권등기명령은 조건이 간단하지만 효과는 강력하다. 신청이 받아들여져 일단 임차권등기가 이루어지면 임차인의 대항력, 그리고 잠시 뒤에 살펴볼 우선변제권이 무조건 유지된다. 이사를 가거나 다른 곳에 전입신고를 하더라도 마찬가지다. 원래 임차권등기명령을 받더라도 임대인이 관련 서류를 송달받는 것을 회피하면 임차권등기를 할 수 없었다. 그러나 2023년 7월부로 법이 개정되어서 명령을 받기만 하면 송달과는 무관하게 등기할 수 있게 되었다.

우리 오피스텔은 전입신고가 안 돼요
: '전입신고 불가' 임대차계약, 괜찮을까?

한 번쯤 '전입신고 불가능'을 조건으로 내건 집을 보았을 것이다. 특히 오피스텔을 임대할 때 전입신고가 불가능하다고 하는 경우가 많다. 임대인은 왜 전입신고를 하지 말라고 하는 걸까? 그리고 이런 '전입신고 불가' 임대차계약을 체결해도 괜찮을까?

임대인은 대부분 건물을 업무용으로 등록해 두기 위해 전입신고를 금지한다. 건물이 업무용일 때가 주거용일 때보다 세금을 더 많이 환급받을 수 있다는 장점이 있다. 또 다주택자에 대한 규제도 피할 수 있다. 그런데 건물에 전입신고가되어 있으면 용도를 업무용으로 등록할 수 없으므로 금지하는 것이다.

하지만 임차인 입장에서 전입신고를 하지 않으면 지위가 훨씬 불안정해진다. 무엇보다도 대항력의 요건을 갖출 수 없다는 게 가장 큰 불안 요소다. 전입신고를 하지 않으면 대항력은 물론, 대항력을 전제로 하는 우선변제권 또한 확보할 수단이 없어진다. 대항력이 없으니 건물 주인이 바뀌면 쫓겨나게 될 것이고, 우선변제권이 없으니 건물이 경매에서 팔려도 보증금을 배당받기가 어려워질 것이다.

소득공제를 받지 못하는 것도 손해다. 연말정산 시 월세의 일정 비율에 대해 소득공제가 이루어지는데, 일반적으로 전체 공제액 중 월세가 차지하는 비율은 꽤 높다. 그러나 전입신고를 하지 않으면 월세액에 관한 공제를 받지 못한다. 나아가 다른 가족이 주택을 소유하고 있다면, 전입신고를 통해 세대를 분리해야만 무주택자 기간이 산정되기 시작한다. 전입신고를 하지 않으면 무주택자 기간에 관해서도 불이익을 받는다.

전입신고 불가 임대차계약에서 이런 불리함을 피할 수는 없을까? 가장 먼저 임대인과 합의하여 전세권등기를 하는 방법을 생각해 볼 수 있다. 다만 애초에 그런 합의를 하는 게 어려울 수 있고, 설령 합의가 이루어져도 등기 비용이 든다는 단점이 있다. 현행법상 전세권등기 신청에는 보증금(전세금) 0.2% 상당의 등록세, 등록세 20% 상당의 지방교육세, 신청수수료 1만 5000원이 든다. 가령 보증금이 1억 원인 계약이라면 등록세 20만 원, 지방교육세 4만 원, 수수료 1만 5000원이 들어 총 25만 5000원을 써야만 한다.

그냥 임대인 몰래 전입신고를 해버리면 어떻게 될까? 보통 임대차계약서 상에 특약으로 전입신고가 불가능하다고 기재해 두기 때문에, 임차인은 특약 위반에 따른 손해배상을 해야 할 수도 있다. 다만 「주임법」 및 「상임법」이 적용되는 경우, 임차인에게 불리한 약정은 원칙적으로 효력이 없다. 따라서 위와 같은 전입신고 불가 특약은 무효로 해석될 가능성이 높다. 전입신고는 「주임법」상의 대항력 등을 갖추는 데에 있어 핵심적인 수단이기 때문이다. 그러나 이 부분에 대해서는 확립된 법리가 없을뿐더러, 임차인 입장에서 구태여 임대인과 반목하는 것도 부담스러울 수밖에 없다. 그러니 '묻지마 전입신고'도 쉽지는 않다.

보증금 액수가 그리 크지 않다면 그냥 전입신고를 하지 않고 거주하는 것도 하나의 방법이다. 소액보증금은 우선변제권을 갖추었는지와는 무관하게 무조건 보호받을 수 있기 때문이다(130쪽 소액보증금 최우선변제권). 이에 대해서는 바로 뒤에서 자세히 살펴볼 것이다.

13

우선변제권으로 임차인의 무기가 업그레이드되었습니다!

우선변제권, 가장 강력한 보증금 보호장치

우선변제권은 경매 이후 배당을 받을 때, 다른 권리자들보다 먼저 배당받을 수 있는 권리다. 따라서 우선변제권은 임차인이 보증금을 무사히 회수할 수 있도록 도와주는 매우 강력한 장치다. 임차인이 대항력을 갖추는 것이 '채권의 물권화'라면, 우선변제권을 갖추는 것은 '채권의 담보물권화'라고 표현할 수 있다. 우선변제권을 갖춤으로써, 임차인은 거의 저당권자와 동등한 수준의 지위를 갖게 된다. 나아가 소액보증금으로 계약한 임차인이라면 저당권자 등 다른 담보물권자보다 더 강력한 '최우선변제권'을 갖게 된다.

일반적으로 우선변제권을 확보하기 위해서는 저당권 등 담보물권*(339쪽)을 설정받아야만 한다. 받아야 할 돈이 있는 입장에서 우선변제권을 확보했는지는 매우 중요하다. 악성 채무자에게 돈을 돌려받기 위한 수단으로, 경매를 통한 배당은 무척이나 중요하다. 그러나 경매 실무상 우선변제권이 없는 일반채권자에게까지 배당이 돌아가는 경우는 드물

담보물권 물권 가운데 물건을 완전히 지배하기 때문에 무엇이든 할 수 있는 권리인 소유권을 제외한 나머지 권리를 제한물권이라고 한다. 제한물권은 제한된 범위 안에서만 권리를 행사할 수 있다. 제한물권은 다시 용익물권과 담보물권으로 나뉜다. 용익물권은 '사용가치', 담보물권은 '교환가치'만 지배할 수 있는 권리다. 부동산에 대한 담보물권이 저당권이다.

다. 더욱이 받아야 할 돈을 다 받아내는 경우는 더 드물다.

　우선변제권을 확보한 임차인은 담보물권의 권리자와 같은 지위에 서게 된다. 우선변제권을 확보함으로써 임차권이 담보물권화된다고 표현한 이유가 이러한 맥락에서다. 예를 들어보자. 김갑동 씨는 X주택의 소유자인데, 2023년 7월 이을녀 씨에게 보증금 3억 원을 받고 X주택을 임대하였다. 한편 김갑동 씨는 9월에 최병녀 씨에게 7억 원을 빌렸고, 11월에는 ○○은행에 X주택에 대한 저당권을 설정해 준 뒤 3억 원을 빌렸다. 김갑동 씨가 빚을 갚지 못해 ○○은행이 저당권을 실행하여 경매가 이루어졌고, 대금 4억 원에 낙찰되었다고 해보자. 받을 돈이 있는 사람들이 모두 배당을 요구했다면, 실제 배당은 어떻게 이루어질까?

　만약 이을녀 씨가 우선변제권을 확보했다면, 배당은 이을녀 씨, ○○은행, 최병녀 씨 순으로 이루어질 것이다. 우선변제권자들(이을녀 씨, ○○은행)끼리 먼저 시간 순서대로 배당받고 나야, 우선변제권이 없는 일반채권자(최병녀 씨)가 배당을 받을 수 있기 때문이다. 따라서 이 경우, 이을녀 씨는 보증금 3억 원을 모두 배당으로 회수할 수 있으나, ○○은행은 남은 1억 원만 배당받고, 최병녀 씨는 한 푼도 배당받지 못한다.

　반면 이을녀 씨가 우선변제권을 확보하지 못했다면 어떻게 될까? 이 경우 ○○은행이 가장 먼저 배당받고, 남은 돈을 이을녀 씨와 최병녀 씨가 나누어 받게 된다. 같은 일반채권자끼리는 시간적인 선후관계와 무관하게 채권액에 비례해 배당받는다. 따라서 ○○은행이 3억 원의 배당을 받은 뒤 남은 1억 원을 가지고 이을녀 씨는 3천만 원, 최병녀 씨는 7천만 원을 배당받게 된다(이을녀 씨가 받을 돈은 3억 원, 최병녀 씨가 받을 돈은 7억 원이니 잔액을 3:7의 비율로 나누어 배당받게 된다).

　이처럼 임차인이 우선변제권이 있어 담보물권자나 마찬가지의 지위를 확보하였는지는 보증금 회수에 있어 매우 중요하다. 심지어 임차권의 우선변제권은 그 건물이 차지하고 있는 대지에도 영향을 미친다. 비단 건물이 경매에 부쳐졌을 때뿐만 아니라, 그 건물이 위치한 땅이 경매에 부쳐졌을 때도 동일한 권리를 행사

○ 경매 후 배당에서 발생할 수 있는 경우의 수

임차인 이을녀 씨가 우선변제권을 갖추었는지에 따라 변제 순서와 배당 금액이 달라진다.

김갑동 씨

◀ 2023년 7월 : 이을녀 씨에게 3억 원에 임대

◀ 2023년 9월 : 최병녀 씨에게 7억 원 빌림

◀ 2023년 11월 : ○○은행에서 X주택에
저당권 설정해 주고 3억 원 빌림

○○은행이 저당권 실행하여 경매
4억 원에 낙찰

이을녀 씨(임차인)에게 우선변제권이

있다!	없다!
이을녀 : 3억 원	○○은행 : 3억 원
○○은행 : 1억 원	이을녀 : 3천만 원
최병녀 : 0원	최병녀 : 7천만 원

할 수 있다는 의미다(정확하게는 「주임법」이 적용될 때는 땅의 소유자가 누구인지를 불문하나, 「상임법」이 적용될 때는 임대인 소유의 대지일 때만으로 우선변제권 사용을 제한한다). 우선변제권은 이토록 강력한 '보증금 보호장치'다.

임대인의 '기습적 저당권 설정'에 맞서는 방법

우리 법은 임차인의 대항력 확보 시점을 인도 및 주민등록(혹은 사업자등록)을 마친 다음 날로, 우선변제권 확보 시점을 대항력 및 확정일자를 갖춘 날로 정하고 있다. 이에 따라 임차인이 절대 피할 수 없는 함정이 하나 생긴다. 바로 임대인의 '기습적 저당권 설정'이다.

예를 들어보자. 9월 1일 오전 10시에 임차인은 임대인과 X주택에 대한 임대차계약을 체결했고, 당일 바로 입주했다. 임차인은 임대차계약이 끝나자마자 주민

오전 10시
임대차계약

오전 11시
임차인 전입신고

오후 1시
임대인이 ○○은행에서
대출을 받음

오후 2시
○○은행이 주택에
저당권 설정 후 등기 마침

◑ 기습적 저당권 설정 예

대항력은 인도 및 주민등록(혹은 사업자등록)을 마친 다음 날부터, 우선변제권은 대항력 및 확정일자를 갖춘 날부터 생기기 때문에, 임차인은 저당권자가 된 은행을 상대로 대항할 수도 없고 우선변제권을 갖지도 못한다. 임대차계약서 특약사항에 '계약 체결일에는 저당권설정등기 등을 완료(경료)하지 않을 것'이라고 기재해 두면, 기습적 저당권 설정을 피할 수 있다.

센터를 방문해 전입신고를 마치고, 확정일자도 받았다. 한편 임대인은 같은 날 오후 1시에 ○○은행을 방문해 대출을 받으며 X주택에 저당권을 설정해줬다. 같은 날 ○○은행은 곧바로 등기를 마쳤다. 이때 임차인의 운명은 어떻게 될까?

이 경우 임차인은 저당권자가 된 ○○은행을 상대로 대항할 수 없으며, 그보다 앞선 우선변제권을 가지지도 못한다. 이는 바로 대항력과 우선변제권이 '다음 날' 갖춰지는 데에서 오는 한계다. 임차인은 9월 2일이 되어서야 대항력과 우선변제권을 확보하는 반면, 9월 1일에 곧바로 저당권설정등기를 마친 ○○은행은 9월 1일자 등기를 확보할 수 있기 때문이다. 이는 아무리 부지런하고 꼼꼼한 임차인이라도 어찌할 수 없는 문제다.

기습적 저당권 설정을 피할 방법은 없을까? 물론 있다. 첫 번째로는 임대차계약을 체결하며 먼저 전세권을 등기해달라고 하는 것이다. 실제로 전세권은 임대차계약의 보증금을 담보하기 위한 목적으로도 자주 등기된다. 다만 이를 위해서는 번거로운 등기 절차를 거쳐야 하고 등기를 위한 비용도 들어서, 닭 잡는 데 소 잡는 칼을 사용하는 느낌이 있다.

두 번째 방법이 더 간단하다. 임대차계약서에 '계약 체결일에는 저당권설정등기 등을 완료(경료)하지 않을 것'이라는 특약사항을 기재해 두는 것이다. 실제로도 많은 임대차계약서가 이러한 문구를 담고 있다. 전세권을 설정해달라는 부탁과 달리, 임대인이 두 번째 방법을 거절할 이유는 딱히 없다.

대항력을 잃으면 우선변제권도 사라진다!

대항력에 관해서는 「민법」에도 규정이 있었던 것과 달리, 우선변제권에 관해서는 「주임법」과 「상임법」에만 규정이 있다. 우선변제권을 갖추는 방법은 간단하다. 대항력을 갖추고 임대차계약서상의 '확정일자'를 받으면 된다. '확정일자를 받는다'는 것은 임대차계약을 체결한 날짜를 확정일자 부여기관(주민센터, 법원 등)에서 확인받은 뒤 계약서에 도장을 찍는 것을 의미한다. 방법도 매우 간단하다. 계약서와 신분증을 지참하고 법원 등기소나 임대차하려는 건물 인근의 주민센터를 방문하면 된다. 계약 당사자인 임대인이나 임차인이 직접 할 수도 있고, 공인중개사가 할 수도 있다. 온라인으로 신청하는 것도 가능하다.

우선변제권이 확보되는 시점은 언제일까? 이 또한 간단하다. 두 요건인 '대항력'과 '확정일자'가 모두 갖춰진 날이 곧 우선변제권의 확보 시점이다. 대항력 확보 시점은(「주임법」 혹은 「상임법」에 따랐을 때) 인도 및 주민등록 혹은 사업자등록을 마친 다음 날 0시라고 했다. 따라서 ① 인도 및 주민등록 등을 마친 당일 혹은 그 전에 확정일자를 받았다면, 인도 및 주민등록 등을 마친 다음 날 0시가 우선변제권의 기준일이다. ② 인도 및 주민등록보다 확정일자가 뒤이면 확정일자 부여일이 곧 우선변제권의 기준일이다.

대항력과 마찬가지로 우선변제권의 요건도 일단 효과가 발생한 뒤에도 계속 유지되어야 하는 존속 요건이다. 따라서 우선변제권의 요건인 대항력을 상실하면 우선변제권도 함께 잃는다. 담보물권에서 순위가 얼마나 중요한지를 생각하면, 우선변제권을 잃는 것은 아주 치명적이다. 가령 앞서 124쪽에서 들었던 예에서 이을녀 씨가 7월에 우선변제권까지 갖추어 놓고서 X주택에서 이사를 갔다가 12월에 다시 돌아왔다면 어떻게 될까?

이사를 함과 동시에 대항력을 잃고, 우선변제권도 잃게 되므로 결론적으로 이을녀 씨는 12월에야 우선변제권을 갖춘 셈이 된다. 따라서 ○○은행(11월에 저당권 설정)에 비해 후순위 권리자가 되고, ○○은행이 3억 원을 배당받고 남은 돈 1억 원만 배당받을 수 있게 될 것이다. 이처럼 보증금을 반환받지 못한 상태에서 대항력을 잃는 행동을 하는 것은 매우 큰 손해를 낳을 수 있다. 우선변제권을 유지하려면 최소한 배당 요구의 종기일(배당을 요구할 수 있는 마지막 날)까지는 대항력이 유지되어야 한다. 임대차가 종료되었음에도 보증금을 돌려받지 못한 상태에서 이 문제를 극복하는 방법은 없을까? 대항력을 설명하며 언급했던 모든 조치가 마찬가지로 가능할 것이다. 임차인은 전대차를 통해 임차 주택을 간접점유할 수도 있고, 더 간단하게는 임차권등기명령을 받을 수도 있다.

대항력과 우선변제권, 두 마리 토끼를 다 잡을 수는 없을까?

대항력과 우선변제권은 모두 임차인의 권리를 강화한다는 점에서 같지만, 작용하는 국면이 다르다. 대항력을 갖췄다는 것은 '새로운 소유자에게 대항하여, 그를 내 임대인으로 삼을 수 있다'는 의미다. 우선변제권을 확보했다는 것은 '건물이 경매에 부쳐졌을 때 배당금을 먼저 받을 수 있다'는 의미다. 보증금에 관한 측면에서는, 대항력은 새로운 소유자에게 보증금 반환을 요구할 수 있게 하고, 우선변제권은 경매에서 배당금을 먼저 받을 수 있게 함으로써 보증금 회수 기회를 보호한다.

애초에 우선변제권을 확보하기 위한 조건이 대항력을 확보하는 것이 때문에 우선변제권이 있는 임차인은 대항력도 있다. 그렇다면 대항력과 우선변제권, 두 권리를 선택적으로 행사하는 것은 가능할까? 물론 가능하다. 임차인이 대항력과 우선변제권을 모두 확보한 상태에서 건물이 경매에 부쳐졌다고 해보자. 임차인이 배당을 요구하면 곧 우선변제권을 행사한 셈이 된다. 보증금액 만큼 배당받고, 임대차계약을 종료시키는 것이다. 이와 달리 대항력의 효과를 누리고 싶다면(즉 그 건물을 계속 사용하고 싶다면), 배당을 요구하지 않으면 된다. 이 경우 경매에서 낙찰받은 경락인을 새로운 임대인으로 삼아 임대차를 이어 나갈 수 있다(대항력을 확보한 시점이 말소기준권리보다 앞에 있어야 한다).

심지어 대항력과 우선변제권을 동시에 행사할 수도 있다. 일단 경매에서 배당을 요구해 배당받았으나(즉 우선변제권을 행사했으나) 보증금 전액을 배당받지 못한 경우를 생각해 볼 수 있다. 임차인은 남아 있는 보증금을 근거로 임대차관계가 남아 있다고 주장해 여전히 경락인에게 대항할 수 있다. 다만 경매가 끝난 뒤에 다시 한 번 경매가 이루어지는 경우, 우선변제권을 다시 행사할 수는 없다. 우선변제권은 첫 번째 경매로 소멸하는 것으로 보기 때문이다. 어쨌든 임차인이라면 고민할 것 없이 전입신고로 대항력을 갖추고 무조건 확정일자를 받아 우선변제권까지 확보하는 것이 유리하다.

배당에 관한 최강의 권리, 소액보증금 최우선변제권

지금까지 살펴본 우선변제권은 강력하긴 하지만, 저당권 등 일반적인 담보물권과 동일한 수준의 권리였다. 마지막으로 살펴볼 것은 일반적인 담보물권의 수준을 훌쩍 뛰어넘는, 배당에 관해서는 '최강'이라 할 수 있는 권리이다. 바로 '소액보증금 최우선변제권'이다.

최우선변제권의 내용은 간단하다. 임대차계약의 보증금이 일정 액수 이하인 임차인을 소액보증금 임차인으로 본다. 소액보증금 임차인이 경매개시결정등기가 이루어지기 전에 대항력을 갖추고, 대항력이 배당 요구의 종기까지 존속되면, 보

홈+

최우선으로 변제받을 수 있는 금액이 경매 낙찰가보다 크면 어떻게 할까?
다만, 최우선변제권 범위가 건물 가액(경매 낙찰 금액)의 1/2을 초과하면, 경매 낙찰가의 1/2만큼이 최우선변제권 한도가 된다. 예를 들어 서울특별시 내에서 「주임법」상 최우선변제권의 범위는 5500만 원이다. 그런데 경매에서 해당 주택이 8000만 원에 매각(최우선변제권 범위 〉 경매 낙찰 금액의 1/2)되었다고 해보자. 그럼 5500만 원이 아닌 4000만 원(건물 가액의 1/2) 범위에서만 최우선변제권이 인정된다.

증금 중 일정액을 한도로 하여 최우선변제권을 인정한다.

최우선변제권은 이름 그대로, 건물이 경매에 부쳐졌을 때 배당에서 누구보다 먼저 만족을 얻을 수 있는 권리를 의미한다. 대항력을 갖춘 시기가 언제든 전혀 상관없다. 위에서 말한 대로 경매개시결정등기 전 대항력을 갖춘 뒤 그 대항력을 배당 요구의 종기까지 유지하는 것이 유일한 조건이다.

소액보증금 최우선변제권 제도 덕분에, 보증금이 일정 수준 이하인 임대차계약은 사실 큰 부담 없이 계약을 체결해도 괜찮다. 대항력을 너무 늦지 않게만 확보해 두면 보증금을 잃게 될 가능성이 거의 없기 때문이다.

⊙ 「주임법」과 「상임법」상의 최우선변제권 기준

* 환산보증금 = 보증금액수 + (월차임 × 100)

「주임법」상의 최우선변제권 기준	최우선변제를 받을 수 있는 임차인	최우선변제권 범위
서울특별시	보증금 1억 6500만 원 이하	5500만 원
과밀억제권역(서울특별시 제외), 세종특별자치시, 용인시, 화성시, 김포시	보증금 1억 4500만 원 이하	4800만 원
광역시(과밀억제권역 제외), 안산시, 광주시, 파주시, 이천시, 평택시	보증금 8500만 원 이하	2800만 원
그 밖의 지역	보증금 7500만 원 이하	2500만 원

「상임법」상의 최우선변제권 기준	최우선변제를 받을 수 있는 임차인	최우선변제권 범위
서울특별시	환산보증금* 6500만 원 이하	2200만 원
과밀억제권역(서울특별시 제외)	환산보증금 5500만 원 이하	1900만 원
광역시(과밀억제권역 제외), 안산시, 광주시, 용인시, 김포시, 광주시	환산보증금 3800만 원 이하	1300만 원
그 밖의 지역	환산보증금 3000만 원 이하	1000만 원

14

전셋집이 경매에 넘어갔을 때 보증금을 지킬 수 있는 전략

우선변제권, 가장 강력한 보증금 보호장치

근래 보증금을 반환받지 못해 온갖 수난을 겪는 임차인이 많다. 특히 이러한 임차인들은 십중팔구 경매에서 많은 어려움을 겪는다. 이번에는 임차인이 임차 주택에 경매가 시작되었을 때 맞닥뜨릴 수 있는 문제와 이런 문제를 피하는 방법에 대해 살펴보자.

경매는 본래 빚쟁이들의 종착역이다. 돈을 받아내는 가장 효율적인 방법이자 사실상 거의 유일한 방법이기도 하다. 돈을 갚지 않는 사람에게 돈을 받아내려면 그가 가진 물건을 뭐든 팔아넘길 수밖에 없기 때문이다. 특히 임차인은 전입신고와 확정일자를 받아 임차 주택에 대해 우선변제권을 확보할 수 있으며 사실상 우선변제권 외에는 달리 기댈 곳이 없는 만큼, 보증금을 받아내기 위해 경매에 의존할 수밖에 없다. 경매에서 돈을 무사히 받아내면 다행이지만, 기대한 만큼 돈을 받아내지 못하는 상황도 종종 발생한다.

왜 돈을 다 받아내지 못하는 것일까? 먼저 간단하게 경매의 흐름을 알아보자. 경매는 간단히 말해 ① 채무자의 물건을 팔아서(현금화), ② 채권자들에게 나눠주는 것(배당)이다. 돈을 받아내지 못하는 데에도 단계별로 두 가지 유형이 있다. 첫

○ 경매 절차

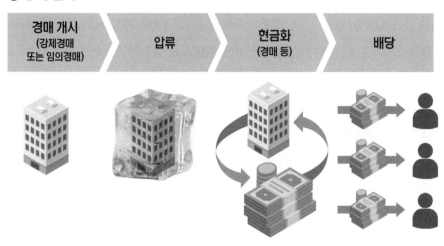

| 경매 개시 (강제경매 또는 임의경매) | 압류 | 현금화 (경매 등) | 배당 |

번째 집이 충분히 비싼 값에 팔리지 않거나, 두 번째 나보다 앞서서 배당을 받아 갈 사람이 많을 때이다.

경매 시 임차인이 돈을 제대로 받지 못하는 이유

먼저 집이 충분히 비싼 값에 팔리지 않는 경우부터 살펴보자. 그 원인으로는 부동산 시장의 냉각 등도 있을 수 있겠지만, 이를 떠나 애초에 임차 주택이 경매에서 얼마에 매각될지는 완전한 미지의 영역이라고 보아야 한다. 주택은 정해진 시장가격이 있는 게 아니니, 대략적인 예측이 가능할 뿐이다. 그나마 대단지에 속한 아파트 같은 경우에는 균질적인 건물이 많고 거래도 많아 거래가를 얼추 가늠해 보는 것이 가능하다. 하지만 빌라 등 비슷한 거래 사례를 찾아보기 어려운 경우에는 매각가격을 예측하기 어렵다.

물론 감정평가에 따른 감정가격이 있긴 하다. 다만 이는 어디까지나 추상적으로 매겨진 가격일 뿐이다. 경매는 감정가격에서부터 입찰을 시작한다. 첫 번째 입찰에서 아무도 입찰하지 않으면(유찰) 최초의 감정가격에서 20% 차감한 가격에서 다시 입찰을 받는다. 첫 번째 입찰에서 바로 낙찰이 되지 않고 여러 차례 유찰되는 경우도 빈번하다. 집이 비싼 값에 팔릴수록 유리한 임차인 입장에서 거듭된 유찰은 당연히 아주 슬픈 일이다.

두 번째는 나보다 앞서서 배당을 받아 갈 사람이 많은 경우다. 어떤 사람들이 배당을 먼저 받아 갈까? 대표적인 것은 담보물권자다. 임대차에 관해 이야기하며 담보물권자의 우선변제권을 여러 번 언급했다(342쪽). 임차인이 우선변제권을 갖추기에 앞서 저당권 등 담보물권을 취득한 사람이 있다면, 그 사람이 임차인보다 먼저 배당을 받는다.

다만 저당권 등의 권리는 반드시 등기부에 들어간다. 따라서 계약할 때 임차주택의 등기부를 잘 확인하고 전입신고와 확정일자를 갖추어 빠르게 우선변제권을 확보하면 크게 문제되지 않는다. 보통 배당 과정의 진짜 문제는 등기부에 드러나지 않으면서 먼저 배당을 받아 가는 존재들이다.

첫 번째 주인공은 우리나라, 즉 국가다. 집주인이 전세금을 갚지 않는 것으로도 모자라 세금마저 체납한 사람일 경우, 국가 또한 경매에서 배당을 받는다. 체납한 세금만큼 집주인이 국가에 빚을 지고 있는 셈이나 마찬가지이기 때문이다. 그렇다면 국가는 배당에서 얼마나 앞서 있을까? 이는 '법정기일'을 기준으로 한다. 아래 표와 같이 정해진 국세의 법정기일 이후에 확정일자를 받은 임차인보다

● **국세의 법정기일**

구분	법정기일
신고에 따라 납세 의무가 확정되는 국세(부가세, 소득세, 법인세 등) 중 신고한 해당 세액	그 신고일
과세기관이 고지하는 국세 중 고지한 해당 세액	납세고지서 발송일
원천징수 의무자나 납세 조합으로부터 징수하는 국세	납세 의무 확정일

국가가 먼저 배당을 받을 수 있다. 이를 '국세우선권'이라 한다.

두 번째 주인공은 임금채권자다. 우리 법은 근로자의 생활을 보장하기 위해 '최종 3개월분 임금', '최종 3년 치 퇴직금', '재해보상금'에 대해서는 별다른 조치가 없어도 최우선변제권을 인정한다. 만약 집주인이 근로자를 고용하고 임금을 제대로 지급하지 않은 적이 있다면, 임금을 받지 못한 근로자(즉 임금채권자)는 누구보다 먼저 배당을 받는다.

◐ 다세대주택과 다가구주택 구분

외관상으로 다가구주택과 다세대주택은 큰 차이점이 없다. 둘을 구분하는 가장 중요한 개념은 '소유권'이다. 다가구주택은 층별로 여러 주택이 있지만, 실질적으로 전체 건물을 1개 주택으로 본다. 가구별로 분리해 소유하거나 매매하는 게 불가능하다. 반면 다세대주택은 층별로 분리해 등기가 가능하기 때문에 세대별로 매매나 분양이 가능하다.

다세대주택		다가구주택
600m² 이하	바닥면적	600m² 이하
19세대 이하	거주 세대수	19세대 이하
개별 세대 분양·소유 가능	분양	불가
가능	구분등기	불가
4층 이하	주택 층수	3층 이하
공동주택	등기부상 건축물 종류	단독주택

마지막 주인공은 같은 처지에 있는 다른 임차인이다. 자신보다 앞서 전입신고와 확정일자 요건을 갖춘 임차인은 당연히 배당도 먼저 받는다. 다른 임차인이 많을수록 배당 순서에서 밀릴 가능성도 커진다. 그래서 특히 다가구주택의 경우 우선변제 요건을 먼저 충족한 다른 임차인 때문에 배당을 거의 받지 못할 가능성이 높다. 다세대주택과 달리, 다가구주택의 경우 공동주택 전체에 대해 1개의 소유권만 성립하고, 따라서 한 번에 경매에 부쳐지기 때문이다.

하루아침에 보증금을 잃는 '벼락거지' 행 열차 피하기 전략

이처럼 문제는 두 가지로 축약된다. 첫째는 임차 주택이 경매에 부쳐진 뒤 생각보다도 훨씬 저렴한 가격에 매각되는 것이고, 둘째는 예상치도 못한 채권자들이 우후죽순 쏟아져 자신보다 먼저 배당을 받아가는 것이다.

이러한 문제를 완벽히 피하기는 힘들다. 앞서 이야기했던 것처럼 전세제도 자체가 불안정하기 때문이다. 등기부를 꼼꼼히 읽고 전입신고와 확정일자를 갖추는 등 노력을 기울이는 것으로 많은 문제가 예방될 수 있지만, 지금 이야기한 문제들은 그러한 노력만으로는 방지할 수 없는 것들이다. 다만 전세사기 피해자가 속출하며 전세의 불안정성에 대한 사회적 공감대가 형성되며, 전세의 불안전성을 보완할 대책이 추가되었다. 이러한 법적 개선까지 고려했을 때, 임차인이 취할 수 있는 전략은 크게 세 가지다. 첫째는 '지피지기' 전략, 둘째는 '뜻밖의 집주인행' 전략, 셋째는 전세보증보험 제도 활용이다.

▶ 지피지기 전략 1. 임대인의 정보 제시 의무 활용하기

첫 번째 전략은 지피지기(知彼知己)다. 거창하게 말했지만 내용은 간단하다. '보이지 않는 채권자들'을 최대한으로 찾아내는 것이다. 이를 위해 '임대인의 정보 제시 의무'를 활용할 수 있다. 임대인의 정보 제시 의무는 2023년 상반기 전세사기에 관한 문제의식을 반영해 주택의 임대인에게 추가로 부과된 의무다. 「주임법」에 따라, 임대인은 임대차계약을 체결하면서 임차인에게 몇 가지 정보를 반드시 제공해야 한다. 임차인이 예측하지 못한 손해를 입는 것을 방지할 수 있게, 임대인이 알려주지 않으면 알기 힘든 정보들을 제공하도록 하는 것이다.

이에 따라 임대인이 알려주어야 하는 정보로는 ① 해당 주택에 세입자가 몇 명 있고, 각각 언제 임대차를 시작했으며, 보증금은 얼마인지에 관한 것과 ② 임대인이 국세 및 지방세를 모두 성실하게 납부하였는지에 관한 것(납세증명서 등으로 증명)이 있다.

다만 이러한 의무가 부과되었지만, 이를 위반했을 때 법적 효과에 대해서는 아직 뚜렷이 규정된 것이 없다. 정부는 사전에 고지하지 않은 정보가 있을 때 위약금 없이 계약을 해지한다는 특약을 삽입하는 것 등을 함께 권고하고 있으나, 얼마나 유효할지는 분명치 않아 보인다. 나아가 이러한 정보 제시 의무는 현행법상으로는 「주임법」에만 규정되어 있다. 즉 「상임법」에는 임대인의 정보 제시 의무가 따로 없다. 다만 임대인이 알려줘야 할 첫째 정보(즉 보증금 관련 정보)에 관해서는 임차인이 관할 세무서장에게 정보를 제공해달라고 요청할 수 있다.

▶ 지피지기 전략 2. 미납 국세 열람 및 전입세대 열람 활용하기

더 유용한 것은 미납 국세 열람 및 전입세대 열람이다. 숨은 채권자 중 '첫 번째 주인공'이었던 국가, 그리고 '세 번째 주인공'이었던 다른 임차인들에 관한 것이다.

먼저 미납 국세 열람에 관해서는 최근 임차인의 열람 권한이 강화된 것에 주목할 만하다. 원래는 계약 전에 임대인의 동의를 받은 경우에만 미납 국세(즉 임대인이 아직 납부하지 않은 국세)를 열람할 수 있었으나, 이제는 임대차계약 후 임대인의

배당 0순위인
날 잊은거야?

대출 하나 없이
깨끗한 집입니다.
자, 등기부등본을
보세요.

'국가'는 등기부등본에 드러나지 않지만, 주택이 경매에 넘어갔을 때 먼저 배당을 받는 숨은 채권자. 집주인이 세금을 체납한 경우 '국세우선권'에 따라 우선변제권이 있는 임차인보다 국가가 먼저 배당을 받는다.

동의 없이도 미납 국세를 열람할 수 있다(다만 임대차계약의 보증금이 1000만 원을 초과하는 경우에만 적용). 그 방법도 간단해 신청서, 임대차계약서, 신분증을 지참하고 가까운 세무서를 방문하기만 하면 끝이다.

　다음으로 전입세대열람원은 해당 주소지에 누가 언제부터 전입하여 살고 있는지를 열람할 수 있는 서류다. 이 또한 별도로 임대인의 동의를 구하지 않더라도 주민센터 혹은 구청에서 간단히 발급(신청서, 임대차계약서, 신분증만 지참)받을 수 있다. 임차인은 우선변제권을 확보하기 위해 반드시 전입신고를 해야 하므로, 전입세대열람원을 통해 자신의 배당 순위를 파악할 수 있다. 특히 다가구주택의 경우 앞서 언급하였듯 다른 임차인들의 우선변제권에 의해 자신의 보증금반환청구권이 침해될 여지가 큰 만큼, 전입세대열람원이 큰 참고가 될 것이다.

▶ 뜻밖의 집주인행 전략 : 아예 낙찰을 받아버린다면

지금까지 살펴본 것은 배당에 참여할 채권자들을 미리 파악하는 측면에서의 해결 방안이었다. 다만 임차 주택이 예상보다 헐값에 팔리는 문제는 이와 별개이며, 이 문제는 임차인이 해결하기 힘들다. 그나마 할 수 있는 방법은 주택의 공시가격*을 살펴보는 것이다. 주택도시보증공사(HUG)에서는 해당 건물에 관한 보증금 및 대출 등 모든 배당받을 금액을 합산한

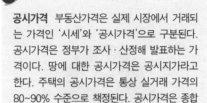

공시가격 부동산가격은 실제 시장에서 거래되는 가격인 '시세'와 '공시가격'으로 구분된다. 공시가격은 정부가 조사·산정해 발표하는 가격이다. 땅에 대한 공시가격은 공시지가라고 한다. 주택의 공시가격은 통상 실거래 가격의 80~90% 수준으로 책정된다. 공시가격은 종합부동산세, 재산세 등 각종 과세의 기준이 된다.

액수가 주택 공시가격의 일정 비율(120~150% 정도)보다 낮은지를 기준으로 전세보증보험에 가입하게 하고 있다. 이와 비슷하게 임차인도 주택이 '책임지고 있는' 돈에 비해 공시가격이 너무 낮다면 임대차계약 체결을 피하는 것이 바람직하다.

다만 공시가격은 어디까지나 참고 사항일 뿐, 경매에서도 그 가격에 매각될 것이란 보장이 없다. 만약 유찰이 반복되는 등으로 임차 주택이 매우 낮은 가격에 팔릴 상황에 놓이게 된다면, 임차인으로서는 어떤 선택을 해야 할까? 놀랍게도 일정 수준 이상 가격이 내려가면 직접 경매에 참여해 낙찰받는 게 차라리 이득이 될 수 있다.

예를 들어 공시가격이 3억 원인 주택에 임차인이 2억 원의 전세보증금을 지급하고 입주했다. 그보다 앞서 은행이 선순위로 1억 원을 담보하는 저당권을 설정해 두었다고 하자.

만약 해당 주택이 경매에 부쳐졌고, 유찰이 반복되어 경매 시작가가 2억 원이 되었다면 어떻게 될까? 2억 원에 제3자가 낙찰받으면, 은행이 배당받고 남은 돈은 1억 원뿐이다. 즉 임차인은 1억 원을 날린 사람이 된다.

반면, 임차인이 2억 원에 직접 낙찰받으면 어떻게 될까? 2억 원 중 1억 원은 은

행에 배당될 것이고, 나머지 1억 원은 다시 임차인에게 배당되어 돌아올 것이다. 즉 임차인은 총 3억 원(기존에 보증금으로 지급한 2억 원 + 낙찰을 위해 새로 투자한 1억 원)으로 주택을 매수한 사람이 된다.

경매를 낙찰받기에 충분한 돈이 있다면, 1억 원을 잃은 사람이 되는 대신에 3억 원에 주택을 매수한 사람이 되는 것은 나쁘지 않은 선택일 수 있다. 실제로

**임차인은 만일의 위험에 대비해
주택이 '책임지고 있는' 돈에 비해 공시가격이 너무 낮다면
임대차계약 체결을 피하는 게 좋다.**

이는 임차한 주택이 경매에서 유찰이 반복될 경우에 임차인들이 종종 선택하는 전략이기도 하다. 특히 2023년 6월 1일 시행되어 2년 동안 한시적으로 효력을 갖는 「전세사기피해자법」에는 전세사기 피해자에게 임차 주택 경매에서 우선 매수를 할 기회를 제공하고, 이와 함께 실제로 매수할 경우 국가에서 저금리로 대출을 제공하도록 규정해 두었다.

▶ 불안하다면 뭐니 뭐니 해도 '전세보증보험'에 가입

사실 무엇보다 안전한 선택은 전세보증보험에 가입하는 것이다. 전세보증보험은 전세계약 종료 후 전세보증금의 반환을 책임지는 보험이다. 그 주체는 다양하다. 가장 대표적인 것은 주택도시보증공사에서 제공하는 보험이다.

다만 모든 임대차계약에 대해서 보험 가입이 가능한 것은 아니다. 주택의 공시가격이 일정 수준 이상이어야 하고, 이외에도 그 용도가 주거용이어야 한다는 등의 제한이 붙는다. 특히 공시가격에 관한 제한은 시장의 상황에 따라 그 수치가 매우 유동적으로 변하므로, 필요할 때 실시간으로 찾아볼 필요가 있다.

Chapter - 2

절대로 '지지 않는'
실전 투자

1

손해 보지 않는 아파트를 고르는 공식

'브역대신평초', 최상급 아파트를 만드는 여섯 글자

누가 뭐라 해도 대한민국 '재테크의 꽃'은 부동산이다. 아파트를 거주 공간을 넘어 투자 수단으로 보는 것은 더 이상 낯선 접근이 아니다. 미디어나 커뮤니티를 살피다 보면 'n년 새 m배 오른 아파트'가 화제가 되기도 하고, 같은 기간 되려 가격 하락을 경험한 주민의 자조 섞인 글이 올라오기도 한다.

'브역대신평초'는 아파트를 매매해 보았거나 분양에 관심 있는 사람 중 모르면 간첩이라는 소리를 들을 정도로 잘 알려진 표현이다. '브랜드, 역세권, 대단지, 신축, 평지, 초등학교'에서 첫 글자만 딴 신조어다. 이 6가지는 모두 좋은 아파트를 구성하는 요건, 그러니까 '집값을 올리는' 조건이다. 얼핏 말 줄이기 좋아하는 사람들이 만든 한 시절 입에 많이 오르다 사라질 개념쯤으로 생각할 수도 있다. 그러나 여기에는 관련 통계 및 수십 년간 아파트 투자를 단행한 전문가의 인사이트가 담겨 있다.

본격적인 이야기에 들어가기 전 한 가지 짚고 넘어갈 것이 있다. 바로 제3의 변수를 살피는 일이다. 상관관계와 인과관계의 차이를 설명할 때 단골로 등장하는 '아이스크림과 상어' 이야기가 있다. 아이스크림 판매량과 상어에 물린 사람의 수가 비례한다는 통계가 있을 때, 상어 때문에 발생하는 인명피해를 줄이기 위해 아이스크림 판매량을 제한해야 한다는 정책이 시행된다면 웃음거리가 될 것이다. 두 변수를 동시에 이끄는 원인은 '여름'이다. 더울수록 아이스크림을 찾는 사람들이 많아지고 더울수록 해수욕장을 찾는 이들이 많아지는 것뿐이다. 그러니까 제3의 변수가 현상의 본질인 셈이다.

이런 비유에서는 쉽게 알아차릴 법한 제3의 변수가, 정작 투자 의사 결정 시에는 종종 우리 눈에 보이지 않는 것이 현실이다. 브역대신평초를 살필 때도 본질과 소음을 구분할 수 있어야 한다.

브랜드 : 아파트 외벽에서 LH를 지우는 이유

그렇다면 브랜드는 본질에 해당하는가? 결론부터 이야기하면 그렇다. 대한건설정책연구원 연구에 따르면 상위 브랜드 아파트의 9년간 가격상승률이 70.96%인 반면 하위 브랜드 아파트의 가격상승률이 37.42%로 나타난 사례가 있다. 흔히 대한민국은 보이는 것을 중시하는 문화가 강하다고 하는데, 객관적인 지표를 분석해 봐도 정말 그렇다. 벤츠 판매량은 중국, 미국, 독일, 영국을 이은 5위, 1인당 명품 소비는 세계 1위다. 이런 현상의 본질은 과시 문화인데 이는 거주지, 아파트명에 민감한 문화를 견인했다.

만약 브랜드 아파트일수록 A라는 특성이 강하고, 실질적으로 아파트가격을 견인하는 것이 A라면 본질은 브랜드가 아닐 수 있다. 그러나 우리나라에서 아파트 브랜드는 본질에 해당한다는 것을 뒷받침하는 연구가 많다. 다음 조사를 살펴보자. 아파트 브랜드가 아파트값 형성에 얼마나 영향을 준다고 생각하는지 묻는 질문에 전체 응답자 중 87.4%가 '영향이 있다'고 답한 것으로 나타났다(부동산 플랫폼 '직방'이 앱 이용자 1143명을 대상으로 한 설문조사).

대개 LH공사아파트 시공 과정에서 입주민회의의 가장 큰 안건은 아파트명에 LH공사 브랜드 대신 시공사인 민간 건설사 브랜드를 넣는 일이다. 한강과 2km 정도 떨어져 있어도 아파트명에 '리버뷰'라는 단어를 꼭 넣고자 하는 예비입주민들의 의지도 이와 같은 맥락에서 이해할 수 있다.

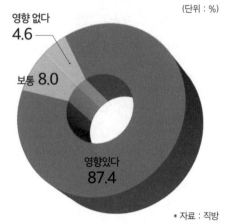

○ 아파트 브랜드가 가격에 미치는 영향
(단위 : %)

영향 없다
4.6

보통 8.0

영향있다
87.4

* 자료 : 직방

1군과 2군 브랜드가 암묵적으로 구분되는 것이 현실이다. 민감하면서 주관적인 지표라 수록하지는 않았지만, '아파트 브랜드 평판 순위'는 포털사이트에서 꽤 인기 있는 키워드다. 브랜드 아파트는 청약 경쟁이 심한 만큼 'P(프리미엄)'도 많이 붙고 부동산 상승기 때 대세를 이끄는 대장주가 되는 경우가 많다.

롤렉스의 경우 재테크용 시계로 가장 적합한 브랜드로 꼽히는데, 환금성 측면에서 가장 우수하다. 환금성을 담보하기 위한 요소는 인지도와 한정된 공급 두 가지이다. 브랜드 아파트는 이 두 가지 요소를 모두 충족한다. 환금성이 좋다는 것은 급매로 팔 때 매도세를 받쳐줄 사람들이 많은 만큼, 가격 하방*이 탄탄함을 의미한다.

하방(下方) 아래쪽이라는 뜻으로, 내려가려는 힘 정도로 해석할 수 있다. 가격은 상품에 대한 시장의 수요와 공급 조건을 반영해 오르거나 내린다. 그러나 수요 · 공급 조건으로 볼 때 당연히 하락해야 할 가격이 어떠한 이유로 인해 하락하지 않는 것을 '가격의 하방경직성'이라 한다. 또한 '하방이 닫혀 있다'는 표현은 가격이 내려가도 일정 가격 이하로는 내려가지 않는 것을 의미한다.

아파트 매수 의사 결정 시 브랜드 선호 추세는 지속될 것이며 공급 측면에서도 브랜드화는 지속될 것이다. 특히 향후 재개발·재건축을 통한 분양 비율이 증가할 것이라는 전망을 고려했을 때 더욱 그러하다. 현재 아파트 신규 분양 중 재개발·재건축이 차지하는 비율은 30% 수준이지만 앞으로는 그 비중이 더욱 확대될 것으로 보인다. 지금까지 한국 주택은 빈 땅에 아파트를 짓는 식으로 공급 아파트값 변화에 있어 브랜드가 미치는 영향력이 크지 않다는 연구 결과도 있다. 2004~2016년까지 아파트가격변화율을 분석하였을 때, 브랜드에 따른 급격한 가격 상승 없이 분석 대상 브랜드 아파트가 모두 유사한 가격상승률로 변화했다. 앞서 브랜드가 본질이라는 주장에 정면으로 배치되는 결과다. 브랜드 아파트가 매매 시 수익률이 더 높을 것이라는 소비자의 기대를, 건설사들의 전략적인 브랜드 이미지 광고와 마케팅 활동의 성공적 결과물로 볼 수도 있다.

되었기 때문에 시행사(모든 공사의 전 과정을 맡아 관리하는 회사)는 가장 값싼 입찰가를 제시하는 시공사(시행사로부터 발주를 받아서 단순 공사만을 담당하는 곳)를 선정하는 방식을 채택했다.

그러나 앞으로 재건축·재개발을 통한 주택 공급 방식이 주를 이루면 원가경쟁력 이외의 요소들이 핵심 역량이 된다. 과거에는 싸게 사서 싸게 파는 것이 핵심이었다면, 건축비가 아파트가격에서 차지하는 비중이 줄어든 지금은 비싸게 사서 비싸게 파는 것이 능사다. 자연히 브랜드 파워, 탄탄한 자금력을 갖춘 대형 건설사들의 시장점유율이 증가할 텐데, 이 과정에서 브랜드 아파트 비중이 늘어날 것은 자명하다.

브랜드의 고급화도 뚜렷한 추세다. 이미 유명 브랜드를 보유한 건설사들이 기존 브랜드와 차별화할 수 있는 고급 브랜드를 선보인 지 오래다. 예를 들어 SK 뷰 - SK드파인, 푸르지오 - 푸르지오 써밋, e편한세상 - 아크로, 힐스테이트 - 디에이치 등 다양한 건설사들이 유사 브랜드 내에서 차별화를 위해 노력한다.

여기서 한 가지 짚고 넘어가야 할 개념이 있다. 아마 주식 투자를 해온 사람이면 익숙한 '선반영'이라는 개념이다. 쉽게 말해 내 눈에도 좋아 보이면 남의 눈에도 좋아 보인다는 지극히 상식적인 이야기다. 어떤 펀드매니저가 이 주식은 동종업계 대비 PER이 얼마나 낮고, 사업적 배타성이 어느 정도인지 열심히 설명하다가도, 듣고 있던 사람이 "그 정보는 모두가 알 수 있는데, 그럼 이미 주가에 선반영된 게 아닌가?"라고 질문을 하면 말문이 막힌다. 좋은 기업을 보는 것과 좋은 주식을 보는 방식은 다르다. 마찬가지로 '브랜드'를 비롯해 '브역대신평초'는 좋은 아파트의 요건을 추린 것이지 가격이 오를 아파트임을 보증하지는 못한다. 따라서 덮어놓고 브랜드 아파트라며 매수하는 일은 실패할 가능성은 적겠지만, 만약 가격 상승을 기대한 것이라면 무모한 전략이다. 이미 가치가 가격에 반영되어 있을 수 있기 때문이다.

역세권 : 청약경쟁률을 4배 가른 차이

대개 역세권이라고 하면 지하철역 500m 반경 내외의 지역을 말한다. 역세권이라는 단어가 지니는 '티켓 파워' 때문에 도보 20분 거리 또한 역세권이라 광고하곤 한다.

여기서도 한 가지 개념을 알아두면 좋다. '탄력성(elasticity)'이다. 탄력성은 쉽게

이야기해 어느 한 요소가 변화할 때 다른 한 요소가 얼마만큼 변하는지 측정하는 지표다. 보통 경제학에서 자주 사용하는 개념이다. 수요의 가격 탄력성이라고 하면 어떤 상품의 가격이 100원 오를 때 수요가 얼마만큼 변하는지 제시하는 지표가 된다. 주식으로 치면 '베타(beta)*'에 해당한다고 볼 수 있다. 지속적으로 주

베타(beta) : 베타를 우리말로 옮기면 '시장 민감도'다. 코스피가 10% 상승(하락)했을 때 특정 종목의 수익률이 10% 상승(하락)하면 베타는 '1'이다. 베타가 2라면 코스피가 10% 상승(하락)하면 수익률이 20% 상승(하락)한다. 즉 베타가 1보다 크면 시장 대비 종목의 변동성이 더 크다는 의미다.

식에서 예시를 빌려오는 것은 아파트 또한 수많은 유형자산 중 하나로, 깊게 파고 들어가면 주식과 속성이 같기 때문이다. 주식과 부동산은 회전율과 평균 레버리지율 정도에서 차이가 있을 뿐이다.

탄력성 개념을 아파트에도 적용해 본다면 '매매가의 역세권 탄력성' 개념을 생각해 볼 수 있다. 즉 어떤 아파트가 역세권 이슈가 있을 때 더 민감하게 반응할지에 대한 고민으로 연계될 수 있다. 역세권이라는 요소가 매매가에 미치는 영향

수도권 역세권 단지의 청약경쟁률이 비역세권 단지보다 4배 높은 것으로 나타났다. 부동산 전문 리서치업체 리얼투데이가 2023년 한국부동산원 청약홈 자료를 분석한 결과에 따르면 수도권 역세권 단지의 청약 1순위 경쟁률은 39.06대 1을 기록했다. 반면 그 외 비역세권 단지는 9.8대 1에 그쳤다.

● 자산에 따른 회전율과 평균레버리지율

부동산과 주식은 대체로 속성이 비슷하다. 그러나 부동산이 주식보다 레버리지율이 더 높고, 회전율이 더 낮다.

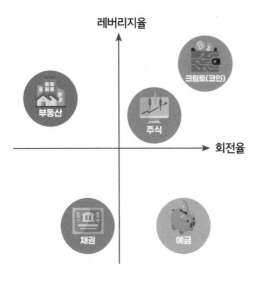

은 서울, 수도권, 지방 순으로 높다.

이유는 무엇일까? 첫째로 서울에서는 역세권에 상업시설이 몰리는 경향이 더 크기 때문이다. 교통이 편리해진다는 것은 유동 인구 증가에 따라 상업시설, 편의시설이 늘어나는 것을 의미한다. 대개 상업·편의 시설은 지방보다 교통이 발달한 서울에 몰리는 경우가 많다. 둘째는 서울에서 지하철이 직주근접(직장과 주거가 가까운 것)에 미치는 영향이 크기 때문이다. 특히 광화문, 강남, 여의도로 직행하는 지하철 노선일수록 가치가 높다. 지방은 지하철 노선이 그리 활성화되어 있지 않기 때문에 상대적으로 역세권의 중요도가 떨어진다. 수년간 계속된 GTX 노선 이슈에 여러 거주민이 희로애락을 겪는 이유다. 출퇴근 시간이 만만치 않은 서울, 경기권 아파트는 역세권 여부, 다시 말해 지하철을 도보로 이동 가능한지가 굉장히 중요하다.

대단지 : 관리비도 규모의 경제

재건축·재개발 초창기 이해관계자들이 가장 큰 관심을 기울이는 요소는 세대수다. 통계부터 살펴보자. 부동산R114 자료에 따르면 2017년 1월부터 2022년 2월까지 전국 아파트 매매가격 분석 결과 대단지(보통 1000세대 이상을 대단지로 분류)일수록 가격상승률이 높게 나타났다. 대단지일수록 매매가의 세대수 탄력성이 높다. 500세대보다는 1000세대가 좋고, 1000세대보다는 3000세대

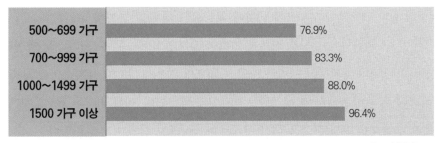

5년간 아파트가격상승률 (단위 : %)

500~699 가구	76.9%
700~999 가구	83.3%
1000~1499 가구	88.0%
1500 가구 이상	96.4%

* 자료 : 부동산R114

가 더 좋다.

단지 규모가 클수록 실거주 및 투자에 유리한 이유는 크게 두 가지다. 우선 단지 규모가 클수록 조경이나 커뮤니티 시설 등 더욱 많은 주민공용시설을 확보할 수 있고, 세대수가 많을수록 공용 관리비도 저렴해진다. 사람이 많이 거주할수록 관리비가 낮아지고 시설 확충에 더 유리해진다. 그리고 세대수가 많다는 것은 그만큼 투표권도 많다는 의미다. 지역 국회의원이나 정치인들이 대단지 아파트의 표심을 잡기 위해 눈치를 좀 더 보는 경향이 있다.

현재 수도권, 특히 서울 권역에서는 물리적, 행정적 구조상 대단지 신축 아파트가 나오기 힘들다. 결국 재개발·재건축으로 대단지가 형성되어야 할 텐데, 조합원 분양을 거친 뒤 남은 일반분양 물건에서 청약에 당첨되어 입주할 수 있는 확률은 높지 않다. 대단지가 희소성 있는 이유다.

신축 : 아파트도 신상이 최고!

보통 완공일자가 5년 이내인 부동산을 신축, 8년 이내를 준신축이라 한다. 신규 분양 아파트는 첨단 IOT시설, 주차, 커뮤니티, 평면 구성 등 오래된 아파트 대비 비교 우위가 명확하다. 가장 대표적인 것이 구조다. 과거에는 주로 방이

3개일 경우 한 개 방은 꼭 북쪽에 배치된 3베이(bay) 형식이었다. 요즘은 4베이가 대세다. 4베이는 모든 방이 남향에 배치되어 채광 및 환기에 유리하다.

반면 구축 아파트가 신축 아파트 가격 이상으로 비싼 경우도 있다. 재건축 연한이 지났거나 재건축이 임박한 구축 아파트의 경우가 그렇다. 재건축으로 구축이 신축으로 바뀌었을 때 예상되는 미래가치 때문인데, 이에 비추어 볼 때 재건축은 신축으로 바뀔 구축을 미리 구매하는 것이라는 점에서 본질은 같다.

 홈+

3베이 vs. 4베이

베이(bay)란 본래 큰물이 들어오는 만(灣)을 뜻한다. 하지만 부동산에서 베이는 벽과 벽 사이의 한 구획, 즉 햇빛이 들어오는 공간을 가리킨다. 전면 발코니와 같은 선상에 햇빛이 들어오는 공간(창문)이 몇 개인지 세어보면 쉽게 구분할 수 있다. 아파트는 전면 발코니와 맞닿아 있는 거실 및 방이 3베이는 총 3개, 4베이는 총 4개다. 4베이 구조가 인기를 끄는 이유 중 하나가 '채광'이다. 보통 2베이보다는 3베이, 3베이보다는 4베이가 채광에 유리하다. 이에 더해 4베이 구조는 더 넓은 실평수를 확보할 수 있다는 큰 장점이 있다. 발코니는 전용면적 및 공급면적에 포함되지 않는 서비스면적에 해당한다(416쪽). 따라서 같은 평형이라 하더라도 정방형에 기끼운 3베이보다 길쭉한 형태의 4베이가 발코니 공간이 더 넓어, 결국 실평수가 커지게 된다.

물론 4베이에도 단점은 있다. 전면에 3개의 방을 배치하다 보니 방이 좁아진다. 2베이, 3베이에 비해 거실 또한 협소하게 느껴지는 경우가 많다. 이렇듯 장단점이 뚜렷한 4베이지만, 큰 실평수와 높은 채광에 주목해 대부분의 신축 수요는 4베이로 쏠리고 있다.

평지 : 노인도 아이 있는 집도 환영!

평지의 중요성이야 두말할 나위 없다. 도보와 이동이 편리하며 특히 겨울철 빙판길 사고 등 안전 측면에서도 유리하다. 지하주차장이나 시설 간 이동도 수월하다. 경사진 곳의 경우 아파트 구조를 결국 인위적으로 다시 설계해야 하므로 지하주차장이 지하 1층인데도 높이가 다른 곳도 있다. 무엇보다도 평지라면 동 높낮이가 일정하기 때문에 일조권이나 조망권 확보에도 유리한 장점이 있다.

평지 또한 탄력성 개념을 적용해 볼 수 있다. 가령 부산지역은 구릉지가 많고 평지를 찾아보기 힘들어서 평지가 그만큼 희소성이 있어 가치가 높다. 즉 '매매가의 평지 탄력성'이 높다. 이처럼 모든 것은 상대평가다. 현재 진행되고 있는 재개발·재건축의 경우 지대가 높은 곳은 토지를 깎고 다듬는 데 많은 예산을 들인다. 이 경우 추가분담금이 발생하기 때문에 평지 아파트에 비해 불리할 수밖에 없다.

생각보다 '브역대신평초'를 모두 만족하는 아파트를 찾기란 쉽지 않다. 특히 신도시나 택지의 경우 브랜드, 대단지, 신축, 평지, 초등학교를 만족해도 역세권이 아닌 경우가 많다. 앞서 이야기한 대로 브역대신평초는 생활하기에 불편하지 않게 하는 요소로서 내재적 가치를 가늠해 볼 방편일 뿐이지 앞으로 더 오를 곳을 보장해 주는 개념은 결코 아니다.

부동산 플랫폼을 통해 아파트가 평지인지를 쉽게 확인할 수 있다('호갱노노'가 제공하는 '경사' 분석 화면).

2

두껍아 두껍아
헌집 줄게 새집 다오! : 재개발·재건축

정비사업의 쌍두마차, 재건축과 재개발

입지를 고려할 때 또 하나 중요하게 고려되는 것이 재건축과 재개발이다. 어떤 아파트가 재건축사업 정비구역으로 지정될 예정이라는 소식만 들려도 집값이 껑충 뛰곤 한다. 향후 재건축 혹은 재개발 가능성이 있는지는 구축 건물을 매입하는 데에 있어 핵심적 고려 요소 중 하나가 될 수 있다.

재건축과 재개발은 「도시 및 주거환경정비법」(이하 도시정비법)에서 규정하고 있는 정비사업에 속한다. 정비사업에는 주거환경개선사업 등 다른 사업도 포함되지만, 관심이 큰 사업은 뭐니 뭐니 해도 재건축과 재개발이다. 정비사업은 간단히 설명하면 낡은 건물을 허물고 새 건물을 짓는 것이다. 건물은 필연적으로 노후화된다. 일정 시간 이상이 지나면 안전상의 문제가 생길 수 있고, 수도 등 기초 설비가 노후화됨에 따라 크고 작은 불편이 생길 수 있다. 거주자들이 겪을 수 있는 불편을 떠나 노후화된 건물은 신축 건물에 비해 경제적 가치가 무조건 하락한다. 건물 노후화에 따른 문제가 일정 수준을 넘어갔을 때 재건축 혹은 재개발이 진행될 수 있다.

재건축과 재개발의 차이는 무엇일까? 모두 노후·불량 건축물에 대한 것임은 같다. 다만 「도시정비법」은 재건축사업을 '공동주택'에 대한 것이라고 정의한다. 간단히 설명하면 재건축사업은 아파트를 허무는 사업이고, 재개발사업은 일정 구역 내 단독주택 등을 허무는 사업이다. 또 한 가지 기준은 '정비기반시설이 열악한지 여부'다. 정비기반시설이란 도로, 상하수도, 공원, 공용주차장 등을 의미하는데, 쉽게 건축물 주변의 환경 정도로 생각하면 된다. 정비기반시설이 열악한 곳에서 이루어지는 것이 재개발사업이다.

재건축·재개발이 돈이 되는 이유

재건축과 재개발이 돈이 되는 이유는 무엇일까? 간단하다! 신축 건축물을 저렴한 가격에 가질 수 있기 때문이다. 정비구역 내 토지 혹은 건물을 소유한 자는 정비조합의 조합원이 될 수 있다. 정비사업의 결과로 조성된 건물은 조합원에게 먼저 분양이 이루어진 뒤(조합원분양), 남은 건물을 일반에 분양한다(일반분양). 따라서 조합원은 사업을 위해 원래 소유하고 있던 토지 혹은 건물을 희생한 대가로 신축 건물을 보다 저렴한 가격에, 더 인기 있는 동·호수로 분양받을 수 있다.

다만 사업성은 당연히 사업 내용에 따라 천차만별이다. 사업성을 결정짓는 가장 핵심적인 요소는 역시 '용적률(161쪽)'이다. 기존 용적률이 낮았다면 정비사업을 통해 용적률을 높일 여지가 많으니 곧 더 많은 주택을 지을 수 있는 셈이고, 사업 수익성은 당연히 증대한다.

이외에 조합원 개인 입장에서는 자신의 대지지분(173쪽)이 어느 정도인지 또한 재건축 사업성을 결정짓는 데 중요한 요소가 된다. 아파트 같은 공동주택의 경우 건물의 세대마다 토지에 대한 일정한 권리가 '부착'되어 있다. 보유한 대지지분이 클수록 조합원이 정비사업에 '기여'한 정도가 커지는 셈이다. 따라서 보다 저렴한 가격으로 신축 건물에 입주할 수 있게 된다. 결론적으로 용적률이 낮고 대지지분이 클수록 정비사업의 사업성은 높아진다.

이외에도 사업성을 결정짓는 요소는 다양하다. 가장 대표적인 것이 정책적 요소다. 특히 분양가를 일정 이상으로 책정할 수 없도록 상한을 두는 '분양가상한제*' 및 재건축사업의 개발 이익을 환수하는 '재건축초과이익환수제**'가 대표적이다. 둘 중에서도 소위 '재초환'이라 불리는 재건축초과이익환수제는 매우 직접적으로 재건축사업의 사업성을 낮춘다. 이에 래미안첼리투스, 래미안대치팰리스 등의 단지에서는 이른바 '1:1 재건축'을 진행하기도 했다. 어차피 일반분양분을 늘려도 개발 이익 대부분이 환수된다면, 차라리 기존 세대수를 거의 그대로 유지해 재건축함으로써 '똘똘한 한 채'를 '아주 똘똘한 한 채'로 만드는 게 낫다는 판단에 따른 것이다.

서울 서초구 신반포1차(1977년 4월 입주)를 재건축한 아크로리버파크는 대표적인 재건축 성공 사례다. 2019년 아크로리버파크는 서울에서 최초로 실거래가 기준 평당 1억 원을 돌파하며 황제 아파트로 등극했다. ⓒ DL E&C

이처럼 분양의 구조를 달리하는 것 또한 사업성에 큰 영향을 미친다. 다른 예로는 '1+1 재건축'이 있다. 조합원이 정비사업의 결과로 주택 두 채를 새롭게 분양받는 형태다. 이는 종전 주택의 전용면적(개별 세대가 독립적인 주거 용도로 독점해 사용하는 공간, '발코니'는 서비스면적으로 전용면적에 포함이 안 됨)보다 새로 분양받는 주택의 전용면적 합이 작거나 같을 때만 가능하다. 가령 종전 주택의 전용면적이 150㎡였다면, 전용면적이 84㎡인 주택과 59㎡인 주택 두 채를 새로 분양받을 수 있다. 이는 소형 주택 건축 활성화를 위해 도입된 방식인데, 매매가 자체는 주택 두 채의 합산이 더 높은 게 일반적이기 때문에 사업성 제고를 위해 종종 활용되곤 했다. 다만 다주택자에 대한 규제가 강화되는 경우, 1+1 재건축 방식은 당연히 비선호된다.

한편, 숫자로 드러나는 것은 아니지만 사실은 그 무엇보다 사업성을 결정짓는 핵심적 요소는 해당 정비구역 내 이해관계의 대립이 있는지 여부다. 결국 정비사업에서 가장 문제가 되는 것은 '사람'이다. 아무리 대지지분이 높고 용적률이 낮다고 한들 사업 자체가 진행되지 못하면 말짱 꽝이다. 정비사업 절차 진행을 위해서는 정비구역 내 이해관계자들의 합의가 요구될 때가 많다. 사업 내용에 반대하는 사람이 많을 경우 사업은 지지부진해지고, 사업성은 '0'으로 수렴할 것이다.

새집을 받으려면 얼마를 더 내야 할까?

정비사업의 사업성을 직관적으로 보여주는 수치가 '비례율'이다. 비례율은 (총수입 − 총사업비)/(종전 자산의 총평가금액)으로 계산한다. 가령 사업 전 토지 및 건물 가치가 총 1000억 원이었고, 500억 원의 사업비를 들여, 수입이 1600억 원(조합원분양과 일반분양을 통한 수입의 합) 발생했다고 해보자. 이때 비례율은 '(1600억 원 − 500억 원)/1000억 원'으로 110%가 된다. 보통 비례율은

100% 언저리로 계산되는데, 그 값이 100%를 넘어 높아질수록 사업성이 높은 것이다.

특히 비례율은 조합원이 추가로 납부해야 하는 금액을 결정짓는다는 점에서 중요하다. 비례율이 110%이고, 조합원분양가가 6억 원으로 산정되었다고 해보자. 또 조합원이 기존 정비구역 내에서 소유하고 있던 토지 및 건물 가치(이를 '감정평가액'이라고 한다)가 5억 원이었다고 해보자. 조합원은 '조합원분양가 − 비례율 × 감정평가액'만큼의 비용(5000만 원)을 납부하고 입주할 수 있다. 이 비용을 '추가분담금' 줄여서 '추분'이라고 한다.

계산식 자체는 간단하다. 다만 이 계산식에 어떤 논리가 담겨 있는 것일까? 말하자면, 조합원 몫에 관해 산정된 주택가격(즉 조합원분양가)에서 조합원이 이미 기여한 부분을 뺀 나머지 돈을 납부하라는 맥락이다. 조합원의 기여란 곧 그가 기존에 소유하고 있었던 토지 혹은 건물을 희생한 것을 가리킨다. 따라서 '조합원이 이

조합원이 추가로 납부해야 할 추가분담금은 조합원분양가에서 권리가액을 빼면 구할 수 있다. 조합원이 재건축에 기여한 부분인 권리가액은 감정평가액에 정비사업을 거치며 가치가 상승한 비율(즉 비례율)을 곱해 구한다.

미 기여한 부분'은 그가 희생한 부분의 가치(즉 감정평가액)에 정비사업을 거치며 가치가 상승한 비율(즉 비례율)을 곱한 값이 된다. 바로 이 값, 즉 조합원이 기여한 부분으로서, '감정평가액 × 비례율'로 계산되는 값을 '권리가액'이라고 한다.

결론적으로 '추가분담금 = 조합원분양가 − 권리가액'이라는 식이 나온다. 만약 조합원분양가보다 권리가액의 값이 더 크다면 어떻게 될까? 조합원은 그 차액만큼을 환급받게 될 것이다. 다만 이런 경우는 거의 발생하지 않는다. 재건축 혹은 재개발은 모두 일정 수준 이상 노후화된 건축물에서 이루어지는 만큼, 기존 토지 혹은 건물 가치에 관한 금액인 '권리가액'의 액수가 그리 높지 않기 때문이다.

한편, 조합원은 꼭 신축 건물에 직접 입주해서만 재건축·재개발의 이익을 누리는 건 아니다. 조합원은 '입주할 권리'를 팔아넘길 수 있다. 흔히 '조합원입주권을 양도한다'는 것이 바로 여기에 해당한다. 이때 그 입주권의 가치로서 조합원이 건네받는 금액을 '프리미엄', 내지는 'P(피)'라고 한다.

이러한 조합원입주권 양도는 조합원 지위 이전과 함께 이루어진다. 다만 조합원 지위 이전은 때로 제한되기도 한다. 왜일까? 당연한 얘기지만, 나라에서 조합원에게 불로소득을 쥐여주고 싶어서 정비사업을 진행하는 게 아니기 때문이다. 정비사업은 어디까지나 노후화된 건물을 허물고 튼튼한 새 건물을 지어 주거환경을 개선한다는 공익적 목적 아래 이루어지는 것이다(최소한 명목상으로는 그렇다). 이런 관점에서 보았을 때, 투기 목적으로 조합원 지위를 사고파는 것은 오히려 일정 부분 제한되는 것이 타당하다.

조합원입주권을 살 때, 조합원에게 얼마를 줘야 할까?

조합원입주권을 양도하는 경우 조합원이 받는 금액은 얼마일까? 이를 계산하는 것은 복잡한 일이다. 예를 통해 차근차근 살펴보자. 조합원인 나조합 씨는

X주택의 조합원입주권을 신축만 씨에게 양도하려고 한다. X주택의 조합원분양가는 5억 원, 나조합 씨의 종전 자산에 관한 권리가액은 3억 원으로 산정되었다(따라서 추가분담금은 2억 원이 될 것이다). 한편 X주택의 매매가는 6억 원가량으로 예상된다.

조합원이 아닌 신축만 씨로서는 최종적으로 매매가인 6억 원을 기꺼이 지불해야 할 것이다. 그러나 나조합 씨에게 6억 원을 모두 지급해서는 안 된다. 그가 아직 추가분담금을 납부하지 않았기 때문이다. 따라서 신축만 씨는 나조합 씨에게 4억 원을 주고, 2억 원의 추가분담금은 직접 지급하는 식으로 거래를 성사시켜야 할 것이다.

이처럼 조합원입주권을 양수받으려는 자가 조합원에게 지급하는 비용은 '권리가액 + P'라고도 표현할 수 있다. 왜일까? 이는 'P'의 정의에서 기인한다. 'P'란 조합원으로서 향유하는 이득에 대한 대가이다. 그 이득이란 곧 조합원분양가에 해당 주택에 입주할 수 있다는 것이다. 따라서 'P'는 매매가와 조합원분양가의 차액이 된다.

따라서 등식을 써보았을 때, '매매가 = 조합원분양가 + P = (권리가액 + 추가분담금) + P'가 된다. 정리하면 '매매가 = 권리가액 + 추가분담금 + P'라 할 수 있다. 따라서 조합원입주권의 양수인이 기꺼이 지불해야 할 매매가 가운데, 따로 지불해야 할 추가분담금을 제한 금액은 당연히 '권리가액 + P'가 된다. 얼핏 복잡해 보이지만, 차근차근 살펴보면 간단한 산수에 불과하다.

◑ 재개발·재건축 주택 매매가 계산식

조합입주권을 양수한다면 조합원에게 아직 조합원이 내지 않은 추가분담금을 제한 '권리가액 + P'만큼을 지급하는 것이 알맞다.

재개발·재건축 주택 매매가 = 권리가액 + 추가분담금 + P

정비사업의 사업성을 가르는
건폐율과 용적률

건폐율은 대지면적 대 실제로 건축되는 면적을 의미한다. 건폐율 개념 설명 그림(왼쪽)을 보자. 그림에서 건폐율은 30%로 계산된다. 만약 건폐율이 30%로 제한되는 곳이라면, 전체 대지면적이 100m²일 때 건물면적은 30m² 이상이 될 수 없다.

● **건폐율과 용적률** 개발 밀도를 표현할 때 주로 사용하는 건폐율은 넓이, 용적률은 부피의 개념이다.

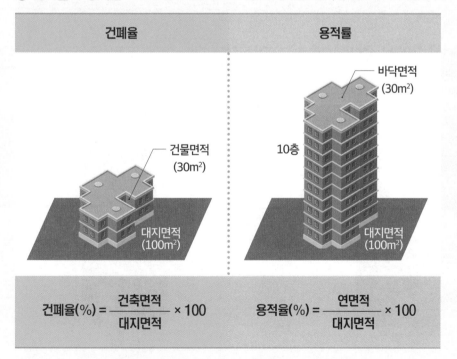

건폐율	용적률
건물면적 (30m²)	바닥면적 (30m²)
대지면적 (100m²)	10층 대지면적 (100m²)
$건폐율(\%) = \dfrac{건축면적}{대지면적} \times 100$	$용적율(\%) = \dfrac{연면적}{대지면적} \times 100$

용적률은 대지면적 대 건축물의 연면적을 의미한다. 연면적은 바닥면적의 합이다. 용적률 개념 설명 그림(오른쪽)을 보자. 바닥면적이 30m²이고 10층짜리 건물이니까 건물의 연면적은 300m²이다. 따라서 그림 속 건물의 용적률은 300%로 계산된다. 한편 바닥면적을 산정하는 데에는 다양한 예외가 있는데, 대표적인 것이 발코니다. 이외에 엘리베이터, 계단탑 등의 면적도 바닥면적 산정에서 제외한다.

즉 건폐율은 건물의 '넓이'를 제한하는 방향으로, 용적률은 건물의 '높이'를 제한하는 방향으로 개발 밀도를 조절한다. 다만 정확히 표현하면, 용적률이 높이 자체를 제한하는 건 아니다. 건물의 고도를 제한하는 규제는 따로 있다. 용적률은 연면적만 제한하므로, 설령 건물의 층수를 더 높이더라도 바닥면적을 줄인다면 용적률 제한에 부딪히지 않을 수 있다. 즉 용적률은 정확하게는 (통상 연면적에 비례할) 해당 건물의 이용자 수를 제한하는 방향으로 개발 밀도를 조절한다.

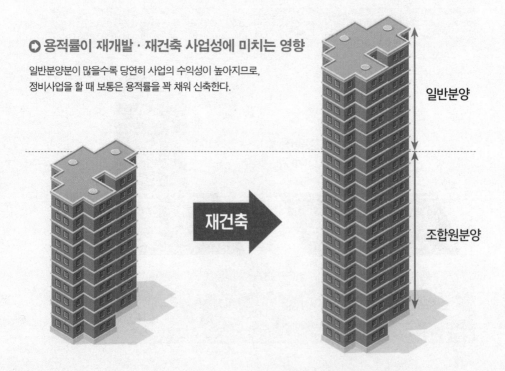

◆ 용적률이 재개발 · 재건축 사업성에 미치는 영향

일반분양분이 많을수록 당연히 사업의 수익성이 높아지므로,
정비사업을 할 때 보통은 용적률을 꽉 채워 신축한다.

재건축

일반분양

조합원분양

건물의 건폐율과 용적률이 어떠한지는 이용 경험에 큰 영향을 미친다. 건폐율이 높을수록 더 많은 사람이 이용할 수 있는 건물이 되겠지만, 채광이나 통풍에 문제가 생길 수 있다. 또 화재 등의 위험이 높아지는 반면 대피는 어려워질 수 있다. 용적률의 경우 특히 이용자 수에 직접적인 영향을 주는 만큼, 용적률이 높은 건물들이 들어서면 해당 건물을 넘어 해당 지역에 교통 혼잡 등의 문제가 야기될 수 있다. 어찌 되었든 일반적으로는 건폐율 및 용적률이 높은 건물을 지을 수 있는 토지가 가치가 높다.

용적률은 특히 재개발·재건축 등 정비사업에서 매우 중요하다. 정비사업은 기본적으로 기존 건물을 허물고 보다 많은 사람을 수용할 수 있는 새 건물을 지은 뒤, 기존 주민들에게 분양(조합원분양)하고 남은 부분만큼을 일반에 분양(일반분양)하는 구조다. 이 가운데 일반분양분이 얼마나 되는지가 사업 수익성에 있어 핵심이 된다. 그래서 기존 건물에 비해 신축한 건물의 용적률이 더 높아져 보다 많은 사람을 수용할 수 있을 때 사업의 수익성도 더 높아진다. 정비사업 진행 과정에서 더 높은 용적률을 확보하고자 용도지역의 종상향(384쪽)을 요구하곤 하는 것 또한 이런 맥락에서다.

따라서 정비사업에서는 보통 용적률을 꽉 채워 신축한다. 대다수 주거지역의 용적률 제한은 높으면 200% 중후반 정도다. 만약 기존 건물의 용적률이 100% 쯤이라면 어떨까? 수익성은 훌륭할 것이다. 그러나 기존 건물의 용적률이 이미 200% 근처라면, 기껏 건물을 새로 지어도 일반분양분이 거의 없을 것이다. 따라서 이럴 때 일반적으로는 '수익성이 매우 낮다'고 평가한다. 즉 어떤 건물의 용적률이 현재 몇 %인지는 해당 지역에서의 정비사업이 이루어질 수 있을지를 점치는 데 아주 중요한 잣대가 된다.

3

자식 좋으라고 하는 투자(?), 재개발·재건축 절차

- -
1단계 : 정비계획 수립 및 정비구역 지정
- -

지금부터 재건축과 재개발 절차를 쭉 짚어보자. 재건축·재개발 절차는 「도시정비법」에 의해 규율된다. 법적인 용어가 생소해서 그렇지, 내용은 결국 우리가 알고 있는 정비사업의 흐름을 그대로 담고 있다.

즉, ① 철거될 정도로 건물이 노후화되었다고 인정되어서 행정 주체에 의해 정비구역으로 지정되면, ② 그 구역 내의 토지 혹은 건물 소유자들이 정비사업을 끌어나갈 주체로 '정비조합'을 설립한 뒤, ③ 새로 지을 건물의 설계도(즉 사업시행계획)를 그리고 건물에 관한 권리를 어떻게 나눌지(즉 관리처분계획) 정한 다음, ④ 주민들을 이주시키고 기존 건물을 철거한 뒤 새 건물을 짓는 것이다.

첫 번째 문턱은 정비구역 지정 및 정비계획 수립이다. 이미 정비기본계획은 수립된 상태이지만, 정비기본계획은 행정처 내부적으로 전체적인 정비사업의 방향성을 세우는 정도의 자료다. 정비기본계획을 통해서 어느 지역에서 언제 정비사업이 시행될 수 있으며, 어느 정도의 용적률로 건축할 수 있는지 정도를 가늠할 수 있지만, 여기엔 특별한 구속력이 없다. 따라서 정비구역 및 정비계획 수립을 정비사업의 실질적인 첫 번째 과정이라고 이해해도 된다.

시장 또는 군수 등이 정비기본계획을 기반으로 정비계획을 수립해 정비구역을 지정함으로써, 정비사업이라는 '천 리 길'의 한 걸음이 시작된다. 정비계획의 내용 중 특히 중요한 것은 첫째로 정비구역 및 그 면적이고, 둘째로 해당 구역 내 건축될 건축물의 주용도·건폐율·용적률·높이 등에 관한 계획이다. 이를 통해 정비구역에서 시행될 정비사업의 사업성을 예측해 볼 수 있다.

정비사업이 어디까지나 노후화된 건축물을 대상으로 하는 것인 만큼, 정비계획이 수립되기 위해서는 정비사업이 필요할 만큼 건축물이 노후화되었음이 확인되어야 한다. 이때 거쳐야 하는 것이 바로 '안전진단'이다. 안전진단은 시장 또는 군수 등에 의해 직접 실시될 수도 있고, 특정 구역 내 건물이나 토지 등의 소유자 10% 이상이 요청하면 실시될 수도 있다.

입법자들이 의도한 것인지는 모르겠으나 현재로서 안전진단은 사실상 정비사업에 대한 통제 수단으로 기능하고 있는 게 현실이다. 많은 사람이 안전진단이 실제로 '안전'을 심사한다기보다는, 서울특별시 안의 집값 상승을 막고자 하는 정책적 목적으로 이루어진다고 받아들이고 있다. 따라서 안전진단을 통과해 정비사업의 첫 발짝을 떼었는지는 집값에 '호재'로 작용한다. 특히 정책적으로 정비사업에 관한 통제가 커지고 있는 지역에서는 더욱 그러하다.

안전진단 다음으로 넘어야 하는 문턱은 도시계획위원회의 심의다. 시장 또는 군

홈+

정비사업이 꼭 조합에 의해 시행되어야 하는 것은 아니다. 토지주택공사 등 공공시행자가 정비사업을 시행할 수도 있고(이럴 때 '공공분양'이 이루어진다), 해당 구역 내 토지 혹은 건물 소유자가 20인 미만이면 번거롭게 조합을 설립하지 않고 소유자들이 직접 시행할 수도 있다. 다만 정비사업의 압도적 다수는 정비조합을 설립해 사업을 시행한다.

"재건축·재개발 투자는 자식 좋으라고 하는 투자"
라는 말이 있다. 정비사업은 절차 전반에 거쳐
불확실성이 산재해 있으며,
별 탈 없이 사업이 진행되더라도
그 기간이 매우 길다. 사업이 웬만큼 진행된
단계가 아니고서야, 정비사업에 대한 투자는
길게 바라보는 '세대(generation) 단위 투자'로
고려해야 한다. 또한 확실한 안전마진이 보일 때
신중하게 진입하는 것이 타당하다.

● 재건축 · 재개발 절차

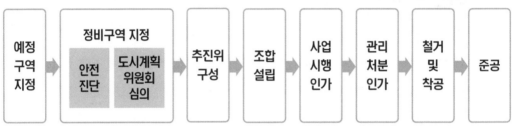

수 등이 정비계획을 수립하여 정비구역을 지정하려면 지방도시계획위원회의 심의를 거쳐야 하는데, 이 또한 숱한 정비사업 진행을 좌절시키는 요소 중 하나다.

　최근 도시계획위원회의 심의를 통과한 대표적인 예가 대치동 은마아파트다. 은마아파트는 2002년부터 3수 끝에 2010년 안전진단을 통과해 조건부 재건축 판단을 받았다. 그러나 도시계획위원회의 심의를 통과한 것은 2022년 하반기에 이르러서였다.

　정비계획 수립 및 정비구역 지정은 얼마나 호재일까? 사실 이는 말 그대로 '천리 길의 한 걸음'에 불과하다. 정비사업이 전복될 위험은 절차 전반에 걸쳐 산재해 있다. 따라서 정비계획이 수립되고 정비구역이 지정된다고 해도 근시일 내로 정비사업이 마무리되는 것은 불가능에 가깝다. "재건축·재개발 투자는 자식 좋

으라고 하는 투자"라는 말이 단순한 우스갯소리는 아니다. 다만 반대로 어차피 세대(generation)를 거쳐야 하는 투자라면, 정비구역 지정은 최소한 먼 훗날, 언젠가는 정비사업이 진행되리라 기대할 수 있게 하는 요소임은 분명하다.

2단계 : 추진위원회를 거친 조합 설립

정비계획이 수립되어 정비구역이 지정되었다면, 다음 단계는 조합 설립이다. 정비구역 내의 토지 및 건물 소유자는 한둘이 아닐 것이다. 이 모든 이들이 공동으로 정비사업을 진행한다면 배가 산으로 갈 것이 자명하다. 이에 「도시정비법」은 소유자들을 조합원으로 하는 조합을 설립한 뒤, 그 조합원들을 대표할 임원을 뽑도록 한다.

다만 조합 설립을 위해서는 준비할 것이 많아, 조합 설립 이전에 준비 업무를 추진할 이들을 따로 선발해야 한다. 그들이 '추진위원회'다. 물론 자의적으로 추진위원회 타이틀을 내걸 수 있는 건 아니다. 추진위원회의 위원이 되고자 하는 자들은 정비구역 지정으로부터 2년 안에 해당 정비구역 내 토지 및 건물 소유자 과반수의 동의서를 얻은 뒤, 시장·군수 등에게 추진위원회승인을 신청해야 한다.

이렇게 추진위원회가 승인된 경우, 대부분은 추진위원장이 조합장이 되고 추진위원이 조합의 임원이 된다. 설령 추진위원회 자체는 조합 설립 이전 단계이지만, 위원들은 실제 정비사업이 진행되었을 때 그 사업을 도맡아 진행하게 될 사람들이다. 규모가 있는 정비사업의 경우 오고 가는 비용이 수천억 원에서 조 단위에 이르기 때문에 추진위원회가 그 정도 규모의 사업을 처리할 능력이 있는지도 매우 중요하다. 따라서 추진위원회승인에도 관심을 가질 필요가 있다.

추진위원회가 맡는 업무 중 가장 중요한 것은 뭐니 뭐니 해도 조합 설립이다. 추진위원회는 승인일로부터 2년 안에 조합설립인가를 받아야 하는데, 조합설립인가를 위해 채워야 하는 동의율은 추진위원회를 구성할 때보다 높다. 재개발사업의 경우에는 정비구역 내에서 토지 혹은 건물을 소유한 사람의 4분의 3 이상 및 토지 면적 2분의 1 이상의 토지 소유자 동의를 받아야 한다. 재건축사업의 경우에는 아파트 각 동 소유자의 과반수 동의 및 전체 소유자 4분의 3 이상 및 토지 면적 4분의 3 이상의 동의를 받아야 한다. 이후 '창립총회'를 거쳐 조합의 규율에 해당하는 정관을 수립하고 임원 등을 선출한 뒤, 조합설립인가를 신청한다.

이처럼, 추진위원회승인 및 조합설립인가에는 정비사업 절차 중 최초로 상당히 높은 수준의 동의를 요구한다. 정비사업 진행을 바라지 않는 사람들이 없을 수 없기에, 이러한 동의율 요건은 정비사업 진행에 큰 장애가 된다.

정비사업 진행을 모두가 반긴다고 생각하면 오산이다. 특히 재개발구역에는 해당 지역에서 오랫동안 거주한 고령층이 많다. 고령의 원주민 입장에서는 정비사업에 동의할 이유가 극히 적다. 개발 이익에 대한 열망도 적을뿐더러, 경제적 이익보다는 익숙한 주택에 쭉 거주하는 데에서 오는 편의가 더 큰 경우가 많아서다.

나아가 해당 구역 내 상가가 있을 경우 상가 소유자들 또한 정비사업에 동의할 유인이 매우 적다. 주택 소유자와 비교하면 얻을 것은 비교적 적은 반면, 당장 영업하며 얻던 수입을 잃게 되기 때문이다. 조금 더 파고들자면, 주택 소유자들은 어디로 이주하든 간에 (임시일지라도) '거주'한다는 건 똑같다. 하지만 상가 소유자들은 이주한 곳에서는 물론, 정비사업이 끝난 이후 얻게 된 건물에서도 지금과 같은 수준의 영업이익을 누리지 못할 수도 있다. 이러한 점들을 고려했을 때, 정비사업이 원활히 진행될 수 있을지 가늠하기 위해서는 해당 정비구역 내 토지 및 건물 소유자들이 어떤 집단인지를 최대한 구체적으로 파악할 필요가 있다.

추진위원회 설립에 동의했는데 조합 설립에는 동의하지 않는 게 가능할까? 혹은 그 반대는 어떨까? 원칙적으로 추진위원회에 대한 동의와 조합 설립에 대한 동의는 별개다. 따라서 토지 혹은 건물 소유자는 자유롭게 동의 여부를 변경할 수 있다. 다만 특별히 철회하지 않는 경우, 추진위원회 설립에 동의한 사람은 조합 설립에도 동의한 것으로 간주한다.

누가 조합원인가? : 조합원의 지위

조합은 당연히 그 구성원인 '조합원'을 전제하므로, 조합설립인가와 함께 조합원 지위를 얻는 사람들이 생긴다. 그렇다면 과연 어떤 사람들이 조합원의 지위를 얻을 수 있을까? 나아가 조합원의 지위는 이전될 수 있을까?

특히 조합원 지위에 관해서는 재건축사업과 재개발사업 사이 차이를 이해하는 것이 중요하다. 결론부터 말하자면, 재건축사업은 '임의가입제'인 반면 재개발사업은 '강제가입제'다. 강제가입제란 정비구역 내 모든 토지 혹은 건물 소유자가 곧바로 조합원이 된다는 의미다. 즉 재개발사업에서 정비구역 내 소유자들은 조합 설립에 동의했는지와는 무관하게 조합원이다. 반면 임의가입제란 조합 설립에 동의한 사람만 조합원이 되는 것이다. 따라서 재건축사업의 경우 정비구역 내 건물과 토지를 동시에 소유하면서 조합 설립에 동의한 자만이 조합원이 된다.

「도시정비법」이 이렇게 조합원의 지위에 차등을 둔 것에 특별한 목적이 있다고 볼 수는 없다. 그보단 단순히 관련 법령들을 통폐합하는 과정의 잔재에 가깝다. 강제가입제와 임의가입제 중 어느 쪽을 따르든 결국 조합 설립에 동의하지 않은

홈+

재개발사업과 달리 재건축사업에서 토지와 건물을 동시에 소유할 것을 요구하는 이유는 재건축사업은 아파트 등 공동주택을 대상으로 하기 때문이다. 아파트 같은 집합건물은 토지와 건물 소유권이 붙어 있다.

자들을 '털어낸다'라는 건 같다. 즉 조합은 조합 설립에 동의하지 않았고 분양 신청도 하지 않은 자들에 대해 '현금 청산'을 할 수 있다. 간단히 말해, 사업 진행을 위해 그들이 가지고 있는 토지 혹은 건물에 대한 소유권을 가져오고 그 대가로 현금을 지급할 수 있다.

조합원 지위는 이전될 수 있을까? 물론 그렇다. 가장 일반적인 것이 소유권이 이전되는 경우다. 조합원 지위가 결국 정비구역 내 소유권을 기반으로 해 발생한 것인 만큼, 소유권이 이전되면(즉 정비구역 내 토지 혹은 건물 소유권이 한 사람에게서 다른 사람에게로 양도되면) 조합원 지위도 함께 이전된다. 159쪽에서 이야기한 '조합원 입주권 양도'가 바로 이러한 조합원 지위 이전에 따른 것이다.

조합원 지위 이전은 투기 방지를 위해 제한되기도 한다. 투기과열지구로 지정된 지역 내 재건축사업은 조합설립인가 이후, 재개발사업은 뒤에서 설명할 관리처분계획의 인가 이후 시점에는 설령 소유권이 이전된다고 하더라도 조합원 지위가 함께 이전되지 않는다.

그러나 여기에는 '예외의 예외'가 있다. 투기과열지구 내일지라도 기존 소유자가 생업에 관한 사유·질병 치료·취학·결혼 등으로 멀리 이사해야 하는 경우, 상속으로 취득한 주택으로 이사하는 경우 등이라면, 그로부터 조합원 지위를 이전받을 수 있다. 그중에서도 특히 많이 거론되는 예외의 예외 조항은 양도인이 1세대 1주택자로서, 소유 기간 10년, 거주 기간 5년 이상을 채웠을 경우다. 이러한 경우에도 조합원 지위를 자유롭게 이전할 수 있다.

3단계 : 사업시행계획과 관리처분계획

조합설립인가가 하나의 큰 관문이었다면, 그다음으로 통과해야 하는 커다란 두 개의 관문이 바로 사업시행계획과 관리처분계획이다. 이 중 사업시행계획은 정비사업을 위한 '설계도면'을 그리는 과정이다. 즉 조합은 건물을 정확히 어떻게 지을 것인지에 대해 시공사, 설계자 등 협력업체를 선정한 뒤 사업시행계획을 수립해 시장이나 군수 등의 인가를 받아야 한다.

협력업체 선정 과정에서 종종 분쟁이 발생하기도 하지만, 사실 사업시행계획 자체는 관리처분계획을 비롯한 다른 절차들에 비해 큰 관심 대상은 아니다. 다만 사업시행계획이 인가되고 고시되면 그로부터 일정 기간 내에 조합원분양 신청 기간이 시작된다는 의의가 있다. 설계도면도 나왔으니 조합원들이 새로이 조성될 건물에 대한 분양을 신청할지 결정할 수 있게 된다. 다만, 투기과열지구 내에서 정비사업의 분양을 받은 자는 그로부터 5년 안에 투기과열지구 내에서 새로 분양 신청을 할 수 없다.

분양 신청 기간이 끝나면 조합원 중 누구에게 분양을 해줘야 할지가 확정되며, 해당 정비사업의 수익률이 얼추 정해질 수 있다. 따라서 조합원들이 추가분담금을 얼마나 부담해야 할지, 그리고 어떻게 신축 주택을 나누어 가질지 – 가령 조합원들이 어느 부분을 분양받도록 할지나, 주택을 1채 또는 2채 분양받을지, 동호수 추첨은 어떻게 진행할지 등 – 에 관한 계획을 세울 수 있게 된다. 이처럼 조합원들의 권리관계에 관한 것을 내용으로 하는 계획을 관리처분계획이라고 한다.

조합이 관리처분계획을 수립해 시장 혹은 군수에게 인가를 받으면 법적인 절차는 거의 대부분 완료되었다고 봐도 된다. 이후 조합과 조합원은 '조합원분양계약'을 체결한다. 분양 신청을 했으면서도 조합원분양계약을 체결하지 않으면 어떻게 될까? 사실 조합원분양계약 자체에 특별한 법적 근거가 없어서, 조합원분양계약 미체결자의 법적 지위가 어떠한지에 대해서 법적인 판단을 내리기는 어렵다. 다만 거의 모든 정비조합은 조합 정관에 '조합원분양계약을 체결하지 않을 시 조합원 지위를 박탈한다'는 취지의 규정을 두고 그에 따르고 있다.

관리처분계획인가까지 되면 사실상 절차적으로는 막바지에 들어섰다고 봐도 되나, 인가가 되었다고 해서 사업이 지연되지 않는 것은 아니다. 최근에는 관리처분계획 이후 입주까지 7년 이상의 기간이 걸린 사례도 있었다.

4단계 : 이주·철거 및 착공·준공인가 및 이전고시까지

정비사업의 마지막은 해당 정비구역 내 사람들을 다른 곳으로 이주시키고, 건물을 철거한 뒤 새 건물을 짓는 것이다. 건물을 모두 지은 뒤 준공인가를 받고, 건물 중 조합원들이 분양받을 부분에 대해서 곧바로 소유권보존등기를 완료하는 이전고시까지 마무리되면 정비사업이 끝난다. 이후 조합은 해산 및 청산의 과정을 거치게 된다.

　마지막 단계에서도 정비사업은 언제든 지연될 수 있다. 대부분은 추가분담금 등 역시 돈이 문제다. 가령 이주 단계에서 이주비에 관한 분쟁이 생기거나, 이주에 관한 현실적인 문제로 지연되기도 하고, 철거 단계에서 공사비에 관한 협의가 제대로 이루어지지 않아 철거가 지지부진해지기도 한다. 이주 단계에서도 사업에 불만이 생긴 조합원들이 정비구역 내 매물들을 던지기도 하며, 투자자 중에서는 세금에 관한 이익을 누리기 위해 건물이 철거되기 직전 그런 매물을 거두어들이기도 한다.

　이처럼 정비사업은 절차 전반에 거쳐 불확실성이 산재해 있다. 별 탈 없이 사업이 진행되더라도 기간이 매우 길다. 나아가 정비사업에 관한 호재가 생기더라도, 앞서 말했던 '선반영'에 의해 막상 누릴 이익은 없는 경우가 다반사이며, 되려 과도한 기대로 인해 필요 이상으로 가격이 치솟기도 한다.

　결론적으로, 사업이 웬만큼 진행된 단계가 아니고서야 정비사업에 대한 투자는 길게 바라보는 '세대(generation) 단위 투자'로 고려해야 한다. 또한 확실한 안전마진이 보일 때 신중하게 진입하는 것이 타당하다.

재개발·재건축 투자자가 등기부에서 꼭 점검해야 하는 대지지분

단독주택 등기부에는 없고, 아파트 등기부에는 있는 '대지지분'

입지에 관해 마지막으로 살펴볼 것은 '대지지분'이다. 특히 재건축 내지는 재개발을 고려한 투자라면 대지지분을 살펴보는 것은 필수이다. 꼭 정비사업에 투자하는 게 아니더라도, 공동주택 내 특정 세대에 '부착'된 대지지분이 어느 정도인지 파악하는 것은 당연히 매우 중요하다. 일반적으로 건물가치는 시간이 지나면 하락하는 반면 토지가치는 그렇지 않다. 토지가치는 입지가 좋다면 되려 시간이 지나면 상승할 여지도 다분하기 때문이다.

대지지분은 아파트와 같은 공동주택에서 상정되는 개념이다. 토지와 건물의 소유권이 분리된 단독주택 등 일반적 건축물의 경우 대지

◐ 아파트 등기부등본 예 : 【표제부】전유부분의 건물의 표시

[집합건물] 경상남도 양산시 물금읍 ▓▓▓▓ ▓▓▓▓ ▓▓ ▓▓▓

(대지권의 목적인 토지의 표시)				
표시번호	소 재 지 번	지 목	면 적	등기원인 및 기타사항
1	1. 경상남도 양산시 물금읍 ▓▓▓▓▓▓	대	66336.8㎡	2014년12월29일 등기

【 표 제 부 】		(전유부분의 건물의 표시)		
표시번호	접 수	건 물 번 호	건 물 내 역	등기원인 및 기타사항
1	2014년12월29일	제13층 제1301호	철근콘크리트구조 84.9403㎡	

(대지권의 표시)			
표시번호	대지권종류	대지권비율	등기원인 및 기타사항
1	1 소유권대지권	66336.8분의 52.0378	2014년10월28일 대지권 2014년12월29일 등기

지분에 관해 논할 여지가 없다. 따라서 아파트 등기부에서만 대지지분에 관한 정보를 찾아볼 수 있다(409쪽 참조).

아파트 등기부는 일반 건물과 마찬가지로 '표제부', '갑구', '을구'로 구성되어 있다. 그런데 표제부의 구조가 좀 다르다. 표제부가 둘로 나누어져 있다. 표제부 중 두 번째 부분은 등기부에서 다루고 있는 전유부분에 대한 것이고, 첫 번째 부분은 전유부분이 속해 있는 동 전체에 대한 것이다. 그래서 첫 번째 표제부에는 1층에서 꼭대기 층까지가 모두 표시되어 있고, 두 번째 표제부에서 비로소 한 전유부분에 대한 건물 및 대지사용권이 표시된다.

투자의 열쇠, '대지지분'을 표시하는 '대지권비율'

173쪽 아파트 등기부의 표제부 예시에서 '대지권의 표시'라고 되어있는 부분을 보자. 대지권의 종류는 '소유권대지권', 대지권비율은 '66336.8분의 52.0378'이라고 되어있다. 무슨 의미일까?

먼저 대지권의 종류에 대해 알아보자. 대지권은 대지사용권 중에서도 '전유부분*과 분리할 수 없는 권리'를 의미하는 「부동산등기법」상의 용어다. 대부분의 대지사용권은 대지권으로서 등기될 수 있다. 원칙적으로 대지사용권은 전유부분에 대한 소유권, 즉 '구분소유권**'과 분리될 수 없기 때문이다. 그런데도 대지사용권과 구분소유권을 분리해 처분할 수 있도록 하는 특별한 약속이 있는 경우에는 대지사용권은 대지권으로 등기할 수 없다. 물론 이러한 경우는 아주 드물다.

소유권대지권은 대지권의 한 종류다. 소유권을

> **전유부분** 아파트 같은 집합건물에서 '구조상·이용상 독립성'을 가지는 각 부분을 전유부분이라고 한다. 즉 현관문 안, 벽으로 둘러싸여 있어서 우리 가족만 이용하는 공간인 거실·주방·화장실처럼 신발을 벗고 다닐 수 있는 공간을 가리킨다.
> **구분소유권** 혼자 독점적으로 사용할 수 있는 공간인 전유부분에 대한 소유권을 '구분소유권'이라 한다. 즉 흑석자이아파트 ○○○동 ○○○○호, 그 딱 한 세대에 대한 소유권을 구분소유권이라고 하고, 그 소유자를 '구분소유자'라고 한다.

통해 땅을 사용할 수 있게 되었을 때의 대지권은 소유권대지권이다. 만약 땅을 구매한 것이 아니라 빌려서 사용하기로 한 경우라면 땅을 사용할 수 있는 권리는 '임차권', 이때 대지권은 '임차권대지권'이라고 등기될 것이다. 원리를 알면 간단히 의미를 짐작할 수 있다.

다음으로 대지권비율 부분을 보자. 대지권비율은 건물 전체의 대지권 중에서 어떤 한 구분소유자가 가지는 지분의 크기를 의미한다. 그러니까 이 구분소유자는 아파트 단지가 차지하고 있는 땅의 소유권 가운데 '66336.8분의 52.0378'만큼의 지분을 갖는다는 의미다.

그럼 이게 얼마만큼의 면적에 해당하는 대지지분인지를 한번 계산해 보자. 계산은 간단하다. 아파트 단지가 차지하는 전체 토지면적에 대지권비율을 곱해주면 그걸로 끝이다. 특히 대지권비율을 등기부에 기재할 때에는 계산의 편의를 위해 그 분모를 미리 단지의 전체 면적으로 환산해 두는 것이 보통이기 때문에 계산이 더 간편하다. 사례로 든 등기부에서 대지권비율 위쪽을 보면 아파트 단지의 전체 면적이 '66336.8㎡'로 대지권비율의 분모와 같다는 걸 알 수 있다. 그래서 전체 면적과 대지권비율을 간단히 곱해줄 수 있다.

결론적으로, '66336.8분의 52.0378'만큼의 대지지분에 해당하는 땅의 면적은 '52.0378㎡'가 된다. 그러니 이 아파트의 ○○○동 ○○○○호를 소유한 사람은 아파트 단지 내에 52㎡ 정도의 땅을 함께 갖는 셈이다.

같은 평수, 같은 단지라도 천차만별

대지권비율은 어떻게 계산할까? 대지권비율은 특별한 약속이 없다면 전유부분의 면적 비율에 따라 정한다. 왜일까? 상황에 따라 다르겠지만, 일반적으로는 더 넓은 전유부분을 가지는 사람이 땅에 대해서도 더 많은 권리를 가지는 것이 공평한 분배이기 때문이다. 33평형 입주민보다 85평형 입주민이 더 많은 권리를 가지는 게 직관적이다.

5개 동, 도합 50세대로 이루어진 ABC아파트 101동에 입주한 이을남 씨의 예를 살펴보자. 만약 50세대의 전유부분 면적이 모두 같다면 이을남 씨의 대지권비율은 1/50이 될 것이다. 그럼 만약 다른 동에 비해 101동만 전유부분이 두 배라면 이을남 씨의 대지권비율은 얼마일까? 1/30이 될 것이다. 이을남 씨의 전용면적(전유부분의 면적)이 두 배가 되면서 대지권비율도 커진 것을 볼 수 있다.

다만 예외적으로 '일부공용부분'이 있을 수가 있다. 일부공용부분은 전체 구분소유자 가운데 일부에 대해서만 제공되는 공용부분을 의미한다. 가령 ABC아파트 105동 주민만 사용할 수 있는 큰 엘리베이터가 있다면, 그 부분은 일부공용부분이다. 일부공용부분은 면적을 나누어서, 그 부분을 사용할 수 있는 세대의 전용면적으로 포함시킨다. 105동 엘리베이터가 10㎡라면, 105동 내 10개 세대 각각의 전용면적에 1㎡씩을 더해준다는 것이다. 이렇게 계산하면 105동 주민들의 대지권비율은 어떻게 될까? 물론 더 높아질 것이다.

자, 그럼 어떤 주택의 대지지분이 더 클까? 지금까지 설명한 계산법을 이해했다면 꼭 등기부를 떼보지 않아도 바로 알 수 있다. 첫째로, 단지 안에 세대수가 적을수록 대지지분이 크다. 전 세대가 전용면적이 85㎡로 동일하더라도, 세대수가 100세대인 단지에서 대지지분은 1/100일 것이고 500세대인 단지에서 대지지분은 1/500일 것이다. 둘째로, 전용면적이 클수록 대지지분도 크다. 전용면적과 대지지분이 비례하도록 계산 방식이 짜여 있으므로 당연한 결과다. 결국 이 두 가지 이유로 대지지분이 높을수록, 그리고 근본적으로 단지가 차지하는 땅의 면적 자체가 클수록 특정 세대와 '붙어' 있는 땅의 소유권 등의 크기도 더 커진다.

여기까지 왔다면 하나의 결론에 이를 수 있다. 결국 집합건물을 구매하는 것은 건물뿐 아니라 그 건물이 차지하고 있는 땅까지 함께 구매하는 것이라는 점이다. 즉, 아파트 등 집합건물의 내재가치는 건물가치와 토지가치를 합친 것이며, 아파트에 대한 투자는 곧 땅에 대한 투자도 포함하는 것이다.

그러니까 아파트를 구매할 때 건물가치 뿐 아니라 토지가치 또한 충분히 고려 대상이 될 수 있고, 또 되어야 한다. 심지어 토지는 시간이 지나도 늘 그대로 있지만 건물가치는 서서히 하락한다는 점에서, 투자를 목적으로 아파트를 매매한다면 오히려 건물이 아닌 토지 가치를 더 중요하게 고려할 수도 있다. 몇몇 투자자들이 입지 좋은 지역의 대지지분 높은 아파트를 찾아 헤매는 이유다.

이쯤에서 한 번 실제 예를 살펴보자. 다음은 서울특별시 안에 있는 4가지 유명 단지의 대지지분을 나타낸 표다. 일부러 각 단지에서 공급면적이 85평형에서 90평형 정도로 비슷한 세대의 정보를 들고 왔다. 공급면적의 넓이가 비슷한 세대인데도, 붙어 있는 대지지분의 크기는 천차만별이다. 따라서 아파트에 투자할 때 대지지분을 반드시 고려해야 한다.

● 서울특별시 소재 4개 아파트 단지의 대지지분

한남더힐은 비슷한 크기의 아파트에 비해 대지지분이 압도적으로 크다(사진 한남더힐).

단지명	한남동 한남더힐	삼성동 아이파크	성수동 갤러리아포레	도곡동 타워팰리스
주택형 (공급면적)	284m²(85평형)	292m²(88평형)	298m²(90평형)	291m²(88평형)
대지지분	230m²(69평)	95m²(28평)	40m²(12평)	31m²(9평)

5

"나 돈 필요해요. 얼마나 줄 수 있는데요?": 대출 규제

그냥 집값의 100%를 대출해 주면 안 되나?

좋은 입지를 선정했다면, 이제 돈을 마련할 차례다. 사실 자금을 마련하는 과정은 구매 단계와 붙어 있으므로, 이후에 나올 주택 구매 단계와 자금 마련을 나누는 것은 흐름상 정확하지 않을 수 있다. 그러나 기본적인 규제에 대해 아는 것은 무척 중요하기 때문에 구매 단계에 앞서 설명한다. 규제에 대해 잘 안다고 해서 꼭 우수한 투자를 할 수 있는 건 아니지만, 분명 잘못된 선택을 할 가능성을 줄여준다.

정부가 과열된 부동산 시장을 잡거나 반대로 침체된 부동산 시장에 활기를 불어넣고자 할 때, 가장 먼저 꺼내는 카드는 '대출 규제'다. 대출 규제는 무엇을 위해 존재할까? '대출'이라는 것은 결국 은행으로부터 돈을 빌리는 것이기 때문에 은행 즉 대주 입장에서만 생각하면 대출을 아파트값의 100%만큼 해줄 수 없는 이유가 명확해진다.

2022년 1월쯤 38억 원에 반포 래미안퍼스티지를 매입한 A씨가 38억 원 전액을 은행에서 받은 대출로 조달했다고 하자. 그런데 2023년 초가 되니 아파트값이 30억 원 초반대로 주저앉았다.

미국발 금융위기가 일어난 2008년 전후를 다룬 영화 〈빅쇼트〉를 보면 "어떻게 LTV 110%가 나오냐?"는 대사가 나온다. LTV가 110%라는 건 주택가격이 떨어져 대출금액보다 낮아진 상태다. 그야말로 대주 입장에서는 대손 위험이 무척이나 큰 상황이다. 38억 원을 빌려준 상황에서 가진 게 31억 원인 사람한테 원금과 이자 모두를 받아낼 것을 기대하기 어렵기 때문이다. 한 나라의 금융에서 은행이 차지하는 중요성을 고려하면, 은행이 돈을 돌려받지 못하면 비단 은행만 피해를 보는 게 아니다. 금융은 서로 거미줄처럼 얽혀 있기에 한 은행의 실패는 삽시간에 다른 금융주체들에게도 타격을 가한다. 당장 경제가 호황이라고 해 너도나도 높은 LTV로 대출을 해주다 보면 주택가격에 '거품'이 끼게 되고 그게 일순간 터질 때

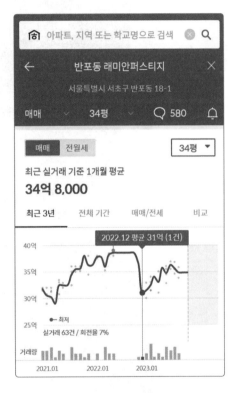

○ 반포 래미안퍼스티지 매매가 추이

고급 아파트의 1세대 격인 반포 래미안퍼스티지 34평형 매매가 추이(호갱노노). 평형과 동마다 약간의 차이는 있지만 2023년 상반기 상승세 둔화는 전반적으로 뚜렷하게 나타났다.

위기가 찾아온다. 〈빅쇼트〉의 배경이 된 2008년 금융위기 또한 방만한 주택담보 대출이 원인 중 하나였다는 분석이 많다. 따라서 국가로서는 매 순간 경제 상태를 진단하고 대출 규제로 은행 대출을 조절할 필요가 있다. 그래서 대출을 규제하는 구체적인 수치는 그때그때 바뀌기 마련이며 개인마다 적용되는 수치 또한 다르다. 이렇게 개별로 적용되는 수치는 부동산 시황, 경기, 금리에 따라 적절하거나 부적절할 수 있다. 어쨌든 확실한 것은 시시각각 수치가 변한다는 것이다. 따라서 규제의 본질을 잘 파악하고 그때그때 나오는 뉴스를 빠르게 습득하며 이를 최대한 활용하기 위해 발품을 팔 필요가 있다.

2008년 미국 서브프라임 모기지 사태를 배경으로 한 영화 〈빅쇼트〉. 영화를 보면 당시 미국의 LTV는 85%, 90%, 95%까지 높아지고 그 이후에는 110%까지 간다. LTV가 95%면 집값의 5%만 현금으로 가지고 있으면 나머지 95%는 은행 대출로 충당할 수 있다. LTV가 110%인 경우는 주택가격이 떨어져서 대출금액보다 낮아진 경우다. ⓒ 파라마운트 픽쳐스.

LTV : 그래서 아파트가 얼만데?

$$LTV = \frac{\text{대출 가능한 금액}}{\text{주택담보물의 가치}} \times 100$$

LTV(Loan to Value Ratio ; 주택담보인정비율)는 금융기관에서 주택담보대출을 신청할 때 담보가 되는 주택 시세의 몇 퍼센트까지 대출받는 것이 가능한지를 의미한다. 가령 은행에 가서 10억 원짜리 주택을 담보로 대출하는 경우, LTV 50% 규제가 적용된다면 5억 원까지 대출할 수 있다. 주택담보대출에서 가장 중요한 것은 당연히 '담보의 가치'다.

담보대출의 유형은 아주 다양한데, 우리나라는 부동산 공화국답게 주택이 담보대출 시장에서 가지는 지위 또한 남다르다. 아무리 건물 투자에 관심이 많더라도 무주택자는 주택 매입을 먼저 하는 것이 대부분 우월전략이 된다. 이는 추후 보유 주택을 기반으로 한 담보대출이 건물 투자 자금 마련에 톡톡한 역할을 하기 때문이다. 은행 입장에서 현재 10억 원짜리 아파트를 매입하고자 하는 사람에게 5억 원을 일단 주고, 갚지 못하면 아파트를 판 돈으로 갈음하면 그만이다.

DTI, DSR : 그래서 얼마 버는데?

$$DTI = \frac{\text{모든 주택담보대출 연간 총상환액(원금+이자)+기타 대출이자}}{\text{연소득}} \times 100$$

DTI(Debt to Income Ratio ; 총부채상환비율)는 대출자의 연간 소득에서 1년 동안 상환해야 하는 금액이 차지하는 비중을 의미한다. 가령 연소득이 8000만 원인 근로자가 은행에서 대출받는 경우, DTI 50% 규제가 적용된다면 1년에 4000만 원의 금액이 상환되어야 하는 정도까지만 대출할 수 있다.

$$DSR = \frac{\text{모든 주택담보대출 연간 총상환액(원금+이자)}+\text{기타 부채 연간 총상환액(원금+이자)}}{\text{연소득}} \times 100$$

DSR(Debt Service Ratio ; 총부채원리금상환비율)은 얼핏 보면 DTI와 비슷하지만, 살짝 다른 부분이 있다. DTI의 기준은 원리금 상환액과 기타 대출이자 상환액의 합을 근거로 한다. DSR은 원리금 상환액과 기타 대출 원리금 상환액의 합을 근거로 한다. 즉 DTI에 비해 한층 더 보수적인 지표다. 주택담보대출은 물론 학자금대출, 카드론 등 모든 대출의 원리금을 대상으로 한다.

한 가지 슬픈 사실은 LTV, DTI, DSR 규제가 'or'가 아니라 'and'의 개념이라는 것이다. 그러니까 세 가지 규제가 있다면, 대출 시 모든 기준을 만족하는 가장 큰 금액이 대출액 상한이 되는 것이다. 최우선변제금(130쪽)을 고려해 방 개수만큼 대출가능액을 차감하는 '방공제(221쪽)'도 간과하기 쉬운 부분이니, 자금 마련 시 꼭 체크해 봐야 한다.

대출 규제는 지역에 따라, 개인 소득에 따라 다르다. 또 시장, 정부, 사회적 분위기에 따라 시시각각 변하기 때문에 책에서 기본 개념을 넘어 구체적 수치를 다루는 것은 큰 의미가 없다. 특히 2023년 들어서 전매제한* 대폭 축소, 수도권에 있는 분양가상한제 주택의 실거주 의무 폐지

전매제한 투기 목적으로 주택을 구입하는 수요를 차단하기 위해, 새로 분양되는 주택에 당첨된 뒤 일정 기간 사고팔지 못하도록 하는 조치.

등 굵직한 변화들이 많았다. 이처럼 최근에는 부동산 정책 줄기에서 규제 완화가 꽤 자주 등장하는 양상이다. 따라서 주택 매입을 계획하고 있다면 반드시 최신 대출 규제를 업데이트해야 한다.

6

형 믿고 동생한테 돈 꿔주는 중도금대출

진짜 내 돈으로 충당해야 하는 계약금

청약에 당첨되면 축하받을 틈도 없이 신경 써야 할 것들이 하나둘씩 머릿속에 차오른다. 가장 대표적인 것은 돈을 마련하는 방식인데, 분양의 경우 '계약금 → 중도금 → 잔금' 순으로 납입해야 한다. 이 세 가지를 청약 이후에 부랴부랴 마련한다면 예상과 달라져 적잖이 당황하기 십상이니 청약 시점에서부터 대략적인 자금 조달 계획을 세워야 한다. 어떻게 얻은 분양 기회인데, 자금 마련에 실패해 기회를 날린다면 두고두고 후회하지 않겠는가?

시계열 순으로 가장 먼저 납부해야 할 건 당연히 계약금이다. 보통 분양가의 10~20%를 납부하는데, 전액 현금 납부가 원칙이다. 계약금을 납입하기 전에는 등기부 상 어디에도 기록되지 않는 만큼, 담보대출이 나오지 않는다. 보통 당첨 후 한 달 이내에 계약금을 납입하게 되어있는 만큼 미리 준비하는 것이 상책이다. 가령 서울 안에 10억 원 정도에 분양된 아파트라면, 2억 원 정도는 현금으로 들고 있는 것이 안전하다. 물론 개인신용대출을 받아 계약금을 낼 수도 있으나, 이 경우 나중에 중도금 및 잔금 대출을 받을 때 좋지 않은 영향을 미칠 수 있어 현금을 확보해 두는 게 여러모로 안전하다.

◑ 분양계약 및 입주 절차

계약금 납입 전에는 등기부 상 어디에도 기록되지 않는 만큼 담보대출이 나오지 않는다. 보통 당첨 후 한 달 이내에 계약금을 납입하게 되어있는 만큼 미리 준비하는 것이 상책이다.

| 분양계약 체결, 계약금 납부 (분양가의 10~20%) | → | 금융권 중도금대출 (분양가의 40~60%) 시행사·시공사, 중도금대출 지급 보증 | → | 중도금대출을 주택담보대출로 전환, 잔금(분양가의 30%) 납부 | → | 입주 |

엄밀히 말해 현금은 분양가의 10~20%보다 넉넉히 마련하는 것이 좋다. 세금 문제도 있지만 추가 비용에 대비하기 위해서다. 계약금 납입 시기와 추가 옵션 선택 시기가 맞물려 있기 때문이다. 유료로 진행되는 옵션, 이를테면 발코니 확장 혹은 가벽 설치 등을 희망한다면 추가 비용을 납부해야 한다. 또 바닥 마감재, 시스템 에어컨, 붙박이장 등 신경 쓸 옵션이 많다. 옵션 비용은 통상 분양가의 5% 이내에서 책정된다.

계약금을 납부하지 못하면 당첨 무효는 물론 기타 불이익이 발생한다. 재당첨 기회가 일정 기간 제한되는 것은 물론, 지금껏 성실히 납부했던 청약통장이 백지화된다. 만일 특별공급으로 분양받았던 건이라면 앞으로 다시는 특별공급 분양이 불가능해진다. 이런 불이익을 받지 않도록 반드시 계약금 준비를 위한 예산을 보수적으로 책정해야 한다.

분양가의 6할, 중도금의 세계

청약에 당첨되면 '분양권'이라는 것을 획득한다. 분양권은 향후 완공될 집을 받을 권리다. 청약에 당첨된 모두가 현금 부자면 좋겠지만, 대개 자신의 현금 보유량보다 더 높은 액수가 필요한 아파트를 희망하거나 현금이 풍족하다 할

분양계약에서 계약금 - 중도금 - 잔금은 통상 1- 6 - 3 구조로
짜여 있다. 계약금을 납입하기 전에는 등기부 상
어디에도 기록되지 않는 만큼,
담보대출이 나오지 않는다.
중도금대출 가능액은 비규제지역이 아닌 이상
대개 납입해야 할 총금액보다 적다.
중도금 납부 기한이 지나면
연체이자가 발생하고,
2~3회 중도금 납부가 연체될 경우
건설사로부터 계약 해지를 요구받는다.
자금 계획을 잘 세워야 힘들게 잡은
분양 기회를 날리지 않는다.

지라도 부동산 레버리지에 관대한 태도로 대출을 최대한 받으려 한다. 문제는
담보가 없다는 것이다. 아직 아파트는 완공되지 않은, 그러니까 형체가 없는
상태이기 때문이다.

　그래서 중도금대출은 독특한 방식으로 이루어지는 경우가 많다. 바로 주택도
시보증공사(HUG) 혹은 한국주택금융공사(HF) 보증서를 바탕으로 건설사 연계
은행에서 이루어지는 집단대출이다. 이런 중도금집단대출은 간혹 무이자로 이루
어지기도 하고, '이자 후불제'라는 것을 적용하기도 한다. 이자 후불제는 건설사가
중도금 이자를 대신 납부하고, 당첨자는 중도금 상환 및 잔금을 치를 시기에 중
도금 이자를 후불로 함께 납입하는 제도다. 중도금대출 방식은 대손 위험이 비교
적 적고 분양 판촉 효과가 있는 정책이라, 건설사와 당첨자 모두가 손해 보지 않
는 제도다(중도금대출은 아파트 분양 당첨자들이 단체로 유사한 조건의 대출을 받는다는 측
면에서 집단대출이라고 부르기도 한다). 나아가 부동산 침체기에는 더 강한 판촉 차원
에서 중도금대출 무이자 혜택을 내세우기도 한다. 이자를 모두 시행사가 부담하

◐ 중도금 납부 계획 예(LTV 50%의 경우)

계약금 - 중도금 - 잔금은 대개 1-6-3 구조로 짜여 있다. 중도금으로 분양가의
60%를 납입해야 한다. 4차례 혹은 6차례에 걸쳐 납입하는데, 중도금을
4차례 납부할 경우 15%, 6차례 납부할 경우 10%씩 납입하는
구조다.

중도금					
1차	2차	3차	4차	5차	6차
10%	10%	10%	10%	10%	10%

중도금대출 ←———————————→ 내 돈 ←———→

는 것이다.

단 한 가지 유의해야 할 점은 이렇게 유용한 중도금대출 가능액은 대개 납입
해야 할 총금액보다 적다는 것이다. 중도금대출은 납입 시점에 대출이 나오는 구
조인데, 만일 6차 납입 구조라면 10%씩 대출되는 식이다. 그런데 만일 규제지역
이라 LTV 50% 제한이 있다면, 6차례 모두 대출이 나오는 게 아니라 이 중 1~5차
정도만 대출이 가능하다. 참고로 중도금을 제때 납부하지 못한다고 해서 계약이
바로 해지되는 건 아니다. 연체이자를 납부하면서 돈이 마련될 때까지 버티는 방
법이 있다. 계약마다 다르지만 연체이자는 대개 15% 정도의 높은 이율이 책정된
다. 납부가 2~3회 연체될 경우 건설사로부터 계약 해지를 요구받는 만큼 분양받
기 전에 자금 계획을 잘 세워야 한다.

잔금을 치르는 두 가지 방법 : 주담대 vs. 전세

중도금이 분양가의 60%라고 했을 때, 만일 계약금을 10% 납입했다면 잔금은
30%, 계약금을 20%를 납입했다면 잔금은 20%가 된다. 입주일자가 정해지면

잔금을 납부할 차례다. 이때 납부해야 할 금액은 중도금대출과 잔금을 합친 금액이다. 만일 계약금으로 10%를 납입한 경우라면 잔금 30%와 중도금 60%를 합친 분양가의 90%를 단번에 처리해야 한다. 이때 두 가지 선택지가 주어진다.

첫 번째 선택지는 중도금대출을 주택담보대출(이하 주담대)로 전환하는 것이다. 주담대는 규제지역 여부와 아파트값에 따라 달라지겠지만 규제지역 외에 위치한 일정액 이하 아파트라면 중도금 및 잔금, 그리고 이자까지 주담대로 채울 수 있다. 앞서 중도금대출에 대해 설명할 때 60%의 기준점이 되는 금액은 '분양가'라 했다. 하지만 주담대는 KB시세*를 기준으로 하기 때문에 매매가가 분양가를 상회한다면 중도금 및 잔액, 이자까지 주담대로 전환하는 전략이 충분히 가능해진다.

청약한 아파트의 분양가가 8억 원, 입주 시 시세가 올라 12억 원이 되었다고 하자. 계약금은 10%를 납부하는 구조라 잔금은 30%다. 이에 따라 계약금으로 8000만 원을 납입하고, 중도금과 잔금은 총 7억 2000만 원을 납입해야 하는 상황이다. 만일 주담대가 70%까지 가능하다면 8억 4000만 원까지 대출이 가능해진다. 중도금과 잔금을 상회하는 액수다.

참고로 새로 분양하는 아파트의 잔금대출 시점은 등기부가 나오기 전이다. 따라서 잔금대출은 부동산에 권리설정을 해야 하는 주택담보대출과 구분된다. 본래 분양자는 실소유주가 아니기 때문에 권리설정을 할 수 없다. 이런 이유로 은행에서는 분양아파트 입주와 후취담보** 취득 조건으로 대출을 해준다.

두 번째 선택지는 '전세'다. 전세를 활용할 때 가장 큰 장점은 대출 자체로 인한 부담 및 이자 부담을 줄일 수 있다는 점이다. 금리가 5%짜리 대출 5억 원을

KB시세 KB국민은행에서 부동산 시세를 감정평가해 내놓는 지표다. 2001년 주택은행이 국민은행에 흡수합병되며, 주택은행이 전담하던 서민주택금융이 국민은행으로 이전되었다. 은행과 정부가 주로 KB시세를 주담대 기준으로 사용했기 때문에, 현재까지 가장 공신력 있는 부동산 시세로 꼽는다.

후취담보 등기부가 없어 대상 아파트에 즉시 담보를 설정할 수 없을 때, 먼저 돈을 빌려준다. 그리고 향후 주택이 완공되어 소유권 설정이 가능해지면, 즉시 담보제공자에게 소유권을 이전하고 등기부에 근저당 설정을 한다.

받을 때 월 이자로만 200만 원가량을 지출해야 한다. 절대 적지 않은 금액이다. 한 가지 우려되는 지점은, 비슷한 사고 흐름을 거쳐 전세를 내놓는 공급자들이 많다 보니 전세가격이 염가가 될 수 있다는 것이다.

잔금을 치렀다면 마지막으로 취득세를 납부하면 된다. 취득세는 자산 취득에 부과되는 세금으로, 매매 시 한 번에 납부하는 형태다. 취득가액에 취득세율을 곱하여 계산한다. 여기서 말하는 취득가액은 당연히 시세가 아닌 분양가이며, 확장비·옵션비 등을 더한 금액이다. 자동차에 옵션을 많이 넣을수록 취등록세가 증가하는 원리와 같다.

취득세 = 취득가액 × 취득세율

중도금과 잔금을 둘러싼 계약

앞서 중도금과 잔금 등을 치르지 못할 경우 받는 불이익에 대해 언급했다. 이 부분은 매우 중요한 내용인 만큼 좀 더 상세히 알아볼 필요가 있다. 계약에는 종종 "(매수인이)매매대금을 일정한 시기까지 지급하지 아니하면 계약은 해제된 것으로 보거나 무효로 한다"는 문구가 들어가곤 한다. 이를 자동해제 내지는 자동무효 조항이라고 한다. 이러한 문구는 분양계약에도 삽입될 수 있지만, 주택건설사업 과정 가운데 더 흔히 삽입된다. 건설을 하려는 사업자가 주택단지 내 토지소유권을 확보하고자 지주에게 토지를 매수하는 계약에서 자동해제 내지 자동무효 조항이 삽입된다. 이러한 자동해제 혹은 자동무효 조항은 과연 효력이 있을까?

대금 중에서도 정확히 어느 부분을 겨냥한 조항인지에 따라 달라진다. 결론부터

◑ 매수인과 매도인의 의무

매수인은 매도인에게 매매대금을 지급할 의무가 있고, 매도인은 소유권을 넘겨주는 데 필요한 서류들을 제공해 줄 의무가 있다.

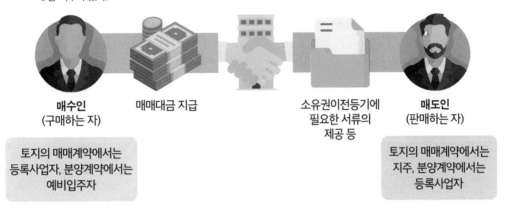

매수인
(구매하는 자)

매매대금 지급

소유권이전등기에
필요한 서류의
제공 등

매도인
(판매하는 자)

토지의 매매계약에서는
등록사업자, 분양계약에서는
예비입주자

토지의 매매계약에서는
지주, 분양계약에서는
등록사업자

말하자면, 계약금 혹은 중도금을 겨냥해 삽입된 문구라면 그 조항만으로 효력을 발휘하지만 잔금을 겨냥해 삽입된 문구라면 독촉 등 별도의 과정을 거쳐야 한다.

이러한 차이는 의무의 차이에서 비롯된다. 위 그림은 매수인과 매도인 사이에 존재하는 의무를 나타낸 것이다. 매수인은 매도인에게 매매대금을 지급할 의무가 있고, 매도인은 소유권을 넘겨주는 데 필요한 서류들을 제공해 줄 의무가 있다. 여기서 계약금 및 중도금에 대한 지급 의무는 매도인이 반대급부로서 무언가를 제공할 필요가 전혀 없다. 즉, 매수인은 특별히 무언가를 받지 않더라도 계약금 및 중도금을 무조건 지급해야 한다. 이 경우 자동해제 혹은 자동무효 조항은 매도인이 무언가를 하지 않아도 효력이 발효된다. 분양을 받고 계약금 및 중도금을 납부하지 않으면 분양계약이 자동해제 내지 자동무효가 된다는 얘기다.

그러나 잔금에 대한 지급의 의무는 그 반대급부가 존재한다. 즉, 매도인이 소유권을 넘겨주는 데 필요한 서류들을 제공하지 않는다면, 매수인은 잔금을 지급하지 않아도 된다. 이 경우 자동해제 혹은 자동무효 조항은 그 자체로는 효력이 없다. 매도인이 자신의 의무를 다해야 효력이 생긴다. 따라서 매도인은 매수인에게 소유권을 이전하는 데 필요한 서류들을 제공하고, 잔금 지급을 독촉해야 한다.

내 인생에 로또 한 번쯤은, 분양

7

온 국민이 생애 한 번은 참여하는 로또, 청약

집을 마련하는 가장 전통적인 방식은 공인중개사 사무실에 방문해 집주인과 계약을 체결하는 것이다. 가장 일반적인 방식이 꼭 가장 경제적인 방식인 건 아니다. 운과 실력이 뒷받침되고 약간의 품을 들일 경우 더 경제적인 조건으로 집을 마련할 수 있는 방식들이 있다. 전 국민이 일생에 한 번은 참여하는 로또인 '청약', 겉에서 보았을 때 매우 복잡해 보이는 부동산 경매, 마지막으로 흔히 '지주택'이라 일컫는 지역주택조합 등이 그 주인공이다.

주택을 마련하는 데 있어서 분양은 일단 건물 혹은 토지에 대해 나누어져 있는 권리 가운데 하나를 분배받는 과정이라고 보아도 괜찮을 것이다. 여기서 '나누어져 있는 권리'란 무엇일까? ○○아파트가 총 5개의 동으로 이루어져 있고, 각 동은 20호의 주택으로 이루어져 있다고 하자. 그렇다면 ○○아파트는 총 100개의 권리로 나누어져 있다고 볼 수 있다. 즉 ○○아파트 1동 101호의 주인은 ○○아파트에 대한 100개의 권리 중 하나를 가지고 있는 셈이다.

그렇다면 분양이 정확히 무엇인지도 간단히 이해할 수 있다. ○○아파트가 처음 지어졌을 때를 생각해 보자. ○○아파트를 지은 A회사는 ○○아파트에 대한 권리를 가지려 하는 사람들을 구하고자 모집공고 등을 올릴 것이다. 공고를 보고 신청한 이들 가운데 추첨 등을 거쳐 선정된 100명에게, A회사는 ○○아파트에 대한 100개의 소유권을 하나씩 나누어준다. 이렇게 나누어져 있는 권리를 자격 있는 이들에게 배분하는 것이 바로 분양이다.

단어의 의미에서 알 수 있듯, 분양은 일반적으로 권리가 여러 개로 나누어질 수 있는 건물 혹은 토지를 대상으로 해 이루어진다. 즉 단독주택 등에 대한 분양보다는 아파트와 같은 공동주택에 대한 분양이 더욱 많이 이루어진다. 구태여 단독주택 하나에 대한 권리를 여러 개로 쪼개고, 그것을 다시 번거롭게 여러 사람에게 나누어 줄 이유가 사실상 전무하기 때문이다.

나아가 분양은 '새로 지어진' 공동주택에 대해 이루어진다. 이미 분양에 당첨된 사람들이 ○○아파트에서 살고 있거나 다른 사람에게 임대를 내준 상태에서, 다시 한번 권리를 다른 사람들에게 나누어줄 수 있을까? 현실적으로 불가능할 뿐만 아니라 사실상 그렇게 할 이유도 없다.

이제 정리해 보자. 우리가 일상적으로 마주하는 분양이라는 용어는 한 마디로, 새로 지은 아파트 등 공동주택에 대한 소유권 등 권리를 나누어 받는 과정이다. 물론 앞에서 설명한 것처럼, 정확히는 건물에 대한 소유권과 토지에 대한 소유권을 함께 나누어 받는 것이다.

건설사는 규제를 원하지 않는다

앞서 분양은 새로 지은 공동주택에 대해 이루어지는 것이라고 설명했다. 여기서 잠깐 다른 얘기를 해보자. 건물을 지은 자는 과연 법에서 정하는 절차에 딱 맞춰서 분양하는 것을 선호할까? 물론 그럴 리 없다. 누구도 규제를 바라지 않는다. 건물을 지은 자의 입장에서는 그 상대가 누구든 자유롭게 계약을 맺어 건물을 팔고 돈을 벌면 그걸로 그만이다.

그런데도 우리 법이 특정한 경우에 대해서 정해진 방식대로 분양하도록 요구하는 이유는 바로 국민의 '주거생활의 안정'을 도모하는 것이, 그러니까 각자가 따뜻한 집에서 편히 살아갈 수 있도록 하는 것이 매우 중요한 일이기 때문이다. 이를 위해서는 모든 국민이 어디서 주택이 지어졌는지 알아야 하고, 나아가(적절한 가격으로) 그 주택을 살 공평한 기회를 얻어야 한다. 이에 관한 규제가 가해지지 않는다면 국민 일반의 주거생활 안정은 달성될 수 없다. 특히 우리나라처럼 건물을 지을 토지면적이 한정된 환경에서는 더욱 그렇다. 요컨대 주택의 신축은 단순히 돈을 버는 행위만으로 이해될 수 없으며, 공공적인 성격을 띠므로 규제해야 한다는 것이다.

다만 모든 주택의 신축에 대해 법이 정한 방식대로 분양할 것을 요구할 수는 없다. 우리 「주택법」은 일정한 호수(30호) 또는 세대(30세대) 이상의 주택을 건설하는 경우에만 법이 정한 절차에 따라 분양하도록 하고, 이외의 경우에는 큰 규제 없이 자유로운 계약에 따르도록 한다.

특정 지역에서 주택건설사업계획이 승인되었다는 기사를 종종 접할 수 있다. 바로 이러한 사업 승인이 주택 건설의 시작을 알리는 역할을 한다. 등록사업자가 주택 및 부대시설 등의 배치도를 첨부한 사업계획을 작성해 시장·군수 등에게 제출하면, 시장·군수 등은 사업계획을 심사해 사업을 승인할지를 결정한다.

우리 법이 특정한 경우에 대해서 정해진 방식대로 분양하도록 요구하는 이유는 국민의 주거생활 안정을 도모하기 위해서다. 따라서 공공주택 건설은 단순히 돈을 버는 행위만으로 이해할 수 없는 공공의 일이므로 규제 대상이다.

만약 사업이 승인된다면 사업 주체는 비로소 주택 단지로 묶이는 토지 전반에 대해 공동주택을 건설할 수 있게 된다. 따라서 별도의 건축 허가 등 복잡다단한 절차를 밟을 필요가 없다. 특정 지역에서 사업 승인이 이루어졌다면, 일단 큰 문턱 하나를 넘은 것으로 생각해도 좋다.

마음 놓고 분양 신청할 수 있도록 : 소유권 확보와 분양 보증

사업 승인 이후 착공이 이루어지면 드디어 분양을 종착지로 하는 일련의 절차가 시작된다. 분양은 결국 주택을 파는 것이나 마찬가지이므로, 등록사업자는 가장 먼저 주택을 구매할 사람, 즉 예비입주자들을 모집해야 한다. 착공 시점부터 입주자 모집이 가능한데, 모집을 시작하기 위해 등록사업자는 주택 단지가 될 토지의 소유권을 모두 확보해야만 한다.

여기에 더해 「주택법」은 등록사업자가 대한주택보증주식회사로부터 분양 보증을 받아야만 모집을 시작할 수 있도록 한다. 분양 보증이란 사업이 진행 도중 부도 등을 이유로 전복되더라도 수분양자(예비입주자)가 지금껏 납부한 금액을 모두 돌려받을 수 있게 하는 제도다. 국내에선 주로 건물이 다 지어지기 전에 미리 분양해(소위 '선분양') 자금을 확보하기 때문에, 만약 사업이 도중에 전복된다면 수분양자는 그 시점까지 납부한 돈을 모두 잃을 위험에 놓이게 된다. 이러한 위험은 가계를 파탄에 이르게 할 엄청난 수준이다. 대다수 서민은 재산의 거의 전부를 투자해 주택을 마련하는데, 계약금에 중도금까지 합쳐 주택가격의 80%가량을 단숨에 잃는 셈이 되기 때문이다.

수분양자가 납부한 돈을 잃는 위험이 제거되지 않는다면 사람들은 분양 신청을 극히 망설일 수밖에 없게 되며, 결과적으로 '주거생활 안정의 도모'라는 「주택법」의 목적을 달성할 수 없게 된다. 이를 방지하고자 대한주택보증주식회사라는 믿을 수 있는 '뒷배'를 마련해야만 입주자 모집을 진행할 수 있게 하는 것이다. 물론 대한주택보증주식회사가 아무 사업에나 분양 보증을 서주지는 않는다. 따라서 보증 여부를 결정하는 과정에서 사업의 타당성이 면밀히 검토된다.

분양의 기회는 평등하게 : 입주자 공개 모집

이러한 조건들을 갖추어 입주자 모집이 가능하게 된 이후로도 「주택법」의 규제는 이어진다. 특히 입주자 모집 절차 규제에서 첫 번째로 고려되는 건 무엇보다도 예비입주자들에게 평등하게 기회가 주어지는지다. 공동주택의 건설은 단순히 돈을 벌기 위한 행위로만 이해할 수 없는 공공의 일이기 때문이다. 따라서 기회의 평등을 고려해야 한다. 대표적으로 입주자를 반드시 공개적으로 모집하게 한다. 등록사업자는 입주자 모집 공고안을 세워 시장·군수 등의 승인을 받은 뒤 입주자 모집 공고를 일간신문 등 입주하고자 하는 자가 쉽게 접할 수 있는 곳에 게시해야만 한다.

이후 분양을 받으려는 자가 주택의 공급신청을 하면 등록사업자는 〈표. 청약으로또 당첨되려면 : 분양의 제1순위〉와 같은 방법에 따라 예비입주자를 선정해야 하고, 순번이 포함된 예비입주자 현황을 인터넷 홈페이지에 공개해야만 한다. 다만 예비입주자를 선정한 뒤 남은 주택이 있으면, 등록사업자는 선착순에 따라 예비입주자를 선정할 수 있다.

선정 사실 공고일로부터 11일이 경과한 뒤 등록사업자는 예비입주자와 계약을 체결할 수 있는데, 일반적으론 계약금을 20%(10%), 중도금을 60%, 그리고 마지막으로 소유권을 이전받으며 지급하는 잔금을 20%(30%)로 한다. 계약금 비율의 상한이 20%로 정해진 것 외에 따로 「주택법」 등에 중도금 내지 잔금 비율이 정해져 있는 것은 아니다. 입주자 입장에선 천천히 대금을 지급하고 싶을 것이므로

◑ 청약 로또 당첨되려면 : 분양의 제1순위

	국민주택	민영주택
수도권	• 주택청약종합저축 가입 후 1년 • 매월 약정납입일에 월납입금 12회 이상 납입 • 위 가입 기간 및 납입횟수는 시 · 도지사의 판단에 따라서 2배까지 연장 가능	• 주택청약종합저축 가입 후 1년 • 면적에 따라 정해진 예치기준금액 납입 • 위 가입 기간은 시 · 도지사의 판단에 따라 2배까지 연장 가능 • 85㎡를 초과하는 공공건설임대주택이거나, 공공주택지구 내에 있는 경우 2주택 이상 소유한 세대는 제외
수도권 외	• 주택청약종합저축 가입 후 6개월 • 매월 약정납입일에 월납입금 6회 이상 납입 • 위 가입 기간 및 납입횟수는 시 · 도지사의 판단에 따라서 2배까지 연장 가능	• 주택청약종합저축 가입 후 6개월 • 면적에 따라 정해진 예치기준금액 납입 • 위 가입 기간은 시 · 도지사의 판단에 따라 2배까지 연장 가능
투기과열지구 혹은 청약과열지역	• 주택청약종합저축 가입 후 2년 • 매월 약정납입일에 월납입금 24회 이상 납입 • 세대주 • 무주택 세대구성원으로서 과거 5년 이내 구성원 전원이 타 주택 당첨자가 되지 않음	• 주택청약종합저축 가입 후 2년 • 면적에 따라 정해진 예치기준금액 납입 • 세대주 • 세대구성원 전원이 과거 5년 이내 타 주택 당첨자가 되지 않음 • 2주택 이상 소유한 세대가 아님
위축지역	• 주택청약종합저축 가입 후 1개월	• 주택청약종합저축 가입 후 1개월 • 면적에 따라 정해진 예치기준금액 납입

◑ 경쟁자 제거하기 : 동일 순위 내 경쟁이 있는 경우

	국민주택		민영주택	
	40㎡ 이하	40㎡ 초과	85㎡ 이하	85㎡ 초과
1순위 내	① 3년간 무주택 세대구성원 우선. ② 납입횟수가 많은 자 우선. ③ 모두 동일한 경우 추첨.	① 3년간 무주택 세대구성원 우선. ② 저축총액이 많은 자 우선. ③ 모두 동일한 경우 추첨.	아래의 비율에 해당하는 만큼은 가점제에 따라, 나머지는 추첨. ① 수도권 내의 공공주택지구 : 100% ② 투기과열지구 : 100% ③ 청약과열지역 : 75% ④ 기타 지역 : 40% 이하에서 시장 등이 정한 비율 ⑤ ④를 제외하고는 세대 내 주택 소유자가 있거나, 당첨자 있을 때 가점제 적용 안 함. 추첨은 세대 내 구성원의 주택 소유 여부 고려	아래의 비율에 해당하는 만큼은 가점제에 따라, 나머지는 추첨. ① 공공건설임대주택 : 100% ② 수도권 내의 공공주택지구 : 50% 이하에서 시장 등이 정한 비율 ③ 투기과열지구 : 50% ④ 청약과열지역 : 30%. 다만, 세대 내에 주택 소유자가 있거나, 당첨자 있는 때 가점제 적용 안 함. 추첨은 세대 내 구성원의 주택 소유 여부 고려.
2순위 내	추첨		추첨	

* 무주택 기간은, 입주자 모집 공고일을 기준으로 무주택 세대구성원 전원이 주택을 소유하지 않은 기간을 기준으로 함.
  다만, 분양 신청자 본인의 무주택 기간은 ① 30세가 되는 날과 ② 혼인신고일 가운데 더 빠른 날부터 계속해 무주택인 기간으로 산정.
* 분양하고자 하는 주택의 전부 또는 일부를 (준공 이후) 2년 이상 임대한 경우, 사업 주체는 선착순에 따라 주택을 공급할 수 있음.

잔금 비율이 높을수록 유리하고, 등록사업자 입장에서는 최대한 빨리 대금을 받고 싶을 것이므로 계약금 및 중도금 비율이 높을수록 유리할 것이다. 따라서 둘 사이 자유로운 계약에 따라 비율을 정하게 한다.

투기 잡는 두 가지 축, 투기과열지구와 분양가상한제

지금까지 살펴본 규제는 전반적으로 주택 분양의 위험을 최소화하고, 기회를 평등하게 해주기 위해 작동하는 것이었다. 그러나 많은 사람의 관심은 그런 공공성 내지는 공정성에 관한 측면보다도 분양가 혹은 집값에 쏠려 있는 것이 사실이다. 그렇다 보니 가장 주목을 받는 분양 관련 규제 또한 분양가 내지 분양 이후 전매(다시 다른 이에게 매도하는 것)를 제한하는 등의 규제다. 이러한 규제 가운데 대표격인 투기과열지구 및 분양가상한제 제도에 대해 살펴보자.

투기과열지구는 이름처럼 투기가 과열된 상태라고 판단되는 지역이다. 국토교통부의 장관 혹은 광역자치단체장이 지정 및 해제할 수 있다. 투기가 과열되었는지를 판단하는 기준은 원칙적으로는 주택가격상승률이 소비자물가지수 상승률을 넘어섰는지다. 다만 지정하는 입장에서 청약경쟁률, 주택가격, 주택보급률 등 여러 사정을 고려해 지정할지를 재량껏 선택할 수 있는 구조다.

투기과열지구로 지정되면 여러 규제가 새로이 적용된다. 분양을 신청한 예비거주자 가운데 1순위에 해당하는 자를 선정하는 기준이 조정되는 것도 있으나, 대표적인 것은 LTV 및 DTI 조정이다. 이외에 건설사 입장에서도 중도금대출을 신청하는 것이 어려워진다.

요컨대 투기과열지구 지정의 핵심은 LTV 및 DTI의 적용 강도를 강화함으로써, 해당 지구 내에서 빚을 내 주택을 사는 것을 더 강하게 틀어막는 데 있다. 만약 70%의 LTV 규제가 적용된다면, 원리금을 감당할 수 있다는 전제하에 3억 원만

◐ 투기과열지구 지정·해제 현황 (기준 : 2023년 1월 5일)

지정일자	지정지역(4개)
2017년 8월 3일	서초구, 강남구, 송파구, 용산구(4개구)

* 「주택법」 제64조에 따른 분양권전매제한
* 「도시 및 주거환경정비법」 제36조에 따른 주택재개발·재건축사업의 조합원 자격 제한
* 기타 투기과열지구 지정에 따라 관련 법령 및 규정에서 정하는 사항
* 지정기간 : 지정일자~해제일까지

으로 10억 원짜리 주택을 구매할 수 있다. 구매한 주택을 담보로 하여 7억 원까지 대출받을 수 있기 때문이다. 그러나 LTV가 30%로 조정된 경우 7억 원이 있어야만 10억 원짜리 주택을 구매할 수 있게 된다.

분양가상한제는 투기과열지구 중에서도 ① 직전 12개월 평균 분양가격상승률이 물가상승률의 2배를 초과하거나, ② 청약경쟁률이 5:1(국민주택 규모의 경우 10:1)을 초과하거나, ③ 직전 3개월간 주택거래량이 전년 같은 시기 대비 20% 증가한 경우에 해당한다. 이러한 요건을 충족한 때 국토교통부 장관이 투기과열지구를 지정하는 것과 비슷한 과정을 거쳐 지정할 수 있으며, 이외에 공공택지 또한 분양가상한제가 적용된다.

분양가상한제가 적용되는 지역에서는 토지에 대한 비용인 '택지비'와 건설에 대한 비용인 '건축비'의 합산으로 산정한 분양가격 이하로 분양이 이루어지도록 강제된다. 분양가상한제는 1977년부터 1989년, 2005년부터 2015년까지 시행되었던 제도로 그 역사가 오래되었으며, 2020년 다시 시행되면서 화제가 되었다.

투기과열지구와 분양가상한제는 모두 분양 단계에서부터 주택가격 형성에 직·간접적으로 개입한다. 특히 분양가상한제는 아예 건설사가 주택 공급을 위해 건설을 진행할 동기 자체를 억제한다. 당연하게도 분양가상한제가 실시되지 않은 경우에 비하여 건설사가 분양을 통해 얻는 수입이 감소하기 때문이다. 이는 건설사들이 재건축·재개발 등 정비사업을 비롯한 주택건설사업 전반에 뛰어들지 못하도록 막음으로써 과열된 주택 시장을 식히려는 의도가 있다. 하지만 자칫 공급

되는 주택의 양은 줄이고 (주변 지역의 주택보다 훨씬 낮은 가격에 분양가가 정해지므로) 청약에 대한 수요는 늘림으로써 주거생활의 안정을 오히려 저해하는 결과를 낳을 수 있다.

시장은 인간의 예상보다도 훨씬 강력하다. 가격 형성에 직접적으로 관여하는 규제는 그 위험이 클 수밖에 없다. 따라서 주택 시장을 지배하는 거대하고도 보이지 않는 손을 섬세하고도 영리하게 다스릴 필요가 있다.

분양권 팔아 'P 장사'를 할 수 있을까?

분양을 이야기할 때 늘 빠지지 않고 등장하는 이야기가 바로 전매제한이다. 쉬운 이해를 위해 김로또 씨의 사례를 살펴보자. 김로또 씨는 운이 좋게도 아파트 분양에 당첨되었다. 시장 분위기가 좋아 시세도 오르는 중이다. 이때 김로또 씨의 머리에 아이디어가 하나 떠오른다. 마침 투자하고 싶은 주식도 생겼겠다 아파트가 지어지기 전에 아파트를 분양받을 권리, 즉 분양권을 판매하는 것이다.

분양가 10억 원짜리 아파트라고 해보자. 김로또 씨는 계약금 1억 원, 중도금으로 6억 원, 잔금으로 3억 원을 차례로 납입해야 한다. 분양가가 10억 원 중 이미 계약금 1억 원을 납부한 상태에서 시세가 11억 원 수준으로 뛰었다고 하자. 김로또 씨는 자신이 이미 납부한 1억 원에 프리미엄 1억 원을 얹어 분양권을 2억 원에 팔 수 있다. 2억 원을 내고 김로또 씨의 분양권을 승계한 이는 앞으로 중도금 6억 원과 잔금 3억 원을 치르면 된다. 김로또 씨 입장에서는 1억 원을 내고 2억 원을 벌었으니 수익률 100%짜리 투자가 된 셈이다.

대개 분양가는 추후 매매가 대비 싸게 나오는 경우가 많은 만큼 김로또 씨의 사례를 보고 너나 할 것 없이 청약 로또 릴레이에 뛰어든다. 잔금을 치를 여력이 부족해도 분양가의 10%만 내면 되니 분명 청약경쟁률은 매우 높을 것이다. 별다른 비용이 드는 일도 아니니 말이다. 이런 투기에 의한 부작용을 막기 위한 방책이 분양권전매제한이다. 당첨일을 기준으로 특정일까지는 분양권을 팔 수 없게 하는 정책이다. 예를 들어 당첨자 발표일이 2023년 1월 1일이라면, 전매제한기간이 1년인 아파트는 2023년 12월 31일 이후부터 분양권을 팔 수 있다.

경쟁률 높이기 위한 건설사의 꼼수 아닌 꼼수

분양권전매제한만으로 부동산 열기를 조절하는 것도 가능하다. 당연히 전매제한 기간이 없거나 짧을수록 투기 수요까지 몰려 경쟁률이 더 높아지기 마련이다. 따라서 부동산 경기가 과도하게 침체될 것 같은 시점에 정부는 전매제한을 풀어주기도 한다. '청약 빵꾸'를 막기 위한 조치이기도 하다.

강남은 대표적인 규제지역인 만큼 전매제한 기간이 3년이다. 반면 수도권 중 과밀억제권역에 속하지 않는 곳이라면 6개월이다. 앞서 계약금, 중도금 및 잔금 납

◑ 분양권전매제한 기간 개선안

수도권	공공택지 또는 규제지역	과밀억제권역	기타
	3년*	1년	6개월
비수도권	공공택지 또는 규제지역	광역시(도시지역)	기타
	1년	6개월	없음

* 3년 : 소유권이전등기시 3년 충족으로 간주, 등기 기간이 3년을 초과할 경우 3년으로 한다.

2023년 4월부터 개정된 권역별 전매제한 정보다. 이번 개정을 통해 정말 많은 변화가 있었는데, 대표적으로 서울 강동구 올림픽파크포레온(둔촌주공)은 개정령에 따라 전매제한 기간이 기존 8년에서 1년으로 줄었다(실거주 의무 이슈는 별도).

● 중도금 납입 일정에 따른 분양권 매각 예

중도금 납입일 전에 분양권을 매각할 수 있다면, 번거로운 대출 승계 절차 없이 'P 장사'를 할 수 있는 구조가 갖춰진다.

7월에 분양권 매각
➡ 대출까지 승계시켜야 함

	1월	2월	3월	4월	5월	6월	7월	8월
케이스 A	당첨일	계약금 납입				중도금 10%	중도금 10%	중도금 10%
케이스 B	당첨일	계약금 납입						중도금 10%

7월에 분양권 매각
➡ 계약금 + P만 받으면됨

부는 수개월에 걸쳐 이루어지는 것이라 설명했다. 청약 시점에 분양대금 납부 일정을 참고할 수 있는데, 일정에 따라 사실상 전매제한이 아예 없는 것과 동일한 효과를 보기도 한다.

만일 김로또 씨가 전매제한이 6개월인 지역 소재 아파트에 당첨이 되었다고 하자. 당첨일이 1월이라면 7월 이전에는 분양권을 팔 수 없다. 계약금 납입이 2월, 첫 번째 중도금 납입일이 6월이라 한다면 김로또 씨는 비록 분양권을 7월에 판다 하더라도 집단대출인 중도금대출 구조상 웬만하면 김로또 씨 명의로 대출을 받아두어야 한다. 분양권을 파는 동시에 대출까지 승계시켜야 하는, 여간 번거로운 일이 아니게 된다.

김로또 씨와 같은 단타세력의 수요를 끌어모으기 위해 일부에서는 다음과 같은 일정을 짜기도 한다. 중도금 첫 납입일이 7월 이후라면 계약금만 놓고 프리미엄 수익, 소위 말해 'P(premium) 장사'를 할 수 있는 구조가 갖춰진 셈이다. 케이스 B처럼 중도금 첫 납입일이 8월이라면 분양권 매각이 훨씬 수월해진다. 이렇게 보다 분양권 장사에 친화적인 자금 일정이라면 더 많은 청약 수요가 몰릴 것이다.

원수에게나 권하라(?)는 지역주택조합

길을 가다 보면 '반값 아파트'라는 자극적인 문구로 이목을 끄는 현수막을 본 적이 있을 것이다. 내 집 마련에 난항을 겪는 이들은 혹할 수밖에 없는 문구다. 바로 지역주택조합원 모집을 위한 광고다. 지역주택조합(이하 지주택)이란 쉽게 말해 주민들의 돈을 모아 주택, 아파트를 짓는 프로젝트성 사업이다. 보통 건설사업은 공공기관 혹은 건설사가 주체가 되지만 지주택의 경우 부지 매입과 건설 주체가 주민들이 결성한 조합이다. 지주택의 장점은 명확하다. 중간 건설 관계자들을 최소화해 시세보다 저렴한 가격에 주택을 건설·소유하는 것이다. 심지어는 청약통장이 없어도 가능하다. 즉 청약가점, 당첨 제한 등의 개념이 없는 선착순의 영역이다.

이렇게 좋은 취지를 가진 지주택을 두고 "원수에게나 추천하라"는 말이 따라 붙는다. 지주택이 비판받는 지점은 크게 세 가지다. 가장 대표적인 유형은 허위 과장 광고다. 우선 다음 페이지의 〈그림. 지역주택조합 사업 절차〉를 살펴보자.

절차에서 알 수 있듯 지주택의 핵심은 토지를 확보하는 것이다. 그런데 그저 토지 사용 승낙 정도만 받은 상태에서 토지 매입이 완료된 양 조합원 가입을 유도하는 사례가 있다. 특히 지주택에서 시공사는 시공만 담당하는 제3자이지 사업 자체에 이해관계가 깊게 얽혀있지 않다. 그런데도 가입자에게 대형 시공사 이름을 앞세워 공신력을 획득해 마치 안전한 사업이라는 인상을 주는 경우도 많다.

두 번째 문제는 시한이 불명확하다는 것이다. 토지 주인들로부터 50% 이상의 토지사용동의서를 받아야 하는데, 승낙만 받는다고 조합이 설립되는 것이 아니다. 조합신고와 조합설립인가를 받아야 한다. 조합을 설립하기 위해서는 80%

의 토지사용동의서 및 15% 이상의 토지 소유권을 확보해야 한다. 이는 그리 쉬운 일이 아니다. 나아가 사업계획승인은 더욱 난이도가 높은데, 조합설립인가를 받더라도 추가적으로 토지 95% 이상을 확보해야 하기 때문이다.

고급 한강 뷰 주거시설로 유명한 트리마제 부지 또한 본래 '서울숲

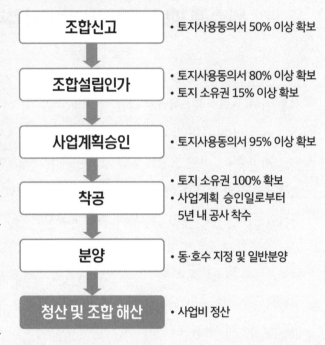

◑ 지역주택조합 사업 절차

조합신고
- 토지사용동의서 50% 이상 확보

조합설립인가
- 토지사용동의서 80% 이상 확보
- 토지 소유권 15% 이상 확보

사업계획승인
- 토지사용동의서 95% 이상 확보

착공
- 토지 소유권 100% 확보
- 사업계획 승인일로부터 5년 내 공사 착수

분양
- 동·호수 지정 및 일반분양

청산 및 조합 해산
- 사업비 정산

두산위브'라는 이름으로 지주택 사업을 개시한 케이스다. 하지만 여러 이슈가 겹치며 95% 이상의 토지 소유권을 확보하는 데 어려움을 겪었다. 시간이 지체되는 바람에 사업비가 기하급수적으로 늘면서 조합은 파산했다. 당시 조합원의 투자금은 말 그대로 휴지 조각이 되었다.

이 뿐만 아니다. 지주택 정보교류방에 들어가면 '추분'이라 하여 추가분담금이라는 단어가 자주 등장한다. 조합장이 업무대행사와 결탁해 광고비나 용역비가 부풀려지기도 한다. 이는 고스란히 조합원들의 추가분담금으로 이어진다. 지주택은 역사가 오래된 만큼 성공 사례가 여럿 있지만, 성공 사례만 보고 비판적인 시각을 견지하지 않은 채 '로또'를 사는 심정으로 섣불리 조합에 가입하는 것은 경계해야 한다.

8

누가, 어떤 돈으로
아파트를 지을까? : 부동산 PF

사실 한 가족이었던 시행사와 시공사

지난한 분양 과정을 거친 주민들이 살게 될 아파트는 대체 누구의 돈으로 지어졌을까? 금융 시장 내 부동산금융의 비중도 크지만, 특히 부동산 시장 내 금융 이야기는 빠지면 섭섭할 소재다. 우리나라 부동산금융 상품에는 여러 분파가 있지만 그 중 '부동산 PF'가 단연 대표적이다. PF(Project Financing)는 위험 분산과 원활한 자금 조달을 위한 금융 예술이다.

1990년대 중반까지만 해도 하나의 건설사가 직접 땅을 사서 건물을 올리고 분양 수익을 챙겼다. 그러나 건설사도 '고위험 고수익' 법칙을 비껴가기 어려웠다. 처음부터 끝까지 분양의 전 과정을 도맡아 성공하면 큰 보상이 돌아오지만, 실패하면 뼈 아픈 손실을 마주해야 한다. 레버리지는 수익만 극대화하는 것이 아니라 손익을 확대하는 개념임을 잊어선 안 된다. 실제로 1997년 외환위기 이후 건설 전후방 모두를 담당하던 건설사들이 하나둘씩 무너졌다. 이후 시행과 시공이 분업된 형태를 띠는 시행사·시공사가 자리 잡기 시작했고, 현재로서는(법률이 시행과 시공을 동시에 수행하기를 요구하지 않는 한) 시행사와 시공사가 구별된 채 널리 활약하고 있다. 시행과 시공을 분리하면 수익을 나눠야 하는 만큼 전체 사업을 주관할 때보다 이윤이 줄어들지만 그만큼 위험도 감소한다.

페이퍼컴퍼니도 착할 수 있다

그러나 시행사의 주머니는 그리 두둑하지 않다. 시행사의 자기자본은 기껏해야 매입 예정 토지의 초기 계약금 정도다. 따라서 나머지 자금은 외부에서 충당해야 한다. 이때 사용되는 자금 조달 기법이 프로젝트 파이낸싱(PF)이다. PF는 '건설'이라는 거대한 프로젝트에 필요한 자본을 끌어모은다는 의미다.

대출은 웬만해선 담보를 요구한다. PF 대출에서의 담보는 미래의 분양수익이다. 학생 신분일지라도 특정 국가공인자격증을 취득하면 은행이 미래 소득을 믿고 선뜻 마이너스통장 한도를 늘려주는 것과 같은 맥락이다. PF에서는 분양사와 계약을 체결한 수분양자로부터 받는 분양대금이 핵심적인 담보가 된다. 신용 대신 미래 현금 흐름을 근거로 하는 만큼 일반 대출보다 한도가 높은 것이 장점이다.

우선 시행사는 SPC라는 프로젝트 회사를 설립한다. SPC(Special Purpose Company ; 특수목적법인)는 특정 사업에 투자하기 위해 설립한 페이퍼컴퍼니를 가리킨다. 페이퍼컴퍼니는 서류상으로만 존재하는 회사다. 종종 문제가 되는 유령 회사가 있지만, 이는 어디까지나 대표이사의 사익 편취 등 부적절한 용도로 사용될 경우에 한정되는 것이다. 페이퍼컴퍼니 존재 자체가 법에 저촉되는 것은 아니며, 오히려 그 쓰임은 금융 시장에 매우 유익하다. M&A가 이루어질 때나 큰 규모의 차입이 이루어질 때 대부분 SPC가 설립된다. 참고로 모회사인 시행사가 자금을 직접 조달하지 않고 굳이 따로 SPC를 설립하는 이유는 금융기관으로부터의 차입이 모회사의 현금 흐름 및 신용도에 영향을 주지 않게 하기 위해서다. SPC가 금융기관으로부터 대출을 받은 후 시공사에 자금을 공급하면, 시공사는 공사 대금을 활용해 공사 원가를 충당한다.

✪ PF 사업 구조도

시행사가 외부에서 자금을 충당해야 할 때 사용하는 자금 조달 기법이 프로젝트 파이낸싱(PF)이다. PF는 '건설'이라는 거대한 프로젝트에 필요한 자본을 끌어모은다는 의미다.

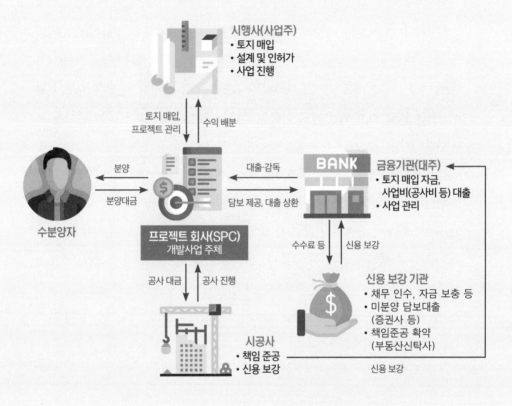

진짜배기 대출로 가기 전에 건너는 다리, 브리지론

언론에서는 대개 '부동산 PF'라는 하나의 표현만 사용하지만, 사실 부동산금융은 서로 다른 두 개의 대출로 구성된다. 대출에도 예선이 있고 본선이 따로 있다.

　시행사의 대장정은 땅을 구입하면서 시작된다. 가장 먼저 아파트를 지을 땅을 사서 인허가를 받은 후 건설사를 선정하고, 대출로 공사비를 충당해 건설사에 대금을 지급한다. 결국 시행사는 아파트가 완공되는 과정에서 이익을 챙긴다. 이러한 구조에서 시행사의 이익 방정식은 무척 간단하다. 최대한 땅을 싼값에 사고 건설사에 지급하는 공사비를 낮추면서 분양가는 비싸게 받아야 한다. 지급 이자까지 줄인다면 금상첨화다.

시행사가 가장 먼저 마주하는 난관은 땅을 사는 단계다. 지주들에게 계약금을 주고 땅을 사는 금액이 여간 만만치 않다. 다행히 토지 매매계약서, 약정서가 90% 이상 모이면 이를 근거로 브리지론(bridge loan)을 신청할 수 있다. 규모가 훨씬 큰 본 PF로 가기 위한 가교 역할을 한다는 의미에서 '브리지'라는 단어를 사용한다.

그러나 아직 땅 소유권이 시행사에 100% 넘어온 것은 아니기 때문에 브리지론의 담보가 온전하다고 할 순 없다. 이에 따라 시중은행을 위시한 제1금융권은 브리지론 대출에 참여하지 않고 증권사, 저축은행과 같은 제2금융권이 이 자리를 대신한다. 세상 만물에 적용되는 '고위험 고수익' 법칙에 따라 통상적으로 6개월에서 1년 만기의 고금리가 책정된다. 브리지론을 통해 조달한 자금으로 시행사는 땅 주인에게 잔금을 치러 땅을 인도받고 건설사를 선정한다. 그럼 이제 본격적으로 본 PF가 시작된다.

이제 본선 진출, 진짜 승부

본 PF에는 전체 공사비용이 포함되기 때문에 대출 규모도 10배 이상 커지고 제1금융권도 참가한다. 본 PF에 참가하는 은행은 건설사의 사정으로 원활한 준공이 이루어지지 않을 위험, 미분양 위험, 시행사가 돈을 날리고 도망갈 위험 등 세 가지 위험을 안게 된다. 은행은 뭐든지 확실히 하고자 하는 집단이다. 신용대출을 문의해 본 사람이라면 다들 공감할 것이다. 은행은 조금의 불안도 용납하지 않기 때문에 무려 삼중 장치를 설정해 둔다.

첫째, 시행사는 시공사에게 단번에 모든 대금을 지급하지 않고 시공사에 문제가 생기면 다른 시공사로 대체할 수 있도록 계약 구조를 짠다. 그런데 이것은 수주업의 공통적인 특징으로 전혀 특별할 것이 없다. 당장 해운사만 하더라도 조선사에 대금을 지급할 때 동일한 방식을 적용한다.

눈여겨볼 만한 점은 시공사가 일정 기간 내 준공하지 못하거나 시행사가 대출금 상환에 실패할 경우 PF 대출금을 시공사가 인수하는 계약을 체결한다는 사실이다. 즉 돈을 빌리는 건 시행사지만 시공사가 연대보증을 서는 개념이다. 따라서 시행사가 원금 및 이자 상환을 하지 못할 경우 자칫 시공사의 부도로 이어질 수 있다. 실제로 2022년 10월 국내 최대 재건축 사업장인 서울 강동구 둔촌주공아파트는 뒤에서 설명할 'PF 차환 발행'에 실패했는데, 이 때문에 보증을 섰던 둔촌주공 시공사업단인 4개 건설사가 사업비 7000억 원을 상환하게 되었다.

둘째, 본 PF 대출금이 시행사 대표이사 가족의 법인차량 구매 등 부적절한 용도에 사용되는 것을 방지하기 위해 돈을 SPC 명의의 신탁계좌에 넣는다. 이후 주간사 역할을 하는 우량 금융회사에서 돈의 입출금을 관리한다. 중고 거래 시 종종 사용하는 에스크로 서비스와 유사하다.

셋째, 은행 입장에서는 분양에 실패할 위험이 있어 선뜻 본 PF에 진입하기 쉽지 않다. 본 PF의 인기를 높이기 위해 시행사에서는 채권단의 위험 선호도에 따라 PF 대출을 선순위, 중순위, 후순위채권으로 나누어 판매한다. 은행이 입맛에 맞춰 투자할 수 있도록 하는 것이다. 여기서 말하는 '순위'는 우선 상환 순위를 뜻한다. 가령 분양이 80%만 된다면 선순위, 중순위 채권자만 원금과 이자를 제대로 받고, 후순위 채권자는 상환 대상에서 배제되는 식이다. 당연히 금리는 대손(빌려준 돈을 떼일) 위험이 큰 후순위로 갈수록 높아진다. 시중은행들은 보통 선순위 PF에 들어가는데, 통상적으로 분양이 절반만 되더라도 대손 위험이 없는 구조다.

분양 가능성이 높지 않은 지역의 경우 이러한 삼중구조에 더해 한 가지 계약이 추가된다. '미분양 담보대출 확약', 줄여서 '미담 확약'이라 불리는 조항이다. 100% 분양에 실패해 분양대금만으로 대출금 상환이 어려울 경우 미담 확약을 해준 곳이 PF 대출금을 대신 상환하는 계약이다. 주로 증권사에서 5% 미만의 수수료를 받고 보증을 선다. 일종의 보험 서비스다.

대한민국 건설을 평정한 알파벳 ABCP

부동산 PF 관련 기사를 보면 뒤에 여러 가지 알파벳들이 따라붙는다. PF-ABCP, PF-ABSTP 등 복잡한 전문용어가 난무한다. ABS 개념만 제대로 숙지하면 전혀 어려울 것이 없다.

ABS(Asset-Backed Securities ; 자산유동화증권)는 부동산처럼 현금성, 유동성이 떨어지는 자산을 바탕으로 한 증권이다. 가령 이마트가 1000억 원짜리 빌딩을 보유하고 있다고 하자. 이마트는 당장 돈이 필요하다. 건물을 팔자니 시간이 오래걸리고, 건물을 담보로 잡아 대출받자니 은행에선 건물가치보다 낮은 금액을 제시한다. 이 건물에서는 연간 50억 원의 임대수익이 나온다. 이를 활용해 현금을 끌어모을 방안이 없는지 증권사에 문의한 결과, 증권사는 건물 임대수익의 1/1000을 가질 수 있는 권리인 '자산유동화증권' 1000장을 각각 1억 원에 발행하는 방안을 제시한다. 증권 1장당 금액이 적어질수록 돈은 금방 모일 것이다. 결국 ABS의 역할은 유동성이 떨어지는 자산을 현금화하는 것이다. 위 사례와 같이 ABS를 이용

● ABS의 구조

ABS를 활용하면 부동산처럼 현금성과 유동성이 떨어지는 자산을 바탕으로 증권을 발행해 자금을 조달할 수 있다.

한다면 앞으로 임대수익으로 들어올 현금을 일정 부분 할인된 액수로 당장 손에 쥘 수 있게 된다.

ABCP(Asset-Backed Commercial Paper)는 유동화회사가 매출채권 등의 자산을 담보로 발행하는 기업어음이다. 'AB'는 '자산 유동화'를 의미하고, 'CP'는 기업어음, 즉 단기대출을 의미한다. 따라서 PF-ABCP는 미래 예상되는 분양수익을 담보로 하는 단기대출을 작은 단위로 쪼갠 상품이다.

ABS와 가장 두드러지는 ABCP의 차이점은 만기다. 개발사업은 통상 2~3년 이상이 소요된다. ABS는 2~3년의 기간 전체를 만기로 하는 반면, ABCP는 만기가 90일에서 1년으로 비교적 짧다. 짧은 만큼 유동성도 커지고 잘 팔린다. 만기는 짧지만 준공과 분양 완료까지 긴 기간 동안 계속 재발행해 연장하는 것이다. 고급스럽게 표현하면 '차환 발행', 쉽게 정의하면 '대출 돌려막기'다. 만약 시행사가 차환 발행에 실패할 경우 매입 확약을 한 금융사와 신용공여(신용을 믿고 돈을 빌려주는 것)에 참가한 시공사는 일단 시행사 대신 ABCP를 상환해야 한다.

ABCP의 또 다른 특징은 조달 금리가 낮다는 점이다. 어느 날 누군가 우리를 찾아와 100만 원을 빌려달라고 부탁하는 경우를 생각해 보자. 안정적인 직장이 있는 사람이라 1년 후에 갚는 조건으로 이자 2%를 부여하기로 했다. 다음날에는 같은 직장 동료가 찾아와 똑같이 100만 원을 빌려줄 수 있는지 묻는다. 그런데 이 사람은 1년이 아니라 3년 후에 갚을 것을 제안한다. 이때 우리는 어느 정도의 이자를 부여해야 할까? 빌려주는 기간이 길면 길수록 채무자가 돈을 갚지 못할 위험이 커진다. 따라서 2% 보다는 높은 이자를 부여하는 게 수지타산에 맞다. 대출자는 돈을 짧게 빌려주고 싶어 하고 채무자는 길게 빌리고 싶어 하기 때문에 수요와 공급 논리에 부합한다. 은행에서 기업이나 가계에 대출해 줄 때도 상환 만기가 길수록 더 높은 이자율을 책정한다.

따라서 만기가 긴 ABS를 발행하는 것보다 여러 번에 걸쳐 ABCP를 발행하는 편이 자금 조달 비용을 낮추는 데 유리하다. 시행사 입장에서는 차환 발행에 실패할 리스크를 감수해 더 저렴한 금리 혜택을 받는 셈이다. 통상 ABS의 조달 금리가 연평균 10% 수준이라면 ABCP를 통해서라면 8~9%에 자금을 조달할 수 있다.

리스크 없는 투자는 동화 속 이야기

부동산 경기가 좋을 때는 PF의 위험이 드러나지 않는다. 증권사 PF 부서는 성과금 파티를 벌이고 시행사는 공산품 찍어내듯 건설 프로젝트를 추진한다. 그러다 금리가 오르고 '부동산 불패' 심리가 위축되면 상황은 급변한다. 대개 만기가 짧은 어음은 일부는 갚고 나머지는 새 어음을 발행해 대체하는 식으로 만기를 연장한다. 그러나 차환 발행에 실패해 만기가 연장되지 않으면 ABCP를 발행한 회사는 원리금을 갚아야 하고, 갚을 돈이 없으면 보증을 선 증권사나 건설사가 나서야 한다. 이런 고리 때문에 2008년 금융위기 당시 많은 중견 건설사들이 도산했다.

우리나라에서도 사우디아라비아의 '네옴시티' 같은 초대형 프로젝트가 착수하여 10조 원짜리 PF 딜이 성사됐다고 해보자. PF 대출이자 1조 원, 땅값 1조 원, 건설비용 5조 원, 각종 판촉비 1조 원을 가정할 때 시행사 마진 2조 원짜리 사업이 된다. 보통 이 정도 규모면 시행사는 초기비용으로 500억 원 미만을 집행하는데, 이는 실전 투자 세계관에서 쉽사리 찾아볼 수 없는 레버리지율이다. 흥행이 잘돼서 판촉비까지 줄면 수익률은 기하급수적으로 상승한다.

그런데 인플레이션을 타개하기 위해 시중금리가 올라 대출이자가 4%에서 12%로 올랐다고 하자. 이제 사업은 1조 적자인 애물단지로 전락한다. 받을 수 있는 분양대금은 10조 원으로 한정되어 있는데, 대출이자만 3배가 된 탓이다. 금리가 오르면 시행사의 손익분기점 달성이 어려워지고, 구조적으로 시행사의 행보에 대한 시장의 믿음이 사라지게 된다. 제1금융권이 더 이상 본 PF에 참가할 리 만

무하다. 정말이지 금리 앞에 장사 없다.

금리가 오르면 곤경에 처하는 게 어디 PF뿐이랴. 브리지론도 큰 문제다. 브리지론의 담보는 땅 정도인데, 인허가 비용 등 본 PF 이전까지 지출하는 돈은 보통 담보 금액 이상이다. 그러니까 브리지론 대출은 암묵적으로 본 PF가 성사된다는 것을 전제로 하는 투자다. 그런데 본 PF가 결렬되면 시행사는 브리지론을 상환할 돈이 없어진다. 브리지론에 참가한 저축은행 등 제2금융권이 줄줄이 손실을 보는 것이다.

이러한 금리 인상 리스크 뿐 아니라, 시공 과정 자체의 위험 또한 주의 깊게 살펴야 한다. 예를 들어 2022년은 연초부터 건설 자재 가격이 급등하면서 연말에 다다를수록 건설 경기가 악화된 해였다. 최종 분양대금을 정한 계약 시점은 1~2년 전인데 재료 수급 시점이 올해면 원가가 마진을 밀어 올려 적자가 나는 구조다. 현금이 부족한 중소형 건설사들은 도산 위험에 빠지는데, 그렇다고 건설사를 대체하는 비용도 만만치 않다. 시행사 입장에서는 완공이 안 되면 분양대금 자체를 못 받기 때문에 새로운 일감을 찾는 시공사보다 갑절은 절실하기 때문이다. 교섭력은 절박한 쪽이 떨어지기 마련이니 시공사를 대체하려면 웃돈을 얹어주어야 한다. 심지어 금리도 가파르게 높아지던 참이라 사업의 손익분기점 달성이 불투명한 상황이었다.

2022년 말에는 특히 증권사 파산이 큰 이슈였다. 그도 그럴 것이 증권사는 브리지론의 핵심 주역인 데다 본 PF 중에서도 후순위 대출 위주로 투자했고, 심지어 미담 확약에까지 나서며 리스크 최전선에 있었기 때문이다.

금쪽이가 되어버린 레고랜드

인구 6700명밖에 안 되는 덴마크의 작은 도시 빌룬에는 나라에서 2번째로 큰

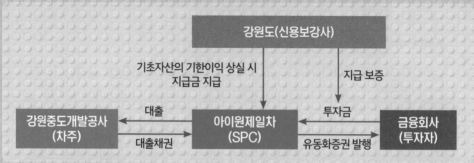

```
                    강원도(신용보강사)
기초자산의 기한이익 상실 시              지급 보증
      지급금 지급
강원중도개발공사    대출   아이원제일차    투자금   금융회사
   (차주)                 (SPC)               (투자자)
            대출채권          유동화증권 발행
```

● 레고랜드 PF-ABCP 구조

강원중도개발공사의 신용을 보강한 강원도가 레고랜드 개장 후 지급 불이행을 선언하자, 그 여파로 다른 PF 대출, 회사채 시장이 망가졌다.

국제공항이 있다. 그곳에 레고 본사가 있기 때문이다. 레고의 창조자 크리스티 얀센 Ole Kirk Christianse, 1891~1958 사후 그의 아들이 레고 회사를 이어받아 공장 외부에 작품을 전시하던 것이 레고랜드의 전신이다.

레고랜드 지분 50%를 보유한 멀린엔터테인먼트(이하 멀린)는 2011년 춘천 중도에서 한국 레고랜드 사업을 기획했다. 그런데 토목공사를 하던 어느 날 엄청난 양의 유물이 쏟아졌다. 석기시대부터 삼국시대를 총망라하는 유물이 발굴되었는데, 유물 발굴과 유적 보호 단체와의 충돌로 공정이 지지부진했다. 이 때문에 2018년 평창 올림픽 특수도 누리지 못해 사업 중단을 고려했지만, 멀린이 '강원중도개발공사'에 1800억 원을 쥐여주면서 강원도 44%, 멀린 22.5% 지분으로 레고랜드 건축을 재개했다.

중도개발공사의 공정은 출자금으로도 부족해 2020년 SPC '아이원제일차'를 설립해 2050억 원의 PF-ABCP를 발행했다. 신한투자증권, IBK투자증권, 대신증권, 미래에셋 등 10개 사가 채권단으로 나섰다. 그런데 당시 중도개발공사의 부채비율이 높고 담보로 내놓은 매출채권도 사실상 불확실한 미래 수익이다 보니 제대로 된 자금 조달이 어려웠다. 그래서 강원도가 지역 발전 차원에서 보증을 서 중도개발공사의 신용을 보강했다. 지자체가 부도날 일은 없으니 모두가 해당 PF-ABCP를 '초우량'이라 굳게 믿었다. 당시에는 무척 합리적인 판단이었다.

2022년 5월 5일 레고랜드 개장 직후 방문객이 물밀듯이 쏟아졌으나 지방 특유의 지리적 한계로 점차 방문객이 감소했다. 애당초 PF-ABCP의 담보로 내놓은 것이 미래 수익이었는데 매출이 잡히지 않으니 이자 지급이 어렵게 되었다. 따라서 지급을 보증한 강원도에서 당연히 이자를 대신 갚아야만 했다. 그러나 강원도가 이자를 낼 수 없다는 '상환 불가' 입장을 밝혔다. 이는 정부가 국채의 원금을 돌려주지 않은 것만큼 충격적인 일이었다.

물론 강원도도 나름의 사연이 있었다. 당시 강원도의 부채는 8000억 원 이상으로 예산으로 책정된 5조 원 대비 무척 비중이 높았다. 이 상황에서 2000억 원이 넘는 금액을 짊어지는 것은, 결코 쉬운 선택이 아니었을 것이다. 더불어 100년간 무상 임대 조건 등 레고랜드 계약서 내 독소조항이 재조명되면서 내부적인 볼멘소리도 터져 나왔다. 그렇다고 할지라도 그 여파를 생각할 때 다소 성급한 결정이었다는 비판을 피해 갈 순 없을 것이다.

그동안 PF-ABCP는 대한민국 부동산금융의 주축으로 자리했다. 그런데 지자체가 보증을 선 초우량 PF-ABCP의 지급 불이행 선언이 있었으니 다른 PF 대출, 회사채 시장 등이 망가지는 것은 당연한 수순이었다. 정부에서는 채권 시장 붕괴를 해결하기 위해 50조 원의 지원 대책을 발표했다. 강원도가 지급을 아낀 2050억 원의 250배에 달하는 금액이다. 사태의 심각성을 느낀 강원도는 2023년 1월까지 전액 상환을 약속했지만 이미 피해가 눈덩이처럼 불어난 후였다.

9

"야! 너도 경매할 수 있어!" 부동산 경매

수익률을 '계획'할 수 있는 부동산 경매

'부동산 경매'라고 하면 나와 크게 관련이 없고 어려운 것으로 생각하는 경향이 있는데, 결코 그렇지 않다. 경매라는 표현을 들었을 때 각자 머릿속에 그려지는 그림이 있을 것이다. 예술 문화 쪽에 조예가 깊은 사람이라면 소더비(Sotheby's)와 같은 근사한 경매 현장을, 꼭 그런 것이 아니더라도 수산 시장에서 그날 갓 잡은 신선한 생선들을 경매로 낙찰받는 현장을 떠올릴 법하다. 부동산 경매도 큰 틀에서는 수산 시장 경매와 다르지 않다. 최고가에 입찰한 사람이 낙찰자가 되는 형태는 동일하며, 다만 주관자가 법원이라는 점이 다를 뿐이다.

부동산 경매도 결국 재테크를 목적으로 하는 경우가 대다수이기 때문에 수익률 측면에서 다른 재테크와 비교해 볼 필요가 있다. 부동산 경매의 특징 중 하나는, 각종 예측 불가능한 변수에 따라 수익률이 급변하는 여타 투자처와 달리 보다 안정적이고 경우에 따라 수익률을 '계획'하는 것이 가능하다는 것이다.

대부분의 투자는 최초 투자금, 중간에 수취하는 현금 흐름, 매각대금 세 가지를 통해 대략적인 수익률을 예측할 수 있다. 부동산 경매 시 매각액은 예측이 어렵지만, 투자금은 본인이 설정하기 나름이고 대출금리 등 현금 흐름 또한 미리 파악하는 것이 가능하다. 덕분에 얼추 1년 동안 본인의 재무제표를 그려볼 수 있다. 물론 월세수익률이나 대출금리 등을 명확히 파악하기 위해 손품·발품을 파는 것은 필수이며, 취득세와 재산세 및 정확한 예측이 어려운 수리비 등은 보수적으로 잡는 편이 좋다.

부동산 경매 과정 A to Z

부동산 경매 세계관에서는 부동산 매물을 '물건'이라 칭하는데, 한 가지 특이한 점은 발음하기를 '물껀'이라 한다는 것이다. 아무쪼록 물건이 나오게 되는 이유는 대부분 소유자가 은행 빚을 갚지 못했기 때문이다. 이자가 일정 수준 이상 연체되면 은행에서는 법원에 해당 부동산을 매각해 빚을 갚도록 조처한다. 은행의 요청을 받은 법원은 빚진 사람에게 빚을 갚지 않으면 부동산을 '물껀'으로 전환하겠다고 엄포를 놓는다. 이때 집의 등기를 떼어보면 '경매

◑ 부동산 경매 투자 순서

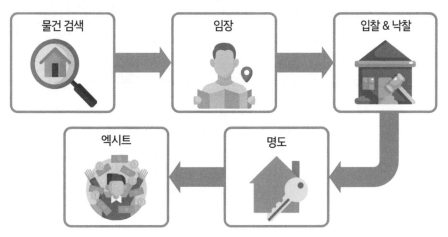

◑ 경매 과정

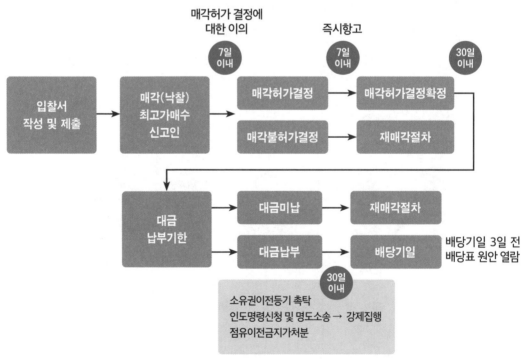

입찰서
작성 및 제출

매각(낙찰)
최고가매수
신고인

매각허가 결정에
대한 이의

7일 이내

매각허가결정

매각불허가결정

즉시항고

7일 이내

매각허가결정확정

재매각절차

30일 이내

대금
납부기한

대금미납

대금납부

재매각절차

배당기일

30일 이내

배당기일 3일 전
배당표 원안 열람

소유권이전등기 촉탁
인도명령신청 및 명도소송 → 강제집행
점유이전금지가처분

개시 결정'이라 적히게 된다. 경매가 진행되면 경매 물건을 처분했을 때 받을 빚이 있는 사람은 법원에 '배당에 참여하겠다'고 하며, 받고자 하는 액수를 제시한다. 이를 배당 요구라고 한다.

이후 법원 집행관이 그 집의 이용 실태를 조사하기 위해 현장 방문 절차를 거친다. 경매사이트에 접속하면 점유자 정보 등 집행관이 현장 조사한 사항을 살펴볼 수 있다. 이후 법원에서는 감정평가회사를 시켜 감정평가사를 파견해 집의 가격을 파악한다. 감평사들이 주로 하는 일은 '거래사례비교법'을 통해 주변에 거래된 실거래 사례와 비교하는 등의 방식으로 물건의 가치를 평가하는 것이다. 감정가가 나오면 경매가 개시된다.

법원에서 매각 공고를 하면 매수 희망자는 해당 날짜에 방문해 정해진 시간에 기입찰표를 작성해 제출하면 된다. 처음 가격부터 마음에 쏙 드는 경우는 드물다. 감정가 이상으로 입찰한 사람이 없으면 '유찰'이 되는데 이때 서울의 경우 20% 정도, 다른 지역은 30% 낮은 가격에 재공지를 한다. 그럼에도 매수 희망자가 나타나지 않으면 2차 유찰, 3차 유찰 식으로 유찰이 거듭되며 경매 물건의 시작가 또한 계속 낮아진다.

낙찰되면 법원은 2주 동안 여러 가지를 검토하는데 이를 '매각허부결정' 과정이라 한다. 낙찰이 결정되면 잔금을 내라는 연락이 온다. 2주간 채권자, 소유주 등으로부터 아무런 이의 제기가 없다면 잔금 납부 이후 등기가 바뀌게 된다. 즉 소유자로 내 이름이 등재되는 것이다.

그다음은 가장 지난한 단계로 일컬어지는 '명도' 과정이다. 명도는 인도와 비슷한 말로, 그 부동산을 사용할 수 있도록 넘겨받는 것이다. 명도 과정이 왜 힘들까? 이전 집주인 등 그 건물을 점유하고 있던 사람이 드러눕는 경우가 적지 않기 때문이다. 물론 법대로 하면 그러한 행위에 대해서도 배상을 받을 수 있겠지만, 애초에 빚을 갚지 않아 건물이 경매에까지 부쳐지게 한 사람한테 돈을 받아 내는 게 쉬울까? 법적 절차를 거치는 것도 수고롭지만, 무엇보다도 '집행', 즉 돈을 실제로 받아 내는 게 매우 어렵다. 그래서 경락인 입장에서는 차라리 '이사비'라는 명목으로 돈을 좀 쥐여주는 것이다. 유튜브에 '부동산 경매 명도'라 검색해 여러 영상을 보면 별의별 사연들이 등장한다.

그래서 일반 매매와 달리, 경매는 잔금을 낸 시점과 실제 입주할 수 있는 여건이 조성되기까지의 시차가 존재하며, 이사비·강제집행 등의 비용이 문제될 수밖에 없다. 통상 잔금을 치른 이후 실입주까지 3~6개월이 걸린다. 법은 결국 낙찰자의 편이기 때문에 강제집행을 거칠 수도 있으나 실무에서 강제집행이 이루어지는 경우는 1~2%에 그치며, 보통 대화를 통해 이사비 등 자잘한 비용을 지원해주는 것으로 마무리되는 것이 관행이다. 명도 이후 필요에 따라 집수리를 진행하고 임차인을 구하면 되는 것이다.

이 동네에선 중도금대출 기대 말라

부동산 경매의 장점은 '부동산'이라는 단어가 주는 거대한 위압감 대비 자기자본이 비교적 덜 필요하다는 것이다. 특히 부동산 경매에서는 다른 곳에서는 볼 수 없는 특수한 이름의 대출상품이 있다. 바로 '경락잔금대출'이라 불리는 것이다. 보통 대출을 받고자 하면 조금이나마 낮은 이자에 대출해 주겠거니 하는 마음에 주거래은행으로 향하는 경우가 많은데, 경락잔금대출 시에는 효과적인 전략이 아니다. 부동산 경매가 끝나고 법원 밖을 나서면 대출상담사들의 명함 릴레이가 펼쳐지는데, 여러 상담을 거쳐 본인에게 가장 유리한 조건을 찾는 것이 핵심이다.

법원은 최고가 매수인에게 낙찰자 지위를 부여한다. 이 낙찰자는 승자의 저주(winner's curse)*에 빠지지 않길 기도하며 다음 단계를 밟으면 된다. 경매에 낙찰되면 보통 10%의 보증금을 지불한 뒤 나머지 90%의 잔금을 지불한다. 이때 통상

적 분양 등과 다른 점은 중도금대출 절
차를 두지 않는다는 것이다. 일반 매매
의 경우 '계약금 - 중도금 - 잔금' 순으
로 납입이 진행되지만 경매는 '보증금
- 잔금'으로만 구성되어 있다.

경락잔금대출 한도는 크게 세 가지
요소에 의해 결정된다. 낙찰자의 보유

주택수와 주택가격, 그리고 경매의 낙찰지역이다. 낙찰지역이 중요한 이유는 일
반 주택과 마찬가지로 규제지역일 경우 대출 한도에 불이익이 생기기 때문이다.
특히 경매에서도 LTV 규제 등이 적용되는데, LTV 산식 분모에 들어갈 기준가격
은 감정가와 낙찰가 중 더 낮은 금액이 된다. 통상적으로 대출은 감정가의 70%,
낙찰가의 80% 중 더 낮은 금액으로 나온다. 만일 낙찰가 8000만 원짜리 비주택
부동산의 감정가가 1억 원이라면, 낙찰가의 80%인 6400만 원과 감정가의 70%인
7000만 원 중 더 낮은 6400만 원을 대출받을 수 있게 된다.

방 개수 무시했다가 큰코다치는 공포의 '방공제'

그렇다고 6400만 원 모두를 대출받을 수 있는 것은 아니다. 결국 대주인 은행
이 신경 쓰는 것은 차주인 낙찰자가 과연 이자와 원금을 다달이 잘 갚아나갈
수 있는지다. 경매라 해서 원칙이 달라질 것은 없다. 설령 LTV를 비롯해 DTI,
DSR 등의 기준을 충족한다고 할지라도 아직 넘어야 할 산이 하나 더 남아 있
다. 일명 '방빼기'라고도 불리는 '방공제'이다. 물건 내 방 수만큼 대출가능액
이 줄어들기 때문에 붙은 별명이다. 방공제까지 고려해야 비로소 대출자의 '진
짜' 대출가능액을 알 수 있다.

방공제는 최우선변제금을 고려해 방의 수만큼 대출가능액을 차감하는 것이다. 물건 내 방 개수가 많을수록 대출가능액이 줄어든다. 방공제까지 고려해야 비로소 낙찰자의 '진짜' 대출가능액을 알 수 있다.

방공제는 앞서 살펴보았던 소액보증금 임차인에 대한 최우선변제권 제도(130쪽)를 감안해 이루어지는 것이다. 이는 주택이 담보로서 가치가 있는지와 연관 있다. 주택을 담보로 삼는 목적은 어디까지나 '돈을 제대로 돌려받는 것'이고, 이 목적은 경매를 통해 달성된다. 즉 채무자가 대출금을 갚지 못할 경우 담보로 삼아둔 주택을 경매에 넘겨 현금화한 뒤, 배당금을 받음으로써 돈을 돌려받는 것이다. 경매에서는 채권자들이 순위에 따라 배당을 받는 것이 원칙인데, 최우선변제권 제도는 이런 원칙의 가장 강력한 예외다. 보증금이 비교적 소액인 임차인을 보호하고자, 경매에서의 순위와 무관하게 일정한 소액보증금을 가장 먼저 배당받도록 했기 때문이다. 이 제도 때문에 은행 입장에서 주택의 담보가치는 '주택가격'이 아닌 '주택가격 − 최우선변제금' 정도밖에 평가될 수 없다. 설령 주택을 경매에 부치더라도, 경매에서 소액임차인이 각자의 소액보증금을 누구보다도 먼저 배당받아갈 테니 말이다.

대출가능액 = (주택가격 × LTV) - 방공제 비용

방공제 비용 = 소액임차보증금 × 방 개수

최우선변제금을 고려해 방 개수만큼 대출가능액을 차감하는 것이 '방공제'다. 실제 세입자 유무와는 무관하게, 일단 임차인이 들어갈 수 있는 독립된 공간이라면 전부 공제해 버린다. 한편 소액임차인 제도에서 최우선변제권이 보장되는 보증금 액수가 지역마다 다른데, 가령 서울은 5500만 원, 인천 부평구는 4800만 원이 책정되어 있다. 따라서 임차인이 한 가구가 들어올 수 있는 서울집은 5500만원, 두 가구가 들어올 수 있는 부평집은 9600만 원이 차감된다. 만일 임차인

홈+

은행에서 알려주지 않는 경매 자금 마련 치트 키

MCI(Mortgage Credit Insurance)는 서울보증보험이 보증하는 상품이다. MCI에 가입하면 주택담보대출 한도는 '주택가격 × LTV'다. 기존 한도보다 방공제 금액만큼 더 높아진다. 보험 가입에 따른 비용 부담은 대출을 취급하는 금융기관이 담당한다. MCI는 1인당 동시에 2건까지 가입이 가능하며, 담보 부동산에 선순위 임대차 사실이 없어야 가입할 수 있다. 단 MCI를 모든 금융기관이 취급하는 게 아니며, 대출 취급 금융기관에 MCI 가입을 요청하면 은행에서 대출금리를 일부 올릴 수도 있다.

MCG(Mortgage Credit)는 MCI와 비슷한 제도로 주택금융공사가 보증하는 상품이다. MCI와 차이가 있다면 보증료는 고객이 부담한다는 것이다. MCG는 세대 합산 2건, 최대 1억 원까지 가능하다. 본인이 거주하거나 공실이면 가입할 수 있으며, 보증료는 대출이 실행되는 첫 달 이자에 더해져서 매년 1회 납부해야 한다.

10가구가 들어올 수 있는 서울 다가구주택은 무려 5.5억 원이 공제된다.

아파트는 방 개수와 무관하게 임차인 한 명분의 소액보증금만 공제하는 경우가 많아, 전체 대출액 대비 공제액 규모가 비교적 미미하다. 그러나 방 개수가 많은 다가구주택 등을 낙찰받는 과정에서 방공제를 간과한다면 치명적이다. 참고로 MCI, MCG라는 것을 통해 방공제에 따라 줄어드는 대출가능액을 최소화할 수 있으니, 방공제가 많이 이루어질 수 있는 유형의 주택 매입을 고려하는 이들이라면 자세히 알아보길 바란다.

낙찰이 '로또'에서 '사고'로 바뀌는 순간들

보통 낙찰은 좋은 의미로 통용되고 낙찰된 사람은 기뻐하는 것이 경매장의 모습인데, 부동산 경매에는 '낙찰 사고'라는 표현이 있다. 간혹 물건이 유찰됐다고 해 덜컥 낙찰받는 경우가 있는데 이 경우 잔금을 치르지 않고 보증금을 몰수당하는 편이 오히려 더 나은 선택지가 되는 일도 발생한다.

그 원인은 무엇일까? 간혹 있는 오류는 경매 후 잔존하는 권리와 소멸하는 권리를 제대로 분석하는 데 실패한 경우다. 임차권 등 권리가 남아있는데도 소멸한다고 잘못 간주해서 산정한 가치에 따라 입찰한다면 당연히 큰 손해를 입게 될 것이다. 나아가 때로는 아예 경매 절차에서 신고되지 않은 권리가 있는 경우도 있다. 가령 유치권이 신고되지 않아 입찰 과정에서 그 권리에 관해 고려하지 못했지만, 막상 건물에 가보니 유치권이 행사 중이었다면 문제가 생길 수 있다. 이에 관해서 담보권자나 채무자 등에게 책임을 물을 수도 있겠지만 번잡한 절차를 거쳐야 함은 자명하다.

더 자주 발생하는 오류는 감정가를 잘못 바라보는 데서 비롯된다. 가장 먼저 시차에 따른 시세와의 차이를 고려해야 한다. 낙찰 시기는 최초의 감정평가 시점

거래일	거래금액	동/층/호		
'23.07.19	1.9억	5층 5**호	등기	⊳
'22.02.28	2.35억	3층 3**호	등기	⊳
'21.06.01	2.01억	4층 4**호	등기	⊳
'19.03.05	1.8억	4층 4**호	등기	⊳

○ 자전거래의 예

부동산 자전거래는 매도자가 실거래가를 높게 책정해 허위 계약을 하여 시세를 부풀리는 행위다. 계약 해지 신고를 따로 하지 않는다면 신고가격이 그대로 유지되는 지점을 악용하는 것이다. 그림에서 회색은 관공서에 거래 신고만 들어간 건이다. 즉 거래 신고 자전거래 가능성이 있는 셈이다.

에서부터 대략 6개월에서 1년 정도가 흐른 시점이다. 어제오늘이 다른 부동산 시황인데 1년 전 감정가를 곧이곧대로 믿는 건 무모한 일이다.

감정가 자체가 적절치 않을 수도 있다. 감정가는 어디까지나 감정평가사의 소견이지 그것이 실제 가치를 보증하리라는 법은 없다. 나아가 감정가에는 경제적 이해관계가 반영된 경우도 왕왕 있다. 감정가 자체가 최저매각가의 기준점이 되기 때문에 채권자들이 최대한 원금을 회수할 수 있게 하려고 높게 책정하는 경향이 있기 때문이다. 중고 거래 경험이 있는 사람이라면 다들 공감하겠지만 8000원에 물건을 팔고 싶은 사람이 처음부터 8000원을 부르는 경우는 흔치 않다.

그래서 임장이 중요하다. 막상 현장을 가봤더니 도로와 맞닿은 면적이 매우 좁아 사람의 접근이 어려운 이른바 '자루형 토지'일 수 있다. 즉 토지 경매에서는 그 형태에 따른 공간 활용도를 잘 고려해야 한다.

주변 시세를 바라보는 지혜도 필요하다. 주변 시세가 2억 원이라고 할 때, 해당 물건이 1.5억 원에 나온다고 해보자. 주변 시세에서 25% 정도 할인된 금액이니 1.6억 원 정도면 합리적인 가격이라 생각해 덜컥 낙찰받는 경우가 있는데, 주변 시세라고 생각한 2억 원이 실거래가가 아닌 호가일 수도 있다. 호가가 아닌 급매가를 참고해야 한다는 것은 매우 기초적인 내용이지만 막상 경매 현장에 뛰어들면 이런 초보적인 실수를 하는 이들이 많다.

자전거래도 유의해야 한다. 부동산 자전거래는 매도자가 실거래가를 높게 책정해 허위 계약을 하여 시세를 부풀리는 행위다. 계약 해지 신고를 따로 하지 않는다면 신고가격이 그대로 유지되는 지점을 악용하는 것이다. 223쪽 자료는 동일하게 등기 표시가 되어 있는 거래 사례다. 여기서 녹색으로 표시된 것은 등기이전까지 완료된 사례이지만, 회색은 관공서에 거래 신고만 들어간 건이다. 즉 거래 신고 자전거래 가능성이 있는 셈이다. 소유권이 이전되지 않은 상태로 거래 신고만 들어간 유형이기에 얼마든지 계약 취소가 가능한 것이다.

또 다른 문제는 보이지 않는 비용을 간과하는 것이다. 대표적인 것이 명도비용이다. 집을 떠나게 하는 과정에서도 이사비를 지원해 주는 것이 관행 아닌 관행이며, 이전 집주인이나 임차인이 집을 깨끗이 비우지 않고 물건을 두고 나가는 경우도 있다. 그렇다고 함부로 물건을 치우는 과정에서 물건이 손상된다면 그 의도와 상관없이 재물손괴죄, 물건을 팔아치우면 점유물이탈횡령죄 등의 문제가 생길 수 있어 창고비 혹은 이사용 트럭비를 지급하는 수밖에 없다.

법무비, 취등록세, 부동산 중개수수료 등의 부대비용도 고려해야 한다. 경매는 일반 부동산 매매 거래와 다르게 집 내부를 잘 볼 수 없기 때문에 수리비용 또한 보수적으로 책정해야 한다. 매도할 수 있는 기간까지 버틸 수 있는 대출이자에 대한 자금력도 감안해야 한다. 관리 사무실에 들러 체납 혹은 미납된 관리비 등을 검토하는 것은 기본이다.

사실 명도비용은 대개 500만 원 안쪽으로 해결되기 때문에 어느 정도 예상 금액에 산정시킨다면 큰 문제는 없다. 정말 큰 문제는 권리분석을 제대로 이해하지 못해서 발생하는 비용이다. 부동산 경매 물건 중에도 소위 '폭탄'이 숨어 있다. 부동산에 얽힌 의무를 다하고 나면 얻는 것이 없거나 심지어 마이너스가 되는 부동산을 의미한다. 폭탄을 낙찰받는 경우는 대부분 권리분석 단계를 소홀히 하여 발생한다.

경매와 비슷하면서 다른 공매

경매를 공부하다 보면 종종 '공매'라는 단어를 접하게 된다. 공매와 경매 모두 경쟁 입찰 방식을 취한다는 점에서는 같지만, 여러 면에서 형태가 다르다. 부동산 경매가 채권자의 이익을 되찾아 주는 절차라면, 공매는 국가가 응당 회수해야 하는 세금을 거두기 위한 과정이다. 지방세 혹은 국세 체납자가 부동산을 보유 중이라면 부동산을 압류해 공개매각 절차를 밟는 것이다. 경매와 공매의 가장 큰 차이점으로 주관자를 꼽기도 하는데, 경매는 해당 부동산 소재지 관할 법원에서, 공매는 한국자산관리공사(KAMCO, 캠코)에서 주관한다.

이외에도 경매와 공매는 여러 지점에서 차이가 있다. 입찰 기일에 직접 법원에 방문해야 하는 경매와 달리 공매는 전자입찰이 가능한 구조라 좀 더 입찰자 친

◯ 경매와 공매의 차이점

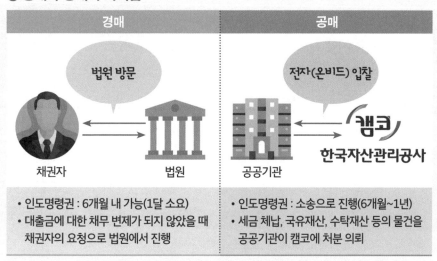

경매	공매
법원 방문	전자 (온비드) 입찰
채권자 → 법원	공공기관 → 캠코 한국자산관리공사
• 인도명령권 : 6개월 내 가능(1달 소요) • 대출금에 대한 채무 변제가 되지 않았을 때 채권자의 요청으로 법원에서 진행	• 인도명령권 : 소송으로 진행(6개월~1년) • 세금 체납, 국유재산, 수탁재산 등의 물건을 공공기관이 캠코에 처분 의뢰

화적이다. 또한 잔금 납부 기한도 다르다. 경매는 매각 확정 이후 4주간의 시간이 주어지는 반면 공매는 금액에 따라 잔금 납부 기일이 달라진다. 공매는 잔금 납부 기일이 일주일 후일 수도 8주 후일 수도 있다. 유찰 프로세스도 다르다. 경매는 유찰 시 저감률(최저매각가격을 낮추는 비율)이 20~30%이고 재입찰 기일은 유찰일로부터 한 달 후쯤으로 정해진다. 반면 공매는 저감률이 10%이며 재공매일이 일주일 후로, 경매보다 호흡이 짧다. 입찰보증금 납부비율 또한 경매는 최저매각가격의 10%인 반면 공매는 5%다.

경매는 채권자가 법원에 신청해서, 공매는 세금 등의 미납으로 개시된다. 그런데 동일한 물건이 경매와 공매 모두에 등장할 때도 있다. 이런 경우 흥미로운 양상이 연출되기도 한다. 공매로 낙찰을 받았는데 확인해 보니 다른 사람이 얼마전 경매로 낙찰받은 물건일 수도 있다. 만일 경매 낙찰자가 아직 매각 여부를 확정받지 못한 상황이라면 공매 낙찰자가 먼저 매각을 확정받는 게 가능하다. 이것이 가능한 이유는 절차상 차이에서 비롯된다. 경매는 낙찰 이후 매각 허가 결정까지 7일이 소요되며 즉시항고가 있을 경우 재차 7일이 소요된다. 반면 공매는 낙찰 이후 매각 허가 결정까지 4일이면 충분하다. 공매는 원칙적으로 항고가 불가능하기 때문이다.

2023년 7월까지만 해도 상계 가능 여부도 달랐다. 상계란 채권자와 채무자가 동종의 채권·채무를 가지는 경우 당사자의 일방적 의사 표시에 의해 채권·채무를 대등액(같은 액수)에서 소멸시키는 제도다. 상계 여부는 전세사기가 한창 성행할 때 화두가 되었다. 경매는 전세보증금 상계 처리가 가능하지만 공매는 불가능했다. 가령 2억 원의 전세보증금을 납입한 세입자가 집을 경매로 받을 때 필요한 납입 총액은 2억 원이지만, 공매는 상계 처리가 불가능했기 때문에 4억 원을 마련해야 했다. 이런 고충을 참작해 기획재정부에서는 2023년 7월 「국세징수법」 개정안을 발표해 공매에도 상계제도를 도입했다.

부동산 불패 신화의 발화점

⑩

난공불락의 신뢰, 부동산 불패

대한민국에서 '부동산 불패'보다 강한 믿음이 있을까? "부동산은 사두면 무조건 오른다"라는 생각은 "사람은 언젠가 모두 죽는다." 수준의 명제로 받아들여져 왔다. 이는 귀납적인 믿음인데, 부동산 불패는 인류 역사상 실제 진리로 통했다. 학창 시절 배운 역사의 큰 테마는 '땅따먹기'였고, 시험 범위에 나오던 세부 사항도 결국 '누가 땅을 어떻게 먹고 빼앗겼는지' 그 과정에서 일어난 크고 작은 이야기들이었다.

땅과 관련된 가장 기본적인 기능은 바로 '지대(地代)'를 창출한다는 점이다. 쉽게 이야기해 지대란 지주가 토지 사용을 허가해 주고서 받는 대가다. 농경사회부터 건물주가 조물주 위에 있는 현대까지 줄곧 흔들리지 않는 개념이다. 한 가지 달라진 점이 있다면 이전에는 농작물이던 지대가 임대료로 바뀌었다는 점과 농지에 국한되었던 토지 용도가 셀 수 없이 다양해졌다는 것이다. 모든 인류가 저마다 줄곧 영토 확장의 역사를 겪어 왔으니, 인간은 누구나 옅다 뿐이지 '영토 확장의 DNA'를 가지고 태어난 셈이다.

우리가 현금을 그대로 들고 있는 대신 부동산을 비롯한 무언가에 투자하는 이유는 무엇일까? 여러 가지가 있겠지만, 가장 큰 이유는 인플레이션에 따른 화폐 가치 하락분의 보전이다. 특히 2020년대 접어들어서 역사상 손에 꼽힐 규모의 대규모 양적완화가 전 세계적으로 이루어지면서 많은 사람이 재테크에 어두웠을 뿐인데 하루아침에 나만 거지가 된 것 같은 상대적 박탈감을 느꼈다. 인플레이션에 따른 화폐가치 하락에 대응하는 가장 기초적인 방법은 유가물(경제적 가치가 있는 물건)을 구매하는 일이다. 말이 거창해 유가물이지 우리에게 익숙한 개념이다. 유가증권으로 분류되는 주식, 채권, 금·은 혹은 구리 같은 원자재, 부동산 또한 유가물에 속한다.

이것들을 하나하나 뜯어보면 '한국에선 그래도 부동산'이라는 믿음이 생긴 이유가 뚜렷해진다. 우선 주식은 평소 주식 투자를 하지 않았던 사람이 진입하기에는 배워야 할 것이 많은 장벽 높은 유가물이다. 또 코스피(KOSPI)는 오랫동안 박스권 안에 갇혀 있다고 해 '박스피'라는 오명에서 벗어나지 못하고 있다. 해외주식으로 눈을 돌려보자니 언어의 장벽이 있다. 이에 대다수는 주식 투자에 아예 손을 대지 않거나, 손을 대더라도 얼마 안 가 실패를 반복하며 손실을 보곤 한다.

한편, 채권은 요즘같이 빠르게 인플레이션이 일어나는 시황에는 낮은 수익률 때문에 오히려 명목수익률(인플레이션에 의한 화폐가치의 변동을 고려하지 않은 투자수익률)에서 인플레이션을 제한 실질수익률이 마이너스를 기록할 수도 있다. '고수익 채권(High-yield Bond)'에 손을 대자니 채권이라고 모두 안전한 게 아니라는 생각이 들어 투자가 망설여진다. 그렇다고 원자재에 투자하자니, 투자 난이도가 상당히 높다.

남은 것이 부동산이다. 부동산은 저마다 한 번쯤은 직간접적으로 거래를 경험하게 된다. '부동산'은 대한민국 사람 모두 콧방귀 정도는 뀔 수 있는 주제라는 말이다. 가장 친숙하기도 하고, 다른 유가물 투자가 다양한 이유로 쉽지 않다는 점, 이제껏 대한민국의 역사는 곧 '부동산 상승의 역사'라는 점에서 부동산 불패의 믿음은 더 견고해졌다. 현재 20대, 30대 또한 팬데믹 전후 부동산 폭등장을 고스란히 목격한 세대다. 부동산 불패 신화는 언제, 어떻게 시작되었을까? 이야기를 시작하려면 시곗바늘을 거꾸로 돌려 1960년대 강남으로 가야 한다.

강남도 '깡촌' 시절이 있었다

대한민국의 부동산 중 여태껏 가장 굳건한 수요와 상승을 보인 곳은 단연 강남이다. 사실 '부동산 불패'라는 표현보다 '강남 불패'라는 말이 더 익숙할 것이다. 강남은 2008년 미국발 금융위기 당시에만 잠시 주춤했을 뿐 그간 주택시장 상승의 선두에 있었다. 40년 전만 하더라도 강남은 그야말로 파리만 날리던 허허벌판이었다. 우스갯소리로 "강남에선 마누라 없이 살아도 장화 없이는 살 수 없다"는 이야기가 돌 정도로, 비가 오면 땅이 푹푹 꺼지는 황무지에 가까웠다. 강남이 발전한 것은 당시 정권의 매우 강력한 개입 덕분이다.

당시 박정희 정권이 강남을 발전시켜야겠다고 마음먹은 데는 크게 세 가지 배경이 작용했다. 첫째는 서울 인구의 과밀이었다. 해방 당시 100만이 채 되지 않던 서울 인구는 1980년 500만 명에 육박하게 된다. 이 정도 상승세는 한 번 서울에 발을 들인 사람은 한 명도 이탈하지 않는다고 가정하더라도, 하루 평균 약 400명이 새로 서울로 유입했을 때에나 가능한 수치다. 당시 인프라를 고려했을 때 그렇게 빠른 유입을 감당할 정도로 상하수도 및 교통이 발전했을 리 없다. 즉 강북 인구를 강남으로 옮기는 것과 동시에 새로 서울에 유입되는 사람은 되도록 강남을 터전으로 삼게 해야 했다.

게다가 박정희 대통령은 수출주도형 경제개발계획을 발표해 포항, 울산 등 영남권 공업단지 조성을 추진했다. 문제는 당시 수도인 서울과 접근하는 도로가 없었다는 것이다. 결국, 1968년 경부고속도로가 놓였다. 경부고속도로 개통은 강남 천지개벽의 도화선이 된 사건이기도 하다.

또 다른 원인은 남북관계 악화에 있었다. 1·21사태(1960년, 북한 무장군인 31명이 청와대를 기습해 박정희 대통령을 암살하려다 미수에 그친 사건), 울진삼척 무장공비 침투 사건(1969년)까지 발발하자 철조망으로부터 불과 40km 떨어진 강북에 수많은 인프라가 몰려있는 것에 대한 불안감이 고조되었다. 경부고속도로 부지로 강남이 낙점되는 것은 당연한 수순이었다. 강남으로는 충분치 않고 그보다 더 아래 요충지를 마련해야 한다는 의견도 많았다. 그런 고충에서 출발한 아이디어가 '행정수도' 개념이다. 여러 여건상 실현되지는 않았으나 만약 실현됐다면 현재 강남의 위상은 더 아래 있는 지역의 몫이었을 것이다.

대한민국의 부동산 중 여태껏 가장 굳건한 수요와 상승을 보인 곳은 단연 강남지역이다. 고층 빌딩과 아파트가 즐비한 현재의 강남 경관을 생각한다면 상상이 되지 않지만, 1960년대 강남은 비가 오면 땅이 푹푹 꺼지는 황무지에 가까웠다.
사진은 강남 일대 모습.

이처럼 강남 개발은 국가의 강력한 주도하에 들어선 인프라와 재정적 지원이 바탕이 되었다. 비유하자면 인천 송도는 바다를 매립해 만든 신도시인데, 강남은 '행정적 매립'으로 건설된 도시인 셈이다.

정부와 강남의 혼연일체

이로써 시작된 강남 개발에는 '영동지구 사업', 즉 영등포구 동쪽에 위치한 지구 개발이라는 명칭이 따라붙었다. 당시 강남의 위상이 매우 낮았음을 단적으로 보여주는 예다. 영동지구 사업의 핵심은 도로를 깔고 아파트와 주택을 분양해 강북 인구를 분산하는 것이었다. 물론 타 지역민의 이주를 위한 인센티브도 아끼지 않았다. 가령 1972년 「도시개발 촉진에 따른 서울특별시세의 과세면제에 관한 특별조례」를 제정하여 영동지구 내 건물에 대해서는 공공기관의 취득세가 면제됐다. 만일 부동산 매매를 한 번이라도 해본 사람이라면 이것이 얼마나 파격적인 혜택인지 절감할 것이다. 이외 부수적인 세제 혜택도 차고 넘쳤다.

1963년부터 1970년까지 서울 주요 권역의 집값 변동 추이를 보자. 용산구 후암동이 7.5배 오른 것에 비해 강남구 신사동은 무려 50배가 올랐다. 물론 집값은 크게 뛰었지만 1970년대는 아직 지금의 강남 경관과 비교하면 볼품없는 수준이었다.

강북 인구를 강남으로 이전시키는 '투트랙' 전략은 단순했다. 하나는 강남을 부흥시키는 것이었고 다른 하나는 강북 발전을 억제하는 것이었다. 내 편 올려치기와 상대편 깎아내리기를 동시에 기획한 것이

❍ 1963~1970년 주요 지역 집값 증가분

지역	증가분
용산구 후암동	7.5배
중구 신당동	10배
강남구 학동	20배
강남구 압구정동	25배
강남구 신사동	50배

◐ 지하철 2호선 전구간 개통 기념 승차권

지하철 2호선 전구간 개통 기념 승차권. ⓒ 국립민속박물관.

◐ 지하철 2호선 착공 전후 거주 인구

	착공 전 (1978년)	완공 후 (1984년)
강남	489만 명	552만 명
강북	263만 명	443만 명

다. 결국 서울 내 강북 대비 강남의 매력도를 올리는 것으로, 꽤 '효과적인' 전략이었다.

1972년 정부는 강북을 특정시설제한구역으로 지정한다. 이를테면 종로구 일대의 대학, 백화점 신설을 막고 여러 유흥시설의 허가를 금지하는 식이었다. 이런 상황에서 영동지구에 대해 영업세, 취·등록세 등 각종 세금을 면제시켜 주었으니, 사람들이 강남으로 물밀듯 쏟아진 것은 당연했다. 압구정 현대아파트 등 대단지들이 지어진 시기도 이 무렵이다. 강남 중심의 개발을 비판하는 사람들 사이에서 사상 최대 부동산 투기는 '1970년대 강남 신도시 개발'이라는 소리가 나오는 이유기도 하다.

아파트는 땅 위에 지은 건물이다. 좀 더 구체적으로 표현하자면 ① 주거 용도로 ② 토지 위에 지어진 ③ 용적률 높은 건물이다. 그러니까 기본적으로 땅값이 비싸면 아파트도 비싼 것이다. 아무리 값비싼 수입 자재 등으로 고급스럽게 짓는다고 해도 1평당 건축비를 통해 1000만 원 이상 상승하는 게 어려운 구조다. 그러니까 지금의 강남 집값은 결국 땅값이 핵심이고, 이때부터 높은 땅값이 움트기 시작했다.

제아무리 모든 인프라를 갖추었다고 한들, 인프라를 잇는 교통이 없다면 빛바랠 뿐이다. 지금까지 열거한 요소들이 강남이 선형적으로 증가한 배경이었다면, 강남의 지수적 성장을 이끈 것은 지하철 2호선 개통이었다. 지금도 가장 대표적인 지하철 노선으로 자리하고 있는 그 2호선이다. 2호선은 1978년 착공해 단 6년 만에 개통했다. 완공 직후 통계를 보면 지하철 개통 이전 대비 '강북 : 강남' 거주 비율이 눈에 띄게 균형 잡힌 것을 볼 수 있다. 당시는 정말이지 정부가 마음먹으면 안 되는 것이 없던 시절이었다.

'대치 키즈'가 탄생한 순간

우리나라는 둘째가라면 서운할 정도도 교육열이 높다. 그중에서도 서울, 서울 중에서도 강남, 특히 대치동의 교육열은 상상을 초월한다. 은마사거리를 기준으로 좌측으로는 스타 강사의 현장 강의를 듣기 위해 건물 3층부터 밖까지 길게 줄을 선 학생들이 있고, 우측으로는 영어학원이 끝나 선생님과 영어로 대화하며 부모님 차를 기다리는 미취학 아동들이 있다. 여기저기서 보이는 '초등의대반' 간판은 덤이다.

대치동이 사교육의 메카가 된 이유는 각종 명문학교가 강남에 소재해 있기 때문이다. 명문학교들이 학원가 주변에 자리 잡은 것이 아니라 명문학교에 보내기 위해 사람들이 대치동으로 모이고, 그들의 수요를 충족하기 위해 학원가가 생겼다. 지금도 하늘 무서운 줄 모르고 치솟는 강남 집값을 부양하는 것이 '무엇'인지 이야기하면, 항상 서두에 등장하는 것이 교육 인프라다.

각종 인프라에 더해 대단지 아파트가 들어서며 그에 따라 증가한 '학생 물량'을

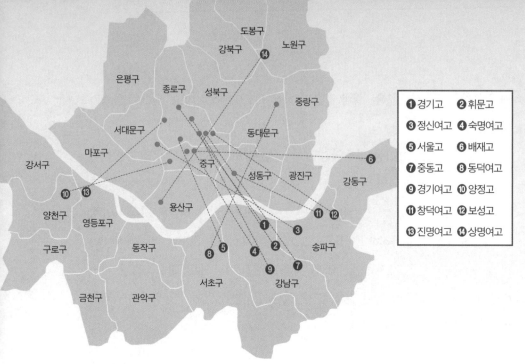

❶ 경기고	❷ 휘문고
❸ 정신여고	❹ 숙명여고
❺ 서울고	❻ 배재고
❼ 중동고	❽ 동덕여고
❾ 경기여고	❿ 양정고
⓫ 창덕여고	⓬ 보성고
⓭ 진명여고	⓮ 상명여고

◐ 강남으로 학교 이전

강남 개발을 촉진하기 위해 종로와 중구에 밀집해 있는 명문 고등학교들을 강남으로 이전하는 조치도 시행되었다. 1976년 경기고등학교가 지금의 삼성동으로 이전한 것을 시작으로 1980년대 후반까지 명문 고등학교들의 강남 이전이 진행되었다.

받아내기 위해, 정부는 당시 강북에 있던 학교들을 영동지구로 이전했다. 경기고, 서울고, 휘문고 모두 그 이전까지는 강북에 소재했었다. 당시 강북에 있던 서울시청 인근 3km는 '공동학군'이라고 불렸다. 서울 시내 인문계 고등학교 중 50% 이상이 이 공동학군 안에 위치할 정도였다. 서울시청 인근 단 '3km' 이내에 말이다!

이러한 학교 이전 효과를 증폭시킨 것이 완전 학군제 도입이었다. 그전에는 졸업한 중학교 소재지를 기반으로 고등학교가 배정되었다. 그러던 것이 고등학교 지원 당시 거주지를 중심으로 고등학교가 배정되도록 바뀐 것이다. 자식을 명문학교에 진학시키고픈 학부모들의 마음이 한강 아래로 쏠리는 것은 불 보듯 뻔했다. 1980년대 중반 서울 전역의 고교생 증가율이 1%대였던 것에 반해 강남과 서초 지역은 60%에 달하는 기염을 토했다. 이제는 정치권과 뗄 수 없는 단어인 '위장 전입'이라는 표현도 등장했다. 당시 경제 발전에 뒤따른 통화량 증가 및 인플레이션은 집값 폭등을 부추겼다.

부동산과 관련된 불법 및 편법은 시대를 가리지 않는다. 당시도 동사무소 관계자에게 5000원의 뒷돈을 쥐어주고 서류를 위조해 분양권 당첨을 이끌어낸 사람들도 있다. 반포 주공의 단지 일부인 반포차관아파트는 분양경쟁률이 5.6대 1을 기록했는데, 임대아파트였음에도 P(프리미엄)가 25%까지 붙었다고 한다. 이런 P 장사가 등장하자 다른 개발 사업에 있어 고위공직자, 기업인 등에게 우선해서 분양권을 주는 불법과 편법이 성행했다. 1978년 161㎡의 압구정 한양아파트 P는 무려 1000만 원을 호가했다. 준 무법시대였던 당시에 이를 돈벌이 수단으로 보고 꾀를 부린 이는 한 둘이 아니었다.

IMF 때 집값 폭락을 겪은 강남은 잠시 주춤하는 듯했다. 1999년 평당 900만 원에 분양된 타워팰리스도 미분양 물량으로 꽤나 속을 썩였다. 그러나 머지않아 또 하나의 퀀텀 점프를 기록한다. 앞서 1970년대 수많은 인프라 이전을 주축으로 대규모 단지가 들어서기 시작했다고 했다. 2000년대 초반이면 이 아파트들이 완공된 지 대략 25년의 세월이 흐른 시점이다. 재건축이 이루어지기 딱 좋은 타이밍인 것이다. 현재도 고가에 거래되고 있는 강남 아파트의 준공연도를 보면 2000년대 중반인 경우가 많다. 완공일자가 1970년대인 주공아파트의 경우 용적률이 100%가 채 되지 않은 사례가 꽤 됐으니, 당시 '재건축 = 신분 상승'이라는 공식이 지금보다 국민 뇌리가 강하게 박힐 때였다. 2000년대 초반 저금리 기조가 시작되기도 했고, 당시 건설사를 필두로 경제를 활성화하고자 정부가 분양가 자율화, 분양권 전매 허용 등의 정책을 펼친 것도 배경으로 작용했다.

기본적으로 모든 재화는 공급이 줄거나 수요가 늘면 가격이 오른다. 강남 집값이 현재 군건한 지위를 누리는 것은 엄청난 개발로 인해 더 이상 신규 주택이 공급될 여지가 크지 않은 반면 수요는 꾸준히 증가하기 때문이다. 다주택자 규제에 따라 '똑똑한 한 채' 마련이 중시되는 요즘, 사람들의 수요가 강남으로 쏠리는 것은 놀랄 일이 아니다.

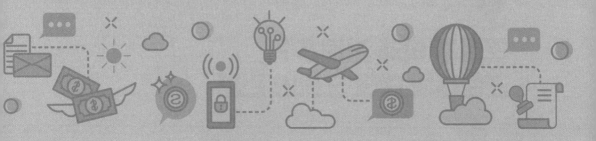

Chapter · 3

1만 원 또는 1억 원으로
할 수 있는 건물 투자

조물주 아래 건물주?
건물주에 대한 오해와 진실

건물주에 대한 세 가지 오해

한국 부동산 투자의 99%는 1주택 확보로 시작된다. 금리 인상기 여부나 정부 규제를 떠나 이는 여러 이유로 굉장히 합리적인 전략이며, '부동산으로 돈 좀 만졌다'고 하는 사람 대부분이 거치는 과정이다. 대한민국 사람 모두가 상급지를 보는 눈을 기르기 위해 부단히 노력한다.

이번 장에서는 독특하게 상업용 부동산 투자에 대해 알아볼 것이다. 미디어를 통해 워낙 건물주가 신격화되기도 해, 자신과 무관한 이야기로 느껴질 수도 있을 것이다. 실제로 무주택자들에게는 여러 방면에서 상업용 부동산 투자보다 주택 매입이 유리한 선택지다. 다른 투자 대비 상업용 부동산 투자의 자본적 진입장벽이 높은 것도 사실이다.

가령 건물 매입에 현금 2억 원을 투자하기란 결코 쉽지 않다. 유가증권 등 다양한 자산군을 포함해 순자산이 10억 원을 넘는 사람이라 할지라도, 현금 2억 원을 어딘가에 투자하는 건 여간해서 쉬운 결정이 아니다. 운전자본(즉시 동원할 수 있는 환금성 높은 자산)의 타이밍, 현금 2억 원을 투자할 수 있는 담력, 이 모두가 필요하기 때문이다. 심지어 상업용 부동산은 말 그대로 움직이지 않는 동산이기 때문에 유가증권을 매입할 때보다 갑절의 인내가 필요하다. 하지만 상업용 건물 투자는 우리 생각 이상으로 가깝다. 무엇보다 건물 투자의 다양한 방식과 사례를 파악하는 것만으로 부동산 경기의 메커니즘을 이해하는 데 큰 도움이 된다.

상업용 부동산 투자에 대한 가장 흔한 오해는 세 가지 정도로 압축할 수 있다. 건물주가 되는 것만큼 '환상적인' 투자는 없다는 것, 건물 투자는 '돈이 계속 돈을 낳는' 방식이라는 것, 마지막으로 높은 레버리지를 통해 높은 수익을 얻을 수 있다는 것이다. 이런 생각은 상업용 부동산에 발을 내딛게 하는 긍정적인 동인임과 동시에 실제 건물 투자 시 섣부른 판단을 내리게 하는 원인이 되기도 한다. 상업용 부동산 투자에 대해 본격적으로 알아보기에 건물 투자의 본질을 살펴보자. 본질을 파악하는 것이 최신 투자기법을 하나 더 아는 것보다 훨씬 중요하다.

건물주를 바라보는 다른 시각

몇 년 전 〈9시 뉴스〉에 초등학교 학생들의 장래희망으로 '건물주'가 매우 높은 순위를 기록했다는 뉴스가 방송되었다. '조물주 위 건물주'라는 말이 떠도는 영향도 있겠고, 연예인의 건물 투자 이야기가 각종 예능에서 회자된 탓일 수도 있을 것이다. 아무쪼록 건물을 소유한 자에 대해 우리 사회가 갖는 시선은 상당 부분 부러움이 섞여 있는 게 사실이다. 다만 부러움의 대상이 건물 투자 자체인지, 아니면 건물을 소유할 수 있는 능력인지는 짚고 넘어갈 만한 지점이다.

단적으로 건물주라는 단어를 들었을 때 떠오를 법한 헤드라인은 다음과 같다. "홍길동, 건물 한 채로 '100억 대박'". 이런 식의 헤드라인을 단 기사가 건물주가 되는 것 자체에 대한 환상을 부추긴다. 그러나 이런 기사는 보통 보유 기간, 이자 비용, 공사비(리모델링비 혹은 신축비) 등에 대해 언급하지 않는다. 수익 또한 늘 세전 수익이 기준이다.

핵심은 건물 투자를 통해 건물주가 되는 것이 꼭 능사가 아니며, 환상적인 무언가도 아니라는 것이다. 건물 투자는 채권, 주식, 무인점포 창업, 제품개발 후 유통사업 등 수많은 옵션과 동일선상에서 비교될 수 있는 재테크 중 하나일 뿐이다. 건물 투자는 생각보다 높은 기회비용을 수반한다.

소위 말하는 마용성(마포·용산·성동) 핵심지의 임대수익률을 보면 3% 안팎을 형성하고 있는데, 주식의 기대수익률을 하회하는 수치다. 더불어 건물 투자는 유가증권 매입 대비 갑절의 공수가 뒤따르고 세금 문제도 여간 복잡한 게 아니다. 실제 건물주들은 월세수익률보다 시세차익을 노리고 투자하지만, 건물 투자가 다른 재테크 대비 반드시 우수한 형태의 투자는 아니라는 점을 기억해야 한다. 건물을 운영하려면 각종 관리비, 재산세 등을 납부해야 하는데, 과연 10억 원을 예치해 연 3000만 원을 받는 게 이상적인 투자기법일까?

미디어를 통해 유명 연예인이 건물 투자로 얼마를 벌었는지에 대한 기사를 쉽게 접할 수 있다. 하지만 같은 시기에 더 높은 세후수익률을 안겨주었을 아파트 투자 사례를 찾는 것은 어렵지 않다. 모든 투자는 기회비용을 따져야 한다. 연 10%라는 주식수익률이 2021년과 2022년에 전혀 다른 의미로 다가오는 이유다. 즉 '건물주'라는 환상에서 벗어나 건물 투자를 하나의 투자 수단으로서 냉철하게 조망해 볼 필요가 있다.

임대수익률 vs. 시세차익

건물을 매입할 때 건물주들은 임대수익률과 시세차익 중 어느 곳에 초점을 둘까? 요즘 같은 고금리 시대에는 단연 시세차익에 집중하는 분위기다. 서울 상급지의 경우 임대수익률이 대략 2~3% 수준이다. 100억 원을 가정할 때 약 2000만 원 정도가 다달이 꽂히는 셈인데, 이는 투자 금액에 비해선 꽤 낮은 수 임대수익률과 시세차익 가능성에 대한 기대 정도는 반비례한다.
미래 가격이 오를 자산이라고 판단된다면, 기꺼이 예금금리를 하회하는
수익률을 감수하겠다는 투자자가 많기 때문이다.

준이다. 100억 원의 기회비용은 상상 이상으로 크기 때문이다. 요즘 같은 고금리 시대라면 100억 원을 저축은행 정기예금 통장에 넣어두기만 해도 매달 5000만 원 정도의 이자를 받을 수 있다. '무위험이자율(risk-free rate)'이라 일컫는 미국채(단기채) 금리만 해도 5%를 상회한다. 이렇게 생각하면, 지속적 임대수익만 바라보고 건물 투자를 하는 건 합리적이지 않다. 건물을 매입하고 중개법인에 중개보수를 지급하고 중간중간 건물관리비용을 지출해야 하는 건물 매입보다 차라리 예적금을 드는 게 더 탁월한 선택이기 때문이다. 2000만 원이라는 것도 임대매출이 2000만 원이라는 것이지 임대이익은 여기에 훨씬 못 미칠 가능성이 높다.

즉 건물 투자는 돈이 '계속' 돈을 낳는 것, 다시 말해 임대수익을 얻는 것을 기대하고 하는 투자가 아니다. 시세차익을 중점적으로 고려해야 하는 것이다. 물론 서울 외곽지역으로 눈을 돌릴 경우 6~8%의 수익률을 기대할 수 있고, 레버리지까지 적극 활용한다면 더 높은 수익률을 기록하는 것도 가능하다. 하지만 서울

상급지 위주로 크게 오른 부동산 역사를 목도한 투자자들의 경우, 임대수익률은 그저 이자비용을 보전할 수 있을 정도면 된다는 생각으로 투자하는 경우가 많다. 임대수익률과 시세차익 가능성에 대한 기대 정도는 반비례한다. 미래 가격이 오를 자산이라고 판단된다면, 기꺼이 예금금리를 하회하는 수익률을 감수하겠다는 투자자가 많기 때문이다.

애당초 빠른 금리 인상기에 월세는 금리 인상 속도를 따라가지 못한다. 「상임법」에 따라 월세 인상에 한계가 있기 때문이다. 전액 현금으로 투자했다면 이자비용으로 골머리를 썩일 필요가 없겠지만, 대부분 높은 레버리지를 일으키는 건물 투자의 특성상 금리는 투자의 핵심 지표다.

하룻강아지, 레버리지 무서운 줄 모른다

본격적인 이야기를 하기에 앞서 레버리지에 대한 이론적인 내용을 다루고자 한다. 다수의 독자는 이미 알고 있겠지만 추후 이야기할 내용의 기초가 되는 중요한 개념이다.

레버리지는 자기자본 외에 타인자본까지 동원해 투자하는 경우 자주 언급되는 표현이다. 엄밀히 말해 '재무 레버리지'를 의미한다. 레버리지를 사용하면 일정 수익률 이상을 달성할 경우 자기자본만 사용하는 경우보다 더 큰 수익을 거둘 수 있다. 하지만 일정 수익률 이하일 경우 손실이 커진다.

자기자본이 100만 원 있을 때, 이자율 5%로 900만 원을 조달하는 경우를 생각해 보자. 총 1000만 원을 투자한 주식이 1년 후 30%의 수익률을 기록한다면, 수익 300만 원에서 이자비용 45만 원을 뺀 255만 원이 이익이 된다. 자기자본만 투자할 경우 거뒀을 30%에 비해 매우 높은 255%의 수익률을 거둔 것이다. 하지만 주식이 30% 하락했다면 손실은 300만 원에 이자비용 45만 원을 더한 345만 원이 된다. 레버리지는 손익(손실과 이익)을 확대하는 것이지 이익을 극대화하는 개념이 결코 아니다.

요즘은 LTV, DTI 등 각종 주택 거래 규제가 존재하기 때문에 개인이 자기자본 20% 이하를 가지고 아파트를 매매하는 건 힘들다. 디딤돌, 신용대출을 모두 끌어와도 대출로 80% 이상을 채우기란 여간 어려운 일이 아니다. 뒤에서 설명하겠지만 상업용 부동산의 경우 종종 10%의 자기자본으로도 매수하는 경우를 볼 수 있다.

다만 마냥 부러워할 게 아닌 것이, 결국 예상 손익 범위가 확대된 것이지 그 자체로 수익이 증가한 것이 아니기 때문이다. 물론 부동산이 주식보다 적은 변동성으로 물가상승률 정도는 쉽게 보전할 수 있다는 장점은 있으나, 여전히 위험자산임은 부정할 수 없다. "매수는 기술, 매도는 예술"이라는 법칙은 주식뿐 아니라 부동산 세계에도 적용되는 법칙이기에, 결국 언제 사고 언제 파는지가 중요하다.

나건물 씨가 5억 원의 자기자본으로 30억 원의 부동산을 매입했다고 해보자. 금리가 5% 수준일 때 다달이 나가는 이자는 1억 원당 40만 원가량이다. 이 경우 이자만 월 1000만 원(25억 원 × 40만 원)을 내게 된다. 물론 월세 수익으로 이자를 충당하겠지만, 그만큼 금리가 오르거나 주변 시세가 조금이라도 내리면 나건물

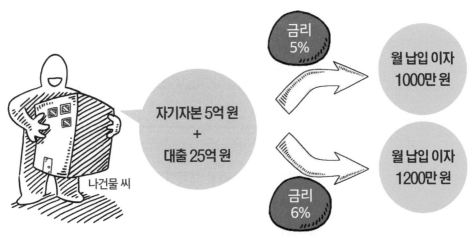

금리가 1%만 올라도 나건물 씨가 내야 할 이자는 월 200만 원 증가한다. 높은 레버리지를 일으키는 건물 투자의 특성상 금리는 투자의 핵심 지표다.

아시아경제   2022년 8월 31일

'부채비율 300%' 재무위험 公기관, 향후 5년간 34兆 재무 개선 추진

정부가 '재무위험기관'으로 지목한 14개 공공기관이 향후 5년간 총 34조 원 규모의 재무 개선을 추진한다는 내용의 기사.

씨는 걱정이 이만저만이 아닐 것이다. 만약 금리가 1%만 오르더라도 내야 할 이자가 월 1200만 원으로 오르는 셈이다.

위 기사를 보면 부채비율이 대략 300% 이상인 기업이 재무적으로 긍정적이지 못하다는 인식이 깔려 있음을 확인할 수 있다. 위 사례에서 나건물 씨의 부채비율(부채/순자산)은 500%(25억 원/5억 원)가 된다. 물론 부동산은 다른 자산군 대비 변동성이 작아서 일대일로 비교하는 건 무리가 있지만, 부동산 투자에서도 부채비율이 적절한지는 한 번쯤 고민해 볼 만하다. 더군다나 기업 부채는 금융부채가 아닌 영업부채*라면 '건전한 부채'라 칭하기도 하는데, 대다수의 건물 매매 사례에서 개인의 부채비율은 오로지 금융부채비율에 해당한다.

영업부채 부채는 금융부채(debt)와 영업부채(operating liabilities)로 구분된다. 은행 빚, 회사채가 대표적인 금융부채 항목이다. 상품 혹은 서비스를 제공하기 전 현금을 받았을 경우, A/S가 약정된 제품을 판매한 경우 등에서 영업부채가 발생한다. 따라서 부채비율이 같은 기업일지라도 대부분의 부채가 금융부채로 구성된 기업과 영업부채로 구성된 기업의 체질은 전혀 다르다. 이를 두고 '부채의 질'이 다르다고 표현하기도 한다.

상업용 부동산 거래 시 다양한 수익률 계산 사례를 참고할 텐데, 해당 계산식에는 대부분 관리비용이나 재산세 등의 세금 계산이 빠져있는 경우가 많다. 이런 상황에서 만일 조금이라도 매매가가 빠진다면 어떻게 될까? 자기자본 자체가 증발하는 경우도 염두에 둬야 할 것이다. 모든 투자가 그렇듯 건물 투자 또한 운과 실력이 모두 충족될 때 빛을 보는 것이다.

'메시 vs. 호날두' 만큼 오래된 떡밥
: 법인 vs. 개인

우리는 절세의 민족

축구에 조금이라도 관심이 있는 사람이라면 누구나 '메시 vs. 호날두'를 두고 누가 더 뛰어난지 설전을 벌인 적이 있을 것이다. 사업 세계에서도 이 논쟁만큼 오랫동안 의견이 갈린 의제가 있다. '법인 vs. 개인'이다. 이제 막 사업체를 꾸리는 사장을 상대하는 세무사가 가장 많이 듣는 질문은 '과연 법인이 유리한지, 개인사업자가 유리한지?'이다. 사업의 목적, 매출액, 영업이익 등에 따라 본인에게 알맞은 형식이 갈리게 된다. 건물을 매매하는 방식도 두 가지다. 법인 자격으로 매입하거나, 개인 자격으로 매입하는 것이다. 결국 사람들의 이목을 끄는 지점은 모든 조건이 동일하다고 할 때 법인과 개인 중 어떤 형태로 매수하는 것이 유리한지 여부다. 사실 이 부분은 한 페이지 내로 간단히 설명하고 넘어갈 수도 있는 부분이지만 다방면으로 식견을 넓힐 수 있는 소재인 만큼 보다 구체적으로 설명하고자 한다.

다음 표에서는 구간별 소득세율이 제시되어 있다. 지방세 포함 소득세율은 한층 가파르다. 최고소득세 수준이 높을 뿐 아니라 북유럽 국가 대비 복지의 체감도가 낮아 더 높게 느껴진다. 더욱이 '취득세 - 보유세 - 양도세'로 이어지는 부동산 세금 트리오는 상상 이상으로 아리다.

법인투자가 유리한지 살펴보기 위해, 먼저 법인세율을 한번 짚고 넘어가자. 2023년 귀속분부터 세율이 1%씩 낮아진 것을 알 수 있다. 과세표준 2억 원 이하일 때는 9%, 2억 원 초과 200억 원 이하일 경우 19%다. 200억 원 이상의 차익을 내는 경우는 흔치 않기 때문에 우리가 보통 접하는 사례는 대부분 9%와 19%의 세율을 적용받는다. 100억 원을 벌었다면 법인은 19억 원을, 개인으로 구매했다면 45억 원을 세금으로 내야 한다(누진성과 공제액까지 고려해야 하지만 단순하게 계산해

◑ 개인 과세표준

종류	과세표준	세율	누진세액공제
개인	1200만 원	6%	–
	1200만 원 초과~4600만 원 이하	15%	108만 원
	4600만 원 초과~8800만 원 이하	24%	522만 원
	8800만 원 초과~1억 5000만 원 이하	35%	1490만 원
	1억 5000만 원 초과~3억 원 이하	38%	1940만 원
	3억 원 초과~5억 원 이하	40%	2540만 원
	5억 원 초과~10억 원 이하	42%	3540만 원
	10억 원 초과	45%	6540만 원

◑ 법인세율

법인 종류 \ 소득 종류	각 사업연도 소득		
	과세표준	세율	누진공제
영리법인	2억 원 이하	10%(9%)	–
	2억 원 초과 200억 원 이하	20%(19%)	2000만 원
	200억 원 초과 3000억 원 이하	22%(21%)	4억 2000만 원
	3000억 원 초과	25%(24%)	94억 2000만 원

* 자료 : 국세청, ( )는 2023년부터 적용 세율

보자). 물론 배당소득세를 지급하고 법인 돈을 빼갈 때는 큰 차이가 없다.

아래 표를 보면 알 수 있듯 일회성 투자의 경우 개인이나 법인이나 큰 차이가 없다. 나건물 씨가 건물을 100억 원에 매입해서 200억 원에 매각하는 경우를 살펴보자(누진성과 공제 무시). 이 경우 개인은 45%, 법인은 19%를 세금으로 내고 각각 155억 원, 181억 원의 현금이 쌓인다(D). 얼핏 보아선 당연히 법인투자가 유리해 보이지만, 꼭 그렇진 않다. 나건물 씨 개인으로 매입한 경우에는 수취 현금이 곧 '진짜 내 돈'이 되지만, 법인이 수취한 돈은 엄밀히 말해 내 돈이 아닌 '가짜 돈'이기 때문이다. 개인과 구별되는 인격체인 법인 돈을 개인이 쓰기 위해서는 배당을 통한 수취 과정이 필요하다. 배당소득세 14%를 적용할 경우 나건물 씨가 손에 쥐는 진짜 내 돈은 개인으로 매각했을 때 얻는 수익과 거의 같아진다(E).

● 일회성 차익 매매 시뮬레이션

손익 계산 매매 방식	A 최초 매입	B 매각액	C 세금	D 수취 현금	E 진짜 내 돈
개인	100억 원	200억 원	45억 원	155억 원	155억 원
법인	100억 원	200억 원	19억 원	181억 원	156억 원

그런데 재투자를 할 경우 얘기가 달라진다. 세 번의 재투자가 이루어졌을 때의 시뮬레이션을 살펴보자. 재투자 시 대부분 법인이 유리해진다. 단순 이해를 위해 지방소득세는 고려하지 않았지만, 결론은 동일하다. 나건물 씨 사례를 그대로 가져오고 세후수익률이 유지된다고 가정하자. 같은 수익률일지라도 법인으로 재투자할 시, 그러니까 법인 돈을 빼지(배당하지) 않고 해당 금액으로 두 번째 투자를 집행한다면 배당소득세 14%를 차감하지 않아도 된다. 물론 최종 현금화 과정에서 14%를 적용해야 하지만, 한 번이면 족하다. 쉽게 이야기해 재투자를 염두에 두는 이가 개인 자격으로 건물을 매입하는 행위는, 건물을 법인으로 매입하고 차

익실현 직후 현금화를 해 배당소득세 14%를 납부하고, 다시금 법인에 출자해 같은 과정을 반복하는 것이나 마찬가지인 매우 비효율적인 일이 된다.

◉ 세 번의 재투자 시뮬레이션

매매 방식 \ 손익 계산	A 최초 매입	B 매각액	C 세금	D1 수취 현금	D2 수취 현금	D3 수취 현금	E 진짜 내 돈
개인	100억 원	200억 원	45억 원	155억 원	240억 원	372억 원	372억 원
법인	100억 원	200억 원	19억 원	181억 원	328억 원	593억 원	510억 원

홈+

부동산 거래에서 발생하는 세금

집을 사고, 보유하고, 팔 때 따라붙는 세금에는 크게 4가지가 있다.

① 취득세 : 매매나 신축 · 교환 · 상속 · 증여 등의 방법으로 부동산의 소유권을 갖게 될 때 내는 세금이다.

② 재산세 : 부동산을 가진 사람이라면 누구나 내야 하는 세금이 재산세이고, 그중에 고가주택을 가진 사람은 종합부동산세(종부세)도 부담해야 한다. 매년 6월 1일을 기준으로 재산세가 부과된다.

③ 양도소득세 : 부동산을 산 가격과 판 가격의 차이인 '양도소득'에 대해 매기는 세금이다.

④ 부가가치세 : 개인이 부동산을 양도할 때는 부가가치세가 없지만, 사업자가 부동산을 양도할 때는 부가가치세를 내야 한다. 양도자가 과세사업자(부동산임대업 포함)이고, 양도하는 부동산이 토지나 국민주택이 아닌 일반 건물이나 국민주택 규모 초과 주택일 때 부가가치세를 납부해야 한다.

개인 vs. 법인 부동산 투자의 핵심은 레버리지

물론 개인 명의로 부동산 투자를 하면 자금의 용처가 자유롭다. 특히 자녀가 있는 건물주라면 증여도 쉽다. 법인 돈을 사용하기 위해서는 사용 목적과 이유 등을 모두 작성해야 한다. 증여가 가능한 주식과 달리 법인 돈은 현물 증여가 어렵다는 한계도 있다. 법인 보유 현금을 수취하기 위해서는 배당 절차를 거쳐야 해서, 세무사 중에서는 개인과 법인 매입을 두고 고민하는 투자자에게 개인 방식을 추천하는 경우도 있다. 만일 틈틈이 증여도 할 계획이라면 옳은 선택일 수 있다.

앞서 언급하지 않았지만, 건물을 오래 보유한 사람에게 혜택을 주는 '장기보유특별공제(장특세)*'가 있다. 3~15년간 건물을 보유하면 기간에 비례해 양도세에서 세액공제를 해주는데, 장특세는 개인에게만 적용되는 혜택이다. 이 부분까지 고려하면 일회성 투자에서 법인보다 개인의 세후수익률이 더 높게 산출되기도 한다.

장기보유특별공제 보유 기간이 3년 이상인 토지나 건물에 대해 양도소득세를 계산할 때 보유 기간에 따라 양도차익의 일정액을 공제해 소득금액을 산출하는 제도다. 일반 부동산의 경우 3년 보유 시 6%이며, 그 이후 보유 기간이 1년 증가할 때마다 공제율이 2%씩 올라간다.

만일 은행 지점장에게 동일한 질문을 하면 법인 방식을 추천받을 것이다. 이유는 무척 단순하다. 건물 투자의 핵심은 레버리지 극대화에 있다. DSR 등 각종 규제로 인해 10억 원의 현금을 가지고 20억 원의 강남 아파트를 매매하는 건 결코 쉬운 일이 아니다. 하지만 동일 자기자본으로 법인 설립 후 50억 원 건물을 매입하는 것은 결코 불가능한 일이 아니다. 기본적으로 주택보다 상업용 부동산 구매 시 대출이 더 잘 나오는데, 개인이 아닌 법인을 통해서라면 대출 규모를 한층 더 높일 수 있다.

은행은 건물을 매입하고자 하는 개인을 심사할 때 RTI**를 참고하지만, 법인은 RTI 적용 대상이 아니다. RTI(Rent to Interest)는 연간 이자비용 대비 임대

RTI (Rent To Interest ; 임대업이자상환비율) 부동산임대업 이자상환비율로서 담보가치 외에 임대수익으로 어느 정도까지 이자 상환이 가능한지 산정하는 지표다. 산출 방식은 '(상가가치×임대수익률)÷(대출금×이자율)'이다.

건물에 투자할 거라고? 얼마나 대출해 줄까?

기본적으로 주택보다 상업용 부동산 구매 시 대출이 더 잘 나오고, 개인이 아닌 법인을 통해서라면 대출 규모를 한층 더 높일 수 있다.

소득비율을 가리키는데, 금리가 높고 임대료가 낮은 시기라면 개인에게는 매매가격 대비 50~60% 정도만 대출이 가능하다. 그러니까 은행은 부동산임대업자의 이자상환능력을 평가해서 돈을 떼이지 않을 정도로만 대출을 해주는 것이다.

참고로 단순 부동산 법인보다는 사업 법인이 대출이 더 잘 나오고 금리 조건도 우수하다. 특히 벤처기업 인증까지 받는다면 금상첨화다. 공동투자를 하는 경우 변호사, 펀드매니저 등 고소득 직장인이나 전문직이 삼삼오오 모이는 경우를 볼 수 있다. 신생 법인의 경우 대표자의 근로소득이 중요하기 때문이다.

물론 법인이라고 무조건 대출이 잘 나오는 것은 아니다. RTI가 아닐 뿐이지 법인도 개인과 마찬가지로 대출상환능력을 심사받는다. 특히 건물의 임대료가 높지 않다면, 명도(건물, 토지 등 부동산에 대한 소유권을 이전)는 매우 중요한 절차다. 보통 잔금을 치르기 전에 직접 명도를 하거나 매도자가 명도를 하겠다는 조건을 밑바탕으로 해 신축 혹은 리모델링을 통해 임대료를 높이겠다는 사업계획서를 제출해야 한다. 은행은 이자상환능력을 보기 위해 임대료를 참고한다고 했다. 부동산의 담보력을 확인하기 위해 은행은 감정평가사들이 산정하는 탁상감정가도 참고한다. 매매가 대비 탁상감정가가 높을수록 레버리지 범위가 늘어난다(대출이 많이 나온다).

실전! 빌딩 투자
: 2% 부족했던 한예슬, 성공적으로 엑시트한 황정음

3년 만에 30억 원 대 양도차익, 한예슬 씨의 개인 매매

유명 연예인이 보유하고 있던 건물을 팔아 막대한 이익을 얻었다거나, 수십억 원을 주고 건물을 매입했다는 등 연예인의 부동산 재테크 관련 기사를 쉽게 접할 수 있다. "부럽다" 내지는 "박탈감을 느낀다"는 식의 댓글을 달며 기사를 소비하기보다는, 투자 사례의 하나로 조목조목 분석해 보는 것이 더 건강한 자세다. 배우 한예슬 씨와 황정음 씨 사례는 법인과 개인으로 상업용 부동산에 투자했을 때 어떤 차이가 있는지 잘 보여준다. 두 사람의 투자와 그에 따른 세액을 비교해 보며, 개인투자와 법인투자를 좀 더 깊게 파악해 보자.

2018년 6월 배우 한예슬 씨는 강남구 논현동에 소재한 건물을 매입한다. 개인적으로 매입한 케이스다. 매입가격이 약 34억 원이었으니 어지간한 고가 아파트 한 채 가격이다. 보통 이렇게 낡은 건물을 매입하면 '밸류업(value up)', 즉 리모델링 혹은 개축하는 것이 유행이다. 건물 투자는 아파트 투자와 달리 매입 대상을 그대로 두기보다 시세차익을 위해 개축이든 임차인을 물갈이하는 식이든, 밸류업 방식을 유연하게 조정할 수 있다. 그러나 한예슬 씨는 이 건물에 아무런 밸류업 행위를 하지 않았다. 그러니까 아파트에 투자하는 형태와 유사하

◐ 한예슬 씨의 건물 투자 개요

건물 정보	
소재지	강남구 논현동
대지면적	213.7m²
연면적	263.8m²
용도지역	2종 일반주거지역
층수	지하 1층 / 지상 3층
주차대수	자주식 1대
도로	6×4m 코너
준공년도	1985년 6월 4일

거래 정보					
매입시기	2018년 6월		매각시기	2021년 9월
매입가격	34.2억 원		매각가격	70억 원
토지 평당가	약 5290만 원		토지 평당가	약 1억 829만 원

게 투자한 것이다.

투자 성과는 매우 긍정적이었다. 약 3년 만에 순수 차익으로 약 36억 원의 시세차익을 보았다. 본래 평당 5000만 원 선이던 건물의 평당가가 2배로 뛴 것이다. 물론 같은 시기 비슷한 수준으로 가격이 상승한 아파트도 많다. 한 가지 유념할 점은, 상업용 부동산의 특성상 대출을 일으키기 쉽다는

◐ 논현동 건물 매도로 발생한 세금

양도가액	7,000,000,000
(−) 취득가액	3,420,000,000
(−) 세금 및 부대비용	200,000,000
양도차익	3,380,000,000
(−) 장기보유특별공제	202,800,000
(−) 양도소득기본공제	2,500,000
과세표준	3,174,700,000
양도소득세	1,363,215,000
(+)지방소득세	136,321,500
총납부액	1,499,536,500

건물 투자에는 공짜 프리미엄이 딸려 온다

50% 이상 혹은 최대주주가 되는 수준의 주식을 취득하고자 한다면 보통 '경영권 프리미엄'을 지급해야 한다. 교촌치킨 브랜드를 운영하는 교촌에프앤비의 주당가치가 8000원이라고 해보자. 총주식수가 2500만 주라고 할 때, 50%의 지분을 취득하기 위해서는 1000억 원(1250만 주 × 8000원)만으로는 안 되고, 그 이상을 지급해야 한다. 50% 이상의 지분을 가진 대주주의 1주는 엄밀히 말해 소액주주의 1주와 다른 가치를 지니기 때문이다. 경영권을 쥔다는 것은 치킨가격을 변경할 수도, 가맹점 수를 조율할 수도, 사명을 바꿀 수도 있는 권한이 있다는 의미한다. 따라서 경영권을 취득하는 규모의 주권을 매수할 때 소액주주가 매입하는 주식의 주당가치보다 더 높은 가격에 매매가 이루어진다. 요컨대 '어떤 것을 바꿀 수 있는 자율성'이 주어진다는 것은 큰 가치를 지닌다.

그런 관점에서 건물 투자는 일종의 경영권 프리미엄을 획득하는 행위다. 내 건물로서 자유로이 '경영'할 수 있으니 말이다. 행정 절차를 따르는 선에서 리모델링 혹은 증축 및 신축을 자유롭게 할 수 있다는 것은 큰 이점이다. 건물가에는 주식 시장에서 적게는 10%, 많게는 50%까지 지급되는 경영권 프리미엄이 포함된 것이다.

경영권
=
어떤 것을 바꿀 수 있는
자율성

것이다. 한예슬 씨의 경우 대략 20억 원 정도 대출을 받은 것으로 추정된다. 만일 개인이 아니라 법인으로 매입하는 식이었다면 더 많은 대출도 가능했을 것이다. 그렇다면 이 매매를 통해 한예슬 씨는 어느 정도의 수익을 기록했을까?

납부세액을 계산해 보자. 물론 정확한 수치가 공개된 것이 아니기 때문에 어디까지나 추정일 뿐이다. 매도가, 즉 양도가가 70억 원인데 취득가액 및 최초 매매

IRR 'Internal Rate of Return'의 약
자로 내부수익률이라고 한다. 투자함
으로써 기대되는 미래의 현금 수입액
이 현재의 투자가치와 같아지도록 할
인하는 이자율을 말한다. 투자사업의
수익성을 평가하는 기본 지표로 내부
수익률이 이자율보다 높으면 투자가
치가 있는 것으로 평가된다.

과정에서 발생한 취등록세 및 부대비용은 비용처리가 된다. 이때 순수 양도차익은 33억 8000만 원으로 계산된다. 여기에 개인 매입이기 때문에 법인이 적용받지 못하는 장특세를 적용받는다. 3년 이상 4년 미만의 장특세 구간은 6%다. 여기에 양도소득기본공제를 제하면 과세표준이 산출된다. 과세표준을 근거로 산출된 양도소득세와 양도소득세의 10%에 해당하는 지방소득세를 합하면 총납부세액이 산정된다. 34억 원의 세전 수익을 올렸지만 세금 15억 원을 제하면 세후수익은 약 19억 원이다. 구체적으로 계산해 보면 한예슬 씨는 약 18억 8000만 원의 세후수익을 거둔 것이다. 만일 전액 현금 매입을 가정할 때 세후 IRR*은 14%, 20억 원 대출을 가정할 경우 세후 IRR은 30%로 계산된다. 상당히 성공적인 투자라고 볼 수 있다. 물론 높은 수치이지만 어딘가 아쉬운 것도 사실이다.

성공적으로 엑시트한 황정음 씨의 법인 매매

본 글의 목적이 단순히 연예인 부동산 투자의 성공 사례를 분석하는 것이 아니라 개인과 법인 매매의 차이를 알기 위한 데 있음을 잊지 말자. 한예슬 씨와 유사한 규모로 상업용 부동산에 투자한 사례가 있다.

배우 황정음 씨는 3년 동안 47.5억 정도 시세차익을 보았는데 법인으로 매입했기 때문에 한예슬 씨의 사례와 계산 방법이 다르다. 법인투자에서는 손익계산서 형태로 세액이 산출된다. 매출액에서 비용을 뺀 영업이익에서 영업외손익을 제하면 산출되는 바로 그 법인세차감전이익이 과세표준이 된다.

단순하게 생각해 매매가에서 장부상 취득가액을 제한 금액이 과세표준에 해

● 황정음 씨의 건물 투자 개요

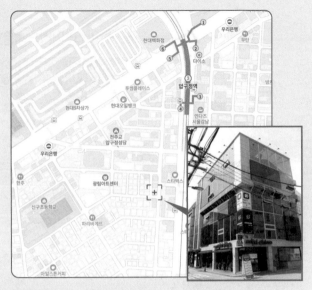

건물 정보	
소재지	강남구 신사동
대지면적	218.6m²
연면적	605.6m²
용도지역	2종 일반주거지역
층수	지하 1층 / 지상 5층
주차대수	자주식 5대
도로	6×4m 코너
준공년도	1992년 1월 22일

거래 정보				
매입시기	2018년 3월		매각시기	2021년 10월
매입가격	62.5억 원		매각가격	110억 원
토지 평당가	약 9451만 원		토지 평당가	약 1억 6633만 원

당한다. 황정음 씨의 경우 차익이 약 47.5억 원 정도이니 '2억 원 초과 200억 원 이하' 과세 구간 사이에 해당해 법인세율 20%가 적용된다(256쪽). 대략 9.5억 원 정도로 계산되며, 여기에 지방세를 가산한다면 총납부세액으로 약 10억 4000만 원 정도를 예상해 볼 수 있다. 15억 원가량을 세금으로 납부한 한예슬 씨 사례와 비교할 때 투자 시기와 규모 모두 비슷하지만, 황정음 씨의 투자가 더 성공적이다. 물론 추후 배당으로 돈을 인출할 때 적용되는 배당소득세까지 고려해야겠지만, 당분간 법인 돈을 재투자한다고 가정하면 황정음 씨의 IRR은 전액 현금 거래 시 14%, 20억 원 현금 거래 시 34%로 계산된다. 법인 매매인 만큼 실제로 대출을 더 많이 끼는 것도 가능하며, 각종 비용 인식이 일절 없다는 가정하에 진행된 계산이기 때문에 보수적인 예측치다.

⭕ 개인(양도소득세) vs. 법인(법인세)의 세율

개인(양도소득세) 기본세율		
과세표준	세율	누진공제액
1400만 원 이하	6%	–
5000만 원 이하	15%	126만 원
8800만 원 이하	24%	576만 원
1.5억 원 이하	35%	1544만 원
3억 원 이하	38%	1994만 원
5억 원 이하	40%	2594만 원
10억 원 이하	42%	3594만 원
10억 원 초과	45%	6594만 원

법인(법인세) 세율		
과세표준	세율	누진공제액
2억 원 이하	10%(9%)	–
2억 원 초과 200억 원 이하	20%(19%)	2000만 원
200억 원 초과 3000억 원 이하	22%(21%)	4억 2000만 원
3000억 원 초과	25%(24%)	94억 2000만 원

* ( )는 2023년 1월 1일 이후 개시하는 사업연도 분부터 적용

좋은 건물, 나쁜 건물, 이상한 건물

4

주변에 주택이 많은가?

건물을 고르는 과정은 소개팅과 유사하다. 소개팅 중에서도 굳이 따지자면 결혼 상대를 찾는 맞선과 더 닮았다. 연애할 때는 외모 혹은 성격만 보던 사람들이 결혼할 때쯤 되면 이성을 만날 때 여러 조건을 새로 편입시킨다. 평생을 함께할 사람이기 때문에 당연한 일이다. 건물 투자도 마찬가지다. 주식의 경우 매수와 매도가 꽤 잦은 빈도로 이루어지지만, 건물은 절차상 투자 규모상 회전율이 매우 낮은 자산군에 속하기 때문에 매매가 비교적 신중하게 이루어진다.

사람과 마찬가지로 건물에도 좋은 건물과 나쁜 건물이 따로 있다. 더 정확하게는 나에게 적합한 건물이 따로 있다. 2장에서 좋은 아파트의 기본적인 조건을 설명하며 '브역대신평초'를 이야기했다. 건물을 볼 때도 비슷하게 고려해야 할 사항들이 있다.

성공적인 투자의 핵심 조건은 남들이 쉽사리 의식하지 못한 장점에 주목하는 것이다. 조선주를 예로 들면, 특정 선사로부터 대형 발주 계약을 따냈다는 뉴스가 나오는 순간 그 조선사 주가는 실시간으로 뛴다. 비즈니스 특성상 앞으로 5년가량의 이익을 예측하는 일이 어렵지 않기도 하고, 무엇보다 해당 정보는 대다수가 접할 수 있는 정보이기 때문이다. 하지만 해당 선사가 단기적 매출을 위해 저가 수주를 한 것은 아닌지, 발주자의 현금 흐름상 계약금 및 잔금을 모두 무리 없이 치를 수 있는지 등 한 단계 더 깊이 고민한다면 남들이 보지 못하는 정보를 들여다볼 수 있게 된다. 건물 투자도 마찬가지다. 재테크는 모두 유사한 메커니즘을 공유하고 있다. 척 보기에 좋은 조건은 모두가 아는 것이다. 시장의 알파(주식 투자에서 한 종목의 수익률이 시장수익률을 초과했을 때 초과분)를 얻기 위해서는 다른 시각으로 미래를 예측하는 눈이 필요하다.

이를테면 주변에 근린생활시설*이 많은 지역의 건물보다는 주택이 많은 지역에 집중할 수 있다. 얼핏 생각했을 때는 정반대의 결론에 이르게 된다. 일반적으로 근린생활시설이 많은 지역의 유동 인구가 많기 때문이다. 그러나 당장 근린생활 시설이 많은 지역에 들어가 위 이점을 바탕으로 임대수익률을 계산해 매매하

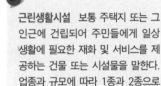

근린생활시설 보통 주택지 또는 그 인근에 건립되어 주민들에게 일상 생활에 필요한 재화 및 서비스를 제공하는 건물 또는 시설물을 말한다. 업종과 규모에 따라 1종과 2종으로 나누는데, 1종에는 슈퍼마켓·제과점·커피숍·목욕탕·이용원·의원, 2종에는 대중음식점·종교집회장·학원·헬스클럽 등이 포함된다.

면, 생각보다 높은 시세차익을 누리지 못할 공산이 크다. 근린생활시설 밀집지역 인근이 좋다는 정보는 누구나 가지고 있기 때문에 근린생활시설이 많은 지역은 이미 평당가가 높게 선반영되어 있을 확률이 높기 때문이다.

대안으로 현재는 유동 인구가 많지 않으나 추후 근린생활시설이 많은 지역과 유사한 특성을 지닐 것으로 예상되는 지역의 건물을 매입할 수도 있다. 이를테면 여러 주택이 근린생활시설로 변화하고 있는 지역에 위치한 건물이라면 향후 발생할 수요를 잡을 가능성이 열리게 된다. 핵심은 시세차익을 얻기 위해서는 변화를 예측하는 눈이 필요하다는 것이다. 여기서 설명하고 있는 사항도 대다수 부동산 투자자가 인지하고 있는 사안이기 때문에 이를 곧이곧대로 받아들이기보다, 한 단계 깊이 들여다보는 자세가 필요하다.

건물은 회전율이 매우 낮은 자산군에 속하기 때문에 신중하게 매매해야 한다. 건물 주변에 주택이 많은데, 그 위치가 코너라면 금상첨화다. 가시성, 접근성, 개방성의 3박자를 충족하는 코너에 자리한 건물 1층은 임대수익률도 가장 높다.

건물이 코너에 자리 잡고 있는가?

건물 주변에 주택이 많은데, 그 위치가 코너라면 금상첨화다. 여기서 코너는 정확히 어떤 의미일까? 통상적으로 코너란 도로 혹은 통행로와 2면이 맞닿아 있는 곳을 의미한다. 신규 점포를 낼 때 가장 중요한 입지 조건은 가시성, 접근성, 개방성이 확보되었는가다. 코너에 자리한 건물 1층은 이 세 가지 조건을 충족한다. 실제로 같은 평형 중 1층 코너 부지는 임대수익률이 가장 높다.

경사진 곳에 위치한 건물의 경우 행정상 지하 1층인 곳도 다른 방향에서 보면 실질적 1층일 수 있어서 접근성이 1층 못지않다. 임대인 입장에서 1층 수준의 임대수익률을 두 배로 뽑아내기도 한다. 프랜차이즈들이 주로 코너 부근에 들어선다는 것은 그만큼 임차수요층도 탄탄하고 높은 임대수익률을 기대할 수 있다는 의미다.

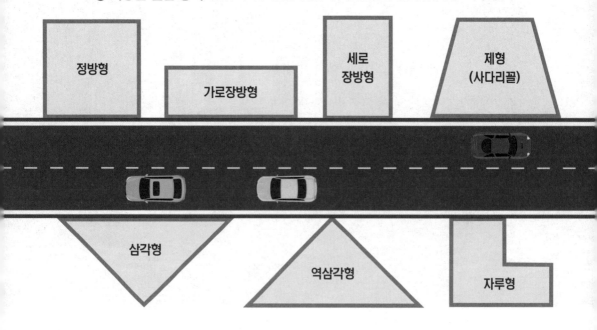

◑ 다양한 건물 형태 출입구가 자루처럼 좁게 생긴 자루형 건물은 가시성이 떨어져 선호하지 않는다.

도로 폭도 무척 중요하다. 차량 1대와 사람이 쉽게 드나들 수 있을 정도가 되려면 넉넉잡아 6m 폭은 되어야 한다. 건물 입지 및 형태는 매우 중요하다. 건물 관련 다양한 콘텐츠에서 매번 자루형 토지는 피하라는 말이 나오는 것도 같은 맥락이다.

가치 뻥튀기가 가능한가?

대부분의 사람은 건물가치 상승을 염두에 두고 건물을 매입한다. 직설적으로 표현하면 '가치 뻥튀기', 고상하게 표현하면 밸류업이다. 투자처가 다변화되어 기회비용이 큰 현시대에 대부분의 투자는 높은 수익률을 달성하는 것이 목표다.

투자수익률을 높이는 기본 원칙은 싸게 사는 것이다. 그러나 낮은 호가 뒤에는 늘 사연 혹은 하자가 있다. 사연이라고 하면 매도자 측의 급매를 뜻하는데, 이를테면 상속세 혹은 증여세 마련 혹은 사업 실패로 인해 급전이 필요해 급매를 내놓은 경우다. 하자라고 하면 대표적으로 명도의 어려움 등을 뜻한다.

명도는 부동산 소유자가 적합한 권리에 따라 부동산에 살고 있는 임차인을 내보내는 절차다. 특히 대표적인 밸류업 수단인 '용도 변경'을 위해선 명도가 필수다. 일반적으로 용도 변경은 주거용 건물에서 상가 건물로 이루어지는데, 수익성이 커짐은 물론이고 대출 및 각종 세제상의 이익도 있기 때문이다. 2023년 말 기준 법인으로 주택을 매입할 경우 종합부동산세 대상이 되며, 동시에 취득록세가 무려 13.4% 부과된다. 법인이 주택을 매입하면 애초에 대출도 나오지 않는다. 반면 법인이 상가를 취득하면 대출도 나오고 취득록세도 4.6%로 하락한다. 그러니 주거용 건물을 매수했다면 용도 변경을 하는 것이 1차 관문이다.

주택에서 상가로 용도를 변경하기 위해서는 실질적으로 해당 부동산을 주거

용도로 쓰는 세입자가 없어야 한다. 침대 등의 가구를 내보내는 것은 물론 싱크대와 같은 취사시설도 철거해야 하고, 세입자를 내보내는 과정(명도)이 필요하다.

그래서 매도자가 명도를 보장해 주는지에 따라 매수의향자 수가 급격히 변할 정도로 명도는 중요한 과정이다. 추후 알아볼 사례(264쪽)이기도 하지만 명도만 시켜도 단기간에 밸류업이 가능할 정도다.

즉 명도가 어려운 다세대 혹은 다가구 주택이라면 시세 대비 저가에 매수할 수 있다. 가령 다세대 주택에 대해 명도를 진행하고 근린생활시설로 용도를 변경하기만 해도 레버리지 비율이 올라가기 때문에 그 자체로 의미 있는 가치 상승이 가능하다.

원룸만은 피해라!

시세차익을 노리는 건물주들이 하나같이 입을 모아 하는 소리는 "원룸을 피하라"는 것이다. 만약 다달이 나오는 월세에 만족할 수 있는 사람이라면 별다른 문제가 되지 않는다. 하지만 시세차익을 노리는 이에게 원룸은 적합하지 않은 물건이다. 시세차익을 노린다는 것은 추후 최초매매가보다 높은 가격에 사는 사람이 존재해야 한다는 의미한다. 즉 시세차익을 올리는데 적절하지 않다는 것은 향후 매수자를 찾기 어렵다는 말이다.

원룸이 잘 팔리지 않는 이유는 명확하다. 가장 큰 원인은 대출이 어려운 현상에 있다. 중과세(일반세율보다 더 높은 세율을 적용하는 것)는 차치하고서라도 애당초 원룸은 대출 한도 산정 시 기존 임차 보증금이 제외되기 때문에 레버리지를 극대화할 수 있다는 건물 투자의 근원적 매력이 없다. 만일 감정가 3억 원 정도의 원룸에 보증금이 1억 원이라면, LTV 등의 규제가 적용되는 준거액은 3억 원이 아니라 보증금을 제한 2억 원이 된다.

불법 이슈도 문제다. 보통 주택 신축 시 다중주택으로 짓는 경우가 많다. 다중주택은 단독으로 소유할 수 있다는 점에서는 다가구주택과 유사하다. 하지만 독립된 주거 형태가 아니기 때문에 개별 화장실 및 개별 취사시설을 설치할 수 없다(대개 다중주택은 공동 취사장 및 샤워장을 둔다). 대신 법정 주차대수 산정이 다세대나 다가구 주택에 비해 완화되어 있어, 주차장 면적을 줄이고 방을 많이 만드는 게 가능하다.

이런 이유로 임대수익률을 극대화하려는 건물주는 ① 우선 다중주택을 지어 방을 최대한 많이 만들고, ② 불법으로 취사시설을 넣는 전략을 활용한다. 이러한 꼼수로 10%에 가까운 투자수익률을 기록하기도 한다. 그러나 불법은 어디까지나 위험 덩어리다. 혹여나 신고가 들어오면 별수 없이 취사시설을 모두 철거하고 임차인들과 분쟁을 벌여야만 한다. 여간 쉬운 일이 아니다.

◐ 주택의 분류

대분류	소분류	독립 공간	연면적	규모 제한	구분소유권
단독주택	다중주택	독립된 주거공간 인정 ✕	100평(330m²) 이하	3개 층 이하	구분소유권 인정 ✕
	다가구주택	독립된 주거공간 인정 ◯	200평(660m²) 이하	3개 층 이하 19세대 이하	
공동주택	다세대주택	독립된 주거공간 인정 ◯	200평(660m²) 이하	4개 층 이하	구분소유권 인정 ◯
	연립주택		200평(660m²) 이상		
	아파트		제한 ✕	5개 층 이상	

명도만 해도 돈이 된다

명도는 생각보다 귀찮은 과정이라 명도만 하더라도 건물의 값어치가 뛴다. 명도에 뒤따르는 일련의 절차들은 명도에 비하면 손쉽게 진행될 수 있기 때문이다(용도 변경 관련 404쪽 참조). 다음 건물은 뮤지컬배우 옥주현 씨가 2022년 3월에 매입한 건물로, 옥주현 씨 이전 건물주는 명도와 용도 변경 후 건물을 매각해 큰 수익을 봤다. 1년이 채 되지 않는 짧은 기간이다. 이 현명한 투자자는

● 건물주 X의 투자 개요

건물 정보	
소재지	강남구 신사동
대지면적	396.6m²
연면적	657.36m²
용도지역	2종 일반주거지역
층수	지하 1층 / 지상 3층
주차대수	자주식 5대
도로	4m
준공년도	1996년 1월 13일

거래 정보					
매입시기	2021년 4월	명도, 용도 변경 →	매각시기	2022년 3월
매입가격	96억 원		매각가격	160억 원
토지 평당가	약 8000만 원		토지 평당가	약 1억 3333만 원

2021년 4월 96억 원을 주고 다가구 상태의 건물을 매입했다. 이후 명도를 진행하고 근린생활시설로 용도 변경을 진행했다. 주택에서 근린생활시설로 용도 변경을 하는 가장 큰 이유는 대출을 용이하게 하기 위해서다. 다가구주택은 환금성이 떨어져 1금융권에서 대출받기가 쉽지 않지만, 근린생활시설은 감정가에 따라 최대 90%까지도 대출이 가능하다. 즉 건물주가 1년간 고생해 주택에서 근린생활시설로 용도 변경을 한 이유는 새로운 매수자가 매입하기에 최적의 상태로 세팅해 놓기 위해서다. 시장 상황도 건물주 편이었다. 부동산 경기가 좋아 건물주는 64억 원이라는 엄청난 시세차익을 얻을 수 있었다. 세금을 고려했을 때 매매가 대비 실수령액은 적을 수 있지만, 11개월이라는 짧은 기간 안에 이 정도 수익을 낸 것은 인상적인 일이다.

명도와 용도 변경

고금리 상황일 경우 명도나 용도 변경 시 깊은 주의를 요한다. 기본적으로 명도나 용도 변경을 하는 동안에는 현금이 묶여 기회비용이 발생하는데, 기회비용은 금리에 비례해 오르는 만큼 상당히 대담한 전략이 되는 셈이다. 더구나 상업용 부동산을 위시한 현금 창출 자산의 가치는 금리가 인상되면 가파르게 하락한다.

 다만 고금리 상황일 경우 명도나 용도 변경 시 깊은 주의를 요한다. 기본적으로 명도나 용도 변경을 하는 동안에는 현금이 묶여 기회비용이 발생하는데, 기회비용은 금리에 비례해 오르는 만큼 상당히 대담한 전략이 되는 셈이다. 더구나 상업용 부동산을 위시한 현금 창출 자산의 가치는 금리가 인상되면 가파르게 하락한다. 따라서 고금리 시기에 명도 및 용도 변경을 주요 전략으로 건물을 매입하는 것은 신중한 고민이 동반되어야 한다.

5

건물가치가 뛰는 마법, 디벨롭

디벨로퍼 = 소규모 PE

PE는 'Private Equity'의 줄임말로 우리나라에서는 '사모펀드'라고 한다. 사모펀드는 크게 두 가지 부류로 나뉜다. 하나는 소수 정예 고액투자자만 받는 자산운용사, 다른 하나는 유의미한 지분을 확보해 실질적 경영권을 쥐는 경영참여형 사모펀드다. 미디어에서 흔히 접하는 사모펀드는 전자에 속하고, 우리가 지금부터 이야기할 사모펀드는 경영참여형이다. 대표적으로 MBK파트너스, 한앤컴퍼니 등이 있다. 주식에 관심이 있다면 다들 한 번쯤 들어봤을 것이다. 남양유업, 오스템임플란트 등의 기업 주식을 PE가 인수했다는 소식에 주가가 요동친 사례가 많기 때문이다.

PE가 하는 일은 ① 적절한 매물을 찾아서 인수하고, ② 기업가치를 상승시킨 다음, ③ 중간에 배당을 확보하거나 다른 FI(Financial Investors ; 재무적 투자자로 사모펀드와 벤처캐피털 등)혹은 SI(Strategic Investors ; 전략적 투자자로 사업적 시너지를 확보할 목적이 있는 대기업 등)에게 매각 또는 IPO(Initial Public Offering ; 기업공개) 등을 통해 현금화하는 것이다.

PE는 정말 사소한 부분까지 경영권을 쥐고 조율한다. 가령 카페 체인을 인수했

❶ 논현동 188-23 건물 디벨롭 사례

강남구 논현동 188-23 건물의 디벨롭 사례. 주택을 지상 5층, 지하 1층 1종 근린생활시설로 디벨롭했다.

다면, 점장 인사 원칙을 변경할 수도 있다. 기존에 바리스타 출신이 점장으로 활약하고 있는 프랜차이즈라면, 전문 경영 마인드를 갖춘 사람으로 점장을 물갈이하는 식이다. 도시락 용기 업체를 인수했다면 도시락 용기 판매가를 변경하기도 한다.

앞서 경영권 프리미엄(253쪽)에 관해 이야기했듯이 현금 창출 능력이 있는 대상에 자율적으로 변화를 줄 수 있다는 것은 매우 강력한 힘이다. 건물 디벨롭(develop) 또한 PE와 마찬가지로 투자처의 매력도, 가치를 높여 더 비싼 값에 파는 과정이다.

이제는 디벨롭을 빼놓고 건물 투자를 논하기 어려운 시장이 됐을 정도로 많은 이들이 '매입가 + 공사비 < 매도가' 부등식을 성립시키기 위해 움직인다. 아파트 또한 자가라면 억 단위 돈을 들여 감각적인 인테리어로 가치를 상승시킬 수

있지만, 건물 디벨롭에 비할 바는 아니다. 물론 이미 잘 조성된 수익형 빌딩을 찾는 것에 비해 신축 혹은 리모델링을 통한 디벨롭 행위는 고위험을 동반한다는 것에 주의하자.

험난한 디벨롭 단계

디벨롭 과정은 결코 만만치 않다. 매물을 찾는 것부터 명도, 시공, 각종 인허가 절차 등 모든 단계가 고뇌의 장이다. 가장 먼저 매물을 찾고 해당 매물의 명도 가능 여부, 용도 변경 가능 여부를 확인하는 것이 기본이다. 이후 기본적인 절차는 다음과 같다.

규모를 검토한 이후 기본 설계 및 인허가 도서(건축계획서, 배치도, 평면도, 입면도, 단면도 등)를 작성하는 과정은 건축사와 논의하는 장이다. 그다음 인허가를 진행하면 되는데, 사실 이때부터는 시간 싸움에 가깝다. 구청의 인허가 여부는 담당 주무관 소관이다. 이자비용이 이미 발생하고 있기 때문에 인허가가 떨어질 때까지

◐ 건물 디벨롭 과정

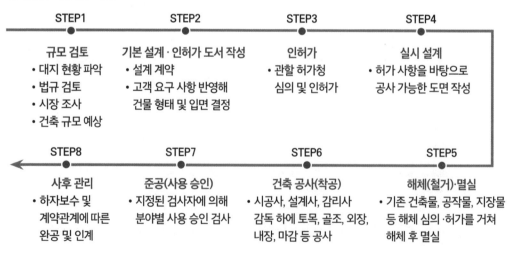

STEP1	STEP2	STEP3	STEP4
규모 검토	기본 설계·인허가 도서 작성	인허가	실시 설계
• 대지 현황 파악 • 법규 검토 • 시장 조사 • 건축 규모 예상	• 설계 계약 • 고객 요구 사항 반영해 건물 형태 및 입면 결정	• 관할 허가청 심의 및 인허가	• 허가 사항을 바탕으로 공사 가능한 도면 작성

STEP8	STEP7	STEP6	STEP5
사후 관리	준공(사용 승인)	건축 공사(착공)	해체(철거)·멸실
• 하자보수 및 계약관계에 따른 완공 및 인계	• 지정된 검사자에 의해 분야별 사용 승인 검사	• 시공사, 설계사, 감리사 감독 하에 토목, 골조, 외장, 내장, 마감 등 공사	• 기존 건축물, 공작물, 지장물 등 해체 심의·허가를 거쳐 해체 후 멸실

넋 놓고 기다리는 것은 곤란하다. 인허가 여부가 결정되는 시간 동안 다음 단계를 미리 진행해야 한다. 보통 잔금 납부 전까지 가장 이상적인 시나리오는 인허가 도서 작성을 완료하는 것이다. 이후 가장 큰 난관은 해체(철거) 및 멸실 과정이다. 이 부분에서 시간이 지체되는 경우가 많기 때문에 특별히 주의해야 한다. 이후 본격적인 공사, 준공 이후 사후 관리가 일련의 디벨롭 과정이다.

예산을 보수적으로 잡아야 하는 이유

세상에는 예측하기 어려운 변수가 너무나 많다. 2019년 어느 누가 전염병으로 전 세계에 락다운(lockdown)이 시행되고, 락다운 이후 역사상 유례없이 많은 유동성이 풀릴 것을 예측할 수 있었을까? 미래를 내다보는 일은 매우 어렵다. 건물을 디벨롭할 때도 예측하기 어려운 지점이 한둘이 아니다.

⊙ 건물 디벨롭 과정에서 발생할 수 있는 추가 비용

- 명도 : 합의금, 소송비, 변호사 선임비용 등
- 설계비 : 용도 변경비용, 지적 측량비용 등
- 시공비 : 해체 감리비, 민원 처리비, 탄소 보강 등
- 건물 기본 관리비 : 소방설비비, 청소비, 전기료, 승강기 관리비 등

명도만 하더라도 합의금부터 변호사 선임비용까지 고려해야 할 것이 참 많다. 명도는 생각 이상으로 까다로운 작업이기 때문에 매도자 측에서 명도를 보장하는 매물의 값어치는 그렇지 않은 매물보다 훨씬 높다.

위에 기재된 것 이외에 발생하는 비용도 많다. 일례로 설계도면 외 추가 공사비라는 것이 있는데, 이는 조명 및 조경 등 임차인의 편의를 위해 지출되는 비용이

다. 따라서 건물을 매입하기 전에 발생할 수 있는 비용을 최대한 열거하는 과정이 필요하다. 그에 따라 예산도 보수적으로 책정할 필요가 있다. 이를테면 예산이 2억 원이라 하더라도 실제 가용 자금은 1.5억 원 정도라 생각하고 건물을 선정하는 것이 적절하다.

밸류업을 결정하기 전에 꼭 해야 할 계산

건물의 가치를 평가하는 방법이야 워낙 다양하지만 보통은 임대수익률을 기준으로 건물가를 산정한다. 신축 혹은 리모델링을 통해 발생하는 공사비와 부수비용을 고려해 공사 이후 예상되는 임대수익률을 예측하는 과정은 필수다. 계산하는 과정은 그리 어렵지 않다.

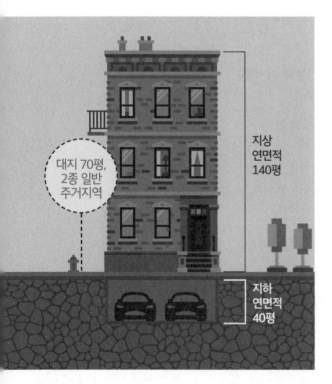

▶건축 행위 이후 연면적 계산

강남지역에 투자한다면 대부분 2, 3종 일반주거지역(384쪽)에 투자하게 된다. 일반주거지역 2종은 연면적이 대략 대지면적의 2배, 3종은 2.5배다. 지하층 면적은 대지면적의 60~70%로 계산한다. 따라서 대지가 70평일 경우 2종 일반주거지역이면 지상 연면적은 140평, 지하층은 대략 40평이 확보된다. 연면적이 180평 이상이면 법정 주차대수가 5대로 늘어나기 때문에 공간적 손실을 감수해야 한다.

대지 70평,
2종 일반
주거지역

지상
연면적
140평

지하
연면적
40평

⊙ 일반주거지역의 건폐율과 용적률

세분	용도 지정 목적	건폐율	용적률
일반주거지역 제1종	저층주택 중심의 편리한 주거환경 조성	60%	100~200%
일반주거지역 제2종	중층주택 중심의 편리한 주거환경 조성	60%	100~250%
일반주거지역 제3종	중고층주택 중심의 편리한 주거환경 조성	50%	100~300%

▶ 임대료 산정

한 임차인에게 건물 전체를 빌려주는 통임대를 할 경우 층별로 세를 주는 것보다 더 높은 임대수익률을 기대할 수 있다. 따라서 건물을 디벨롭한다면 통임대를 목표로 하는 게 일반적이다. 보통 통임대는 브랜드 매장이 들어서는 경우가 많다. 브랜드 매장이 통임대를 하면 이미지를 고려해 인테리어비를 아끼지 않고, 인테리어비를 회수하기 위해 5년 이상 장기임차계약을 맺는 경우가 많다. 플래그십 매장이 들어서면 건물 인지도가 올라가는 효과도 누릴 수 있어 통임대는 그동안 많은 건물주의 로망으로 자리잡았다(다만 통임대의 경우 임차인이 나가면 공실률이 100%가 되어, 공실 리스크가 매우 큰 만큼 되려 개별 임대를 선호하는 경우도 있다).

강남지역 신축 건물 기준으로 평당 임대료는 대략 20만 원에서 15만 원 사이로 책정된다. 청담, 압구정 등 소위 말하는 1급지가 평당 20만 원 수준이다. 리모델링한 건물의 임대료는 평당 통상 신축 건물의 70% 수준이다. 예를 들어 강남 3급지에 연면적 180평 규모의 건물이라면 월세는 2700만 원(=180평 × 15만 원)이 된다.

▶ 최종 수익률 도출

앞서 이야기했듯이 예상비용은 보수적으로 책정해야 하기에 예상 가능한 모든 비용을 계산해야 한다. 취등록세는 기본이고 감리비, 설계비, 명도비, 공사비 등 고려할 것이 많다. 이를 바탕으로 계산해 보았을 때 예상수익률이 본인의 기대수익률에 부합하는 수치인지 확인할 필요가 있다.

건물주가 알아야 할 규제의 마지막 퍼즐, 주차대수

부동산 투자자는 언제나 규제를 염두에 두어야 한다. 용적률·건폐율·일조사선(햇볕을 향유할 수 있는 권리를 법률상 보호하기 위해 건축물의 높이를 제한하는 규제) 등은 부동산에 조금 관심 있는 사람들도 잘 아는 규제 조항이다. 이에 비해 '주차대수'는 간과하기 쉬운 규제 조항이다. "큰 힘에는 큰 책임이 따른다"는 말이 있듯, 큰 평수도 이에 대응하는 책임을 다해야 한다.

법정주차대수는 연면적 134㎡당 1대, 그러니까 약 40평당 1대로 규정되어 있다. 소수점 0.5 미만은 버린다. 연면적이 220평인 건물은 5.41대가 필요하므로 실

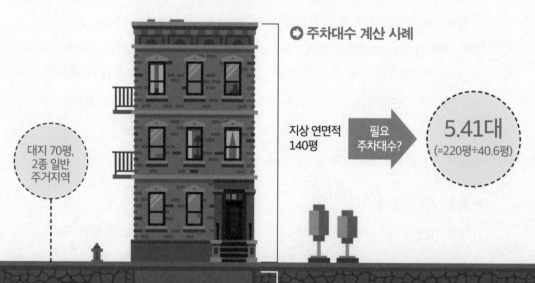

주차대수 계산 사례

대지 70평, 2종 일반 주거지역

지상 연면적 140평

필요 주차대수?

5.41대
(=220평÷40.6평)

지하 1층 40평

지하 2층 40평

지하 연면적 80평

제로는 5자리만 확보하면 된다. 아파트에도 34평과 같이 인기 있는 국민평수가 있듯 흔히 '꼬빌'이라 부르는 꼬마빌딩에도 많이 찾는 평형이 있다. 연면적 140평, 180평, 220평은 각각 주차대수로 3대, 4대, 5대 자리를 확보해야 하는 평형 중 가장 넓은 평형에 속하기 때문에 선호된다.

한 가지 간단한 문제를 풀어보자. 2종 일반주거지역에 건물면적이 70평인 건물이 있을 때 얼마나 많은 주차자리가 필요할까? 271쪽에서 살펴보았듯 2종 일반주거지역의 용적률은 200%이므로, 건물면적이 70평이라고 할 때 지상 연면적은 140평에 해당한다. 지하는 용적률에 산입이 안 되므로 만일 지하까지 뚫는다면 각각에 대한 고려도 필요하다. 만일 지하 1층 40평, 지하 2층 40평을 뚫는다고 하면 총 연면적은 220평이 되므로 주차대수는 5.41대(220평/40.6평)가 된다.

▶ 부설주차장 설치 기준(서울시)

시설물	서울시 조례
단독주택	시설면적 50~150m² : 1대
	시설면적 150m² 이상 : 100m²당 1대+a {1+(시설면적-150m²)}/100m²
다가구주택 공동주택 오피스텔	주택건설기준 등에 관한 규정 제27조에 따름
	전용면적 30m² 이하 : 세대당 0.5대
	전용면적 30m² 초과 60m² 이하 : 세대당 0.8대
	전용면적 60m² 초과 : 세대당 1대
골프장	1홀당 10대
골프연습장	1타석당 1대
관람장	정원 100인당 1대
수련시설	시설면적 233m²당 1대
옥외수영장	정원 15인당 1대
위락시설	시설면적 67m²당 1대
판매시설, 의료시설 운동시설, 방송통신시설	시설면적 100m²당 1대
업무시설	시설면적 100m²당 1대
제1종 근린생활시설 제2종 근린생활시설	시설면적 134m²당 1대
숙박시설	시설면적 134m²당 1대
창고시설	시설면적 267m²당 1대
그 밖의 건축물	대학기숙사 : 시설면적 400m²당 1대 대학기숙사 제외한 건축물 : 시설면적 200m²당 1대

6

임차인을 교체해 건물가치 끌어올리기

애증의 동거인, 임차인

신축을 하고 리모델링을 통해 건물가치를 끌어올릴 수도 있지만 새로운 임차인을 들여 밸류업하는 방식도 있다. 건물가치를 빠르게 계산하는 방식에는 여러 가지가 있는데, 대표적으로 현금흐름할인법(DCF ; Discounted Cash Flow Method)이 있다. 현금흐름할인법은 미래 예상되는 현금 흐름을 특정 할인율로 나누어 가치를 산정하는 방식이다. 가령 서울 상급지의 경우 통상 3%의 임대수익률이 나오니, 연 3억 원의 임대수익이 나오는 건물가치를 100억 원(=3억 원/3%)으로 계산할 수 있다. 다른 관점에서 보면 3억 원에 대해 '33.3배'의 수익률 배수가 적용된 것이다. 주가가 주당순이익의 몇 배인지를 나타내는 PER*과 같은 맥락에서 이해할 수 있다. 아무쪼록 더 높은 임차료를 지급하는 임차인을 들이는 것이 건물가치를 올리는 가장 기본적인 일이다.

보통 임대인은 갑, 임차인은 을이라 인식되지만, 알려진 바와 달리 건물주는 임차인과 상

PER(Price Earning Ratio) 주가를 주당순이익(EPS)으로 나눈 것으로, 주가수익비율이라고 한다. EPS는 어떤 기업의 주식 1주가 순이익을 얼마만큼 올렸는지 보여주는 지표다. PER은 기업 이익에 견줘 현재 주가 수준이 적당한지, 아니면 기업가치가 덜 반영돼 주가가 싼지를 파악할 수 있는 지표다.

당히 오묘한 관계다. 권력관계는 교섭력으로 대변된다. 건물주가 교섭력에서 우위에 있으려면 공실이 없는, 그러니까 건물주가 아쉬울 게 없는 상태여야 한다. 만일 공실이 있는 상황이라면 임차인 또한 자신이 임차계약을 연장하지 않는 것이 큰 위협임을 인식하게 되므로, 건물주의 교섭력이 하락한다. 1층을 임차해 편의점을 운영하던 임차인 A가 장사가 잘 안되어 월세를 깎아주지 않으면 점포를 뺄수밖에 없는 상황이라고 해보자. 공실에 허덕이는 건물주가 취할 수 있는 조치의 폭은 한정적이다. 퇴거 시 얼굴을 붉히는 사례도 있다. 어떤 음식 프랜차이즈의 경우 폐점 시 주방을 원상 복구해야 한다는 내용을 계약서에 명시했음에도, 가맹점은 물론 본사까지 해당 조항을 이행할 의향을 보이지 않아 건물주가 사비로 원상복구비를 지출한 사례도 있다.

이러한 건물주의 고충이 있기 때문에 '질 높은' 임차인이라면 상당히 매력적인 계약 조건을 제시받는다. 가령 스타벅스는 월매출의 일정 비율을 임차료로 지급하는 계약을 맺곤 하는데, 대부분의 임차인이 정률제가 아닌 정액제로 임대차계약을 체결하는 것과 상반된다. 심지어 스타벅스에는 별다른 최저 보장 임대료를 정하지도 않는다. 이런 구조라면 불황이 오더라도 스타벅스는 비용 부담에서 자유롭다.

경우에 따라 우수한 임차인을 모집하기 위해 인테리어 비용까지 지원하는 건물주도 있다. 결국 중요한 것은 수익률 배수에 곱해질 '임대수익률'이기 때문에 지금 당장 손해를 보더라도 장기간 더 높은 수익률을 안겨줄 수 있는 임차인을 모객하는 전략이다.

물론 새롭게 건물을 매입하는 입장이라면 무턱대고 임대수익률에 수익률 배수를 곱하는 식으로 건물가치를 가늠하면 곤란하다. 실제로 모 연예인의 피해 사례가 있다. 이전 건물주와 임차인이 특수관계로 얽혀 있는 상황에서 건물가치를 뻥튀기할 목적으로 임차인이 시세보다 높은 수준의 임대료로 계약을 맺은 후, 건물주가 바뀌자 곧바로 임대차계약을 해지했다.

일반적으로 임대인은 '갑' 임차인은 '을'이라고 생각하는데,
둘의 관계는 그렇게 단순하지 않다. 건물주는 질 높은 임차인을
모시기 위해 매력적인 조건을 제시하기도 한다.
가령 스타벅스와는 최저 보장 임대료도 없이,
월매출의 일정 비율을 임차료로 지급하는
계약을 맺기도 한다.

임차인의 질을 높여 매달 830만 원 더 받기!

실제 사례를 살펴보자. 대치동에 위치한 건물로 매입 전에는 다음과 같은 임차 구성을 띄었다. 1층부터 3층은 학원으로 활용해 570만 원(보증금 3500만 원)을 월세로 받고, 4층은 전세 4억 원 주택, 5층과 6층은 건물주가 사용했다. '총보증금 / 임대료'는 '4억 3500만 원 / 570만 원'이다.

◐ 임대차 현황(매입 전)

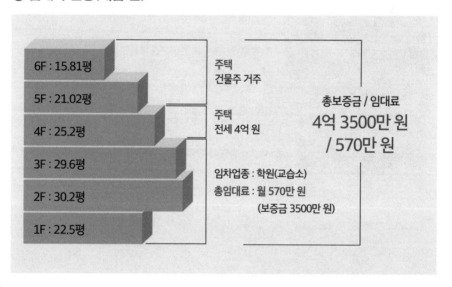

매수자는 임차인 전면 개편을 실시했다. 1층과 2층은 다른 학원과 새로운 임대차를 체결하고, 4층과 5층은 학원으로 용도 변경을 한 후 임대해 현금 창출력을 높였다. 토지거래허가구역*으로 분류되어 6층 한 층은 통째로 건물주가 사용했다.

토지거래허가구역 일정 규모 이상의 부동산을 거래할 때 시장이나 구청장, 국토교통부 장관의 허가를 받도록 한 제도다. 토지거래허가구역에서 건축물을 매수하면 2년간 실거주 요건이 붙는다.

이제 총보증금 / 임대료는 '1억 원 / 1400만 원'이 됐다. 단순 계산해 보았을 때 보증금 3억 3500만 원이 신규 추가 월세 830만 원으로 전환된 것인데, 전환비를 계산해 보면 약 30%에 육박한다. 임차인 구성 변경을 통해 엄청난 밸류업을 이룬 것이다.

○ 임대차 현황(매입 후)

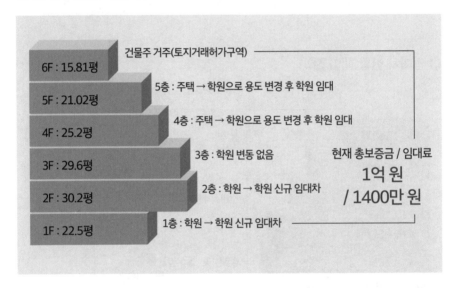

6F : 15.81평	건물주 거주(토지거래허가구역)
5F : 21.02평	5층 : 주택 → 학원으로 용도 변경 후 학원 임대
4F : 25.2평	4층 : 주택 → 학원으로 용도 변경 후 학원 임대
3F : 29.6평	3층 : 학원 변동 없음
2F : 30.2평	2층 : 학원 → 학원 신규 임대차
1F : 22.5평	1층 : 학원 → 학원 신규 임대차

현재 총보증금 / 임대료
**1억 원
/ 1400만 원**

맙소사! 정화조 용량이 발목을 잡네!

주택을 근린생활시설로 용도 변경할 때 크게 세 가지를 유의해야 한다. 하나는 구청에 용도 변경을 신청하기 전에 불법 건축물이 되는 건 아닌지 파악하는 일이다. 만일 다중주택 형태인데 개별 취사시설이 있는 등의 문제가 발견되었다면, 이를 우선 해소하는 원상복구 과정을 거치는 것이 전제되어야 한다.

둘째는 주차대수인데, 다행히 주택을 근린생활시설로 바꾼다면 크게 신경 쓰지 않아도 된다. 건축물은 용도에 따라 법정주차대수가 정해져 있다. 근린생활시설의 법정주차대수는 약 40평당 1대다. 그런데 주택은 40평당 1대 이상의 주차대수를 확보한 경우가 대부분이다.

마지막으로 정화조 용량을 살펴야 한다. 2룸 주택에 거주하는 사람 2명 또는 3명이 하루에 화장실을 가봤자 얼마나 많은 용변을 보겠나? 하지만 근린생활시설의 경우 불특정 다수가 방문함에 따라 정화조 용량 또한 그에 맞춰 증

주택을 근린생활시설로 용도 변경할 때는 정화조 용량 또한 그에 맞춰 증설해야 한다.

설되어야 한다. 정화조는 대부분 땅에 묻혀 있어서 땅을 파고 오수정화시설을 증설하는 과정이 뒤따른다. 만일 땅속 공간이 없다면 상당히 난처한 상황이 발생하기 때문에 이 부분에 꼭 유의해야 한다.

소형에서 대형으로 점프업, '1 + 1 = 3' 투자법

건물주를 꿈꾸는 사람이라면 누구나 강남 빌딩에 대한 로망이 있다. 처음부터 강남에 그것도 규모 있는 빌딩에 입성하면 참 좋겠지만, 여간 어려운 일이 아니다. 그렇다고 아예 방법이 없는 건 아니다. 소형 건물을 발판 삼아 대형 빌딩으로 넘어가는 방식이 있다. 이름하여 '1 + 1 = 3' 투자법이다.

▶ 가수 비의 건물 투자 개요

건물 정보	
소재지	강남구 청담동
대지면적	1024.8m²
연면적	3218.94m²
용도지역	2종 일반주거지역
층수	지하 3층 / 지상 6층
주차대수	기계식 26대, 자주식 4대
도로	8×4m
준공년도	2019년 6월 13일

거래 정보				
매입시기	2008년 7월	신축 ➡	매각시기	2021년 6월
매입가격	168.5억 원		매각가격	495억 원
토지 평당가	5435만 원		토지 평당가	약 1억 5967만 원

가수 비는 2008년 168억 원에 청담동 소재 건물을 매입해, 약 70억 원을 들여 신축했다.

몇 년 전 '깡 열풍'을 일으킨 가수 비는 2008년 미국발 금융위기로 시장이 혼란한 와중에 168억 원에 청담동 소재 건물을 매입했다. 그의 투자는 "공포에 사라"는 주식 투자 대가들의 말을 따라 성공한 사례다. 대지면적이 1000㎡ 이상으로 상당히 크다고 볼 수 있는 이 부지의 평단가는 당시 5500만 원에 조금 못 미쳤다. 이후 비는 약 70억 원을 들여 매입한 건물을 이전과 전혀 다른 모습으로 밸류업했다.

비는 청담동 건물을 2021년 6월 495억 원에 매각했다. 단순차익으로 볼 때 300억 원 이상의 수익을 거두었다. 개인으로 매입한 것이라 세금이 상당히 많이 나왔다. 장기보유특별공제를 통해 40억 원 가까이 공제를 받았는데도 100억 원 이상의 세금이 책정됐다.

◑ 김태희 씨의 건물 투자 개요

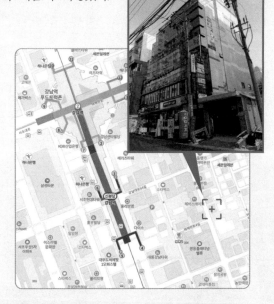

건물 정보	
소재지	강남구 역삼동
대지면적	403.7㎡
연면적	1942.01㎡
용도지역	3종 일반주거지역
층수	지하 3층 / 지상 6층
주차대수	기계식 14대, 자주식 1대
도로	10m
준공년도	2011년 5월 9일

거래 정보					
매입시기	2014년 6월			매각시기	2021년 3월
매입가격	132억 원			매각가격	203억 원
토지 평당가	1억 809만 원			토지 평당가	약 1억 6622만 원

아쉬운 감은 있지만 훌륭한 투자임이 틀림없다.

비의 아내인 배우 김태희 씨는 2014년 6월 개인 명의로 132억 원에 역삼동 소재의 건물을 매입했다. 남편과 달리 김태희 씨는 역삼동 건물에 신축·리모델링 등을 하지 않았다. 건물 소유권을 본인이 설립한 부동산 법인으로 이전해 수익을 관리했다. 김태희 씨는 2021년 3월에 역삼동 건물을 매각해 약 70억 원의 차익을 거두었다. 3개월 후에 남편 비도 청담동 건물을 매각했고, 부부는 자금을 합쳐 서초동에 건물을 매입했다.

부부가 매입한 건물은 굳이 찾자면 기타 상업지 대비 최대한 올릴 수 있는 만큼 건물이 올라가지 않은 점이 아쉽다. 하지만 임차인 구성이 무척 탄탄했기 때문에 매입 당시 2%를 상회하는 수익률을 자랑했다. 평당가가 6억 원을 훌쩍 넘는 점을 감안했을 때 매우 긍정적인 수치다.

◐ 비와 김태희 씨의 건물 투자 개요

비와 김태희 씨 소유의 서초동 대로변 빌딩. 2023년 8월 신논현역 인근에 있던 햄버거 전문점 쉐이크쉑(Shake Shack) 1호점이 부부의 건물로 이전했다.

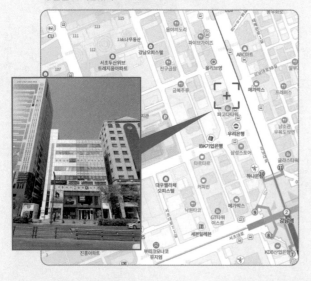

건물 정보	
소재지	서초구 서초동
대지면적	485.6m²
연면적	2913.23m²
용도지역	일반상업지역
층수	지하 2층 / 지상 8층
주차대수	자주식 9대
도로	10차선
건폐율 / 용적률	59.81% / 455.19%

거래 정보	
매입시기	2021년 6월
매입가격	920억 원
토지 평당가	6억 2000만 원

7

상업 부동산 투자에서 '경제적 해자'를 형성하는 공동투자

'김치 프리미엄'으로부터 배우는 경제적 해자

'오마하의 현인'으로 불리는 워런 버핏Warren Buffett, 1930~은 줄곧 주식 투자 시 '경제적 해자'가 있는 기업에 투자하라고 한다. 해자(moat)는 성(城) 주위를 둘러싸고 있는 연못으로, 전시에 적으로부터 성을 지키는 장애물 역할을 한다. 경제적 해자는 기업이 경쟁사에 비해 지속적으로 경쟁을 억제하고 경쟁사의 진입을 어렵게 만들 수 있는 경제적 장벽이나 요소를 의미한다. 해자의 개념은 비단 주식 투자에만 국한되지 않는다. 어떤 방식의 재테크를 할 것인지 고민하는 과정에서 고려해야 할 개념이다.

시장의 초과수익률을 얻기 위해서는 정보가 비대칭적이거나 정보가 대칭적이더라도 해당 정보를 바탕으로 투자기법을 실천할 수 있는 사람이 소수이면 된다. 거꾸로 말해 정보가 대칭적일수록, 해당 투자기법에 대한 진입장벽이 낮을수록 수익률은 시장수익률에 수렴하게 된다.

코로나19 이후 코인 차익거래(arbitrage)를 통해 막대한 부를 이룬 사람들이 많다. 차익거래는 동일 상품이 지역에 따라 가격이 다를 때 이를 매매하여 차익을 얻는 방법이다. 비트코인이 거래되는 두 가지 다른 거래소가 있을 때, 해외 거래

소에서는 a가격에 거래되는 반면 국내 거래소에서는 a+(1+5%) 가격에 거래되는 경우가 있다. 즉 5% 만큼의 갭이 발생하는 것이다. 이를 두고 '김치 프리미엄'*이 발생했다고 하는데, 차익거래의 기본 원칙은 '비싼 것은 팔고 싼 것을 사는 것'이다. 이 경우 한국 거래소에서 거래되는 비트코인을 매도(숏, short)하고 외국 거래소에서 거래되는 비트코인을 매수(롱, long)하면 된다. 자동 알림 프로그램을 만들어서 이런 식의 차익거래 기회를 실시간으로 포착해 쉽게 상상하기 어려운 규모의 돈을 번 이들이 꽤 있다.

그러다 2022년 말쯤 김치 프리미엄을 실시간으로 자동 계산해 주는 플랫폼이 등장하자 이런 식의 투자기법을 구사하는 이들이 많아졌다. 자연스럽게 차익거래 갭이 존재하는 시간이 짧아지면서, 그간 존재했던 시장의 알파가 줄어들었다. 비슷한 정보를 가지고 참여하는 사람들이 많아질수록 시장은 '효율적인 시장'이 되면서 초과수익률이 낮아진다. 주식 시장뿐 아니라 부동산 시장 등 그 어떤 재테크 시장에도 적용되는 메커니즘이다.

김치 프리미엄을 이용한 차익거래 기법에서 작용했던 해자는 ① 투기성이 강조되는 코인에 대한 심리적 진입장벽, ② 실시간 차익거래 기회 포착 능력(프로그래밍 능력) 정도였는데, 이것들이 하나둘씩 무너진 것이다.

따라서 어떤 재테크 방법을 평가할 때, 재테크 본연의 해자가 있는지와 더불어 해자가 무너지기 쉬운 구조인지 살피는 게 중요하다. 상업용 부동산에는 분명 해자가 존재한다. 그것도 꽤 두터운 해자인데, 바로 '자본'이다. 정보 자체가 해자가 되는 경우는 이제 거의 없다. 그나마 부동산 경매가 정보를 통한 해자가 두터운 편이었는데 이제는 관련된 무료·유료 강의가 워낙 많아져서 대중의 이해도가 높아졌다. 무엇보다 부동산 경매는 저예산으로도 충분히 도전할 수 있는 재테크다.

반면 서울 상급지 건물을 활용한 투자는 자본이 꽤 많이 필요하다. 제아무리 우량한 법인이라 할지라도 똘똘한 건물을 매입하기 위해서는 최소 현금 3억

'경제적 해자'는 1980년대 워런 버핏이
처음으로 주창한 개념이다. 해자는 원래 성(城) 주위를
빙 둘러 깊고 넓게 땅을 파고 물을 채워 만든 연못을 가리킨다.
해자는 전시에 적으로부터 성을 지키는 장애물 역할을 한다.
경제적 해자는 경쟁기업의 추격을 따돌릴
확고한 경쟁우위 요소를 뜻한다고 볼 수 있다.
상업용 부동산 투자에서 가장 강력한 해자는 '자본'이다.

~10억 원 정도가 필요하다. 상업용 부동산을 통한 재테크 방법론을 꿰차고 있어도 실천하는 이들이 많지 않은 이유다. 상업용 부동산 투자에서 자본 규모는 매우 강력한 해자이며, 가장 쉽게 자본 규모를 갖추는 방법은 자본을 납입할 사람과 '함께'하는 것이다.

부동산 공동투자에서 동업자는 '인간 레버리지'

처음 사업을 시작하면 참 고려해야 할 것이 많다. 사업자등록부터 상표 출원, 사업자 통장 개설 등 한번 해보면 단순하지만, 처음이라면 생각보다 복잡하게 느껴진다. 법인 설립은 개인사업자 대비 행정적 절차가 복잡하다. 행정적인 복잡성을 떠나 사업이 흥하기 위해서는 여러 가지 전제조건이 수반되어야 하는데, 이때 한 개인이 전제조건을 채울 역량을 갖추기도 여간 어려운 일이 아니다. 그래서 사업을 시작하는 시점에서 많은 이들이 단독으로 사업을 꾸리기보다 동업을 선택한다.

그런데 동업을 한다고 하면 어김없이 "동업하면 싸운다"는 이야기를 듣게 된다. 돈을 투명하게 운용하기만 하면 문제가 없다는 이들도 있지만, 실상 여러 가지 사소한 의사결정에 있어서 다툼이 벌어지곤 한다. 물론 지분을 한 사람이 많이 가져가 최종 의사결정권자를 한 명으로 정하는 방식으로 이런 문제를 해소할 수 있으나, 현실적으로 사이좋은 동업관계보다 다툼이 잦은 동업관계를 찾는 편이 더 쉽다.

건물 투자도 공동투자가 꽤 많다. 위에서 언급했듯 자본을 갖출수록 해자가 생기는 만큼 십시일반 돈을 모아 거금을 만들 유인이 있는 것이다. 건물 공동투자는 동업 형태로 사업을 할 때보다 훨씬 간단한 측면이 있다. 동업할 경우 '매출 대비 인건비가 얼마인데 누가 실질적으로 어떤 노동을 했느냐' 하는 등 애매모호한 구석이 생기기 마련이다. 하지만 건물을 공동투자할 경우 지분에 대한 소유권이 이미 등기상 명시되어 있을 뿐 아니라, 적재적소에 필요한 사람으로 투자자를 구성할 경우 공실 리스크를 줄일 수 있다는 장점도 있다. 이를테면 공동투자를 한다고 하여 단순히 투자 여력이 있는 사람들을 모으는 게 아니라 임차인으로 들어올 수 있는 사업장을 운영하는 사람, 행정 절차에 대해 아주 잘 아는 사람 등 안정적인 임대수익 창출 및 밸류업에 실질적인 도움을 줄 수 있는 사람으로 구성한다면 성공 확률이 더 높아진다.

부동산 공동투자는 근본적으로 금융 레버리지에 더해 '인간 레버리지'를 활용하는 방식이다. 현금 3억 원을 쥐고 있는 사람이 본래 20억 원 정도 규모의 건물 투자를 고려했다면, 공동투자자를 구해 최대 40억 원 규모의 건물까지 검토할 수 있게 되는 식이다. 이러한 이유로 건물 공동투자는 사업과 달리 동업보다 협업의 성격이 강하다고 이야기한다.

아름답게 이별할 수 있는 공동투자 약정서 작성 요령

모든 계약관계가 그렇듯 성공적인 목적 달성을 위해 충족되어야 할 몇 가지 전제조건이 남아 있다. 때에 따라 공동투자가 오히려 해가 될 수도 있기 때문이다. 우선 피해야 하는 형태는 조각투자식으로 과도하게 많은 사람이 출자하는 경우다. 이를테면 10명이 각자 10%씩 지분을 들고 있는 경우다. 사공이 많으면 배가 산으로 가듯, 투자자가 많은 부동산 법인은 진전 속도가 느려진다. 철거 이후 인허가가 끝나고 착공에 들어서는 과정에만 1년 가까이 걸리기도 한다. 이러한 이유로 가족관계가 아닌 4인 이상의 개인 지분 투자 건에 대해 은행의 대출이 엄격해지곤 한다.

더불어 매각 시점에 대한 의사 합치가 선행되어야 한다는 점도 있다. 공동투자

작은 물고기도 여러 마리가 모이면 상어보다 커진다.
상업용 부동산 투자에서 자본 규모는 매우 강력한 해자이며,
가장 쉽게 자본 규모를 갖추는 방법은
자본을 납입할 사람과 '함께'하는 것이다.
부동산 공동투자는 근본적으로 금융 레버리지에 더해
인간 레버리지를 활용하는 방식이다.

시 구성원 모두가 매도하고 싶은 시점이 일치할 확률은 적다. 진행 과정에서도 도중에 누군가 현금화를 해야겠다고 요구한다면 무척 곤란해진다. 이러한 이유로 공동투자 계약서 작성 시 매우 세부적인 사항에 대해서도 합의가 되어야 한다. 부동산 공동투자 약정서 예를 살펴보자.

◐ 부동산 공동투자 약정서의 예

| 부동산 공동투자 약정서 |

제4조(대출명의) 대출명의는 갑으로 하고 대출이자는 모든 지분권자가 3개월 치를 갑의 통장에 예치해 두고, 다음 회 납입부터는 매달 이자 납입일 2일 전에 갑의 대출금 통장에 입금해 대출이자를 충당한다.

제5조(투자비용) 투자 시 필요한 비용은 각 1/3씩 지출하기로 한다.

제6조(수익배분) 수익배분도 1/3씩 하기로 하나 추후 사정에 의하며 투자비용이 상호합의하에 달라질 경우 투자비용 비율에 따라 수익도 배분한다.

제7조(청산기간) 건물 완공 후 임대하여 가능한 매매를 빨리 수행하는 것으로 하되 진행 도중 지분권자 과반수 이상의 의결이 있을 시 의견대로 수행한다.

제8조(공유물의 처분/의사 결정) 투자 과정에서 의견결정 시 과반수 이상의 결정으로 한다. (공유물의 처분에 관한 행위는 「민법」상 공유자 전체 동의가 있어야 하나 지분권자 과반수 이상의 결정이 있을 시 나머지 지분권자도 과반수의 결정에 무조건 따르기로 한다.)

제9조(기타 부대 비용) 각자 회당 물건지를 방문할 경우 각자 4만 원의 교통비용을 사용한 것으로 일괄처리하고, 향후 전체 수익률에서 각자의 회당 금액을 차감한 후 비율에 맞게 배당하고, 기타 잡비(식대, 음료, 접대비 등) 비용은 영수증 처리된 것만 공제 처리하고 향후 수익에서 공제 후 배분한다.

제10조(추가 의결 사항) 향후 추가되는 의결 사항은 첨부 형식으로 추가하며 추가 의결 사항은 3인 모두의 동의가 있어야 한다.

제11조(해지) 본 물건에 대해 가압류 · 가처분 · 경매 등 심각한 해지의 사유가 발생 시 본 계약은 해지할 수 있으나 귀책 사유가 있는 당사자는 상대방에 대해 손해배상의 책임을 진다.

이 약정서는 예시일 뿐 실제 약정서는 훨씬 촘촘히 작성해야 한다. 촘촘하게 작성해야 한다는 얘기는 여러 경우의 수에 대한 행동강령이 모두 기재되어 있어야 한다는 의미다. 가령 한 명이 사전에 정한 가장 가까운 매도일자 이전에 투자한 자금을 빼고자 한다면, 원금만 가져간다는 식의 언급이 있어야 한다.

PM(Project Manager)도 정해두어야 한다. PM은 주도하는 사람을 의미한다. 그러니까 주로 행정업무를 보고 시공사를 알아보는 등의 과정을 담당하는 리더다. 물론 이 사람에 대해서는 더 많은 보상이 이루어져야 한다. 가령 고깃집에 공동으로 50%씩 출자한 사업체를 생각해 보자. 만일 한 사람만 가게에 상주하는 것으로 이야기가 되었다면 상주 인력에 대한 인건비를 영업이익 산출 전에 제하고 배당하는 것이 상식적이다. 건물 투자도 마찬가지다. 생각 이상으로 건물 매입 및 밸류업 단계에서 신경 쓸 것이 많기 때문에 PM의 노동에 대한 적절한 보상이 이루어져야 한다.

주채무자를 선정하는 과정도 필요하다. 가령 세 명이 함께 투자한다고 하면 은행에서는 한 명을 주채무자로, 나머지 둘을 담보제공자로 설정한다. 주채무자는 행정상 부채비율이 올라가기 때문에 다른 투자를 하는 데 있어서 불이익을 받을 여지가 생긴다. 이런 부분에 대해 어떤 식의 보상이 이루어질지 논의가 충분히 이루어져야 한다. 이후 합의사항에 대해서는 변호사 혹은 법무사를 통해 공증받는 절차가 필요하다.

시그니엘 72층 창문을 사다!
: 리츠 투자

건물주는 과연 '단 포도'일까?

모든 것에는 장단점이 있다. 앞서 설명한 상업용 부동산 투자는 합리적인 이율로 높은 레버리지를 일으킬 수 있는 가장 대표적인 투자기법이다. 주식과 비교해도 '족집게'식 투자가 가능하다는 장점이 있다. 주식 투자자라면 알겠지만, 오직 한 가지 사업만 영위하는 기업은 매우 드물다. 유망하다고 하는 폐배터리 재활용 선도기업에 투자하려고 했으나, 만일 해당 기업 이익의 30%가량이 다른 사업 그것도 사양 산업군에서 발생한다면 투자를 단념하기도 한다. 그런데 부동산에 직접투자할 경우 이러한 '묶어팔기'에 괴로워할 필요가 없다. 건물주의 사업 영역은 그 건물을 벗어나지 않는다.

그러나 직접투자에는 여러 가지 제약이 따른다. 무엇보다 '돈'이 큰 진입장벽이다. 실질적으로 억 단위 금액을 상업용 부동산에 투자할 수 있는 사람은 많지 않다. 장기간 자금이 묶이는 것도 단점 중 하나다. 직접 부동산을 매각하는 경우 매수자를 찾는 데 오랜 시간이 소요되어 단기간 내 현금화가 어려울 수도 있다. 갑자기 사업자금이나 급전을 마련해야 한다면, 유망한 주식 혹은 가상화폐에 투자하고자 한다면, 일찍이 부동산에 묶어 둔 돈이 큰 기회비용이 된다. 더불어 취득세, 자금 조달 증명, 보유세, 종부세, 양도세 등 행정적·법적으로 신경 써야 할 것이 많다. 자칫 하나라도 놓친다면 큰 손실이 발생할 수 있다.

건물주가 되는 것도 마냥 자동 소득을 기대할 수 있는 일은 아니다. 『이솝우화』 속 단 포도를 신 포도라며 위안 삼는 여우 같은 생각이 아니다. 경매를 통해 부동산을 취득하는 경우라면 기존 세입자들을 명도하는 데서 오는 스트레스도 이만저만이 아니며, 세입자가 월세를 내지 못한다면 이를 받아내기 위해 골머리를 썩이고 때로는 고소와 맞고소가 오간다. 전기·설비 관련 등의 비용도 신경 써야 한다.

간접투자는 꿩 대신 닭이 아니다

여기 부동산 간접투자라는 훌륭한 대체재가 있다. 직접 나의 명의로 부동산을 사는 것이 아니라 사람들의 돈을 모아서 리츠나 부동산 펀드를 통해 간접적으로 투자하는 방식이다. '꿩 대신 닭'이 아니라 상호보완적이며, 어쩌면 직접투자보다 더 좋은 투자처가 될 수도 있다. 뉴욕 건물 수십 채를 구매할 여력이 있는 워런 버핏 또한 부동산 간접투자자다(워런 버핏의 버크셔해서웨이는 미국 유명 리츠 스토어캐피탈의 2대 주주다).

간접투자는 소액으로도 대형 부동산에 투자할 수 있는 창구다. 만일 개인이 대형 상업용 부동산에 투자할 경우 자금 조달 차원에서 문제가 발생하고, 검증되지 않은 소형 부동산에 투자한다면 높은 리스크를 감수해야 한다. 반면 간접투자는 소액으로도 전문 운용 인력이 임차인을 모집해 리스크를 대신 관리해 준다. 세제 혜택도 무시할 수 없다. 부동산에 직접투자할 경우 토지분에 대해 누진 과세가 적용되며 종합부동산세도 따로 적용된다. 국민주택채권 매입 의무는 덤이다. 그러나 간접투자의 경우 토지분 보유세에 대해 분리과세가 적용될 뿐 아니

'건물주가 오히려 별로일 수 있겠다'는 생각이 꼭 '신 포도'식 사고 방식은 아니다. 부동산에 묶어 둔 돈은 기회비용이며, 건물주가 되면 행정적 · 법적으로 신경 써야 할 것이 많다. 자칫 하나라도 놓친다면 큰 손실이 발생할 수 있다.

분명 저 포도는 아직 덜 익어서 맛이 없는 신 포도일 거야.

라 상장 주식일 경우 양도소득세까지 비과세 된다.

대표적인 간접투자 방법으로는 리츠와 부동산 펀드가 있다. 코로나19 이후 워낙 부동산 투자에 대관한 관심이 커진 만큼 이들 개념을 접해본 이들도 많지만, 둘의 차이를 명확히 구분하는 투자자는 많지 않다.

리츠와 부동산 펀드는 법적으로 여러 지점에서 차이가 있지만, 가장 큰 차이 하나를 꼽자면 '만기'다. 일반적인 부동산 펀드는 대체로 만기가 길다. 만기가 10년, 20년인 경우도 심심치 않게 볼 수 있을 만큼 현금화가 쉽지 않은 투자처다. 지금처럼 재테크 방식이 급변하는 시기에 긴 만기는 큰 기회비용이 될 수 있다.

반면 리츠는 현금화가 쉽다. 리츠는 「상법」상, 구조상 주식을 발생하는 회사로 규정된다. 상장 리츠에 투자할 경우 우리가 핸드폰으로 모바일트레이딩 앱에 접속해 삼성전자 주식을 쉽게 사고팔 수 있는 것처럼, 리츠 회사 주식도 실시간으로 쉽게 사고팔 수 있다.

리츠 = 건물 공동구매

어느 리츠에 투자해야 하는지 설명하기에 앞서 리츠 개념에 대해 간략히 알아보자. 리츠를 한 마디로 축약하면 '건물 공동구매'다. 소액투자자 여럿이 모여 목돈을 만들면 리츠사가 이 돈으로 건물을 매입하고, 이후 임대수익을 받으면 투자금에 비례해 투자자에 나눠주는 식이다. 이처럼 리츠는 다수의 투자자에게서 자금을 조달해 부동산에 투자하고, 임대수익이나 부동산 차익거래를 통해 얻은 수익을 투자자에게 배분하는 부동산 간접투자 형태를 띤다. 쉽게 말해 투자자가 시그니엘을 영업자산으로 하는 리츠에 100만 원을 투자했다면, 이는 시그니엘의 72층 창문 하나를 매입한 셈이다.

좀 더 구체적으로 살펴보자. 리츠사는 건물을 소유하는 동안에는 부동산 임차인으로부터의 임대수익을, 건물 매각 시점에는 매매차익을 목표로 한다. 임대수익과 매매차익은 리츠 투자자가 받게 될 배당수익의 재원이다. 즉 리츠의 비즈니스 모델은 주식과 채권 시장 기타 은행 차입을 통해 조달한 자금으로 부동산을 매입한 후, 임차인에게 임대료를 받는 단순한 구조다. 부동산의 부동산가치 대비 순영업이익률(자본환원율*)과 리츠의 자본 조달 비용(cost of capital) 차가 리츠의 이익이 된다. 1000억 원짜리 부동산에서 1년간 임대수익 70억 원이 나오고, 이 부동산을 매입하기 위해 발행한 채권과 주식의 가중평균이율이 5%라고 하자. 이 경우 순영업이익률 7%와 자본 조달 비용 5%의 차이 2%가 리츠의 이익인 것이다.

자본환원율 (Cap rate : Capitalization rate)
빚 없이 부동산을 샀다고 가정했을 때 1년 동안의 수익률을 의미한다. 총수익에서 필요경비를 차감한 후 부동산 매매가로 나눠 산출한다.

상업용 부동산에 직접투자하기에는 여러 가지 제약이 따른다. 무엇보다 '돈'은 큰 진입장벽이다. 리츠는 소액으로도 대형 상업용 부동산에 간접투자할 수 있는 상품이다. 리츠를 한 마디로 축약하면 '건물 공동구매'다. 소액투자자 여럿이 모여 목돈을 만들면 리츠사가 이 돈으로 건물을 매입하고, 이후 임대수익을 받으면 투자금에 비례해 투자자에 나눠준다. 시그니엘은 롯데월드타워 (사진 속 건물)에 들어선 초고가 주거시설이다. 일반인이 평당 거래가가 1억 원이 넘는 시그니엘에 직접투자하기란 불가능에 가깝다. 하지만 시그니엘을 영업자산으로 하는 리츠에 100만 원을 투자하면 비록 내 몫은 창문 하나에 불과할지라도 소액으로 시그니엘의 투자자가 될 수 있다.

● SK리츠의 구조

SK리츠는 사실상 페이퍼컴퍼니에 가깝고, 입지에 대한 고민과 사후 관리 등은 실질적으로 SK리츠운용이라고 하는 AMC에서 담당한다. SK리츠의 최대주주인 SK는 책임임차계약에 따라 임차인 모집을 보장한다.

유상증자 기업이 주식을 발행해 자금을 조달하는 방법을 말한다. 발행주식 수가 늘어남에 따라 기존 주주의 지분율이 희석되는 단점이 있지만 기업으로서는 자기자본을 늘림으로써 투자자금 모집, 재무 지표 개선 효과를 누릴 수 있다. 보통 기존 주주에게 증자에 참여할 수 있는 권리를 우선적으로 주는 주주배정 유상증자로 이루어지며, 주주가 증자 참여 권리를 포기한 '실권주'에 대해 일반공모를 진행한다.

국내 시가총액 1위 리츠인 SK리츠를 예로 살펴보자. SK리츠는 SK그룹 전략에 따라 새로운 부지를 매입해 데이터센터를 건설하려고 하고, 투자자 A씨도 마침 데이터시장을 유망 업종이라 생각하던 참이었다. SK리츠가 1000억 원의 유상증자*를 실시하자 A씨는 1억 원어치의 주식을 청약한다. SK리츠는 이렇게 모인 1000억 원을 가지고 부지를 매입하고 건물을 올리려 한다. 이때 SK리츠는 사실상 페이퍼컴퍼니에 가깝고, 입지에 대한 고민과 사후 관리 등은 실질적으로 SK리츠운용이라고 하는 AMC(Asset Management Company)에서 담당한다. 그 대가로 SK리츠는 SK리츠운용에 수수료(0.4%)를 지급한다. SK리츠의 최대주주인 SK는 책임임차계약(300쪽 참조)에 따라 임차인 모집을 보장한다.

이후 SK 본인 혹은 SK가 모집한 임차인이 데이터센터에 들어와 생산 활동을 시작한다. 임대수익률은 대략 7%로 책정되었다. 부동산 인플레이션에 힘입어 부지 및 건물가격 또한 1200억 원으로 뛴 상황에서 이를 매각하는 데 성공한다. 비현실적인 가정이기는 하지만 만일 단 1년 만에 매각이 이루어졌다고 가정한다면 SK리츠는 임대수익으로 70억 원, 매매차익으로 200억 원을 번 것이다. 이 과정에서 SK리츠에 투자한 A씨도 주가 상승과 배당수익을 통해 이에 상응하는 이익을 얻는다.

'배당 성향 500%'가 말이 되나요?

리츠사는 배당가능이익의 90% 이상을 투자자에게 돌려주어야 한다. 엄밀히 말해 배당가능이익의 90% 이상을 배당하면 법인세를 면제해 준다. 어떻게 이런 파격적인 조건이 가능한 것일까? 정부 입장에서는 기업이 자산을 유동화한 돈으로 산업 곳곳에 투자하는 것이 사회에 긍정적인 일이다. 리츠 비즈니스를 영위할 인센티브를 주어 서민들에게도 간접적으로나마 상업용 부동산에 투자할 수 있게 하는 복지 차원이기도 하다.

배당가능이익의 90%를 주주에게 지급해야 하는 만큼 리츠는 전통적인 고배당주에 속한다. 보통 기업의 배당 수준은 '지급 배당금/당기순이익'으로 나누어 구한다. 하지만 리츠주의 배당 수준을 이와 같은 방식으로 계산하면 500% 이상이 나오거나, 심지어는 당기순손실을 기록했는데 배당을 두둑하게 지급하는 경우를 볼 수 있다. 리츠 경영진이 방만하게 돈을 뿌리는 것일까?

매출에서 각종 비용을 제하면 당기순이익이 산출되는데, 배당가능이익은 당기순이익과 다른 개념이다. 「부동산투자회사법」에서 규정하는 배당가능이익 산출식을 실무에 맞게 변형하면 다음과 같다. 당기순이익에 감가상각비를 더하고 자산 매각 손익을 빼면 운영수익(FFO : Funds From Operations)을 구할 수 있는데, FFO가

⊙ 리츠의 배당가능이익 산출 과정

당기순이익에 감가상각비를 더하고 자산 매각 손익을 빼면 운영수익(FFO)을 구할 수 있는데, FFO가 바로 리츠의 배당가능금액이다.

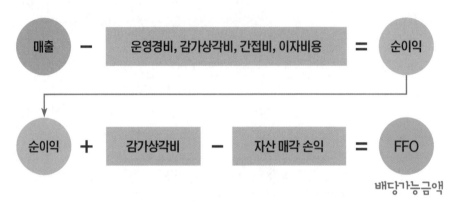

바로 배당가능금액이다. FFO는 주로 리츠에만 사용되는 독특한 개념이다.

우선 감가상각비를 왜 재차 더해주는 것일까? 리츠사가 건물을 매입하면 손익계산서에 일정 기간에 거쳐 감가상각비를 인식한다. 감가상각비는 시간이 지남에 따라 감소하는 자산(건물)의 가치 변동분을 반영하기 위한 회계 개념으로, 명목상 비용일 뿐 실제로 현금이 유출되는 비용이 아니다. 더불어 부동산가격은 역사적으로 계속 상승해 왔고 요즘은 기술 발전으로 건물의 노후화 정도도 더디다. 감가상각비를 더해 '본전'을 만들어 주는 것도 부족해 보일 수 있다.

자산 매각 손익을 차감하는 이유는 다음과 같다. 물론 부동산을 매각할 경우 현금이 들어오지만, 리츠가 지속적으로 운영되기 위해서는 다른 부동산을 다시 매입해야 하므로 이를 일회성 수익으로 인식해야 한다. 만일 자산 매각 이익을 배당한다면 신규 자산을 포트폴리오에 편입하지 못해 추후 배당이 줄어들 가능성이 있다. 90%를 지급해야 하는 기준이 되는 배당가능이익은 바로 FFO를 가리키는 것이다. 따라서 리츠가 당기순손실을 기록하더라도 감가상각비를 더하고 영업과 무관한 손익효과를 제거한 값이 충분히 크다면 주주에게 높은 수준의 배당금을 지급할 수 있다.

리츠에 관한 크고 작은 궁금증

리츠가 일반 주식보다는 생소한 개념인 만큼 항상 리츠와 관련된 여러 궁금증과 의문이 따른다. 대표적인 의문은 '배당수익률이 높은 주식으로는 은행주도 있는데 왜 군이 리츠주를 사야 하는 것인지?'이다. 최근 들어 은행이 하나둘씩 비이자수익* 비중을 늘린다고는 하지만, 아직 우리나라 은행들은 예대마진(대출금리 - 예금금리)이 주수입원이다. 은행주는 결국 은행의 이익에 따라 움직이고, 은행의 이익은 예대마진에 의해 움직이는 구조다. 그러다 보니 은행주는 금리 인상이라는 특별한 이슈가 있어야 높은 배당성향을 기대할 수 있다.

비이자수익 신용카드, 보험 등의 수수료와 주식 · 채권 · 부동산 등의 투자로 얻는 수익이다. 우리나라 은행은 전체 수익 대비 이자수익 비중이 90%에 육박한다. 예대마진 모델은 정부의 대출 규제, 기타 신용 경색 이슈 등 대외변수에 취약하다.

반면 리츠는 배당수익 예측이 비교적 쉽다. 뒤어서 설명할 마스터리스계약 여부 혹은 타인 자본 조달 내역 등을 통해 가까운 시일 내 어느 정도의 배당이 진행될지 예측할 수 있다. 바로 이런 예측가능성이 리츠를 기타 고배당주보다 선호할 만한 이유다.

또 다른 의문은 '리츠의 배당이 채권 이자 혹은 예금 이자와 같은 맥락에서 이해할 수 있는 것인지?', '그렇다면 왜 군이 예금 대신 리츠를 선택해야 하는지?'이다. 은행에 묵히는 돈과 리츠는 각각 예금과 자본이고, 이 둘은 사과와 배만큼 다르다. 예금은 원금이 변하지 않는 상품이다. 반면 땅이나 기업과 같은 자본은 그 가치가 변함에 따라 이익 혹은 손실이 발생한다. 따라서 예금의 이자수익률과 자본의 배당수익률을 동일선상에서 바라볼 수 없다.

9

배당금 많이 주는
좋은 리츠 선발 대회

마스터리스, 리츠의 든든한 스폰서

사과에도 급이 있고 저마다 맛이 다르다. 리츠도 다 같은 리츠가 아니기 때문에 좋은 리츠를 고르는 선구안이 필요하다. 단편적인 예를 하나 들어보자. SK리츠와 롯데리츠는 국내 리츠 중 시가총액 1, 2위를 다투는 리츠 대장주다. 리츠가 국내에 출범한 지 얼마 지나지 않았을 때만 하더라도 대다수 리츠 주가가 비슷하게 움직였다. 리츠에 대한 인식이 미비할 때라 리츠라면 모두 같은 종류로 인식했기 때문이다. 그러나 투자자들의 수준이 높아진 지금은 여러 리츠 중 옥석 가리기가 연출되고 있다.

당장 SK리츠와 롯데리츠의 주가 추이를 살펴봐도 그렇다. SK리츠는 2022년 여름이 되자 주가가 큰 폭으로 하락했다. 롯데리츠는 SK리츠와 주가 수준이 비슷하다가 10월부터 홀로 크게 하락했다. 롯데리츠가 홀로 하락한 원인은 잠시 후 살펴보고, 먼저 좋은 리츠를 찾는 기준을 알아보자.

리츠가 어느 정도의 배당을 약속할 수 있는지, '예금의 원금'에 해당하는 리츠 주가가 앞으로 어떻게 움직일지 파악하기 위해서는 다음 요소들을 반드시 살펴보아야 한다.

SK리츠와 롯데리츠 주가 동향 (단위 : 원)

2022년 3월 31일~2023년 3월 31일까지 SK리츠와 롯데리츠의 주가 동향이다. 전반적인 추세는 비슷하게 보이나 2022년 6월부터 10월까지 두 주식은 서로 다른 횡보를 보였다. 6월쯤에는 SK리츠의 주가가, 10월에는 롯데리츠의 주가가 곤두박질쳤다.

제일 먼저 살펴볼 개념은 마스터리스(Master Lease)계약 여부다. 마스터리스계약은 일정 기간 특정 수준의 임대료를 주겠다는 약정이다. 가령 10년 동안 주가 5000원 기준 연 7%의 배당수익률을 보장해 준다는 약속이다. 별 탈이 없다면 리츠사는 대외변수와 관계없이 투자자에게 약속한 배당금을 지급할 수 있게 된다. 즉, 마스터리스는 리츠의 배당 안정성을 담보하는 전략이다. 마스터리스를 '책임임대차계약'이라고도 부른다. 마스터리스가 없다고 해서 매력 없는 리츠라는 건 아니지만, 분명 마스터리스는 리츠에 든든한 지원군이다.

'리츠사 – 마스터리스' 관계는 카페 사업에서 '실소유주 – 점장' 관계와 유사한 맥락에서 이해할 수 있다. 건물의 실소유주는 리츠사로, 이들이 실질 지분을 쥐고 있는 주인공이다. 그러나 카페 점장이 손님 유치, 직원 관리를 모두 도맡아 하는 것과 유사하게 마스터리스는 리츠사를 대신해 건물 임대수익 수취에 필요한 일을 한다. 리츠는 건물 매입 전후로 마스터리스 회사와 계약하고, 마스터리스사

마스터리스계약은 일정 기간
특정 수준의 임대료를 주겠다는 약정이다.
별 탈이 없다면 리츠사는 대외변수와 관계없이
투자자에게 약정된 배당금을 지급할 수 있게 된다.
즉 마스터리스계약은 리츠의 배당 안전성을 담보하는 전략이 된다.

마스터리스
계약

는 많은 임차인을 모집해 관리비, 월세 등을 걷는 역할을 한다. 엄밀히 말해 대부분 리츠 설립 시부터 마스터리스사가 정해진다. 리츠 설립에 관여한 스폰서가 마스터리스를 겸임하는 것이 관행이다.

　앞서 이야기한 것처럼 건물주가 해야 할 잡다한 일은 생각보다 많다. 마스터리스사는 이런 일을 대신하는 대가로 월세수익의 일부분을 수수료로 가져간다. 마스터리스를 통하지 않을 경우 리츠는 공실 관리, 임대료 수취 등 지난한 과정을 거쳐야 하고 이 과정에서 인건비와 각종 관리비 등의 비용이 들어간다. 이런 업무를 마스터리스가 대신하는 것이다. 가령 마스터리스사가 리츠와 계약할 때 매년 1000원의 월세수익을 보장하기로 했다고 하자. 만일 마스터리스가 1200원을 받았더라도 차익 200원은 마스터리스의 몫이다.

물론 마스터리스계약이 존재하는지가 능사는 아니다. 마스터리스사가 경영 위기에 빠지면 더 이상 배당금이 지급되지 않을 수 있기 때문에 계약 상대방의 신용도를 살피는 것이 필수다.

마스터리스계약이 있는 리츠는 일종의 상방이 정해져 있는 만큼 조달 금리에 초점을 둬야 하고, 마스터리스계약이 없는 리츠는 임대수익률(순영업이익률)을 어느 수준까지 올릴 수 있을지가 관건이 된다. 가령 마스터리스 계약이 없는 신한알파리츠의 경우 판교의 크래프톤타워에 다양한 세입자를 들이는데, 이 가운데 장기임차계약은 많이 없다. 대부분의 세입자와 3, 5년 정도 계약을 하고 있다. 신한알파리츠는 이를 통해 금리 인상 혹은 인플레이션에 발맞춰 임대료를 올릴 여력을 확보한다는 전략이다.

테슬라도 환영받지 못하는 부동산 세계

그다음으로 배당금의 원천, 즉 월세 수입이 누구한테서 나오는지 살펴야 한다. 흔히 '임차인의 질(tenant quality)'이라고도 표현한다. 마스터리스계약이 없는 리츠의 경우 직접 임차인을 모집하고 관리하며 공실률을 줄여 나가야 한다. 모든 리츠는 보유 건물에 대한 공시 의무가 있다. 그래서 투자자도 각 건물에 어떤 임차인이 있는지는 조금만 신경 쓰면 알 수 있다.

주된 임차인이 유통회사인 리츠(편의상 '리테일 리츠'라 명명)를 가정해 보자. 어느 날 임차인의 상황이 악화되기 시작했다. 주변 상권의 경쟁 강도가 올라갈 뿐 아

'임차인의 질이 높다'는 표현은 임차인이 영위하고 있는 사업의 성장성이 높다는 의미가 아니라 해당 사업의 '안정성'을 가리킨다. 임차인 세계관에서는 병원이나 약국, 대형 할인마트같이 경기에 둔감한 임차인의 인기가 높다. 제아무리 잘 나가는 테슬라라도 임차인 선발 시장에서는 작은 편의점보다 매력적이지 않을 수 있는 것이다.

니라 코로나19 이후 전자상거래가 활성화되는 등 리테일 업황도 악화되며 오프라인 영업이 부침을 겪게 되는 식으로 말이다. 이러한 이슈는 리테일 리츠에도 영향을 미친다. 임차인의 수익이 감소하면 임대료 수익도 감소하고 배당금까지 감소하게 된다. 투자자가 자신의 포트폴리오에 좋은 종목을 담아야 하듯, 리츠 역시 건물 안에 질 높은 임차인을 들여야 한다.

　리테일 리츠와 달리, 같은 변화에 대해 주된 임차인이 물류센터인 리츠는 '코로나19 이후 전자상거래 확대 → 물류센터 증가 → 물류센터의 임대수익 증가 → 리츠 수익 증가'라는 선순환이 일어날 수 있다. 리츠 투자에 앞서 산업 분석이 필요한 이유다.

　'임차인의 질이 높다'는 표현은 임차인이 영위하고 있는 사업의 성장성이 높다는 의미가 아니라 해당 사업의 '안정성'을 가리킨다. 투자자가 기업을 바라보는 관점과 채권자가 기업을 바라보는 관점은 무척 다르다. 투자자는 기업의 성장성과 경쟁력에 주목하지만, 채권자는 기업의 상환능력에 초점을 둔다. 채권자의 수익이 채무자의 매출에 비례하지 않듯이, 임대차계약 이후 월세 수입은 임차인의 매출에 연동되지 않는다. 따라서 임차인을 선정할 때 '돈을 떼이지 않는' 업종에 속해 있는지, 즉 '별문제 없이 월세를 꼬박꼬박 낼 수 있는지' 여부가 중요하다.

임차인 세계관에서는 병원이나 약국, 대형 할인마트같이 경기에 둔감한 임차인의 인기가 높다. 반면 헬스장이나 자영업자가 처음 시도해 보는 치킨집 등은 리츠가 환영하는 임차인 축에 속하지 못한다. 제아무리 잘 나가는 테슬라라도 임차인 선발 시장에서는 작은 편의점보다 매력적이지 않을 수 있는 것이다. 여담으로 스타벅스는 월세 지급능력에 의심의 여지가 없고 한 번 임차 시 10년가량을 계약하기 때문에 건물주 사이에서 임차인 1순위 후보다.

물론 임차인을 모집할 때 월세 지급능력에만 초점을 두는 것은 아니다. 공실률을 0%으로 만드는 것도 중요하지만 임대차계약 갱신 가능성, 브랜드 입점에 따른 건물가치 상승 효과 등을 고려해야 한다. 일례로 국내 굴지의 프리미엄 커피 브랜드의 경우 임차료를 거의 부담하지 않는다. 임대인이 커피광이어서가 아니다. 해당 브랜드를 입점시킴으로써 유동 인구를 늘려 다른 임차인들에게 향후 더 높은 임대료를 받아낼 수 있고, 이를 통해 건물가치 상승까지 꾀할 수 있기 때문이다.

리파이낸싱이 부른 주가 차이

앞서 SK리츠와 롯데리츠 간 주가 차이를 살펴보았는데, 과연 무엇이 그렇게 현격한 주가 차이를 불러일으킨 것일까? 바로 '리파이낸싱' 때문이다. 모든 대출과 마찬가지로 리츠가 진 빚도 만기가 도래하면 기존 빚을 상환하고 새로운

○ 롯데리츠의 리파이낸싱 현황

2022년 10월 롯데리츠 주가가 큰 폭으로 하락했다. 10월은 롯데리츠의 리파이낸싱이 있는 달이었다.

발행일	금액	종류	상환일	금리	만기
2019년 10월	4780억 원	담보대출	2022년 10월	2.3%	3년

발행일	금액	종류	상환일	금리	만기
2022년 10월	2000억 원	전자단기사채	2023년 1월	6.5%	3개월
2022년 10월	2800억 원	담보대출	2023년 10월	5.2%	1년

발행일	금액	종류	상환일	금리	만기
2023년 1월	700억 원	담보부사채	2024년 7월	5.7%	1.5년
2022년 1월	1300억 원	담보대출	2024년 1월	6.0%	1년

빚을 내야 한다. 이를 두고 리파이낸싱(re-financing)이라고 한다. 롯데리츠 주가가 2022월 10월 영 힘을 쓰지 못한 것도 리파이낸싱과 관련 있다. 리츠는 개인 투자자와 마찬가지로 부동산을 매매할 때 다량의 빚을 낀다. 이때 '대출이 어느 정도 수준의 금리에서 진행됐는지', 즉 조달 금리는 시장에 무척 중요한 정보다. 대출금리가 높을수록 배당가능이익이 줄어 배당금도 줄기 때문이다. 앞서 설명한 FFO 개념도 결국 이자수익을 지급한 이후의 금액이다.

2022년만 하더라도 대부분 상장 리츠의 조달 금리가 낮은 상황이었다. 그도 그럴 것이 2021년 아파트의 대출금리는 2%대 수준이었다. 그러나 2022년 기준금리 인상에 따라 대출금리가 가파르게 올랐다.

2022년 10월은 롯데리츠의 리파이낸싱이 있는 달이었다. 위 그림을 보면 기존 2.3%의 금리로 진행되었던 담보대출이 무려 5.2%로 뛴 것을 알 수 있다. 동시에

2019년 진행된 대출 원금이 4780억 원임을 확인할 수 있다. 2022년 10월은 레고랜드 사태(211쪽)가 겹친 시기로 은행들이 쉽사리 대출을 해주지 않던 시점이었다. 담보대출만으로 돈이 모이지 않자 롯데리츠는 전자단기사채(종이로 된 실물증서를 발행하지 않고 전자 방식으로 발행 및 유통되는 1년 미만의 단기채권)까지 발행해 남은 2000억 원을 메웠다. 물론 사채는 담보대출보다 높은 6.5% 금리에 발행했으며 만기 또한 3개월로 짧다. 본래 만기가 짧을수록 금리도 낮아져야 한다는 사실에 착안할 때 무척 높은 대출금리임을 알 수 있다.

그로부터 3개월 후인 2023년 1월 재차 전자단기사채의 만기가 돌아왔고, 이번에도 원금 2000억 원이 모두 담보대출로 모이지 않자 새롭게 담보부사채를 발행해 700억 원을 보강했다. 이렇게 금리가 오르는 시기에는 리파이낸싱 시점이 가까이 도래한 리츠가 불안에 떨 수밖에 없다. 따라서 투자할 리츠를 고를 때 조달 금액과 잔존 만기를 잘 살펴야 한다.

좋은 리츠 찾는 만능 지표

대부분의 주식 투자자는 투자 의사 결정 과정에서 다양한 수치적 지표들을 참고한다. 대표적인 것이 PER, PBR 지표다. 엄연히 주식의 한 종류인 리츠주는 어떤 지표를 살펴보면 좋을지 알아보자.

우선 P/FFO(Price/Founds From Operation)를 살펴보자. 주식 투자자들이 많이 참고하는 PER은 P(Price)/EPS(Earnings per Share)로도 나타낼 수 있다. 다시 말해 현재 순이익 대비 주가가 어떻게 형성되어 있는지 말해주는 지표다. 만일 주당 1만 원인 주식회사의 주당순이익이 1000원이라면 PER은 10이 되고, 이는 별다른 성장이 없을 경우 투자금 회수까지 10년이 걸린다는 의미다. 개념적으로 순이익은 채무를 제하고 주식 투자자에게 귀속되는 이익이다.

리츠의 경우는 어떠한가? 앞서 살펴보았듯이 리츠는 배당가능이익의 90% 이상을 배당하게 되고, 따라서 배당가능이익이 리츠 투자자에게 귀속되는 금액이 된다. 리츠투자자들이 PER 대신 P/FFO지표에 좀 더 집중하는 이유다. 아주 단순히 생각한다면 비슷한 유형의 다른 리츠에 비해 P/FFO가 낮으면 저평가, 높으면 고평가라 생각할 수도 있다.

배당수익률 또한 중요한 지표다. 배당수익률은 배당금을 주가로 나눈 아주

◑ 삼성증권의 리츠 평가

종목	밸류에이션(2023F)				
	시가총액 (십억 원)	배당률 (%)	P/B (배)	ROE (%)	P/FFO (배)
SK리츠	1,020	5.1	1.1	4	25.5
디앤디플랫폼리츠	218	8.9	0.7	1.3	8.2
ESR켄달스퀘어리츠	907	6.3	0.8	4.3	13.3
신한알파리츠	552	6.1	1.3	6.2	15.6
롯데리츠	972	5.3	0.8	3.3	13.9
제이알글로벌리츠	911	8.2	1	4.5	11.4
이리츠코크렙	345	7.5	1.4	7.5	13.8
이지스밸류리츠	175	8.7	0.6	12.7	16.1
이지스레지던스리츠	111	6.8	0.5	9.6	14.8
KB스타리츠	467	8.2	1	8	12.2
코람코에너지리츠	492	7.8	1.1	8.7	18.9
NH올원리츠	157	7.5	n/a	5.4	14.4
미래에셋글로벌리츠	103	8.4	0.7	3.2	11.9
신한서부티엔디리츠	209	8.3	0.8	4	12.4
코람코더원리츠	196	6.5	1	3.9	17.1

2023년 삼성증권에서 발행한 〈대체투자 Weekly : 리츠의 자금 조달 다변화〉 중 일부. 일반 기업을 분석한 리포트와 다르게 P/FFO 지표가 주요하게 제시되어 있음을 확인할 수 있다.

* 자료 : FnGuide, 삼성증권

간단한 산식이다. 배당수익률은 반드시 예금금리와 비교해 보아야 한다. 가령 2020년 초 배당수익률이 5%였다면 이는 매우 매력적인 투자처로 고려해 볼 수 있었으나 2023년과 같은 고금리 시기에는 8% 이상의 기준을 적용해야 하는 식이다.

물론 배당수익률이 높다고 능사는 아니다. 단순히 PER이 낮다고 해서 주식이 저평가되어 있다고 할 수 없는 것처럼 막연히 배당수익률이 높은 주식에 투자하는 것은 위험하다. 아무래도 입지가 좋고 임차인이 탄탄한 리츠는 배당수익률이 낮을 수밖에 없다. 해당 건물의 배당수익률은 건물값 대비 월세로 나타나는데, 위와 같은 조건을 갖춘 건물은 모두가 사고 싶어 하는 만큼 가격이 높게 책정되기 때문이다. 서울에서 좋은 상업용 부동산들의 경우 순영업이익률(Cap Rate)이 4% 정도에서 형성되고, 그보다 급지가 낮은 부동산은 5~6%가 형성된다. '고위험 고수익'은 세상 만물에 적용되는 원칙이다.

일반 주식회사의 경우 긴 업력이 회사의 우수성을 방증하지는 못하지만, 적어도 부동산에는 적용될 수 있는 논리다. 부동산은 첫째도 입지, 둘째도 입지다. 오래된 리츠일수록 그간 핵심 지역의 부동산을 소유해 안정적으로 임대료가 발생해 왔고, 앞으로도 그럴 가능성이 높다. 물론 이런 리츠는 이제 갓 법인 신고를 마친 리츠보다 배당수익률이 낮을 것이다.

그 외 살펴볼 만한 지표로 P/NAV(부동산 감정평가액)가 있다. 재무제표에 기재되어 있는 부동산의 가치는 시가가 아닌 장부가 기준이다. 즉 '투자부동산'이라 기재되어 있는 자산 항목에는 현재 가치가 아닌 최초 매입액이 기재되어 있다. 2018년도에 이리츠코크렙과 신한알파리츠가 상장했을 당시 PBR(주가를 주당순자산가치로 나눈 값으로, PBR이 1보다 큰 종목은 주가가 장부가치보다 높아서 고평가되었다고 해석)이 1.5를 상회했는데, 상장 시점 이전에 매입한 부동산의 시가가 오른 만큼 이를 두고 고평가라고 할 수 없는 것이다.

　이와 더불어 리츠는 포트폴리오 내 비중이 큰 임차인에 대한 EBITDAR/rent 지표를 공시한다. EBITDAR는 쉽게 설명해 기업의 영업이익에 실제 지출이 아닌 감가상각비와 임대료를 더한 금액이다. 따라서 EBITDAR를 임대료로 나눔으로써 임차인이 몇 년 동안 임차료를 감당할 수 있는지 알 수 있다.

◐ 2022년 12월 말일 기준 SK리츠 재무상태표 중 (단위 : 백만 원)

	제7기	제6기	제5기
유동자산	80,692	22,042	67,861
현금 및 현금성 자산	37,189	4,741	27,013
단기금융상품	38,053	15,033	16,000
매출채권 및 기타 유동채권	4	0	142
기타 유동금융자산	2,363	1,788	1,356
기타 유동자산	3,083	480	23,350
비유동자산	3,046,675	2,386,023	2,390,116
투자부동산	3,039,169	2,386,023	2,390,116
장기금융상품	7,506	0	0
자산총계	3,127,367	2,408,066	2,457,977

재무제표 속 부동산가치는 현재 시가가 아닌 최초 매입액으로 기재된다.

10

'이것' 없이 성공하는 리츠 투자는 없다! : 성공하는 리츠의 공식

리츠는 대대익선(大大益善)?

건물을 3채 보유한 리츠와 100채 보유한 리츠 중 어떤 리츠가 더 매력적인 투자처일까? 물론 여러 조건이 갖추어져야 하겠지만 기본적으로 리츠는 '규모의 경제' 효과가 큰 사업이고 상장 리츠 또한 어느 정도 규모가 있어야 투자자에게 어필할 수 있다. 앞서 리파이낸싱에 대해 살펴봤다. 만일 금리 인상기에 리츠가 소유한 모든 건물의 리파이낸싱 기간이 한꺼번에 도래한다면, 이 리츠는 도산할 수도 있다. 하지만 건물들의 대출 만기를 분산시킨다면 이런 위험을 줄일 수 있다.

리츠가 특정 규모를 달성했을 경우 주요 리츠 인덱스에 편입될 수 있다는 장점도 있다. 주요 리츠 인덱스에 편입되면 외국인 투자자의 참여로 실질적인 자금 유입 효과도 누릴 수 있다. 특정 종목이 주요 지수에 포함됐다는 소식은 해당 주식 투자자에게 호재로 작용하는 경우가 많다. 실제로 테슬라가 S&P 500에 편입된 이후부터 S&P 500 상품을 판매하는 펀드는 실제로 테슬라 주식을 매입해 포트폴리오에 담아야 했다.

국내 리츠는 2022년 3월 ESR켄달스퀘어리츠를 시작으로 롯데리츠, JR글로벌리츠, SK리츠가 차례로 'FTSE 리츠 지수'에 편입되었다. 대체로 시가총액 5억 달러 이상부터 'FTSE EPRA Nareit' 지수 편입이 가능한 것으로 나타났다. 이 다섯 개 리츠는 지수 편입 이후 1~2개월간 외국인 지분율이 약 3% 증가했다.

흔히 유상증자는 주식 투자자에게 환영받지 못하는 소식이다. 301쪽 SK리츠의 주가 그래프를 보면 2022년 6월부터 20%가량 하락한 것을 볼 수 있다. 6월 16일은 SK리츠의 유상증자가 단행된 이후다. 유상증자는 기업이 주식을 발행해 자금을 조달하는 방법이다. 유상증자 이후 발행주식 수가 늘어남에 따라 기존 주주의 지분율이 희석되는 단점이 있다. 이외에도 유상증자는 대개 회사가 운전자본 관리를 잘 못해서 실시한다는 인식이 퍼져 있어서 주가에 악재로 받아들여진다.

그러나 리츠는 산업 본질상 자금 조달 과정에서 유상증자가 따라붙을 수밖에 없다. 그리고 증자 이후 오히려 주당 배당금이 더 올라갈 수도 있다. 리츠는 규모의 경제 효과가 큰 산업이다 보니 너 나 할 것 없이 공격적으로 건물을 매입한다. 리츠는 배당가능이익의 90% 이상을 배당금으로 지급해야 해서 이익잉여금이 많지 않다. 따라서 새로운 건물 매입 자금을 마련하기 위해서는 차입과 증자를 할 수밖에 없다. 부동산을 담보로 대출을 받거나 채권을 발행하고, 유상증자를 통해 추가 투자를 감행하는 식이다. 자체 신용도를 기반으로 사채를 발행하거나 은행으로부터 대출받는 등 한없이 빚을 질 수만은 없는 노릇이기에 유상증자 카드까지 꺼내는 것이다. 그러나 수익률 높은 자산이 새로 편입(매입)된다면 주당 배당금은 이전보다 더 올라갈 수 있다.

국내 vs. 해외, 어떤 부동산을 담는 게 더 유리할까?

이따금 해외 부동산을 보유하고 있는 리츠를 볼 수 있다. 과연 해외 부동산을

해외 1호 공모리츠인 제이알글로벌리츠는 미국과 유럽 소재 오피스 2곳을 기초자산으로 담고 있다. 사진은 2020년 8월 편입한 벨기에 브뤼셀에 있는 파이낸스타워. 파이낸스타워는 벨기에 연방정부 산하 건물관리청이 100% 임차 중이다. 중도해지 불가 조건으로 2034년 말까지 장기 임대차계약을 맺고 있다.

보유하고 있는 것이 리츠의 장점이 될 수 있을까? 제이알글로벌리츠는 2020년 최초로 해외자산을 담은 국내 리츠로 상장했다. 기초자산, 즉 보유 부동산으로 벨기에의 파이낸스타워와 맨해튼 오피스의 수익증권 등이 있다. 이 중 파이낸스타워는 벨기에 건강지수에 연동되어 임대료가 인상되는 구조로, 인플레이션 리스크를 헤지할 목적으로 편입했다.

그러나 지금까지 국내에서는 해외자산을 담고 있는 리츠를 그다지 선호하지 않았다. 크게 두 가지 이유 때문이다. 첫째로 리츠가 해외자산을 매입하고 관리하려면 해당 지역에 대한 이해가 필수다. 경제와 문화에 대한 공감은 물론 임차인과의 관계 유지도 중요하다. 국내 리츠의 경우 지리적 한계로 정보력이나 대응력 측면에서 해외 운용 전문성이 떨어지는 것이 사실이다. 일례로 Cromwell European 리츠는 현재 자산 편입을 위해 11개국에 PM오피스를 설립해 임차인과의 관계를 조율하기 위해 노력하고 있다. 그럼에도 2022년 수익률은 40% 이상의 손실을 기록했는데, 이는 각국의 환율 등 대외변수를 일일이 예측하는 것이 구조적으로 어렵기 때문이다.

둘째로 해외자산을 담고 있으면 외국인 투자자의 수급 안정성 측면에서 불리하다. 외국인 투자자라면 자국 부동산을 담은 한국 리츠에 투자하기보다는 한국 부동산을 담은 리츠에 투자하는 게 자산 배분 관점에서 우월한 전략이다. 물론 해외자산을 담았다고 반드시 밸류에이션 평가에서 불리한 건 아니다. 해외자산 비중이 70% 이상인 리츠가 오히려 다른 리츠보다 좋은 성과를 내기도 했다. 국내외 자산 배분을 통한 리스크 분산 효과도 있기 때문이다. 핵심은 현지 투자사들만큼 현지 임차인을 잘 모집하고 소통할 수 있는지다.

리츠의 성장동력은 계속 오피스일까?

리츠업은 아직 은행, 보험 등 여타 금융업에 비해 규모가 매우 작다. 그러나 미국, 일본 등 선진국은 경제 규모 대비 리츠업 규모가 상당히 크고 현재 우리나라의 리츠업도 빠른 속도로 성장하고 있다. 2019년 말까지만 해도 한국거래소의 상장 리츠는 7개(총자산 51.2조 원)였으나 2023년 3월 기준 22개(총자산 91.5조 원)의 리츠가 상장되어 있다. 미국은 리츠가 1960년대 도입되었으며 상장 리츠 수도 200개 이상이다. 성장성과 미국, 일본 등 선진국 사례를 볼 때 리츠 매출은 앞으로도 무난히 우상향할 것으로 예측된다(물론 개별 종목의 주가와 완연한 동행을 이룬다는 보장은 없다).

한 번쯤 리츠가 처음 시작된 미국 사례를 살펴볼 필요가 있다. 〈미국 리츠 지수와 S&P 500 지수의 재투자수익률〉 그래프에서 알 수 있듯이 리츠 상품 특성상 주가 상승보다는 배당금에 초점이 맞추어져 있다보니 주가수익률은 S&P 500 지수를 크게 하회하는 것으로 나타난다. 그러나 배당을 재투자할 경우를 가정한다면 S&P 500을 상회하는 놀라운 결과가 나온다. 주식에 조금이라도 관심을 가

미국 리츠 지수와 S&P 500 지수의 재투자수익률 (단위 : %)

미국 리츠의 주가수익률은 S&P 500 지수를 크게 하회하는 것으로 나타난다. 그러나 배당을 재투자할 경우를 가정한다면 S&P 500을 상회하는 놀라운 결과가 나온다.

- .... 미국 리츠 지수 수익률
- ── 미국 리츠 지수 수익률(배당 재투자 시)
- .... S&P 500 지수 수익률
- ── S&P 500 지수 수익률(배당 재투자 시)

2.280
2.070
1.004
2.900

자료 : 블룸버그, 기간 : 1989년 12월 31일~2022년 6월 27일

지는 사람이라면 모두 알겠지만, S&P 500의 장기수익률을 상회하는 것은 무척 어려운 일이다.

우리나라의 경우 상업용 부동산 중 오피스 비중이 매우 큰데, 엄밀히 말해 이러한 수요는 '대기업발' 수요다. SK와 같은 대기업들은 신성장 자금을 마련하기 위해 종종 리츠를 상대로 세일앤리스백(Sale & Lease-back)을 활용한다. 세일앤리스백이란 회사가 소유한 자산을 매각한 후 매입자에게 해당 자산을 다시 빌려 쓰는 것이다. 매각자 입장에서는 기존 사업 구조는 동일하게 유지하면서 당장 거액의 현금을 확보해 재무 구조 개선이나 신규 투자에 나설 수 있다는 장점이 있다. 참고로 이렇게 탄생한 리츠는 '이랜드리테일-이리츠코크렙'의 경우처럼 그 소유 자산 및 임차인이 동종의 성격을 띠는 경우가 많다.

대기업은 왜 리츠에 자산을 넘기는 것일까? 우선 대기업의 경우 리츠에 자산을 넘긴 이후 해당 리츠에 대한 지분을 가지고 있는 경우가 많다. 이를 통해 배

🔾 이리츠코크렙 자산 이리츠코크렙의 보유 자산들로, 이랜드리테일이 임차인으로 들어와 있다.

NC백화점 야탑점

경기 성남시 분당구 야탑로 81번길

뉴코아 일산점

경기 고양시 일산동구 중앙로 1206

뉴코아 평촌점

경기 안양시 동안구 동안로 119

당수익과 함께 가치상승분까지 노릴 수 있는 것이다. 건물을 완전히 매각했다면 새로운 건물주가 건물 용도를 바꾸거나 다른 임차인을 들이면 군말 없이 오피스를 이전해야 한다. 하지만 지분을 일정 부분 보유함으로써 안정적으로 입지 지배력을 행사할 수 있다. 일종의 '본사 IPO'라고 이해해도 좋다. 단번에 자산을 매각할 때보다 자회사로 리츠를 두어 주식을 야금야금 파는 방식으로 절세 효과를 누릴 수도 있다. 이러한 유동화 전략과 더불어 세제 혜택을 고려했을 때, 서울을 중심으로 한 오피스 리츠 시장이 앞으로 더욱 커질 것으로 예상된다.

리츠 투자로 손실이 나는 경우

모든 주식은 단기적으로는 '이슈'가 반영되고, 장기적으로는 기업의 내재가치를 따른다. 리츠도 마찬가지다. 단기적으로는 주식 시장의 특성이 강하게 반영되고, 장기적으로는 부동산 시장 특성이 반영된다. 2022년 리츠주는 영 힘을 쓰지 못했다. 대표적인 원인은 금리 인상 및 경기 침체 우려로 인한 전반적인 주식 시장 하락이다. 리츠도 결국 주식이기 때문에 유가증권 시장의 수급에 영향을 받는다.

기업가치를 평가하는 가장 기본적인 개념은 기업이 창출할 미래 현금 흐름을 가중평균자본비용(WACC)으로 할인하는 것이다. 이때 금리 상승은 가중평균자본비용을 상승시켜 이론적으로 기업가치 하락으로 이어진다. 물론 리츠의 경우 테슬라, 구글 등의 고성장 테크주에 비해 현재의 현금 흐름보다 미래 현금 흐름의 비중이 높은 것은 아니기 때문에 수급상 금리 변화에 더 둔감하게 반응한다.

그러나 부동산 시장 자체는 금리에 무척 큰 영향을 받는다. 1980년대 일본의 부동산 버블 붕괴와 2008년 서브프라임 모기지 등 역사적으로 대형 경제 위기는 금리 인상에서 시작되었다. 무엇보다 대출금리가 높아지는 것이 문제다. 리츠 투자자들이 참고하는 순영업이익률(Cap Rate) 계산의 기초가 되기도 하고, FFO 산식에서도 살펴볼 수 있듯 이자를 더 많이 내는 만큼 배당가능이익이 줄어든다.

금리만 살피는 것이 해결책이 될 수 없다. 가령 2006년과 2007년은 금리가 올라가는 상황이었는데도 경기가 좋아져서 리츠주가 호실적을 거두었다. 인플레이션에 따라 임대료 상승이 동반되었기 때문이다. 결국 Cap Rate 산식에서 '앞과 뒤 중 어느 것이 더 커지느냐'의 싸움이다.

금리와 무관한 부동산가치 하락도 주의해야 한다. 주요 임차인들의 이탈, 공실률 증가가 장기화될 경우 리츠의 향후 이익이 감소하기 때문이다. 이에 따라 배당이 감소될 우려가 있다면 투자를 재검토해야 한다.

리츠 투자에 날개를 달아줄,
사업보고서 읽는 법

리츠도 결국 주식의 일종이고, 주식을 분석하는 왕도는 없다. 다만 최소한 이 정도는 분석해야 할 것들을 짚어 봤다. 모든 상장 주식은 DART(금융감독원 전자공시시스템)에 투자에 영향을 미칠 수 있는 모든 정보를 공시하도록 하고 있다. 대표적인 리츠도 DART에서 관련 정보를 찾아볼 수 있다.

이리츠코크렙을 예로 살펴보자. DART 검색창에 '이리츠코크렙'을 검색하고, 공시유형에서 '정기 공시'를 체크하면 분기별 보고서를 볼 수 있다('사업보고서'라고 되어 있는 것은 연도별 보고서라고 이해하면 된다). 기재된 내용은 엄밀한 감사를 거치기 때문에 3개월가량의 시차가 있는데, 투자자들은 가장 최신 일자의 보고서를 보면 된다.

보고서에서 리츠에 관한 내용을 자세히 살펴볼 수 있다. 특히 'Ⅱ. 사업의

◐ 리츠 사업보고서 읽기 1

DART 검색창에 '이리츠코크렙'을 검색하고, 공시유형에서 '정기 공시'를 체크하면 분기별 보고서를 볼 수 있다.

◐ 리츠 사업보고서 읽기 2

리츠 외에 어떤 주식을 분석하든 가장 먼저 'Ⅱ. 사업의 내용'을 일독할 것을 권한다.

내용'은 해당 업종 전반에 대한 설명과 회사의 비즈니스 모델에 대한 상세한 설명이 담겨 있는 만큼 반드시 숙지해야 한다. 우선 이리츠코크렙의 경우 최대주주가 이랜드리테일임을 확인할 수 있다. 이랜드그룹이 자산을 유동화하기 위해 리츠를 활용했다고 해석할 수 있다.

리츠는 부동산업이라는 특수한 사업을 영위하는 만큼 다른 업종에 종사하는 상장사 대비 'Ⅱ. 사업의 내용' 분량이 많지 않다. 임대료, 차입금 내역 등은 'Ⅲ. 재무에 관한 사항'에 들어 있다.

◐ 이리츠코크렙 사업보고서 〉 Ⅲ. 재무에 관한 사항 〉 11. 투자부동산

(6) 운용리스 제공 내역

"연결 실체는 보유 중인 투자 부동산 전체에 대해 ㈜이랜드리테일과 운용리스를 제공하는 계약을 체결하고 있으며 보고 기간 종료일 현재 상기 투자 부동산에 대한 운용리스계약으로 연결 실체가 받게 될 것으로 기대되는 미래 최소 리스료 내역은 다음과 같다."

(단위 : 백만 원)

구분	당기	전기
1년 이내	43,059	42,143
1년 초과 5년 이내	172,239	168,573
5년 초과	281,964	297,563
합계	497,263	508,280

이 내용을 통해 이리츠코크렙이 최대주주인 이랜드리테일과 운용리스 계약을 체결했음을 알 수 있다. 앞서 설명한 마스터리스(책임임차계약)의 예다. 해당 보고서의 결산일은 2022년 12월 31일이기 때문에, 2023년 동안 이랜드리테일로부터 약 430억 원의 임대료 수취를 약속받은 상태임을 알 수 있다.

이리츠코크렙의 장기차입금 현황이다. 차입처는 은행 및 보험사로, 차입금을

(1) 보고 기간 종료일 현재 장기차입금의 내역은 다음과 같다.

(단위 : 백만 원)

차입처	당기말	전기말	이자율	최종 만기일	상환 방법
(주)우리은행	55,000	55,000			
현대해상화재보험(주)	50,000	50,000			
(주)케이비손해보험	85,000	85,000			
중국농업은행주식유한회사	20,000	20,000	3.1%	2024.05.07	만기 일시 상환
(주)국민은행	45,000	45,000		2024.05.21	
(주)대구은행	30,000	30,000			
(주)경남은행	15,000	15,000			
(주)광주은행	15,000	15,000			

만기에 일시 상환해야 하는 구조다. 현재 차입금리는 3.1%로 무난한 수준이며, 2024년에는 미국 연방준비제도를 비롯해 우리나라의 금리 하향 국면이 예상되는 만큼 2024년 5월 리파이낸싱을 할 때쯤 차환 충격이 그리 크지 않으리라고 예상해 볼 수 있다.

이외에도 DART가 담고 있는 정보는 무한히 많다. DART를 살펴보는 것은 필수이고, 해당 기업이 별도로 발간하는 홈페이지 내 IR 자료 또한 분석해야 한다. IR 자료에는 DART에서 제공하지 않는 자료들이 실리는 경우도 많다.

가령 이리츠코크렙이 '어떤 자산들을 보유하고 있는지', '해당 점포들이 이랜드리테일 점포 중 매출 기준으로 몇 위 점포인지'까지 제시되어 있다. 전국 45개 점포 중 대부분 상위 순위에 포진해 있음이 확인된다. 최신 감정평가액과 자산가치 상승율까지 살펴볼 수 있다.

여기서도 이랜드리테일과 마스터리스계약이 체결되어 있음을 확인할 수 있으며 공모가 5000원 기준으로 7% 이상의 배당수익률을 보장해 줄 수 있음을 나름의 수치적 근거를 들며 강조하고 있다. 책임임차인의 신용등급도 나타나 있으며 임대차계약도 부동산 관련 비용 일체를 임차인이 부담하는 TNL(Triple Net Lease)로 이루어져 있음을 알 수 있다.

참고로 임대는 크게 그로스리스(Gross Lease)와 넷리스(Net Lease) 방식으로 나뉜다. 그로스리스는 건물 수리, 유지관리비, 부동산 보유세, 보험료 등 임대료를 제외한 대부분의 비용을 건물주가 부담한다. 반면 넷리스는 이를 임차인이 부담하는 형태다.

◐ 이리츠코크렙 IR 자료 중

이리츠코크렙의 2022년 하반기 K-REITs Corporate Day 행사 IR 자료. 점포(보유 자산)의 매출 순위, 책임임차인의 신용등급, 임대차계약 구조 등의 정보가 제시되어 있다.

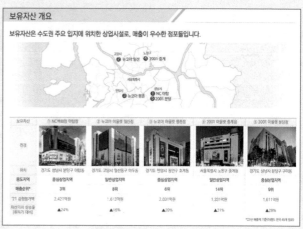

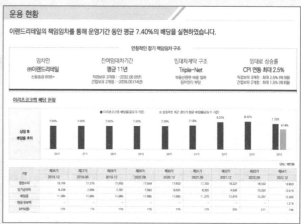

임차인이 유지관리비, 부동산 보유세, 보험료 세 가지를 부담하는 리스를 TNL이라고 부른다.

이외에도 대출 리파이낸싱 계획, 금리 민감도, 회사채 등급, 수익 구조 등 무척 구체적이고 다양한 정보들이 담겨 있으니 반드시 IR 자료를 살펴보기 바란다.

Chapter · 4

투자 승률을 높이는 마지막 무기, 부동산 법률

부동산의 이력서, 등기부

부동산의 이력을 확인할 수 있는 유일한 서류

등기부등본(이하 등기부)은 부동산에 관한 권리와 사실관계를 적어두는 장부다. 정식 명칭은 '등기사항전부증명서'다. 누가 그 부동산을 소유하고 있는지, 누가 그 부동산을 사용할 권리를 갖는지, 누군가 그 부동산을 담보 삼아 돈을 빌렸는지 등 권리관계는 물론 건물 혹은 토지의 면적이나 현황 등 사실관계까지 아주 다양한 내용이 등기부에 기록된다. 사람으로 치면 신분증이나 마찬가지다.

부동산 거래 과정에서 최소한 한 번은 보는 게 등기부다. 그러나 그 안에 적힌 내용이 무엇을 의미하는지 속속들이 이해하고 있는 사람은 생각보다 많지 않다. 등기부의 세세한 내용까지 반드시 알아야 할까? 거래할 때 물건에 대해 정확히 알아야만 손해를 보지 않는 것은 당연하다. 부동산을 이해하는 데 있어 등기부만큼 직접적이고 효율적인 수단은 없다. 우리 법은 등기부에 해당 부동산에 관한 가장 중요한 정보를 틀림없이 기록하도록 강제하고 있기 때문이다. 등기부는 우리나라에서 부동산의 권리관계를 확인할 수 있는 유일한 공적 자료다. 그러니 등기부의 내용을 읽고 이해할 수만 있어도 부동산에 관한 핵심적인 정보를 파악할 수 있다. 그런 수준에 도달하는 데 많은 법률 지식이나 노력이 필요한 것도 아니다. 이 책을 읽는 짧은 시간만으로 등기부가 담고 있는 내용을 충분히 파악할 수 있다.

등기부등본의 쓸모

2023년 상반기에 사회적으로 전세사기가 큰 문제가 되었다. 전세사기에는 다양한 유형이 있지만, 가장 전형적인 사례는 주택이 과도한 빚을 담보하는 등의 문제로 임차인이 전세금을 돌려받지 못하는 경우다. 등기부 내용을 제대로 이해하지 못하면 주택이 어느 정도의 빚을 담보하고 있는지 알 방법이 없다. 전입신고 전후로 해당 주택의 등기부를 꼼꼼히 살펴보는 것만으로, 전세금을 돌려받지 못할 위험을 상당 부분 파악할 수 있고 그런 불안정성에 대처할 수 있다.

꼭 전세뿐만이 아니라 등기부는 모든 부동산 거래에서 의사결정을 내리는 데 중요한 자료다. 부동산을 매입하는 과정에서 해당 부동산의 등기부를 살펴봤더니 '저당권(341쪽)'이 잡혀있다고 해보자. 이때 부동산의 가치는 어떻게 산정해야 할까? 부동산에 '가압류(360쪽)'나 '가처분(354쪽)'이 설정되어 있다면 어떨까? 각각이 의미하는 바를 정확히 알지 못하면서, 잘 처리해 주겠다는 매도인의 말, 큰 문제 없을 테니 나만 믿으라는 공인중개사의 말만 덜컥 믿고 거래해도 과연 괜찮을까? 등기부는 해당 부동산에 발생할 수 있는 위험을 정확히 파악하는 데 도움이 된다.

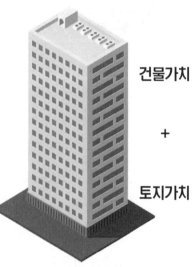

건물가치

+

토지가치

아파트의 가치는 건물가치와 토지가치의 합이다. 만약 71평짜리 한남더힐 1세대를 매수하면 동시에 한남동 금싸라기 땅 70평의 주인이 된다.

등기부는 우리나라에서 부동산의 권리관계를
확인할 수 있는 유일한 공적 자료다.
그러니 등기부의 내용을 읽고 이해할 수만 있어도
부동산에 관한 핵심적인 정보를 파악할 수 있다.

나아가 등기부를 이해하면 가치 높은 부동산을 분별하기 훨씬 수월해진다. 예를 들어 아파트 등 공동주택에서 건물과 묶여 함께 거래되는 대지지분이 있다. 거의 모든 아파트는 건물과 토지에 대한 권리가 함께 거래되도록 하나로 묶여 있다. 따라서 등기부도 하나로 되어 있다. 아파트 매수는 동시에 토지에 대한 일정한 지분, 즉 대지지분도 함께 사는 것이다. 따라서 아파트가치는 건물과 토지가치를 합한 것으로 이해해야 한다. 다만 대지지분을 계산하는 방법이 따로 있어서, 같은 평형의 아파트라도 단지에 따라 대지지분이 제각각이다. 심지어 몇몇 아파트는 대지지분이 건물에 묶여 있지 않아, 오직 건물만 따로 거래되기도 한다. 이러한 내용을 파악하려면 등기부를 분석할 줄 알아야 한다.

서울 시내 최고가 아파트로 유명한 '한남더힐'은 59.68㎡(전용면적) 매매가가 30억 원(2023년 10월 기준) 수준이다. 한남더힐이 이렇게 비싼 이유는 입지나 건물 수준이 훌륭해서이기도 하지만, 그보다는 대지지분이 기여한 바가 크다고 봐야 한다. 한남더힐의 대지지분은 전용면적(방·거실·화장실·주방 등 개별 세대가 독립적인 주거 용도로 독점해 사용하는 공간의 면적)의 97% 수준이다. 즉, 전용면적이 71평인 한남더힐 1세대를 매수하면 동시에 한남동 금싸라기 땅 70평 정도를 사는 것과 같다.

상식적으로 건물가치는 시간이 지날수록 노후화되어 낮아지지만, 토지가치는 변하지 않는다. 따라서 연식이 오래된 아파트일수록 가격에서 토지가치가 차지하는 비율이 높아질 수밖에 없다. 즉 구축 아파트라면 등기부에 드러나는 대지지분에도 초점을 맞출 필요가 있다. 이러한 구조에 대한 이해가 바탕이 되었을 때 가치 높은 부동산을 분별할 수 있다.

다른 예로 토지의 '지목'이 있다(394쪽). 토지마다 어떻게 쓰이기 위한 것인지 즉 이용 목적이 정해져 있는데 이를 지목이라고 한다. 지목이 '대지'라면 건물을 지을 수 있는 토지고, '잡종지'라면 무엇을 위해서든 쓸 수 있는 토지라 가치가 높다. 반면 '임야'라면 대부분의 개발 행위가 금지된 토지라 가치가 낮다. 지목은 토지대장에 기록하는 것이 원칙이나, 같은 내용이 등기부에도 있다. 따라서 토지의 지목과 지목이 의미하는 바가 무엇인지를 등기부에서 읽어내지 못한다면 토지의 가치를 분석할 수 없다.

나아가 부동산 경매에도 관심이 있다면 등기부의 중요성은 아무리 강조해도 지나치지 않는다. 등기부상에 드러난 권리 가운데 어떤 권리는 경매를 거치면서 소멸하는 반면 어떤 권리는 끝까지 자리를 지킨다(114쪽 참조). 건물이 경매를 거쳤음에도 불구하고 이전 세입자가 쭉 그 건물을 사용할 권리를 갖는다면 어떨까? 당연히 그렇지 않은 건물보다 훨씬 가치가 낮아야 할 것이다. 등기부조차 이해하지 못하고 경매되는 부동산의 가치를 산정한다는 건 어불성설이다.

물론 등기부를 모른다고 해서 꼭 손해를 보는 것도 아니고, 반드시 등기부를 알아야 이익을 얻는 것도 아니다. 등기부를 볼 줄 몰라도 별 탈 없이 큰돈을 번 사람도 많다. 운이 따랐을 수도 있고, 중개인이 등기부상에 존재하는 위험 혹은 수익의 근거를 상세히 설명해 주었기 때문일 수도 있다.

그러나 이것이 등기부에 대한 이해를 경시할 이유가 되지는 못한다. 어디까지나 부동산 거래를 통해 득실을 얻는 자는 중개인이 아닌 거래의 당사자이기 때문이다. 중개인은 거래를 성사시켜 수수료를 받으면, 그것으로 끝이다. 중개인이 구매자의 안위를 살필 이유까지는 없다는 이야기다.

단적으로 전세사기만 봐도 그렇다. 공인중개사가 집주인과 결탁해 해당 부동산에 존재하는 위험을 세입자에게 은폐한 사례가 여럿 있었다. 중개인이 적극적으로 가담해 위험을 숨기는 것까지는 아니더라도, 고객에게 위험을 제대로 경고하지 않는 경우는 흔하다. 물론 '손님이 손님을 낳는다'는 마음가짐으로 성심성의껏 중개하는 중개인도 많다. 그러나 누구보다도 해당 부동산을 정확히 파악해 거래에 온 힘을 다해야 할 사람은 당연히 거래의 당사자다. 이런 노력을 기울이는 것이 반드시 이익으로 돌아온다는 보장은 없지만, 최소한 손해 볼 일은 없게 만든다.

이 세상에 완벽한 문서는 없다

다만 우리나라의 법체계상 등기부 기록에는 한계가 있다. 관심이 있는 사람이라면 한 번쯤은 들어보았을 것이다. 우리 등기부에는 '공신력'이 없다.

만약 등기부에 공신력이 인정된다면, 등기부를 믿고 행한 법률 행위는 무조건 유효한 것으로 인정된다. 가령 김갑동 씨가 매매계약서를 위조해 등기소에 제출해, 본래 이을녀 씨 소유인 건물을 마치 자신이 구매해 소유하고 있는 것처럼 등기부에 기재했다고 해보자. 박병남 씨는 위조된 등기부를 믿고 김갑동 씨로부터 해당 건물을 매수했다. 이때 박병남 씨는 그 건물을 소유할 수 있을까?

⊙ 위조된 등기부를 믿고 건물을 매수한 사례

우리나라 등기부에는 공신력이 없기 때문에, 등기부상 주인과 실제 주인이 다른 것을 모르고 부동산을 매수했다가 손해를 입은 경우, 국가에서는 어떤 배상도 해주지 않는다.

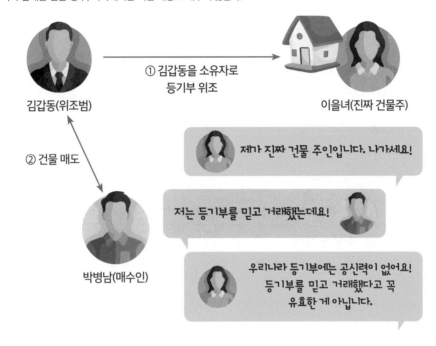

등기부에 공신력이 있었더라면 박병남 씨의 매수가 유효하다고 인정되었을 것이다. 등기부에 적힌 대로 믿고 매수한 것이기 때문이다. 따라서 박병남 씨는 해당 건물에 대한 소유 사실을 인정받을 수 있게 된다. 그러나 등기부의 공신력을 인정하지 않는 우리나라에서, 박병남 씨는 진정한 소유자인 이을녀 씨가 응해주지 않는 한 소유권을 취득하지 못한다. 이처럼 등기부를 믿고 거래한 경우에도 언제든 예측하지 못한 손해를 입을 수 있다. 등기부는 정보를 제공하는 공시 기능만 가지고 있을 뿐 공시한 내용에 대해 책임지지 않는다. 쉽게 말해 부동산의 권리관계에 대해서 알려줄 뿐, 그 내용에 대해 국가가 보증하지 않는다는 것이다.

다만 한 가지 다행인 점은, 등기부는 공신력이 인정되지는 않지만 '추정력'은 인정된다는 것이다. 추정력은 특별히 반대되는 증명이 없는 한, 등기부에 기록된 내용이 일단 사실이라고 인정해 법적 효력을 발생시킨다는 의미다.

앞서 살펴본 예를 다시 살펴보자. 자신이 구매한 건물로 향한 박병남 씨는 초면인 이을녀 씨를 만나고 어안이 벙벙해졌다. 이을녀 씨에게는 자신이 이 건물의 매수인이니 건물을 인도하라고 했다. 이을녀 씨가 이에 응하지 않아 소송까지 진행되었다고 해보자. 누가 승소할까? 매매계약서가 위조되었는지를 떠나서, 일단 등기부에는 김갑동 씨를 거쳐 박병남 씨가 건물을 소유하게 되었다고 기록되어 있다. 그렇다면 등기의 추정력에 의해 일단 소유권 이전이 사실이라고 추정된다.

따라서 만약 이을녀 씨가 그에 반대되는 증명, 즉 '김갑동에 의해 등기가 위조되었다는 사실'을 증명해 내지 못한다면 박병남 씨가 승소한다. 즉 이을녀 씨는 진정한 소유자임에도 건물에서 쫓겨나게 된다. 이러한 점을 고려하면 추정력만으로도 등기부를 믿을 만한 상당한 이유가 있다.

나아가 등기부에 드러난 권리 중 일부가 실제와 다를 수는 있어도, 최소한 등기부에 드러나야만 하는 권리라면, 등기부에 드러난 것이 전부라 믿는 것은 가능하다. 부동산에 관한 권리가 등기부에서 잘못 말소될 수는 있어도, 완전히 누락되는 경우는 없다. 왜일까? 우리 「민법」 제186조에서 "부동산에 관한 법률 행위를 통해 이루어지는 모든 물권의 변동은 등기해야만 효력이 있다"고 하고 있기 때문이다. 즉 부동산에 관한 권리 대부분은 반드시 등기되어야만 인정된다. 다만 예외는 있다. 유치권이나 대항력 있는(전입신고를 마친) 임차권 등이 등기부에 담기지 않는 권리들다.

등기부는 어디서 볼 수 있나?

등기부는 대한민국 법원에서 직접 운영하는 인터넷등기소(www.iros.go.kr)에서 손쉽게 열람 및 발급할 수 있다. 포털 사이트에서 '등기부'라고만 검색해도 곧

인터넷등기소 첫 페이지

[열람/발급(출력)]을 클릭해 등기부를 열람하거나 인쇄할 수 있다.

등기부 열람하기

등기부를 열람 또는 발급할 부동산의 주소를 입력하고 결제하면 등기부를 볼 수 있다.

부동산 구분

부동산의 구분

① 토지 : 대지, 도로, 전답, 임야 등
② 건물 : 하나의 독립적인 건물로 등기된 건물(일반주택, 다가구주택, 단일상가 등)
③ 집합건물 : 1동의 건물을 여러 개로 구분하여 등기한 건물(아파트, 연립주택, 오피
스텔, 상가 등)

바로 링크를 확인할 수 있다.

인터넷등기소 첫 페이지에서 [열람/발급(출력)]을 선택하면 〈그림. 등기부 열람하기〉와 같은 화면이 나온다. 등기부를 열람 또는 발급할 부동산의 주소를 입력하고 결제(열람은 700원, 발급은 1000원)하면 등기부를 볼 수 있다.

부동산 주소 입력란 위에 있는 '부동산 구분' 항목에서는 토지, 건물, 집합건물 중 하나를 선택하게 되어 있다. 아파트 등의 등기부를 조회하는 경우 '집합건물', 이외에는 '토지'나 '건물'을 선택하면 된다.

등기 신청 과정에서 이런저런 정보를 포함할지 여부를 묻는 메뉴가 나온다. 이 가운데 '말소사항'은 될 수 있으면 포함해서 열람하는 것을 추천한다. 말소된 부분까지 포함해 그 부동산의 이력을 볼 수 있기 때문이다.

몇 가지 사항들이 이력에 여러 차례 기록되었다가 말소되었다면 한 번 고심해 볼 만하다. 숙고가 필요한 대표적인 이력이 '가압류'다. 부동산 주인이 빚을 갚지 못할 위험이 있다고 보일 때, 여차하면 그 부동산을 경매에 부쳐 돈을 돌려받기 위해 채권자(돈을 빌려준 사람)가 해두는 것이 가압류다. 즉 부동산이 가압류된 적이 많다면 소유자의 재무 상태가 불안정하다고 의심해 볼 근거가 된다. 따라서 전세로 들어가려는 상황이라면, 전세금을 돌려받지 못할 가능성을 따져봐야 한다.

왜 등기부의 공신력을
인정해 주지 않는 걸까?

이쯤에서 한 가지 의문점이 생길 수 있다. '왜 등기부의 공신력을 부정해서 억울한 사람을 만드는 걸까?' 등기부의 공신력이 인정되는 것이 꼭 좋기만 한 게 아니기 때문이다. 등기부의 공신력을 인정했을 때 발생하는 첫 번째 문제는 소유자에 대한 보호가 매우 약해진다는 점이다. 328쪽 매매계약서 위조 사례로 돌아가 보자. 만약 등기부의 공신력을 인정한다면, 원래의 집주인인 이을녀 씨는 매매계약서를 위조한 김갑동 씨에게 속절없이 건물 소유권을 뺏기고 만다. 등기가 위조된 것이든 아니든 간에, 일단 그 등기를 믿고 박병남 씨가 매수하는 순간 등기된 내용이 유효한(법적으로 효력이 있는) 것이 되기 때문이다. 박병남 씨는 억울하겠지만, 등기부의 공신력을 인정하지 않는다는 게 이을녀 씨 입장에서는 다행이다.

특히 우리나라는 역사적으로 등기부에 공신력을 부여하기 어려웠다. 100년도 채 지나지 않은 과거에 큰 격변이 있었기 때문이다. 바로 일제강점기 이후 농지개혁 그리고 한국전쟁이다. 두 차례 격변을 겪으며 부동산의 권리관계에 대한 제대로 된 기록이 남아 있을 리 없었다. 당연히 가짜로 소유권 등기를 하는 사기가 판을 쳤고, 나라에서도 이를 제대로 파악하지 못했다. 이런 환경에서 등기부의 공신력을 인정하지 않는 것은 타당한 선택이었다. 당장 등기한 사람을 100% 신뢰할 수 없으니, 공신력을 인정하지 않고 혹시 어딘가 있을지 모를 진정한 소유자를 기다릴 필요가 있었다.

등기부의 공신력을 인정했을 때 발생하는 두 번째 문제는, 공신력을 인정하는

일제강점기와 한국전쟁을 거치고 폐허가 된 우리나라에서 등기부의 공신력을
인정하기는 매우 어려운 일이었다.
한국전쟁 당시 피난 가는 사람들을 찍은 사진 ⓒ 부평역사.

순간 등기를 하는데 시간과 노력이 배로 든다는 것이다. 현재 우리나라는 등기에 관해 '형식적 심사주의'를 따르고 있다. 등기를 신청할 때 관련 서류가 제대로 갖춰졌는지만을 심사한다. 그러나 등기의 공신력을 인정한다면 이렇게 간단히 등기를 마칠

수 없다. 등기를 믿고 이루어진 거래가 모두 유효해지므로, 등기가 잘못 이루어지는 순간 엄청난 파급효과가 생기기 때문이다. 따라서 공신력을 인정하기 위해서는 '실질적 심사주의'에 따라, 등기에 관한 권리관계를 모두 조사해야만 한다. 그러자면 많은 인력이 필요하고 시간도 오래 걸릴 수밖에 없다.

등기의 공신력을 인정하지 않는다고 해서 우리나라 등기 제도가 후진적인 것은 아니다. 다만 문제가 있다면, 등기의 공신력을 인정하지 않는 다른 나라에 비해 우리나라에는 아무런 보완 장치가 없다는 점이다. 보완책이라고는 1995년 「부동산 실권리자명의 등기에 관한 법률」이 시행됨에 따라 타인 명의를 빌려 등기하는 것이 금지된 정도가 전부다. 이것만으로 등기의 안정성이 보완되었다고 보기는 어렵다.

다른 나라에서 시행하고 있는 보완책으로 '공증' 제도가 있다. 등기를 신청하기 위한 서류에 (국가로부터 자격이 부여된) 공증인으로부터 공증을 받도록 하는 것이다. 이는 말하자면 심사의 강도를 높이면서도, 그로 인한 시간과 노력 등 부담을 공증인에게 '아웃소싱'하는 것이다. 등기부는 부동산의 이력을 확인할 수 있는 유일한 서류다. 다양한 방법을 동원해 공신력 없는 우리 등기부의 신뢰도를 보다 높일 필요가 있다.

2

등기부의 핵심, 물권

부동산등기부는 「부동산등기법」에 따라 작성된다. 「부동산등기법」의 주석서에서는 부동산등기를 다음과 같이 정의하고 있다.

부동산등기

① 부동산에 관한 물권을 공시하기 위하여,

② 부동산에 관한 물권의 변동을,

③ 등기관이라는 국가기관이,

④ 등기부등본이라는 공적인 장부 또는 전자적 정보저장매체에,

⑤ 법이 정한 절차에 따라 기록하는 것 또는 그러한 기록 자체

③~⑤는 이해하는데 어려울 게 없다. 문제는 ①, ②다. 물권이 뭘까? 우리 법은 재산에 관한 권리인 재산권을 크게 '물권', '채권', '지적재산권'으로 나눈다. 이 가운데 물권은 "물건을 직접 지배해 이익을 얻을 수 있는 배타적 권리"로 정의된다. 일단은 '물건에 관한 권리' 정도로만 이해해도 충분하다. 법적으로 물건은 쉽게 옮길 수 있는 '동산(動産)'과 그렇지 않은 '부동산(不動産)'으로 분류된다. 그러니

부동산에 대한 권리는 대부분 물권이다.

물권은 다른 두 종류의 재산권, 특히 채권과 차별화된 여러 가지 특성이 있다. 대표적 특성이 '대세효(對世效)'다. 대세효는 특정인이 아닌 세상 모든 사람에게 효력이 있다는 뜻이다. 반면 채권에는 대세효가 없다. 채권은 특정인에 대해 특정 행위를 요구할 수 있는 권리로, 계약을 통해 발생하는 경우가 많다. 대세효는 매우 강력한 효력이다. 그러니 대세효가 있는 물권은 아주 '힘센' 권리라고 생각해도 좋다. 등기부에 주로 기재되는 것이 바로 이 물권이다.

'갑'의 지위를 뒷받침하는 소유권

우리 법은 물권의 종류를 체계적으로 나누고 있다. 물권이 어떻게 분류되는지 파악하는 것은 등기부의 구조를 이해하는 데 큰 도움이 된다. 물권은 크게 점유권과 본권으로 나뉜다. 이 가운데 점유권 부분은 등기부를 이해하는 과정에서는 몰라도 된다. 애초에 본권이 아닌 점유권이 등기부에 기록될 일이 없기 때문이다.

○ **물권의 분류** 물권의 종류는 점유권, 소유권, 지상권, 지역권, 전세권, 유치권, 질권, 저당권 총 8가지다.

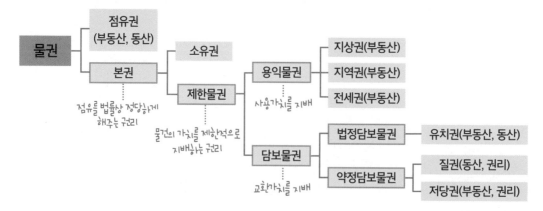

오직 소유자만이 물건을 사용하고 수익을 얻는 방식을 정할 수 있고, 또 처분할 수 있다. 집에 대한 소유권이 없는 세입자가 집주인의 동의 없이 다른 사람에게 집을 빌려주고 돈을 받는 것은 불법이다.

    본권은 크게 소유권과 제한물권으로 나뉜다. 이 중 소유권은 사실상 가장 강한 물권이다. 이름처럼 해당 물건을 소유할 수 있는 권리로, 정확하게 표현하면 어떤 물건을 '전면적'으로 지배할 수 있는 권리다. 「민법」 제211조는 소유권의 내용을 '사용, 수익, 처분'이라고 정의하고 있다. 즉 소유자는 물건을 마음대로 사용하며 이익을 거둘 수 있고(사용·수익), 해당 물건을 팔거나 담보로 잡는 등 그에 관한 권리를 자유로이 변동시킬 수 있다(처분).

소유자가 아닌 다른 권리자들은 어떨까? 가령 어떤 주택에 세입자로 들어간 사람이 갑자기 그 집을 팔 수 있을까? 예외적 사정이 없는 한 당연히 불가능하다. 오직 소유자만이 물건을 사용하고 수익을 얻는 방식을 정할 수 있고, 또 처분할 수 있다.

한때 세입자가 집주인의 동의를 얻지 않고 다른 사람에게 집을 빌려주고 돈을 받는 에어비앤비 영업을 한 것이 문제가 된 적이 있다. 이런 방식의 숙박 영업은 당연히 허용될 수 없다. 숙박업소로 등록하지 않았다는 행정적인 이유도 있지만, 무엇보다 소유자가 아닌 세입자가 제멋대로 물건(집)을 사용하거나 수익을 얻을 수 없기 때문이다.

꼭 에어비앤비가 아니더라도 세입자가 다른 사람에게 집을 잠깐 (숙박 용도로) 빌려주는 것도 허용되지 않는다. 특히 대학생 세입자들이 방학 기간에 다른 사람에게 집을 빌려주는 경우가 종종 있다. 이런 초단기 임대도 원칙적으로는 임대인의 동의를 구해야 한다.

소유권에 근거해서만 물건의 사용, 수익, 처분이 가능한 만큼, 소유권은 곧 다른 권리들의 뿌리 즉 근거가 된다고 생각해도 좋다. 중요한 권리인 만큼 소유권에 관한 사항은 등기부에서 따로 '갑구'에 기재되고, 나머지 권리는 '을구'에 기재 된다.

권리 행사의 범위를 제한하는 제한물권

본권 가운데 소유권을 제외한 나머지 권리에 해당하는 것이 '제한물권'이다. 해당 물건을 완전히 지배하기 때문에 무엇이든 할 수 있는 권리인 소유권과는 달리, 제한물권은 이름에서도 드러나듯 제한된 범위 안에서만 권리를 행사할 수 있다. 제한물권은 용익물권과 담보물권으로 나뉜다. 용익물권은 '사용가치'만을, 담보물권은 '교환가치'만을 지배할 수 있는 권리다.

▶ 제한물권 1 : 이거 좀 쓸게요, 용익물권

사용가치를 지배한다는 것은 무슨 의미일까? 단어 그대로, 물건의 사용에 관한 가치를 얻을 수 있다는 의미다. 예를 들어 용익물권을 대표하는 지상권을 생각해 보자. 지상권은 '땅'을 사용할 수 있는 권리다. 관악구 신림동에 텅 비어있는 X토지가 있으며, 그 소유권자는 김갑동 씨라고 해보자. 김갑동 씨는 스스로 X토지를 사용할 생각은 없지만, 소유권이 있는 만큼 X토지에 대한 권리를 자유롭게 변동시킬 수 있다(즉 처분할 수 있다). 그래서 김갑동 씨는 이을남 씨에게 5000만 원을 받고 X토지에 대한 지상권을 설정해 주었다.

지상권자가 된 이을남 씨는 이제 X토지를 사용할 수 있게 되었다(즉, 토지에 대한 사용가치를 지배하게 되었다). X토지에 건물을 지을 수도 있고, 농사를 지을 수도 있다. 다만 이을남 씨는 제한물권자이기 때문에 '토지를 사용한다'는 제한적인 범위에서만 X토지에 대한 권리를 행사할 수 있으며, X토지를 다른 사람에게 팔아넘기는 등의 행위는 할 수 없다. 그러한 처분 행위는 소유권자인 김갑동 씨의 몫이기 때문이다.

▶ 제한물권 2 : 전당포나 마찬가지인 담보물권

교환가치를 지배한다는 의미는 덜 직관적이지만, 이해하면 의외로 간단하다. 담보물권이라는 이름으로 다시 돌아가 보면 된다. '담보'란 무엇일까? 이번에는 김갑동 씨가 전당포에 가서 급히 1000만 원을 빌리는 상황을 생각해 보자. 전당포 주인이 담보가 될 만한 물건을 내놓으라고 하자, 김갑동 씨는 중고로 2000만 원쯤에 팔리는 고가의 시계를 왼쪽 손목에서 풀어주고 돈을 빌렸다.

김갑동 씨가 돈을 갚지 않고 잠적하면 어떤 일이 일어날까? 전당포 주인은 손해를 볼 일이 없다. 김갑동 씨의 시계를 팔고, 시계값으로 김갑동 씨에게 빌려준 돈을 채우면 된다. 시계를 담보로 내놨다는 건 빚을 갚지 못했을 때 언제든 팔아도 된다고 합의한 것이다. 그러니까 전당포 주인이 김갑동 씨의 허락을 따로 구하

전당포에 물건을 담보로 내놨다는 건,
빚을 갚지 못했을 때 담보로 맡긴 물건을
언제든 팔아도 된다고 합의한 것이다.
담보로 맡긴 순간, 최소한 교환가치에서만큼은
더 이상 내 물건이 아니다.

지 않고 시계를 팔더라도, 빚을 갚지 않은 김갑동 씨에게는 따질 자격이 없다.

그래서 전당포 주인은 시계를 급매로 내놓아 1500만 원에 판 다음, 김갑동 씨가 빌려 간 돈만큼을 자기 금고에 넣었다. 그리고 나머지 돈은 급히 전당포를 찾은 김갑동 씨에게 돌려주었다. 이제 김갑동 씨는 빚을 갚을 의무가 사라졌지만, 시계를 헐값에 잃었다.

감이 좋은 독자라면 느낌이 왔을 것이다. 위 사례에서 전당포 주인은 시계에 대한 담보물권자로서 시계의 교환가치를 지배했다. 전당포 주인은 김갑동 씨의 시계를 마음대로 차고 다닐 수는 없었다. 시계의 사용가치까지 지배하지는 못했기 때문이다. 다만 그는 시계의 교환가치, 즉 시계를 팔았을 때의 가치를 지배하고 있었다. 그래서 시계를 팔고 받은 돈 중 빌려준 액수(1000만 원)만큼을 차지할 수 있었다.

이처럼 시계 등 동산에 대해 설정되는 담보물권을 '질권' 중에서도 '동산질권'이라고 한다. 다만 동산질권은 우리 주변에서는 찾아보기 힘들다. 통상 일반인이 가진 물건 중 큰 빚을 담보할 만한 건 대부분 부동산이기 때문이다.

즉 중요한 것은 부동산에 대한 담보물권이다. 등기부에 드러나는 담보물권이 바로 저당권이다. "저당을 잡는다"라고 할 때의 그 저당이 맞다. 저당권은 부동산에 관한 물권 중에서도 가장 널리 활용되는 유형으로, 등기부에 자주 등장한다.

물론 저당권과 질권은 같은 담보물권이기에 원리가 같다. 내놓는 물건이 시계가 아니라 부동산으로 바뀌었을 뿐이다. 김갑동 씨가 돈을 갚지 않았을 때 전당포 주인이 시계를 팔아넘길 수 있었던 것과 마찬가지로, 저당권자는 X토지를 팔고 그 교환가치로 빌려준 돈을 채울 수 있다.

다만 절차가 좀 다르다. 저당권자는 부동산을 중고거래하듯 팔아넘기는 게 아니라 법원에서 경매에 부친다. 경매는 대략적으로 '압류 → 환가 → 배당'의 흐름을 따른다. 채무자의 물건을 압수하고(압류), 입찰받은 뒤 팔아 물건을 돈으로 바꾸고(환가), 돈을 받을 권리가 있는 사람들끼리 그 돈을 나누어 갖는다(배당). 그럼 배당에는 누가 참여할 수 있을까? 채무자에게 받을 돈이 있다면 누구든 배당을 요구할 수 있다. 따라서 일반적으로는 받을 돈이 있는 사람 전부가 배당에 참여할 수 있다.

담보물권의 핵심은 우선변제권

담보물권자는 경매를 개시할 수 있다는 점에서 특별한 지위에 있는 걸까? 꼭 그런 것만은 아니다. 경매 중에는 저당권자 등에 의한 경매(임의경매)뿐 아니라 소송을 거쳐 이루어지는 경매(강제경매)도 있기 때문이다. 물론 소송에서 이겨야만 가능한 강제경매에 비해, 임의경매가 훨씬 간편하다. 저당권을 설정했다는 계약서만 제출하면 된다. 그러나 경매를 손쉽게 개시할 수 있다는 게 담보물권의 핵심은 아니다.

핵심은 '우선변제권'이다. 경매 이후 배당을 받을 때, 다른 권리자들보다 먼저 배당받을 수 있는 것이 우선변제권이다. 보통은 저당권 등 담보물권의 권리자에게 우선변제권이 있다.

◑ 경매 개시 후 우선변제권자의 지위

우선변제권자는 경매 이후 배당 절차에서 일반채권자보다 압도적인 우위를 갖는다.

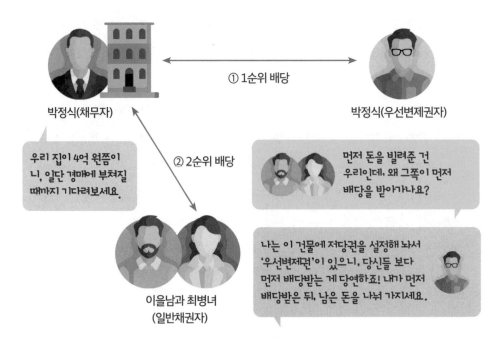

① 1순위 배당

박정식(채무자)

박정식(우선변제권자)

우리 집이 4억 원쯤이니, 일단 경매에 부쳐질 때까지 기다려보세요.

② 2순위 배당

먼저 돈을 빌려준 건 우리인데, 왜 그쪽이 먼저 배당을 받아가나요?

이을남과 최병녀
(일반채권자)

나는 이 건물에 저당권을 설정해놔서 '우선변제권'이 있으니, 당신들 보다 먼저 배당받는 게 당연하죠! 내가 먼저 배당받은 뒤, 남은 돈을 나눠 가지세요.

채무자 김갑동 씨를 예로 들어보자. 김갑동 씨는 이을남 씨와 최병녀 씨에게 각각 1억 원씩을 빌리고, 추가로 박정식 씨에게 3억 원을 빌리려 하고 있다. 박정식 씨는 빚이 많은 김갑동 씨가 돈을 갚을지 의구심이 들어, 그가 살고 있는 X주택에 저당권을 설정해 주는 조건으로 3억 원을 빌려주었다. 저당권을 설정받아 박정식 씨는 우선변제권을 갖게 되었다.

결국 김갑동 씨가 돈을 갚지 못했고, X주택이 경매에 부쳐져 4억 원에 매각되었다고 해보자. 채권자인 이을남 씨, 최병녀 씨 모두 배당을 요구했다. 4억 원은 어떻게 배당될까? 가장 먼저 우선변제권자인 박정식 씨가 채권 전체, 즉 3억 원을 배당받는다. 남은 돈 1억 원은 이을남 씨와 최병녀 씨가 5000만 원씩 나누어 배당받는다(우선변제권자가 아닌 채권자를 '일반채권자'라고 한다). 즉 우선변제권자는 경매 이후 배당 절차에서 일반채권자보다 압도적인 우위가 있다.

● 등기부의 갑구와 을구 예

【 갑 구 】(소유권에 관한 사항)

순위 번호	등기목적	접수	등기원인	권리자 및 기타사항
1	소유권보존	2007년 3월 6일 제○○○호		소유자 ○○○주식회사 인천 남동구 ○○○○
2	소유권이전	2007년 3월 26일 제○○○호	2005년 5월 19일 매매	소유자 홍길동 인천광역시 서구 ○○동 ○○○ ○○○아파트 123-456

【 을 구 】(소유권 이외의 권리에 관한 사항)

순위번호	등기목적	접수	등기원인	권리자 및 기타사항
1	근저당권설정	2007년 3월 6일 제○○○호	2007년 3월 6일 설정계약	채권최고액 금130,000,000원 채무자 홍길동 인천광역시 서구 ○○동 ○○○ ○○○아파트 123-456 근저당권자 ○○은행 서울 중구 ○○로 ○○○

악성 채무자에게 돈을 돌려받는 데 있어 경매는 매우 중요하다. 그런데 경매 실무상 보통 우선변제권자에게 매각액 대부분이 배당되고, 일반채권자까지 배당이 돌아가는 경우는 드물다. 따라서 담보물권 등으로 우선변제권을 확보했는지는 꿔준 돈을 돌려받는 데 매우 중요한 요소다.

등기부는 크게 세 개의 표로 되어 있다. '표제부', '갑구', '을구'다. 앞서 등기부 내용은 크게 ① 권리관계에 관한 부분과 ② 사실관계에 관한 부분으로 나뉜다고 했다. 갑구와 을구가 권리관계에 관한 부분이고, 표제부가 사실관계에 관한 부분이다. 그러니 우리가 지금까지 살펴본 물권들은 모두 등기부의 갑구와 을구에 기록될 것이다. 갑구에는 소유권에 관한 사항이, 을구에는 소유권 외의 권리, 즉 제한물권에 관한 사항이 기록된다.

권리관계만큼 중요한 부동산 현황

물권이 등기부의 가장 핵심적인 내용이긴 하지만, 권리관계 외에도 등기부에 기록되는 또 한 가지 중요한 내용이 있다. 바로 '부동산 현황'이다. 부동산 현황에는 부동산에 관한 (법적인) 권리관계를 제외한 사실관계가 기재되어 있다. 즉 면적이 어떠한지, 건물의 층수는 지상으로 몇 층이고 지하로 몇 층인지, 건물의 주된 재료는 철근과 콘크리트인지 아니면 벽돌인지 등의 정보가 담겨 있다.

부동산에 관한 권리관계만큼이나 현황도 매우 중요하다. 다만 부동산 현황을 표시하는 것이 등기부의 주된 목적은 아니다. 그런 사실관계는 등기부가 아닌 건축물대장 혹은 토지대장에 더 자세하고 정확하게 적혀 있다. 또한 권리관계는 등기부를 기준으로 하지만, 사실관계는 건축물대장 혹은 토지대장을 기준으로 한다. 만약 등기부와 위 대장들 간 기재된 사실관계에 차이가 있다면 대장에 기재되어 있는 대로 인정된다. 따라서 권리관계에 관해서는 등기부, 사실관계에 관해서는 건축물대장 혹은 토지대장을 참고하는 것이다.

그러나 중요한 사실관계는 등기부에도 적혀 있으며, 원칙적으로 등기부와 대장의 내용이 일치해야 한다(내용이 다를 경우 수정을 거친다). 비록 등기부와 대장을 관리하는 공무소가 달라 때때로 차이가 발생하지만, 그렇다고 해서 등기부에 기재된 사실관계를 무시할 필요는 없다.

◐ 등기부등본에 기재된 부동산 현황 예

【 표 제 부 】 (1동의 건물의 표시)				
표시번호	접수	소재지번, 건물명칭 및 번호	건물내역	등기원인 및 기타사항
3	2007년 2월 8일	인천광역시 서구 ○○동 ○○○ ○○○아파트 제101동	철근콘크리트구조 (철근)콘크리트, 경사슬래브지붕 15층 아파트 필로티 88.2534m² 1층 633.564m² 2층 633.564m² …… 15층 633.564m²	지번 변경

3

갑(甲)이 주목해야 할 갑구

소유자들의 역사를 고스란히 담은 갑구

갑구에는 소유권에 관한 사항이 기록된다. 물권 중에서는 동시에 성립할 수 있는 권리도 있고, 단 하나만 성립할 수 있는 권리도 있다. 한 물건 전부를 여러 사람이 동시에 소유하는 것은 불가능하므로 소유권은 후자에 속한다. 따라서 애초부터 지분을 나누어 소유하기로 한 것이 아닌 한 갑구 내용은 소유권이 차례대로 이전되는 형태가 기본이다.

오른쪽 표는 제10회 변호사 시험에서 발췌한 가상의 등기부다. 순위번호 2-1의 '등기명의인 표시변경'은 소유자의 주소가 바뀌어 이를 기록한 것일 뿐, 중요한 내용은 아니다. 이 부분은 무시하고 생각하자.

'등기목적' 칸과 '접수' 칸을 보았을 때 2007년부터 소유권이 총 세 번 이전되었음을 알 수 있으며, '등기원인' 칸과 '권리자 및 기타사항' 칸을 보았을 때 누가 어떤 이유로 등기했는지를 알 수 있다. 2007년 9월 8일 박을동에게 매매를 통해 소유권이 이전되었으며, 이 소유권은 2010년에 정의숙에게, 2012년에 정미숙에게 다시 매매를 통해 차례로 이전되었다.

이처럼 소유권을 이전받은 내용을 기록해 둔 것을 '소유권이전등기'라고 한다.

○ 등기부 갑구의 예

순위번호	등기목적	접수	등기원인	권리자 및 기타사항
【 갑 구 】(소유권에 관한 사항)				
1(전2)	소유권이전	2007년 9월 8일 제4983호	2007년 8월 12일 매매	소유자 박을동 550725-1****** 서울시 종로구 무악동 1 무악아파트 101동 103호
2	소유권이전	2010년 10월 13일 제5422호	2010년 9월 11일 매매	소유자 정의숙 650820-2****** 평택시 서정동 15 동산아파트 103동 101호
2-1	2번 등기명의인 표시변경	2012년 2월 3일 제2216호	2012년 1월 24일 전거	정의숙의 주소 서울 관악구 신림로길 13, 101호 (신림동, 미림빌라)
3	소유권이전	2012년 3월 10일 제3123호	2012년 2월 10일 매매	소유자 정미숙 681102-2****** 서울 동작구 사당대로12길, 103동 1701호(사당동, 자이아파트)

건물 소유권은 꼭 누군가에게 이전받아야만 취득할 수 있는 건 아니다. 가령 건물을 새로 지었을 때, 건물의 첫 소유자는 소유권을 이전받은 것이 아니다. 새로 발생한 소유권을 얻었을 뿐이다. 이런 경우 소유권이전이 아닌 '소유권보존'에 의해 소유권을 취득했다고 표현하며, 이를 이유로 이루어진 등기를 '소유권보존등기'라고 한다.

가등기로 순위 찜하기!

소유권이전등기와 소유권보존등기는 모두 완전히 소유권을 취득했음을 기록한 것이다. 향후 소유권을 취득할 예정이라는 걸 미리 등기부에 기록해둘 수도 있다. 이를 '가등기'라고 한다. 가등기에서 '가(假)'는 가면, 가발, 가설과 같은 한자다. 이들은 모두 임시로 해두는 것이라는 공통점이 있다. 휑한 머리를 임

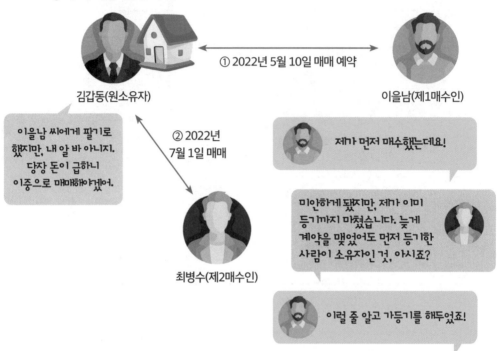

◑ 주택 이중 매매 사례

김갑동(원소유자) ① 2022년 5월 10일 매매 예약 이을남(제1매수인)

이을남 씨에게 팔기로 했지만, 내 알 바 아니지. 당장 돈이 급하니 이중으로 매매해야겠어.

② 2022년 7월 1일 매매

제가 먼저 매수했는데요!

최병수(제2매수인)

미안하게 됐지만, 제가 이미 등기까지 마쳤습니다. 늦게 계약을 맺었어도 먼저 등기한 사람이 소유자인 것, 아시죠?

이럴 줄 알고 가등기를 해두었죠!

시로 가리는 가발처럼 가등기 역시 임시로 해둔 등기다. 왜 임시로 등기를 해 둘까? 바로 순위 보전을 위해서다. 즉 자신이 먼저 '소유권을 이전받을 권리'를 확보했다는 사실을 등기부에 기록해 두는 것이다.

예를 들어보자. 전원주택을 소유한 김갑동 씨는 서울로 이사를 가야겠다고 결심하고 집을 공인중개사 사무실에 내놓았다. 워낙 입지가 좋아 많은 사람이 김갑동 씨의 주택을 사려했고, 이을남 씨도 그 가운데 한 명이었다. 이을남 씨는 2022년 5월 10일 김갑동 씨와 만나 당장은 돈이 없으니 대금을 8월 1일에 지급하기로 합의했다. 그러나 문득 불안감이 엄습했다. 보통 소유권이전등기는 잔금이 모두 지급됨과 동시에 이루어진다. 그런데 대금을 지급하기로 한 8월 1일 이전에 김갑동 씨가 다른 사람에게 집을 팔면 어쩌나 걱정된 것이다.

이을남 씨는 등기부에 뭐라도 기록해 둬야 한다는 생각이 들어, 김갑동 씨에게

◉ 김갑동 씨 주택의 등기부 1

【 갑 구 】 (소유권에 관한 사항)				
순위번호	등기목적	접수	등기원인	권리자 및 기타사항
1	소유권이전	2016년 3월 30일 제1234호	2016년 2월 1일 매매	소유자 김갑동
2	소유권이전 청구권가등기	2022년 6월 1일 제2345호	2022년 5월 10일 매매예약	가등기권자 이을남
3	소유권이전	2022년 7월 25일 제3456호	2022년 7월 1일 매매	소유자 최병수

◉ 김갑동 씨 주택의 등기부 2(이을남 씨 본등기 후)

【 갑 구 】 (소유권에 관한 사항)				
순위번호	등기목적	접수	등기원인	권리자 및 기타사항
1	소유권이전	2016년 3월 30일 제1234호	2016년 2월 1일 매매	소유자 김갑동
2	소유권이전 청구권가등기	2022년 6월 1일 제2345호	2022년 5월 10일 매매예약	가등기권자 이을남
3	~~소유권이전~~	~~2022년 7월 25일 제3456호~~	~~2022년 7월 1일 매매~~	~~소유자 최병수~~
4	소유권이전	2022년 8월 1일 제4567호	2022년 8월 1일 매매	소유자 이을남

'매매예약'을 한 뒤 예약을 근거로 가등기를 해달라고 했다. 이런 목적으로 이루어지는 가등기를 '소유권이전청구권가등기'라고 하는데, 단어 그대로 나중에 소유권을 이전해달라고 청구할 수 있는 권리에 대한 가등기라는 뜻이다.

이을남 씨의 걱정이 현실이 되어, 실제로 김갑동 씨가 다른 사람에게 주택을 팔고 소유권을 넘겨주었다고 해보자. 이때 등기부는 〈표. 김갑동 씨 주택의 등기부 1〉 같이 바뀐다.

김갑동 씨가 이을남 씨를 배신하고 최병수 씨에게 주택을 팔아, 이을남 씨가 가등기를 한 뒤 최병수 씨가 소유권이전등기를 마쳐졌다. 혹시나 하는 마음에 등기부를 조회해 본 이을남 씨는 '역시나!'라고 생각하며 분노했다. 이을남 씨는 이 주택을 포기해야 하는 걸까?

물론 아니다. 이을남 씨가 부지런하게 미리 가등기를 해두는 노력을 기울였기 때문이다. 가등기에 근거해서 본등기를 하면 가등기 이후에 이루어진 등기를 모두 말소할 수 있다. 따라서 이을남 씨는 예정대로 8월 1일에 김갑동 씨에게 대금을 지급한 뒤, 가등기에 근거해서 매매예약을 완결하고 소유권이전등기의 '본등기'를 할 수 있다. 이를 통해 최병수 씨의 소유권이전등기는 말소된다(《표. 김갑동 씨 주택의 등기부 2》).

이를 정확히는 가등기의 '순위 보전적 효력'이라고 한다. 당장 소유권이전등기를 하지는 못하지만 지금 내가 가지고 있는 순위는 유지하고 싶을 때 가등기를 하면 된다. 가등기는 순위를 지켜준다. 나보다 후순위로 건물을 매수한 사람들보다 더 앞서는 권리를 유지할 수 있게 한다는 것이다.

반대로 최병수 씨의 입장에서 생각해 보자. 최병수 씨는 7월 1일 김갑동 씨를 만났고, 김갑동 씨의 주택이 매우 맘에 들어 곧바로 매매계약을 체결한 사람이다. 이후 최병수 씨는 같은 달 25일 김갑동 씨에게 잔금까지 모두 지급하고 소유권이전등기를 했다. 최병수 씨는 등기까지 잘 마쳤으니, 안전하게 주택을 잘 산 것일까?

이을남 씨 입장에서 먼저 생각해 본 우리는 당연히 정답을 안다. 최병수 씨는 현재 위험에 노출되어 있다! 이을남 씨가 매매예약을 완결하기만 하면 최병수 씨의 소유권이전등기는 곧바로 말소되기

가등기는 향후 소유권을 취득할 예정이라는 걸 미리 등기부에 기록해 두는 것이다. 매수인 입장에서 가등기는 매우 위험한 단어이다. 등기부에 가등기가 설정되어 있으면 소유권을 잃을 위험이 있다는 의미다.

때문이다. 최병수 씨가 매매계약을 맺기 전 등기부를 조회해 보고 가등기를 확인했다면 이런 일은 없었을 것이다. 매수인 입장에서 가등기는 매우 위험한 단어다.

보전가등기의 이복형제, 담보가등기

앞서 살펴본 사례는 순위를 보전하기 위한 가등기였다. 이런 가등기를 '보전가등기'라고 한다. 이와 비슷하면서도 다른 가등기가 있는데, 바로 '담보가등기'다. 보전가등기와 담보가등기의 본질은 거의 같다. 둘 다 미래에 특정 조건이 충족된다면 소유권을 취득할 수 있다고 임시로 등기해 둔 것이다.

다만 목적이 다르다. 보전가등기는 부동산을 사는 것이 주된 목적인 사람이 하는 것이다. 반면 담보가등기는 그 부동산을 담보로 삼으려는 사람이 하는 것이다. 그러니까 담보가등기는 물권에서 살펴보았던 담보물권, 그 중에서도 저당권과 매우 유사하다.

가등기가 어떻게 담보물권처럼 담보의 기능을 하는 걸까? 간단하다. 일반적인 부동산의 담보물권은 채무자가 빚을 갚지 않으면 그 부동산을 경매에 넘기고 매각대금으로 못 받은 돈을 메우는 식이었다. 담보가등기가 설정된 경우, 부동산을 경매에 부치는 것 외에 한 가지 선택을 더 할 수 있다. 빚을 갚지 않으면 담보가등기에 기초해서 소유권이전의 본등기를 마치는 것이다. 이렇게 하면 빚을 갚지 않았을 때 돈을 받는 대신 부동산의 소유권을 취득할 수 있어, 사실상 부동산을 담보로 잡아둔 것이나 마찬가지인 효과를 누릴 수 있다.

원칙적으로 담보가등기와 보전가등기를 기록하는 방식은 다르다. 담보가등기는 '등기목적' 칸에 '소유권이전담보가등기'라고 기록해야 하고, '등기원인' 칸에는 '대물반환예약'(빌린 돈 대신 다른 재산을 넘겨주기로 예약하는 것)이라고 기록해야 한다. 그러나 실제로는 이렇게 등기 방식에 차이를 두지 않고, 담보가등기더라도 보전가등기와 같은 형식으로 등기하는 경우가 빈번하다.

어쨌든 그 부동산을 구매하는 입장에서는 등기부에 담보가등기나 보전가등기가 있으면, 소유권을 잃을 위험이 있다는 점에서는 비슷하다.

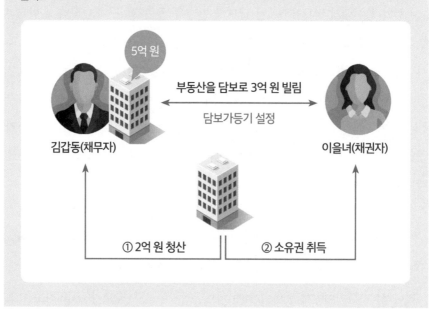

홈+

부동산의 시가가 빚을 진 액수보다 많다면 「가등기담보 등에 관한 법률」이 적용되어, 별도의 청산 절차를 거쳐야 한다. 가령 빌려준 돈의 원리금 합이 3억 원인데 부동산 시가는 5억 원이라고 해보자. 빚을 진 사람이 3억 원을 못 갚았을 뿐인데 5억 원짜리 부동산을 넘겨줘야 한다면 몹시 억울할 것이다. 특히 통상 돈을 빌리는 사람이 '을'인 만큼, 원치 않더라도 필요한 것 이상의 담보를 제공해야 하는 경우가 많다는 점을 고려한다면 더욱 부당하다. 이런 경우 돈을 빌려준 사람은 차액인 2억 원만큼을 채무자에게 청산해 줘야 부동산 소유권을 취득할 수 있다. 이처럼 청산절차를 강제하는 것은, 담보가등기를 설정했을 때와 저당권을 설정했을 때 사이의 형평을 맞추는 기능도 한다.

5억 원

부동산을 담보로 3억 원 빌림

담보가등기 설정

김갑동(채무자)

이을녀(채권자)

① 2억 원 청산

② 소유권 취득

갑구의 치명적인 칼날 : 가처분, 가압류, 압류

동작 그만! : 현상을 동결시키는 '가처분'

'가처분' '가압류' '압류'. 정확한 의미를 모르더라도, 역경을 예고하는 단어라는 것쯤은 안다. 가처분, 가압류, 압류는 소유권과 밀접한 관계가 있으므로 갑구에 기록되는데, 가장 위험하고 그래서 가장 중요한 개념이다.

가처분의 본질은 '현상의 동결'이다. 영화 〈타짜〉의 "동작 그만!"이라는 대사를 기억하는가? 고니(조승우 분)가 화투의 밑장을 빼돌리려 하자, 아귀(김윤석 분)는 "동작 그만!"이라 외치며 고니의 손목을 붙잡고 누구도 화투패를 건드리지 못하게 한다. 이로써 아귀는 화투판의 현재 상태를 동결시켰다. 그러니까 모든 가처분은 "동작 그만!"을 외치는 것이다.

세상에는 당장 처리하지 않으면 무의미해지는 급박한 일이 많다. 한 방송사에서 자신에 대한 근거 없는 비방성 정보를 담은 방송을 내보낼 예정이란 것을 알았다고 하자. 당연히 해당 방송을 막기 위해 법적으로 대응해야 할 것이다. 그런데 최소한 몇 달은 걸리는 재판 절차 끝에 비로소 방송을 금지할 수 있게 된다면 무슨 의미가 있겠는가? 설령 심사를 더 간소화하는 한이 있더라도, 방송예정일 전에 빠르게 방송을 막을 수 있어야 한다.

그래서 둔 것이 가처분제도다. 일단 임시로라도 현상을 동결시키기 위해 "동작 그만!"이라고 외치면 - 그러니까 법원에 가처분 신청을 하면 - 법원에서 타당성을 심사해서 가처분을 내려준다. 이렇게 일단 가처분이 내려지면 내용에 걸맞게 현재 상태가 임시로나마 얼어붙는다. '방송금지가처분'이라면 임시지만 해당 방송을 할 수 없는 상태로 얼어붙고, '출입금지가처분'이라면 임시지만 출입할 수 없는 상태로 얼어붙는다.

가처분이 타당한지는 무엇을 기준으로 판단할까? 여러 요소가 있지만 가장 중요한 것은 '가처분을 내리면서까지 보호해 주어야 할 권리'가 있는지다. 이렇게 보호받아야 할 권리를 '피보전권리'라고 한다.

등기부의 단골 가처분, 처분금지가처분

가처분 중 특히 등기부에 자주 등장하는 것은 '처분금지가처분'이다. 이름 그대로 처분을 금지하는 가처분이다. 소유권은 소유자가 물건을 마음대로 사용하고 이익을 얻고, 물건을 팔거나 담보로 잡는 등 처분할 수 있는 권리다. 처분금지가처분을 통해 금지되는 것이 바로 소유권에 포함된 '처분' 행위다. 어떤

홈+

처분금지가처분과 함께 부동산에 대한 또 하나의 대표적인 가처분이 '점유이전금지가처분'이다. 이름처럼 점유의 이전을 금지하는 가처분이다. 점유의 이전을 금하는 것은 매우 강력한 효과인데, 부동산에 있어 점유가 일어나는 일이 제법 빈번하기 때문이다. 단적으로, 부동산을 임대할 경우 임대인에게서 임차인으로 점유가 이전된다. 점유이전금지가처분이 이루어지면 그 건물을 임대하는 것이 금지된다. 다만 점유이전금지가처분은 등기가 이루어지지 않는다. 따라서 등기부에서 볼 일은 없다.

가처분의 본질은 '현상의 동결'이다.
세상에는 당장 처리하지 않으면 무의미해지는 급박한 일이 많다.
법원에 가처분 신청을 하면 타당성을 심사해 가처분 결정을 내린다.
가처분 결정이 내려지면 그 내용에 걸맞게
현재 상태가 임시로나마 얼어붙는다.

부동산에 처분금지가처분이 내려지면 설령 그 부동산의 소유자일지라도 마음대로 처분을 할 수 없다. 즉 그 부동산에 관한 권리를 변동시킬 수 없게 되어, 다른 사람에게 팔 수도 없고 담보로 삼는 등의 행위도 금지된다.

김갑동 씨와 이을녀 씨, 두 사람은 이혼하기로 했다. 이혼소송에서 재산분할 절차를 거쳤고, 이을녀 씨는 현재 김갑동 씨 명의로 되어 있는 관악구 신림동 주택의 소유권을 이전받게 되었다. 이 경우 이을녀 씨에게 주택에 대한 '재산분할을 원인으로 한 소유권이전등기청구권'이 발생한다. 즉 재산분할을 했으니까 김갑동 씨에게 신림동 주택의 소유권을 이전받고 등기하라고 청구할 권리를 얻게 된 것이다.

그런데 이을녀 씨가 보아하니 김갑동 씨의 낌새가 심상치 않다. "이을녀에게는 한 푼도 주기 아깝다"며 여기저기 말하고 다니고, 다른 사람에게 신림동 주택의 소유권을 넘기려는 정황도 포착되었다. 김갑동 씨가 실제로 다른 사람에게 주택의 소유권을 넘겼을 때 절차가 복잡해질 것을 염려한 이을녀 씨는 '재산분할을 원인으로 한 소유권이전등기청구권'을 피보전권리로 해 법원에 가처분신청을 했고, 처분금지가처분이 내려졌다. 가처분 결정 후 1달여쯤 뒤 이을녀 씨가 신림동 주택의 등기부를 떼어보니 다음과 같이 되어 있었다.

　　이을녀 씨의 우려가 현실이 되었다. 이을녀 씨에게 미처 소유권이 이전되기 전인 2023년 3월 1일에 최병숙 씨 앞으로 소유권이 이전된 것을 확인할 수 있다. 하지만 이을녀 씨는 미리 가처분을 해둔 상황이다. 이때 최병숙 씨 앞으로 소유권이 이전된 것이 인정될 수 있을까?

　　'없다'라는 답은 반쪽짜리 정답이다. 일단 김갑동 씨와 최병숙 씨 사이의 신림동 주택에 대한 소유권이전은 효력이 있다. 다만 김갑동 씨나 최병숙 씨는 이 사실로 이을녀 씨에게 '대항'할 수 없다. '대항할 수 없다'라는 표현을 기억해 두자. 좀 고상하게 표현하면 '대항력이 없다'라고도 할 수 있다. 임대차에 관해 설명하

● 가처분 결정 후 등기부

【갑구】(소유권에 관한 사항)				
순위번호	등기목적	접수	등기원인	권리자 및 기타사항
1	소유권이전	2010년 6월 1일 제3456호	2010년 5월 1일 매매	소유자 김갑동
2	처분금지 가처분	2023년 1월 28일 제65342호	2023년 1월 20일 서울가정법원의 가처분 결정 (2023카단98765)	피보전권리 재산분할을 원인으로 한 소유권이전등기청구권 채권자 이을녀
3	소유권이전	2023년 3월 1일 제1234호	2023년 2월 25 매매	소유자 최병숙

○ 처분금지가처분 사례

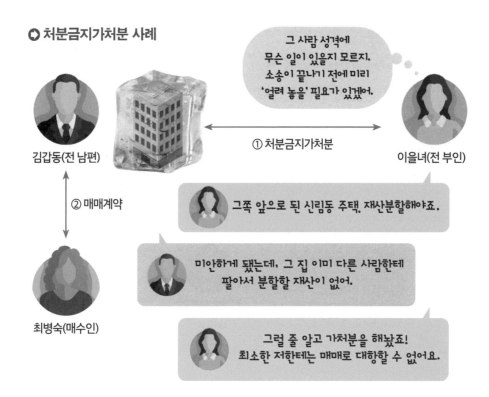

김갑동(전 남편)

그 사람 성격에 무슨 일이 있을지 모르지. 소송이 끝나기 전에 미리 '얼려 놓을' 필요가 있겠어.

① 처분금지가처분

이을녀(전 부인)

② 매매계약

최병숙(매수인)

그쪽 앞으로 된 신림동 주택. 재산분할해야죠.

미안하게 됐는데, 그 집 이미 다른 사람한테 팔아서 분할할 재산이 없어.

그럴 줄 알고 가처분을 해놨죠! 최소한 저한테는 매매로 대항할 수 없어요.

며 말했던 '대항력'과 같은 것이다. 법적으로 어떤 사람에게 대항력이 없다는 것은 그 사람에게 어떠한 권리관계를 주장할 수 없다는 의미다. 즉 최병숙 씨에게 이을녀 씨에 대한 대항력이 없다는 것은, 이을녀 씨를 상대로 '김갑동 씨에게 주택 소유권을 이전받았다'라는 권리관계를 주장할 수 없다는 뜻이다.

그럼 이제 일이 어떻게 풀릴지 살펴보자. 일단 소유권이전 효력 자체는 있다고 했으므로, 최병숙 씨는 김갑동 씨를 비롯해 이을녀 씨가 아닌 다른 모든 사람에게는 소유권을 이전받았다고 주장할 수 있다. 가령 옆집에 사는 박정수 씨가 마음대로 신림동 주택 앞마당을 침범해 창고를 지었다고 해보자. 최병숙 씨는 박정수 씨에게 자신이 '김갑동 씨에게 소유권을 이전받았다'라는 권리관계를 주장하며 창고를 철거하라고 할 수 있다. 그러나 이을녀 씨에게는 대항력이 없다고 했으므로, 최소한 이을녀 씨에게만큼은 그러한 권리관계를 들어 자신이 소유자임을 주장할 수 없다.

그렇다면 이을녀 씨는 최병숙 씨의 소유권을 어떻게 다시 빼앗아 올 수 있을까? 가등기 때와 비슷하다. 가처분만으로는 소유권을 뺏어 오지 못한다. 가등기와 마찬가지로 가처분은 '가(假)', 즉 임시 상태에 불과하기 때문이다. 이을녀 씨는 일단 김갑동 씨에게 자기 앞으로 소유권이전등기를 마치라는 소송을 해 승소해야 한다. 이을녀 씨 명의로 소유권이전등기를 해야 비로소 최병숙 씨의 소유권이전등기를 말소할 수 있다. 물론 이 소송에서 김

최병숙(매수인)

이 말풍선: 다른 사람들에겐 부동산의 새로운 소유자라고 주장할 수 있어도, 가처분권자에게는 대항할 수 없구나!

대항력

김갑동(매도인)   박정수(제3자)

이을녀(가처분권자)

등기부에 처분금지가처분이 기재된 주택을 매수한 최병숙 씨는 가처분권자인 이을녀 씨에게 대항할 수 없다.

갑동 씨나 최병숙 씨는 '이미 소유권이 최병숙 씨에게 이전되었다'고 주장할 수 없다. 대항력이 없기 때문이다.

이번에는 최병숙 씨의 입장에서 생각해 보자. 만약 이을녀 씨가 소송에서 승소한다면 최병숙 씨는 이을녀 씨에게 소유권을 넘겨주어야만 한다. 김갑동 씨와 이을녀 씨 사이의 관계에 대해 최병숙 씨가 실제로 알았든 몰랐든 상관없다. 등기

🏠홈➕

가처분과 뒤에서 설명할 가압류를 합쳐 '보전처분'이라고 하는데, 보전처분은 어디까지나 소송이 추후에 진행될 것을 전제하는 제도다. 따라서 가등기와 달리 가처분은 꼭 소송을 거쳐야 한다.

부만 확인하더라도 처분금지가처분이 이루어졌음을 알 수 있었기 때문에, 그러한 속사정을 몰랐다고 해 제도적으로 양해해줄 필요가 없다.

등기부에 붙은 '빨간 딱지', 압류와 가압류

등기부에 붙은 '빨간 딱지', 압류와 가압류

어쩌면 압류는 다른 용어보다 익숙할 수 있다. 드라마와 영화 등에서 집에 들이닥친 사람들이 세간살이에 '빨간 딱지'를 붙이는 모습을 본 적이 있을 것이다. 그것이 바로 압류하는 모습이다. 부동산에는 빨간 딱지를 붙일 수 없으니, 등기부에 압류가 되었다고 기록해 놓는다.

압류는 경매의 한 과정이다. 경매는 법원의 경매 개시 결정으로 시작하는데, 이 결정과 함께 압류가 이루어진다. 그 효력은 가처분과 거의 같다. 즉, 압류된 물건의 처분은 금지된다. 빨간 딱지가 붙은 가전은 마음대로 팔 수 없고, 압류되었다고 등기된 부동산은 마음대로 팔 수 없다.

왜 경매 개시 결정과 함께 압류를 하는 것일까? 바로 경매를 원활히 진행하기 위해서다. 경매는 빚을 갚지 않고 있는 채무자에게 현실적으로 돈을 돌려받기 위해 이루어진다. 돈을 빌려준 채권자 입장에서는 채무자 소유의 부동산을 팔아치운 뒤 그 돈을 받아내는 것만큼 확실한 방법이 없다. 그래서 채권자는 저당권 등 담보물권이 있다면 그에 근거해서(임의경매), 그렇지 않다면 소송을 제기한 뒤 승소해 승소 판결에 근거해서(강제경매) 채무자의 부동산을 경매에 부칠 수 있다.

빨간 딱지가 붙은 물건(압류된 물건)은 더 이상 내 뜻대로 처분할 수 없다. 압류는 경매의 한 과정으로, 법원의 경매 개시 결정과 함께 이루어진다.

그런데 만약 경매가 시작된 뒤에도 채무자가 멋대로 부동산을 제3자에게 유효하게 팔아넘길 수 있다면 어떻게 될까? 당연히 경매 진행이 어려워질 것이다. 경매에 낙찰된 사람이 정작 부동산을 소유하는 데에 어려움이 생길 수 있다면 아무도 입찰하지 않을 것이기 때문이다. 그래서 우리 법은 경매가 개시됨과 함께 그 부동산을 압류해 채무자의 처분을 막는다.

여기서 한 가지 문제가 생긴다. 강제경매의 경우 압류만 기다리기엔 채권자가 몹시 불안해질 수밖에 없다. 애초에 소송까지 불사할 정도면 어떤 상황이겠는가? 설령 승소하더라도 채무자 소유의 부동산 등을 경매에 부치지 못한다면, 현실적으로 돈을 돌려받기 어려운 상황일 것이다. 이런 상황에서 승소 판결을 얻어 경매 개시 결정 및 압류가 등기될 때까지 채무자는 부동산을 얌전히 갖고 있어 줄까? 즉, 강제경매에서 압류가 이루어지는 시점이 너무 늦어질 수 있다는 것이 문제가 된다.

바로 이런 불안을 해소하기 위해 가압류 제도가 있다. 가압류는 압류까지 이루어지기 전 빠르게 부동산 등의 처분을 금지하고자 신청하는 것이다. 가압류를 해두면 재판에서 승소했을 때 이에 기초해 압류할 수 있다. 그리고 가처분과 완전히 똑같이, 가압류와 압류 사이 처분(가압류 등기 후 매매 등)은 채권자에게 '대항할 수 없다'.

가처분과 가압류의 핵심적인 차이를 간략히 짚고 넘어가자. 가처분에 관한 설명을 다시 떠올려 보자. 부동산에 관한 가처분은 왜 하는 것이었을까? 바로 가처분의 대상인 부동산 자체를 얻기 위해서였다. 요컨대 가처분에서는 '돈'이 문제되는 것이 아니다. 가처분에 관해 설명하며 김갑동 씨와 이을녀 씨 사례를 예로 들었다. 이을녀 씨는 김갑동 씨로부터 돈을 받아내는 것이 아니라 '신림동 주택'을 받아내는 것이 목적이었고, 바로 신림동 주택을 받을 권리를 보호하기 위해 가처분을 했었다. 이처럼 가처분이 보호하는 권리는 돈을 받아내는 것 이외의 권리, 즉 '비금전채권'으로 한정된다.

반면 가압류는 지금껏 설명한 대로 돈을 받아내기 위한 과정일 뿐이다. 가압류를 한 사람은 그 대상이 되는 부동산 자체에는 아무런 관심이 없다. 그게 신림동 주택이든 봉천동 토지든 뭐든지 경매에 부쳐 팔아서 돈만 받아내면 그만이다. 따라서 가압류가 보호하는 권리는 돈을 받아낼 권리, 즉 '금전채권'으로 한정된다.

돈을 받아내는 게 목적이라면 가압류

김갑동 씨와 이을녀 씨 이야기를 다시 살펴보자. 김갑동 씨와 이혼한 이을녀 씨가 이번에는 재산분할 결과 2억 원의 돈을 받게 되었다고 해보자. 김갑동 씨가 도통 돈을 지급하려는 기미를 보이지 않자, 이을녀 씨는 돈을 지급하라는

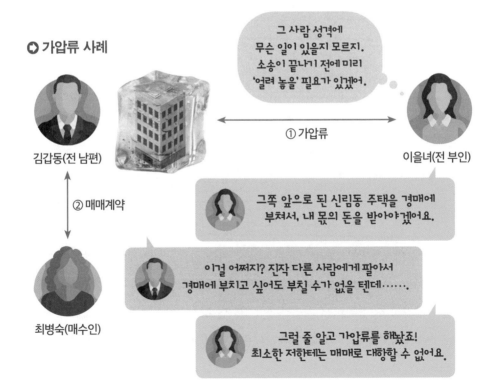

● 가압류 사례

그 사람 성격에 무슨 일이 있을지 모르지. 소송이 끝나기 전에 미리 '얼려 놓을' 필요가 있겠어.

① 가압류

김갑동(전 남편)

이을녀(전 부인)

② 매매계약

그쪽 앞으로 된 신림동 주택을 경매에 부쳐서, 내 몫의 돈을 받아야겠어요.

이걸 어쩌지? 진작 다른 사람에게 팔아서 경매에 부치고 싶어도 부칠 수가 없을 텐데…….

최병숙(매수인)

그럴 줄 알고 가압류를 해놨죠! 최소한 저한테는 매매로 대항할 수 없어요.

소송을 걸어서 김갑동 씨 소유의 주택을 강제경매에 부치고자 결심했다.

다만 이을녀 씨는 미연의 사태를 방지하고자, 김갑동 씨의 주택에 미리 법적 조치를 취해두려 한다. 이때 이을녀 씨는 가처분을 해야 할까, 가압류를 해야 할까? 바로 가압류다. 앞서 살펴본 사례와 달리, 이번에는 '부동산을 받을 권리(비금전채권)'가 아니라 '돈을 받을 권리(금전채권)'가 피보전권리이기 때문이다.

그렇게 가압류가 등기부에 기록되었고 이을녀 씨는 본격적으로 소송 절차에 들어갔다. 그러던 중 김갑동 씨가 신림동 주택을 아무것도 모르는 최병숙 씨에게 급매로 넘겼다고 해보자. 여기까지 일이 진행되었을 때 등기부는 다음과 같을 것이다.

❷ 가압류 후 등기부(최병숙 씨에게 주택 매매)

【 갑구 】(소유권에 관한 사항)				
순위번호	등기목적	접수	등기원인	권리자 및 기타사항
1	소유권이전	2010년 6월 1일 제3456호	2010년 5월 1일 매매	소유자 김갑동
2	가압류	2023년 1월 28일 제456호	2023년 1월 25일 서울가정법원의 가처분 결정 (2023카단123)	청구금액 금200,000,000원 채권자 이을녀
3	소유권이전	2023년 3월 1일 제1234호	2023년 2월 25일 매매	소유자 최병숙

주택을 매수할 당시 등기부를 본 최병숙 씨는 김갑동 씨에게 이 가압류가 무슨 뜻이냐고 물어봤지만, 김갑동 씨는 걱정할 것 없고, 자기가 알아서 처리하겠다고 했다. 김갑동 씨가 알아서 처리하지 못했다면 강제경매가 이루진다. 이을녀 씨가 건 소송에서 김갑동 씨가 패소하면, 이을녀 씨는 가압류를 토대로 본격적인 압류 및 강제경매 절차에 들어가게 된다.

이 주택에 대한 강제경매 결과 박정수 씨가 낙찰을 받았다고 해보자. 이때 최병숙 씨가 박정수 씨 혹은 이을녀 씨에게, '이 주택은 2023년 3월 1일자로 김갑동 씨가 아닌 나의 집이 되었다'고 주장할 수 있을까?

물론 아니다. 최병숙 씨에게는 그런 주장을 할 대항력이 없다. 따라서 경매에서 낙찰을 받은 박정수 씨 앞으로 소유권이 이전되었다는 등기가 이루어질 때 최병숙 씨 앞으로 이루어진 소유권이전등기는 말소될 것이다. 이때 최병숙 씨가 '가압류가 된 것은 알았지만 김갑동 씨가 잘 처리해 줄 거라 믿었다'라거나, 더 나아가 '가압류가 되어 있는 줄 몰랐다'라고 주장할 수 있을까? 이 또한 당연히 아니다. 김갑동 씨에게 배상을 물을 수는 있을지언정, 이을녀 씨나 박정수 씨에게 할 수 있는 주장이 아니다.

결론적으로 등기는 어떻게 이루어질까? 퍽 복잡해진다. 다음과 같이 될 것이다.

● 가압류 후 등기부(박정수 씨가 경매에서 낙찰받음)

【갑구】(소유권에 관한 사항)				
순위번호	등기목적	접수	등기원인	권리자 및 기타사항
1	소유권이전	2010년 6월 1일 제3456호	2010년 5월 1일 매매	소유자 김갑동
2	가압류	2023년 1월 28일 제456호	2023년 1월 25일 서울가정법원의 가처분 결정 (2023카단123)	청구금액 금 200,000,000원 채권자 이을녀
3	소유권이전	2023년 3월 1일 제1234호	2023년 2월 25일 매매	소유자 최병숙
4	강제경매개시결정 (2번 가압류의 본압류로의 이행)	2023년 5월 3일 제2345호	2023년 5월 1일 서울중앙지방법원의 경매개시결정 (2023타경456)	채권자 이을녀
5	소유권이전	2023년 9월 30일 제4567호	2023년 9월 22일 강제경매로 인한 매각	소유자 박정수
6	4번 강제경매개시결정 등기말소	2023년 9월 30일 제4567호	2023년 9월 22일 강제경매로 인한 매각	

5

소속은 '을'이지만 존재감은 '갑,' 담보물권

저당권과 근저당권, 그 미묘한 차이

물권 가운데 본권 중 소유권에 관한 사항들이 갑구에 기록된다면, 을구에는 소유권 이외의 권리들이 기록된다. 즉 용익물권과 담보물권 등 제한물권이 을구에 기록된다.

다만 예외적으로 제한물권이 아니면서도 을구에 기록될 수 있는 경우가 있다. 대표적인 것이 임차권이다. 임차권은 일정한 금전 등을 지급하는 대가로 물건을 사용할 수 있는 권리다. 임차권은 채권이지만 대항력을 확보하기 위해 등기할 수 있고(378쪽), 나아가 보증금을 반환받지 못하고 있는 경우 임차권등기명령제도를 통해서도 등기할 수 있다(120쪽).

제한물권 중에서도 등기부에 압도적으로 많이 등장하는 것이 담보물권인 저당권이다. 그만큼 문제가 되는 경우도 많다. 저당권은 담보물권의 일종으로, 마치 전당포에서 빚을 지면서 물건을 내놓는 것과 비슷하게 부동산을 담보로 내놓는 것이다. 제일 중요하다고 할 수 있는 저당권을 가장 먼저 살펴보도록 하자.

다만 저당권이 어떻게 등기부에 나타나는지를 살펴보기에 앞서 짚고 넘어가야 할 부분이 있다. 바로 '근저당권'이 무엇인지다. 근저당권은 저당권의 일종인데, 사실상 거의 모든 저당권은 근저당권으로 설정된다. 그래서 보통 저당권을 설정한다고 하면 이는 곧 근저당권을 설정한다는 의미다. 근저당권의 가장 큰 특징은 담보하는 빚의 액수가 유동적이라는 것이다. '채권최고액', 즉 담보할 수 있는 최대 빚만 정해져 있을 뿐 액수가 확정되어 있지 않다.

그러다 보니 돈을 빌려주는 입장이든 빌리는 입장이든, 담보하는 빚이 고정된 저당권보다 근저당권을 활용하는 것이 훨씬 편리하다. 일례로 근저당권을 활용하면 같은 은행에서 수차례에 걸쳐 돈을 빌릴 때 매번 저당권을 설정하지 않아도 된다. 빚들의 총합이 채권최고액의 범위 안에 있기만 하다면 언제든 하나의 근저당권만으로 담보의 목적을 다할 수 있기 때문이다.

이런 편의성 때문에 근저당권은 본래 의도한 것보다도 훨씬 광범위하게 활용되어, 사실상 저당권과 근저당권이 동의어가 되었다. 따라서 등기부상 저당권이 어떻게 기재되는지를 파악하는 데 있어 가장 중요한 것은 근저당권의 기재 방식을 이해하는 것이다.

등기부에 근저당권이 기록되는 방식

본격적으로 근저당권이 어떻게 기록되는지를 보자. 다음 등기부는 제12회 변호사시험에 실린 가상의 등기부 중 을구 부분을 가져온 것이다. 순위번호 1번 부분을 보면 2020년 5월 21일 자로 이 부동산에 근저당권이 설정되었음을 알 수 있다. 채권최고액은 4000만 원이고, 채무자 즉 빚을 진 사람은 함진욱 씨다. 실제로 함진욱 씨가 지고 있는 빚은 얼마일까? 이 자료만으로는 알 수 없다. 등기부에는 근저당권의 채권최고액만 드러날 뿐, 실제로 근저당권이 담보하고 있는 채무액이 얼마인지는 드러나지 않는다. 즉 함진욱 씨는 4000만 원보다 적거나 더 많은 액수의 빚을 지고 있을 수 있다. 등기부로 알 수 있는 것은 이 부동산이 최대 4000만 원 범위에서 함진욱 씨의 빚을 담보한다는 사실뿐이다.

● 등기부에 기재된 근저당권설정 예

【 을구 】(소유권 이외의 권리에 관한 사항)				
순위번호	등기목적	접수	등기원인	권리자 및 기타사항
1	근저당권설정	2020년 5월 21일 제3976호	2020년 5월 21일 설정계약	채권최고금액 금 40,000,000원 채무자 함진욱 750919-1****** 서울 서초구 사평대로 432(반포동) ~~근저당권자 배승구 501114-1******~~ ~~서울 강남구 테헤란로 14;~~ ~~120동 103호(삼성동, 파크캐슬)~~
1-1	1번 근저당권이전	2020년 6월 30일 제8877호	2020년 6월 295 확정채권양도	근저당권자 주식회사 기쁨저축은행 142585-0****** 서울 강남구 역삼로7길 17(역삼동)

등기부의 가장 아랫줄에 순위번호가 1-1이라고 기재된 내용을 보자. 이를 '부기등기'라고 한다. 부기등기는 '주등기'(순위번호 1번으로 기재된 부분)에 관한 변경 사항 등을 표시하는 등기다. 부기등기를 하면 본래 주등기가 가지고 있던 순위를 바꾸지 않고도 주등기의 내용을 바꿀 수 있다. 위 등기부에서는 부기등기에 의해 근저당권이 1순위를 유지하면서도 근저당권자가 배승구 씨에서 기쁨저축은행으로 변경되었다.

순위를 유지하는 게 왜 중요할까? 첫 번째 경매에서 배당받는 순서와 관련 있다. 경매가 끝난 뒤 돈을 받을 권리가 있는 사람들은 순위에 따라 차례대로 부동산이 팔린 금액을 배당받는다. 가령 1순위 근저당권의 채권최고액은 2억 원, 2순위 근저당권은 3억 원인데, 부동산이 경매에서 3억 원에 팔렸다고 해보자. 2순위 근저당권자는 1순위 근저당권자가 배당받고 남은 1억 원만을 배당받을 수 있다. 당연히 순위가 앞설수록 유리하므로, 선순위를 유지하는 것은 무척 중요하다.

두 번째로 경매를 거친 뒤 소멸하는 권리와 남아 있을 권리를 결정하는 것과 왜 근저당권자가 배승구 씨에서 기쁨저축은행으로 변경되었을까? '등기원인'란을 보면 알 수 있다. '채권양도'라고 기재되어 있다. 돈을 돌려받을 권리를 양도했다는 의미다. 간단히 말해, 배승구 씨가 기쁨저축은행에 "함진욱에게 받을 돈이 있는데, 그 돈을 너희가 받아라"라고 하며 그 권리에 관한 근저당권을 함께 넘겨준 것이다.

관련 있다. 만일 세입자가 저당권이 설정된 뒤부터 그 집에 전입신고를 했다면, 그의 권리는 경매에 의해 소멸한다. 즉 경매가 끝난 뒤 세입자는 쫓겨나야 한다. 그러나 세입자가 저당권이 설정되기 전에 전입신고를 마쳤다면 그의 권리는 소멸하지 않아, 경매가 끝난 뒤에도 쭉 그 집에서 거주할 수 있다. 권리들이 소멸하는지에 따라 경매에서 부동산의 가치가 크게 갈리는 것은 당연하다. 따라서 부동산이 비싸게 팔릴수록 유리한 근저당권자 입장에서는 앞선 순위를 유지할 필요가 있다.

을구가 저당권으로 지저분한 부동산, 괜찮을까?

저당권이 설정된 부동산의 위험성은 본능적으로 느껴진다. 하지만 그것이 정확히 왜 위험하고, 얼마나 위험한지를 이해할 필요가 있다. 근저당권이 설정된 부동산은, 말하자면 빚을 지고서 전당포에 담보로 맡겨둔 시계 같은 상태다. 물론 부동산을 사용하는 데 당장은 지장이 없다. 그러나 근저당권이 설정되었다는 등기를 '말소'해야 비로소 그 부동산을 완전히 소유했다고 볼 수 있다. 등기를 말소하려면 어떻게 해야 할까? 당연히 근저당권에 의해 담보되는 빚(즉 '피담보채무')을 모두 갚아야 한다. 빚을 갚아야 담보로 잡힌 시계를 돌려받을 수 있는 것과 마찬가지다.

저당권이 설정된 부동산은 언제 경매가
이루어질지 모르는 시한폭탄과 다름없다.
저당권이 설정된 부동산을 매수하는 것은 몹시 위험하다.

그러지 않는다면 어떻게 될까? 전당포 주인이 시계를 팔 듯, 저당권자는 부동
산을 경매에 부친다. 강제경매가 소송을 거쳐야 하는 것과 달리, 저당권에 의한
임의경매는 복잡한 소송을 거칠 필요도 없다. 저당권자는 등기부에 저당권이 기
록되어 있다는 사실만으로 그 부동산을 경매에 부칠 수 있다. 경매가 이루어지
면 해당 부동산을 낙찰받은 사람인 '경락인'이 새로운 소유자가 되며, 저당권자

는 경락인이 낸 매각대금 중 자신의 피담보채무액만큼을 배당받는다.

그러니까 근저당권이 설정된 부동산은 언제 경매가 이루어질지 모르는 시한폭탄이다. 그 부동산에 세입자(임차인)로 들어가거나, 매수해 새로운 소유자가 된다면 위험을 함께 떠안는 것이다. 위험이 실현된다면, 즉 매도인 또는 임대인이 피담보채무를 갚지 못해 경매가 진행된다면 어떻게 될까? 경락인이 새로운 소유자가 되므로 부동산을 매수했던 사람은 소유권을 잃는다. 임차인이었던 사람은 어떨까? 대항력을 저당권 설정에 앞서 갖추지 못한 이상, 원칙적으로는 보증금도 돌려받지 못하고 그 부동산에서 쫓겨난다. 거듭 말했듯, 임차권은 대세효가 없는 '채권'이다. 경락인이 "누구세요?"라고 하면 할 말이 없다.

다만 임차인은 전입신고 등 조건을 갖췄을 때 자기 권리를 주장할 수 있다. 그러나 부동산을 매수한 사람은 일말의 여지도 없다. 당연히 경매에서 낙찰받은 경락인이 새로운 소유자가 된다. 매각대금 중 근저당권자가 배당받은 돈을 제하고 남은 돈만 가져갈 수 있다. 심지어 여러 개의 근저당권이 설정되어 있었다면 어떨까? 일단 경매가 이루어지면 누가 경매를 신청했는지와는 무관하게 모든 근저당권자가 배당금을 받는다. 근저당권자가 많은 만큼 잔액은 훨씬 적어질 것이다.

물론 그 부동산을 팔았던 사람에게 배상 등을 요구할 수는 있다. 그러나 기존 빚을 갚지 못해 경매를 자초한 사람에게 돈을 받아내기가 쉬울 리 만무하다. 복잡한 소송을 거쳐 어찌어찌 돈을 받아내더라도 최대가 본전치기다. 따라서 저당권이 설정된 부동산을 매수하는 것은 몹시 위험하다.

그런데도 저당권이 설정된 부동산이 매력적이라면 어떻게 해야 할까? 빚을 갚아 근저당권을 없애주겠다는 매도인의 말을 믿기보단, 빚만큼을 매매대금에서 제해 달라고 하는 편이 낫다. 부동산을 산 뒤에 매수인이 직접 근저당권의 피담보채무를 갚으면 되기 때문이다. 만약 피담보채무액이 채권최고액을 넘는다면 채권최고액만큼을 제해달라고 하면 된다. 실제로 빚을 갚을 의사와 능력이 있는 매도인이라면 응하지 않을 이유가 없다.

저당권만큼 위협적인 공동저당

한편, 근저당권 가운데에서도 등기부에 '공동담보'라 기록된 경우를 적잖이 볼수 있다. 이런 저당을 '공동저당'이라고 한다. 공동저당이란 하나의 채무를 담보하기 위해 여러 개의 부동산에 동시에 저당권을 설정한 것이다. 가령 다음 등기부가 서울시 관악구 신림동 123-45 지상에 지어진 건물의 것이며, 공동저당의 채권최고액은 1억 5000만 원이고, 실제 빌려준 돈은 1억 2000만 원이라고 해보자. 이러한 권리관계를 도식화하면 다음과 같다.

◐ 등기부에 기재된 공동담보(공동저당) 예

【 을구 】(소유권 이외의 권리에 관한 사항)				
순위번호	등기목적	접수	등기원인	권리자 및 기타사항
1	근저당권설정	2022년 7월 21일 제123456호	202년 7월 21일 설정계약	채권최고금액 금 150,000,000원 채무자 김갑동 근저당권자 행복은행 공동담보 토지 서울특별시 관악구 신림동 123-45

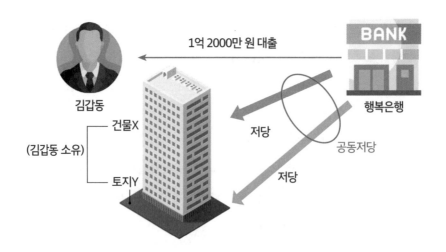

저당권이 위험하다는 건 알아도, 공동담보가 등장하면 자칫 헷갈릴 수 있다. 위 도식처럼 건물X와 토지Y가 공동담보로 잡혀 있는 상황에서, 이을남 씨가 건물X의 매수에 관심이 있다고 해보자. 김갑동 씨는 "토지Y가 공동담보로 설정되어 있어서, 건물X의 저당권은 별로 위험할 게 없다"고 한다. 김갑동 씨의 이야기는 옳을까?

부분적으로는 옳은 말이다. 공동담보 중 하나는 채무자 소유이고 다른 부동산은 아닌 경우, 채권자는 채무자 소유 부동산에서 먼저 배당금을 받기 때문이다. 가령 이을남 씨가 실제로 건물X를 매수했다고 해보자. 토지Y는 채무자(김갑동 씨) 소유, 건물X는 채무자가 아닌 자(이을남 씨) 소유가 된다. 이때 건물X와 토지Y가 동시에 경매에 부쳐진다면, 채권자 행복은행은 채무자인 김갑동 씨 소유인 토지Y의 매각대금부터 배당받는다.

다만 그렇다고 절대 안심해서는 안 된다. 토지Y의 매각대금보다 빚이 많다면, 당연히 건물X에도 영향이 미친다. 후순위일 뿐 여전히 공동담보이기 때문이다. 나아가 채권자는 언제든 건물X를 먼저 경매에 부칠 수 있다. 이런 경우 건물X는 당연히 경매를 거쳐 매각된다. 결론적으로 공동저당 또한 통상의 저당권처럼 충분히 위협적인 것으로 이해하면 된다.

내 돈 받을 때까지는 절대 못 나가! : 유치권

지금까지 담보물권 중 저당권에 대해 살펴보았다. 담보물권 가운데 중요한 것을 하나 더 꼽자면 '유치권'이다. '약정담보물권'인 저당권과는 달리 유치권은 '법정담보물권'으로 분류된다. '법정'은 법으로 정해둔 요건이 충족되면 당연히 발생하는 권리라는 의미다.

앞서 「민법」 제186조에 의해 물권의 변동은 등기해야 효력이 있다고 했다. 그러나 바로 다음 조문인 제187조에는 "(유치권 등) 법으로 정해둔 권리는 따로 등기하지 않아도 효력이 있다"고 되어 있다. 즉 유치권은 물권이면서도 등기부에 드러나지 않는 예외에 속한다. 하지만 유치권은 매우 강력한 권리이기에 주의해서 살펴볼 필요가 있다.

유치권은 어떤 부동산을 점유한 자가 그 부동산에 관해 받아낼 돈이 있을 때 발생한다(유치권에는 민사유치권과 상사유치권이 있는데, 여기서 설명하는 것은 민사유치권이다). 유치권을 갖는 자는 점유하고 있는 부동산을 반환하지 않고서 계속 점유할 수 있다.

가장 흔한 경우는 새 건물을 지은 사람이 공사대금을 받지 못하고 있을 때다. 건물에 관해 받아낼 돈(즉 공사대금)이 있으므로, 건물을 지은 사람은 쭉 그 건물을 점유할 수 있다. 한 번쯤 텅 빈 건물에 '유치권 행사 중'이라는 현수막이 달려 있거나, 빨간 페인트로 같은 문구가 칠해진 것을 본 기억이 있을 것이다. 바로 공사대금을 받지 못해 유치권을 행사하고 있는 모습이다. 드문 경우로는 세입자가 건물 보수 등을 위해 지출한 돈을 집주인으로부터 돌려받지 못할 때가 있다. 이러한 경우에도 세입자는 유치권을 행사할 수 있다.

매수한 부동산이 사실 유치권 행사 대상이었다면 최악의 상황이다. 유치권을 가진 자가 쭉 그 부동산을 점유할 수 있으므로, 부동산을 사용하는 것이 불가능해진다. "내가 돈을 안 준 것도 아닌데 왜 내 건물에서 이러냐!"고 따질 수도

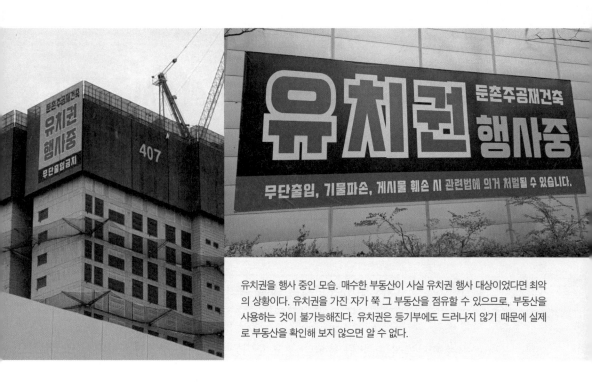

유치권을 행사 중인 모습. 매수한 부동산이 사실 유치권 행사 대상이었다면 최악의 상황이다. 유치권을 가진 자가 쭉 그 부동산을 점유할 수 있으므로, 부동산을 사용하는 것이 불가능해진다. 유치권은 등기부에도 드러나지 않기 때문에 실제로 부동산을 확인해 보지 않으면 알 수 없다.

없는 노릇이다. 유치권은 담보물권, 즉 물권이므로 대세효가 있기 때문이다. 즉 유치권이 발생한 것이 자기 탓인지와는 무관하게, 누구든 유치권 행사의 상대방이 된다.

유치권은 등기부에도 드러나지 않기 때문에 실제로 부동산을 확인해 보지 않으면 알 수 없다. 다만 유치권자는 부동산에 대한 점유를 지속해야만 하므로, 해당 부동산이 유치권 행사 중임을 한눈에 알 수 있도록 표시해 둔다. 조금만 신경 쓰면 놓칠 수 없는 부분이다.

6

을구의 터줏대감, 용익물권 삼총사

다른 토지의 도움을 받을 권리 : 지역권

가끔 시골 마을에서 마을 길 통행을 두고 주민들이 다툼을 벌인다는 내용의 기사를 보게 된다. 면 단위 지역에서는 도로 소유권이 개인에게 있는 경우가 흔해, 도로를 사용하는 측과 땅 주인이 사용료를 두고 갈등을 빚는 경우가 종종 발생한다. '통행할 수 있는' 권리의 근거는 다양한데 그 근거 중 하나가 '지역권'이다.

지역권은 자기 토지의 이익을 위해 타인의 토지를 사용할 권리다. 가령 자기 토지가 도로와 직접 인접해 있지 않아서 타인의 토지에 있는 길을 통해 도로로 갈 수 있는 경우, 그 길을 사용해 자기 토지로부터 도로까지 통행할 수 있게 하는 권리가 지역권이다(지역권은 지상권, 전세권과 함께 등기부의 을구에 기재된다).

"내 땅 못 지나가"
도로 막은 굴착기에 닭 줄폐사

도로에 자신의 땅 일부가 포함된 땅 주인이 굴착기로 길을 막아서 통행이 어려워진 양계장과 갈등을 빚고 있다는 내용의 기사.

여기서 다른 토지의 도움을 요청하는 자기 토지를 '요역지', 그러한 요청을 승낙해

주는 타인의 토지를 '승역지'라고 한다. 지역권은 요역지와 승역지 등기부 모두에 그 목적 및 범위와 함께 기록된다. 사실 지역권은 지상권 및 전세권에 비해 문제되는 경우가 거의 없다. 그 개념과 등기되는 형식만 알아둬도 충분하다.

◐ 승역지의 등기부 예

【 을구 】 (소유권 이외의 권리에 관한 사항)				
순위번호	등기목적	접수	등기원인	권리자 및 기타사항
1	지역권 설정	2023년 3월 21일 제12345호	2023년 3월 20일 설정계약	목적 통행 범위 동측 100m² 요역지 충청북도 괴산군 사리면 사담리 527

◐ 요역지의 등기부 예

【 을구 】 (소유권 이외의 권리에 관한 사항)				
순위번호	등기목적	접수	등기원인	권리자 및 기타사항
1	요역지 지역권	2023년 3월 21일 제12345호	2023년 3월 20일 설정계약	승역지 충청북도 괴산군 사리면 사담리 526 목적 통행 범위 동측 100m²

당신 땅을 딛고 내 건물을 올릴게 : 지상권

원칙적으로 건물과 토지에 대한 권리는 별개다. 만약 토지 소유자는 따로 있는데 그 위에 멋대로 건물을 짓는다면 당연히 철거 대상이다. 따라서 건물을 짓기 위해서는 부지에 해당하는 토지 소유권을 취득하거나, 최소한 토지를 사용할 권리라도 취득해야 한다. 이때 필요한 타인의 토지를 사용할 권리가 '지상권'이다(다만 지상권을 설정하기보다는 임대차계약을 맺는 경우가 더 많다). 지상권은 어떻게 등기될까? 사용할 토지에 지상권 등기가 설정되고, 지상권의 목적과 범

○ 지상권의 등기 예

【 을구 】 (소유권 이외의 권리에 관한 사항)				
순위번호	등기목적	접수	등기원인	권리자 및 기타사항
1	지상권 설정	2023년 4월 21일 제2345호	2023년 4월 20일 설정계약	목적 철근콘크리트조 건물의 소유 범위 서쪽 500m² 존속기간 2023년 4월 20일부터 30년 지료 월 금500,000원 지급시기 매월 말일 / 지상권자 김갑동

위 등 기초적 내용이 함께 등기된다.

그런데 특이하게도 일부 지상권은 등기되지 않고도 효력을 갖는다. 바로 '법정지상권' 및 '관습법상 법정지상권' 제도 때문이다. 원래 건물과 토지 소유자가 같았으나 둘 중 하나에 저당권이 설정되고 임의경매가 진행되어 건물과 토지 소유자가 달라진 경우, 자동으로 토지에 '법정지상권'이 설정된다. 또한 매매 등으로 인해 건물과 토지 소유자가 달라진 경우에도 비슷하게 관습법상 법정지상권이 설정된다. 이러한 종류의 지상권은 (제3자에게 이전해 주려는 경우가 아닌 한) 등기하지

○ 법정지상권이 발생하는 예

건물과 토지 소유자가 같았으나 그 소유권이 분리되는 순간, 법정지상권은 등기하지 않아도 발생한다.

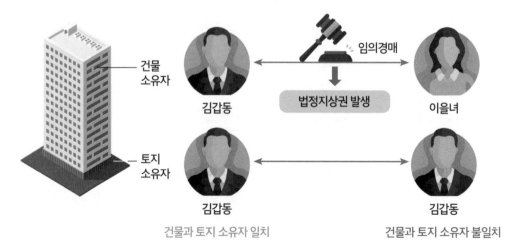

건물과 토지 소유자 일치   건물과 토지 소유자 불일치

않아도 된다(「민법」 제187조).

법정지상권 제도는 굳이 왜 있는 것일까? 이런 제도가 없다면, 토지와 건물 소유권이 분리되었다는 이유만으로 건물가치가 매우 낮아지는 경우가 허다할 것이기 때문이다. 건물과 토지 소유자가 같았을 때는 당연히 지상권이 필요하지 않다. 그러나 건물과 토지 소유자가 달라지는 순간, 건물 소유자는 지상권 등 토지를 사용할 권리를 반드시 확보해야만 하는 처지가 되고 그러지 못했을 때 건물은 언제든 철거될 수 있는 상태가 된다. 그래서 따로 합의하거나 등기하지 않아도 소유자가 달라지면 자동으로 지상권이 설정된다.

저당권과 지상권이 동시에 등기될 때 : 담보지상권

우리 법은 판례를 통해 지상권을 매우 독특하게 활용하는 것을 인정한다. 바로 지상권을 '담보물권'으로 활용하는 것이다. 금융기관이 나대지(지상에 아무것도 존재하지 않는 토지)를 담보로 삼으면서 돈을 빌려줄 때, 저당권과 함께 지상권까지 설정해 두는 경우가 있다. 이때의 지상권을 '담보지상권'이라고 한다. 금융기관이 담보로 잡은 토지를 사용하고 싶어서 지상권을 함께 설정하는 건 당연히 아니다. 금융기관은 지상권의 본래 목적과는 달리, 오직 토지의 교환가치(즉 담보로서의 가치)가 낮아지는 것을 미연에 방지하고자 담보지상권을 설정한다.

지상권이 어떻게 교환가치의 하락을 방지한다는 것일까? 지상권이 가진 특유의 힘에서 비롯된다. 어떤 토지에 대해 지상권을 가지고 있는 사람은 다른 사람이 그 토지를 제멋대로 사용하려는 것을 막을 수 있다. 따라서 금융기관이 저당권과 함께 지상권을 설정해 두면, 토지 소유자나 제3자가 건물을 짓는 등 토지를 제멋대로 사용해 토지가치가 낮아지는 것을 막을 수 있다.

사실 이런 행위는 저당권만으로도 저지할 수 있다. 어떤 사람이 저당권이 설정된 물건의 교환가치를 하락시키는 행위를 하는 경우, 저당권자는 저당권을 근거로 이런 행위를 막을 수 있기 때문이다. 다만 지상권을 통하는 것이 더 간단하다. 상대방의 행위가 토지의 교환가치를 하락시키는 것인지 고민할 필요 없이, "그 토지를 사용할 권리는 나에게 있는데, 당신이 마음대로 토지를 사용하고 있다"라고만 주장하면 끝이다.

그러니까 판례는 담보지상권이 꼭 필요해서라기보다는 금융기관 등의 편의를 위해 인정해 주는 것이다. 판례에 따르면 담보지상권은 저당권이 소멸할 때 함께 사라지고, 담보지상권에 근거해 토지를 함부로 사용할 수 없다. 복잡한 법 이야기에서 우리가 기억해야 할 내용은 단순하다. 일단 저당권과 지상권을 같은 권리자가 동시에 등기했을 때, 이 지상권은 담보지상권일 확률이 매우 높다고 이해하면 된다. 이 경우 지상권은 함께 설정된 저당권과 사실상 한 몸이라고 파악해도 좋다.

채권인 전세를 '힘센' 물권으로 바꾼 전세권

전세권은 전세금을 지급하고서 타인의 부동산을 점유하며 사용할 수 있는 권리다. 우리가 흔히 말하는 전세와 전세권은 다르다. 전세권은 등기부 을구에 '전세권'이라고 등기된 경우만을 가리킨다(우리가 흔히 말하는 전세는 등기되었을 때 물권인 전세권이 된다). 전세계약을 맺을 때 전세권등기를 하지 않는 경우가 대부분이다. 이처럼 등기되지 않은 전세를 '채권적 전세'라고 부른다.

애초에 전세는 월세와 구별되는 제도가 아니다. 단순히 월세에서 보증금을 높이는 대신 매월 지급하는 돈을 없애면 전세가 될 뿐이다. 그래서 세입자가 갖는 권리도 전세와 월세 모두 채권인 '임차권'으로 동일하다.

다만 전세는 월세와 달리 매우 높은 보증금(즉 전세금)을 한 번에 지급하게 되므

○ 채권적 전세의 물권화

채권인 전세가 등기를 통해 물권인 전세권으로
바뀌면, 대세효가 있는 힘센 권리가 된다.

로, 보증금을 돌려받지 못할 위험
이 커진다. 그래서 원래는 임차권인 채권적 전
세를 전세권으로 등기해 물권으로 삼을 수 있게 해
둔 것이다(31쪽).

채권과 달리 물권은 '대세효'가 있어, 꼭 자신과 계약을 맺은 사람이 아니더라
도 누구에게나 권리를 주장할 수 있다. 즉 전세권을 등기한 세입자는 전세계약의
상대방(집주인)이 아니더라도 자신의 전세권을 주장할 수 있다. 가령 전세로 살던
도중 집주인이 바뀐 경우를 생각해 보자. 채권적 전세라면 원칙적으로 새로운 집
주인에게 그 집을 계속 사용하겠다고 주장할 수 없고, 전세금을 돌려달라고 할
수도 없다. 전세계약의 상대방이었던 원래 집주인에게 따져야 할 것이다. 그러나
전세권을 등기했다면 새로운 집주인에게도 집을 사용하겠다고 주장할 수 있고
전세금을 반환하라고도 청구할 수 있다.

다만 세입자 입장에서 전세권등기를 하는 데 커다란 걸림돌이 있다. 우선 전세
권을 등기하려면 집주인의 동의가 필요하다. 또한 통상 보증금 1억 원당 50만 원
안팎의 비용(등록세·등기신청수수료·법무사비용)도 들어간다.

그래서 우리 법은 「주임법」 및 「상임법」을 통해, 꼭 전세권등기를 하지 않더라
도 단독으로 갖출 수 있는 조건만 확보하면 임차권을 '물권화'할 수 있게 했다.
전입신고 등이 바로 이런 조건 중 하나이다. 결국, 현실적으로 전세권등기는 통상
전입신고 등이 이런저런 이유로 어려울 때 고려하게 된다. 다만 전입신고 등을 한
다고 해서 전세권을 등기할 수 없는 건 아니다. 대세효를 확보하는 것 외에도 전
세권등기로 얻을 수 있는 이익이 몇 가지 있다. 그래서 전입신고 등과는 별개로
세입자의 지위를 강화하기 위해 전세권을 등기하기도 한다.

전세권을 등기하면 완전히 독립된 물권을 새로 하나 만들어 내는 셈이다. 그래서 그 권리를 활용하는 데 제약이 없다. 전세권에 근거해 다른 사람에게 다시 전세권을 설정해 줄 수도 있고, 아예 전세권을 양도할 수도 있다. 이와 같은 행동은 전세권등기 없이는 (집주인의 동의를 받지 않는 한) 불가능하다. 나아가 전세권에 저당권을 설정하는 등 전세권을 담보로 활용하는 것도 가능하다.

활용도 '끝판왕': 전세권

이외에 전세권등기를 했을 때 전세권 그 자체를 저당권처럼 활용할 수 있다. 전세권을 저당권처럼 활용했을 때 얻는 이익이 무엇인지는 사례를 통해 차근차근 살펴보자.

집주인인 김갑동 씨는 이을녀 씨와 전세계약을 맺으며 3억 원의 전세금을 받은 뒤 전세권등기를 설정해 주었다. 따라서 김갑동 씨는 전세 기간이 끝난 뒤 특별한 사정이 없으면 이을녀 씨에게 전세금 3억 원을 돌려주어야 한다. 이 관계를

◐ 전세금 = 빌려준 돈 저당권이 빌려준 돈을 담보하듯, 전세권은 전세금을 담보한다.

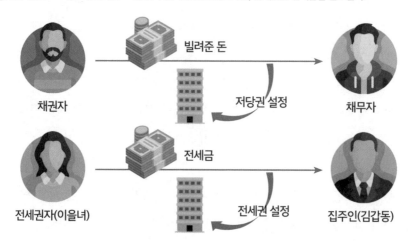

◉ 전세권의 등기 예

【을구】(소유권 이외의 권리에 관한 사항)				
순위번호	등기목적	접수	등기원인	권리자 및 기타사항
1	전세권설정	2023년 3월 21일 제12345호	2023년 3월 20일 설정계약	전세금 금300,000,000원 범위 위 건물 전부 존속기간 2023년 3월 20일부터 2025년 3월 19일까지 전세권자 이을녀

전세권설정등기는 등기부에 자신이 전세 세입자라는 사실을 기록한 것이다. 전세권자는 후순위 권리자, 기타 채권자보다 전세금을 우선해서 변제받을 수 있다.

곱씹어 보면, 전세금은 일종의 '빌려준 돈'임을 알 수 있다.

전세권은 이 '빌려준 돈'을 담보하는 기능도 한다. 전세권은 용익물권(사용가치만 지배)이면서 담보물권(교환가치만 지배)의 성격도 있기 때문이다. 즉 저당권이 담보물권으로서 빌려준 돈을 담보하듯, 전세권 또한 전세금을 담보한다. 만약 전세권자(이을녀 씨)가 전세금을 돌려받지 못한다면 어떻게 될까? 저당권자가 경매를 신청할 수 있듯 전세권자는 전세권이 설정된 부동산을 경매에 부칠 수 있다.

전세권은 전세가 종료되어 용익물권의 성격(사용가치만 지배)이 사라져도 담보물권으로서의 성격(교환가치만 지배)은 유지된다. 원칙적으로 전세가 끝나면 부동산을 계속 사용할 수 없다. 즉 위 등기부의 이을녀 씨는 2025년 3월 20일부터는 김갑동 씨의 건물을 사용할 수 없다. 용익물권으로서의 성격이 사라졌기 때문이다. 그러나 담보물권으로서의 성격은 사라지지 않고 남아 있으므로, 전세 기간이 종료된 뒤에도 저당권이 설정된 것과 같은 효과를 계속 누릴 수 있다.

다만 전세금을 돌려받지 못했다면 전세 기간이 종료된 뒤에도 부동산을 계속 사용할 수 있다. 이런 경우 전세 기간이 종료해 용익물권의 성격이 사라졌든 아니든, 실질적으로는 큰 차이가 없다. 전세권자가 원한다면 언제든 부동산을 계속 사용할 수 있기 때문이다. 전세권자는 부동산을 주인에게 다시 돌려준 뒤에 (담보물권으로서의 성격에 따라) 경매를 신청하면 된다.

7

건물의 '형태'와 '용도'를 제한하는 규제들

도시계획에 따라 달라지는 토지의 값어치

한국 사람 10명 중 8명은 도시에 산다(2020년 기준). 전체 인구 가운데 도시 지역에 거주하는 인구 비율을 도시화율이라고 하는데, 한국의 도시화율은 1970년 40.7%에서 2000년 79.6%로 급속히 증가했다. 이에 따라 체계적 개발의 중요성도 커져, 오늘날 도시는 도시계획에 따라 계획적·인공적으로 개발된다. 도시계획은 행정청에서 그려내는 '지도'로 된 계획이라고 이해할 수 있다. 토지를 합리적이고 효율적으로 이용하기 위해, 행정청은 전 국토에 걸쳐 지도를 그린다. 지도에서 토지가 어떤 색으로 색칠되었는지에 따라 어떤 용도의 건축물을 어느 정도 크기로 지을 수 있는지가 결정된다. 당연히 같은 토지일지라도 도시계획에 따라 그 값어치가 달라질 수밖에 없다.

다음은 서울 관악구 일부 지도다. 이 지도는 도시계획의 핵심이 되는 '용도지역'을 나타낸다. 2호선 신림역과 서울대입구역 근처가 분홍색으로 칠해져 있고, 그 인근은 분홍색 빗금이 처져있으며, 이외에는 노란색으로 칠해져 있다. 이 중 분홍색으로 칠해진 부분은 '일반상업지역'이다. 상업 용도의 고층빌딩을 짓는 게 가능한 지역이다. 노란색으로 칠해진 부분은 '제2종 일반주거지역' 혹은 '제1종

○ 관악구 도시계획 지도

서울시 관악구 일부 지역의 용도지역을 나타내는 지도. 분홍색은 '일반상업지역' 노란색은 '제2종 일반주거지역' 혹은 '제1종 일반주거지역', 분홍색 빗금은 '준주거지역'을 나타낸다. ⓒ 서울도시계획포털(urban.seoul.go.kr).

일반주거지역'이다. 중층주택과 저층주택 위주로 주거단지를 조성하게끔 해둔 지역이다. 분홍색 빗금이 처져있는 지역은 '준주거지역'이다. 준주거지역은 주택을 위주로 하되, 보조적으로 업무시설을 둘 수 있게끔 해둔 지역이다.

도시계획의 핵심, 용도지역제 도시계획

용도지역제 도시계획은 전 국토에 걸쳐 용도지역을 지정하는 것이다. 우리나라의 모든 토지는 용도지역제 도시계획에 따라 먼저 도시지역, 관리지역, 농림지역, 지역환경보전지역 중 하나로 지정된다. 다만 도시지역 외 지역은 여전히 용도지역이 그리 세분화되어 있지 않다. 전 국토의 17%가량을 차지하는 도시지역 내에서만 용도지역이 구체적으로 정해져 있을 뿐이다. 통상 부동산에서 문제가 되는 용도지역은 대부분 도시지역 안에서 논의되는 것이다.

◐ 도시지역 내 용도지역

명칭	세분		지정 목적	건폐율	용적률
주거지역	전용주거지역	제1종	단독주택 중심의 양호한 주거환경 보호	50%	50~100%
		제2종	공동주택 중심의 양호한 주거환경 보호	50%	50~150%
	일반주거지역	제1종	저층주택 중심의 편리한 주거환경 조성	60%	100~200%
		제2종	중층주택 중심의 편리한 주거환경 조성	60%	100~250%
		제3종	중고층주택 중심의 편리한 주거환경 조성	50%	100~300%
	준주거지역		주거기능을 위주로 이를 지원하는 일부 상업 및 업무 기능 보완	70%	200~500%
상업지역	중심상업지역		도심 · 부도심의 상업 및 업무 기능 확충	90%	200~1500%
	일반상업지역		일반적인 상업 및 업무 기능 담당	80%	200~1300%
	근린상업지역		근린지역에서의 일용품 및 서비스 공급	70%	200~900%
	유통상업지역		도시 내 및 지역간 유통 기능 증진	80%	200~1100%
공업지역	전용공업지역		중화학공업, 공해성공업 등의 수용	70%	150~300%
	일반공업지역		환경을 저해하지 않는 공업의 배치	70%	150~350%
	준공업지역		경공업 그 밖의 공업을 수용하되, 주거 · 상업 · 업무 기능 보완	70%	150~400%
녹지지역	보전녹지지역		도시의 자연환경 · 경관 · 산림 및 녹지공간을 보전할 필요가 있는 지역	20%	50~80%
	생산녹지지역		주로 농업적 생산을 위해 개발을 유보할 필요가 있는 지역	20%	50~100%
	자연녹지지역		녹지공간 확보, 도시확산 방지, 장래 도시용지 공급 등을 위해 보전할 필요가 있는 지역으로, 불가피한 때에만 제한적 개발이 허용되는 지역	20%	50~100%

　　도시지역 내에서 용도지역은 다시 주거지역, 상업지역, 공업지역, 녹지지역으로 나뉜다. 이 중 녹지지역이 70%가량, 주거지역이 15%가량, 상업지역이 2%가량, 공업지역이 7%가량을 차지한다. 각 용도지역은 한 번 더 세분된다.

　　주거지역 중에서는 일반주거지역이, 상업지역 중에서는 일반상업지역이, 녹지지역 중에서는 자연녹지지역이 각 90% 이상을 차지한다. 공업지역에서도 일반공업지역이 70% 정도로 대부분이다.

건폐율과 용적률 제한은 지구단위계획 등 다른 도시계획이나 자치단체별 조례 등에 의해 다시 조정되는 경우가 대부분이다. 따라서 어떤 토지의 건폐율 및 용적률 제한을 정확히 확인하기 위해서 용도지역만 살펴서는 안 된다. 용도지역은 대략의 가이드라인을 제시하는 정도로만 이해하자.

용도지역에 따라 제한되는 것이 두 가지 있다. 바로 '형태'와 '용도' 제한이다. 먼저 형태 제한은 건물을 얼마나 넓게, 그리고 높게 지을 수 있는지에 관한 제한으로, 건폐율과 용적률(161쪽)로 제한이 이루어진다. 일반적으로 허용되는 건폐율과 용적률이 높을수록 더 넓고 높은 건물을 지을 수 있다.

용도지역별로 건축이 허용되지 않는 용도가 정해져 있다. 가령 제1종 전용주거지역은 보통 단독주택이 중심인 한적한 지역이다. 이런 곳에 백화점 용도의 건물이 들어오면 전용주거지역의 취지가 무색해질 것이다. 따라서 제1종 전용주거지역에는 백화점 등 대형 상업시설을 용도로 하는 건물이 들어올 수 없다. 이처럼 용도지역제 도시계획은 형태 및 용도 제한에 어긋나는 건물의 건축을 아예 건축허가 단계에서부터 제한해, 도시를 규제한다.

부족한 2%를 채우는 용도지구와 용도구역

용도지역은 아주 광범위하게 지정되는 것이므로 좁은 지역의 특수성을 고려해 수립되기는 어렵다. 따라서 이를 보완하는 다양한 제도가 있다. 대표적인 것이 '용도지구'와 '용도구역'이다. 일반적으로 용도지구는 건물의 형태 제한 및 용도 제한을 강화 내지는 약화하는 방식으로, 용도구역은 특정한 행위를 제한하는 방식으로 기능한다고 볼 수 있다.

용도지구의 종류는 다양하나 그중에서도 건물 높이 자체를 직접 제한하는 지구가 따로 있다. 바로 '고도지구'다. 고도지구 안에서는 정해진 높이를 초과하는 건축물을 건축할 수 없다. 예를 들어 서울 남산은 주변 자연경관과 생태환경 보호 등을 이유로 1995년 고도지구로 지정됐다. 남산 주변 고도지구에 짓는 건물은 높이가 12~20m를 넘을 수 없다. 용도지구는 당연히 용도지역과 겹치도록 설정되고, 지구끼리 겹치게 설정되기도 한다.

용도구역에서 특히 주목해야 할 것은 '개발제한구역'이다. 흔히 '그린벨트'라고 하는 것이 바로 이 개발제한구역을 가리킨다. 개발제한구역에서는 그 지정 목적에 위배 되는 건축, 건물의 용도 변경, 공작물 설치, 개발 행위 등 일체가 불가능하다. 핵심은 '건축이 불가능하다'는 것이다. 기본 건축물이 있는 상태에서 증축

❍ 용도지구 : 건물의 형태 제한 및 용도 제한을 강화 또는 약화

구분	정의
경관지구 (자연, 수변, 시가지 등)	경관의 보전·관리 및 형성을 위해 필요한 지구
고도지구(최고, 최저 등)	쾌적한 환경 조성 및 토지의 효율적 이용을 위해 건축물 높이의 최고한도를 규제할 필요가 있는 지구
방화지구	화재 위험을 예방하기 위해 필요한 지구
방재지구(시가지, 자연 등)	풍수해, 산사태, 지반의 붕괴, 그 밖의 재해를 예방하기 위해 필요한 지구
보호지구 (학교, 공용시설, 항만, 공항 등)	문화재, 중요 시설물 및 문화적·생태적으로 보존가치가 큰 지역의 보호와 보존을 위해 필요한 지구
취락지구(자연, 집단 등)	녹지지역·관리지역·농림지역·자연환경보전지역·개발제한구역 또는 도시자연공원구역의 취락을 정비하기 위한 지구
개발진흥지구 (산업·유통, 관광·휴양 등)	주거기능·상업기능·공업기능·유통물류기능·관광기능·휴양기능 등을 집중적으로 개발·정비할 필요가 있는 지구
특정용도제한지구	주거 및 교육 환경 보호나 청소년 보호 등의 목적으로 오염물질 배출시설, 청소년 유해시설 등 특정시설의 입지를 제한할 필요가 있는 지구
복합용도지구	지역의 토지이용 상황, 개발 수요 및 주변 여건 등을 고려하여 효율적이고 복합적인 토지이용을 도모하기 위해 특정시설의 입지를 완화할 필요가 있는 지구

● 용도구역 : 특정 행위를 제한

구분	정의
개발제한구역	도시의 무질서한 확산을 방지하고 도시 주변의 자연환경을 보전하여 도시민의 건전한 생활환경을 확보하기 위해, 혹은 국방의 이유로 도시의 개발을 제한
도시자연공원구역	도시의 자연환경 및 경관을 보호하고 도시민에게 건전한 여가 · 휴식 공간을 제공하기 위해 도시지역 안에서 식생이 양호한 산지의 개발을 제한
시가화조정지역	도시지역과 그 주변지역의 무질서한 시가화를 방지하고 계획적 · 단계적인 개발을 도모하기 위해 일정 기간 시가화를 유보
수산자원보호구역	수산자원의 보호 · 육성

및 개축은 일부 허용되나, 새로운 건물을 짓는 것은 예외적인 경우(공원 등 구역의 지정 목적에 반하지 않는 공공시설이나, 기존에 개발제한구역 내에 거주하던 주민들의 편의를 위한 시설 등)가 아니면 불가능하다. 따라서 개발제한구역 내 토지의 가치는 매우 낮을 수밖에 없다.

'핀셋형' 도시계획, 지구단위계획

지구단위계획 또한 용도지역제 도시계획을 보완하고자 하는 목적으로 마련되었다. 지구단위계획은 용도지역제 도시계획보다 훨씬 좁은 범위에 대해 수립된다. 말하자면 '핀셋형' 도시계획이다.

지구단위계획의 특징은 그 내용이 매우 다양하다는 것이다. 법에 정해진 것이 없어, 매우 구체적이고 자유롭게 내용을 설정할 수 있다. 도로나 주차장, 공원 등 기반시설의 배치와 규모를 정할 수도 있고, 건물의 용도나 형태 제한을 강화 혹은 완화할 수도 있으며, 특정 용도 혹은 형태를 가진 건물의 건축에 혜택을 제공할 수도 있고, 건축물의 배치 및 색채 등을 조율할 수도 있다.

예를 하나 살펴보자. 서울시 관악구 서울대학교 앞에는 소위 '고시촌'으로 불리

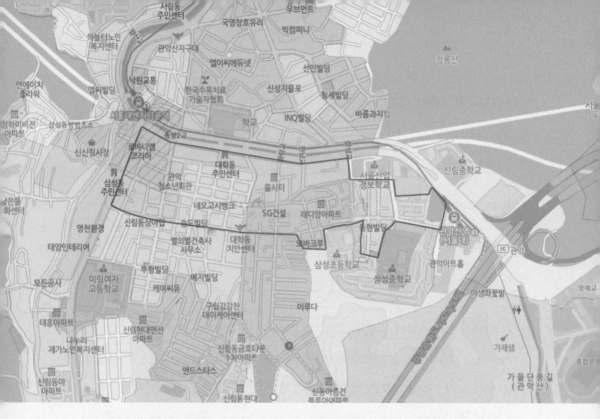

▲ 관악구 일대의 용도지역제 도시계획을 나타낸 지도. 붉은색으로 표시한 지역이 미림지구다. 지구 내에서는 용도지역제 도시계획보다 지구단위계획이 더 강력하게 적용된다.

▼ 공익사업에 토지 등을 수용하거나 사용할 수 있는 권한을 부여하는 것을 사업인정이라고 한다. 도시계획시설계획이 공공성을 인정받으면 개인의 소유권은 박탈될 수 있다.

는 곳이 있어, 지역 주민과 더불어 대학생 및 각종 시험을 준비하는 청년층이 많이 거주하고 있다. 2022년 신림선 경전철이 개통되어 고시촌과 연결되면서 고시촌의 기능 향상을 도모한다는 취지로 고시촌 일대를 포괄하는 '미림지구' 지구단위계획이 수립되었다.

왼쪽 지도는 관악구 일대의 용도지역제 도시계획을 나타낸 것이다. 붉은색으로 표시한 것이 미림지구다. 미림지구의 용도지역은 준주거지역(빗금 친 부분)과 일반주거지역이다. 하지만 미림지구에 대한 지구단위계획이 수립되며 기존 용도지역에 비해 여러 부분에서 수정된 도시계획이 적용되고 있다.

수정된 내용으로는 건폐율이나 용적률 제한의 변경, 고도제한, 시설 배치 등이 있다. 특히 주된 수정으로는 건물의 불허 및 권장 용도가 새로 지정된 것이다. 용도지역만 보았을 때는 허용되는 몇몇 용도(안마시술소, 정신병원, 자동차 폐차장, 장례시설 등)가 불허되었으며, 몇몇 용도(상점, 업무시설, 공연장, 학원 등)는 권장되는 것으로 바뀌었다. 나아가 녹지나 주차장을 둔 건물에 혜택을 제공하도록 했으며, 준주거지역 내 건물에서는 1층을 주거용으로 사용할 수 없도록 하였다.

이처럼 지구단위계획은 좁은 범위 내에 매우 밀도 높은 규제를 가하는 도시계획이다. 지구 내에서는 용도지역제 도시계획보다도 더 강력하게 적용된다고 볼 수 있는 만큼, 유의 깊게 살필 필요가 있다.

도시의 기틀을 다지는 도시계획시설계획

마지막으로 살펴볼 도시계획은 도시계획시설계획이다. 도시계획시설계획은 도시계획결정과 실시계획을 거쳐 기반시설을 설치하는 것이다. 기반시설은 교통시설, 유통·공급시설, 공공·문화체육시설, 광장이나 공원 등 공간시설 등의 시설을 가리킨다.

도시계획시설계획의 가장 큰 특징은 도시계획시설을 설치하기로 한 부지의 소유권을 '수용'할 수 있다는 것이다. 수용이란 개인의 소유권을 박탈하고, 그 소유를 국가에 귀속시키는 것이다. 우리 헌법은 개인의 재산권을 보호하면서도, 공공의 이익을 위해 필요한 경우 정당한 보상이 이루어진다는 전제하에 법률이 정하는 방식에 따라 재산권을 박탈할 수 있다고 규정하고 있다. 따라서 '사업인정'이라는 절차를 통해 공공성을 인정받는다면 도시계획시설계획에 의해 개인의 소유권은 박탈될 수 있으며, 당연히 그 부지 내에서 개인이 토지를 사용하는 것 또한 금지될 수 있다.

헌법이 개인의 재산권을 필요에 따라 박탈할 수 있다고 규정하고 있지만, 재산권 침해는 최소화되어야 한다. 도시계획시설의 설치가 결정된 뒤 2년간 사업이 시행되지 않으면 가설건축물 건축을 허가받을 수 있고, 10년간 사업이 시행되지 않으면 토지 매수를 청구할 수 있으며, 매수 청구가 받아들여지지 않을 경우 일반적인 건축 허가를 받을 수 있다. 나아가 20년이 지나면 도시계획시설계획은 효력을 잃는다.

세계에서 가장 얇은 마천루 스타인웨이타워.

고도제한과 용적률을 뚫어버리는
'공중권'

뉴욕 센트럴파크 바로 옆에는 바람이 불면 휘청하고 쓰러질 것만 같은 건물이 있다. '펜슬타워'라는 별칭의 스타인웨이타워는 2022년 5월 완공된 뉴욕 신생 빌딩이다. 435m 높이의 건물 폭이 고작 18m다.

건물 높이에는 크게 두 가지 제한 사항이 따라붙는데, 하나는 직접적인 고도제한이고 하나는 용적률이다. 따라서 건축설계사는 ① 정해진 건물의 고도제한 아래에서 ② 용적률을 계산해야 한다. 그런데 '자본주의의 본산'인 미국에서는 돈으로 이 제한을 풀 수도 있다.

1960년 뉴욕시는 건물 높이를 제한하는 규정을 신설했다. 동시에 그 제한에 미치지 않는 만큼에 대해 '공중권'이라는 이름을 붙여, 다른 이에게 팔 수 있도록 했다. 탄소배출권 제도와 같은 메커니즘이다. 현재 여러 국가에서는 기업별로 탄소 배출량이 탄소 배출 한도를 하회한 만큼을 더 많은 탄소배출권이 필요한 기업에 판매할 수 있도록 하는 탄소배출권 제도를 운영하고 있다. 공중권 또한 돈을 더 내서라도 정해진 고도제한과 용적률을 초과해 고층빌딩을 짓고자 하는 건물주의 니즈를 겨냥한 것이다.

스타인웨이타워는 공중권을 극한으로 활용한 예다. 스타인웨이타워는 공중권 매입에만 1600억 원가량을 지불했다. 주변 저층 건물들이 사용하지 않은 용적률을 구입해 본래 용적률을 훨씬 상회하는 건물을 설계할 수 있었다. 획일화된 서울의 스카이라인을 개선하기 위해 우리나라에도 공중권 제도가 도입되어야 한다는 목소리도 있다.

8

지목 모르고 땅 보러 다녀봐야 말짱 도루묵!

토지의 거래 단위 '필지'

등기부에서 갑구·을구보다 먼저 나오는 표제부에는 사실관계에 관한 내용이 기재된다. 건물의 등기부라면 그 건물이 어떤 자재로 지어졌는지, 몇 층인지, 각 층 면적은 어떻게 되는지 등이 적혀 있다. 토지의 등기부라면 면적이 얼마인지 등이 적혀 있다. 사실관계 중 대부분은 특별한 사전 지식이 없어도 이해할 만하다. 다만 의미를 알기 어려운 것이 딱 두 가지 있는데, 바로 토지의 '지목'과 건물의 '용도'다.

〈표. 신림동 242-48번지 등기부 표제부〉을 보자. 이 토지는 서울특별시 관악구 신림동 242-48번지에 있는, 면적이 175㎡인 토지임을 쉽게 알 수 있다. 뜬금없다고 느껴질 수도 있지만, 한 가지 짚고 넘어가야 할 게 있다. 왜 하필 이 175㎡에 해당하는 부분에 대해서만 따로 등기부를 만들어 둔 것일까? 토지는 모두 하나로 이어져 있는데, 연속적인 토지를 대체 어떤 기준으로 나누어서 등기부를 만든 걸까?

처음 등기부를 만들었던 사람도 아마 비슷한 고민을 했을 것이다. 건물이야 단순히 한 동에 하나씩 등기부를 만들면 되지만, 토지는 그렇게 뚜렷한 경계가 없

◑ 신림동 242-48번지 등기부 표제부

【 표제부 】(토지의 표시)					
표시번호	접수	소재지번	지목	면적	등기원인 및 기타사항
1(전 1)	1980년 7월 7일	서울특별시 관악구 신림동 242-48	대	175m²	
					부동산등기법 제177조의 6 제1항의 규정에 의하여 1999년 7월 13일 전산이기

◑ 신림동 242-48번지 주변 지적도

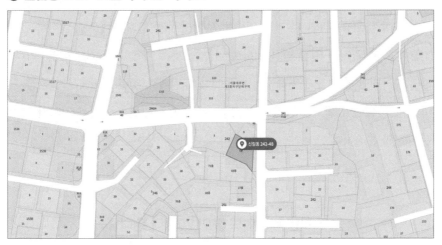

으니 말이다. 그래서 우리는 토지에 임의로 경계를 긋고, 그에 따라 나누어진 각각의 토지를 '필지'라고 부르기로 했다. 즉 필지는 토지의 등록 단위다. 이렇게 필지 단위로 토지를 나누고 등기부가 편성된 덕분에 사람들은 편리하게 필지 단위로 땅을 사고팔 수 있게 되었다.

다만 편의를 위해 임의로 경계를 그은 것이다 보니 한 필지의 면적은 모두 제각 각이다. 〈그림. 신림동 242-48번지 주변 지적도〉를 보면 필지의 면적과 모양이 들쑥날쑥한 것을 확인할 수 있다. 물론 토지의 경계를 완전히 임의로 그은 것은 아니다. 토지를 최초로 구획한 것은 일제 강점기였다. 당시 조사관이 전국 토지의 소유관계를 조사하고, 그 내용을 어느 정도 반영하여 필지를 나누었다. 인위적인 개입 없이 소유되고 사용되던 토지의 경계가 규칙적일 리 없었다. 그래서 필지의 모양과 면적이 제각각일 수밖에 없었다.

이처럼 토지 등록 단위의 불규칙한 정도가 심하면 토지의 이용가치가 낮아질 수밖에 없다. 그래서 불규칙한 정도가 심한 곳에서는 도시개발사업(구 토지구획정리사업) 등을 거쳐 필지를 다듬기도 하고, 신도시에서는 애초부터 필지를 규칙적인 형태로 정비해 둔다.

나아가 꼭 정부의 개입 없이도, 소유자가 원한다면 여러 필지를 합치거나(합필) 나눌 수 있다(분필). 다만 몇 가지 기준에 부합해야 한다. 대표적으로 면적에 관한 기준이 있어, 필지를 일정 면적 이하로 나누는 것은 허용하지 않는다. 필지가 과하게 좁아지면 관리가 불편해지기 때문이다. 그런데도 몇몇 지역에서는 종종 손바닥만 한 넓이의 필지를 발견할 수 있다. 이는 면적 관련 규제가 도입되지 않았던 시절의 흔적이다.

지목만 바뀌어도 값이 20배나 뛴다!

다시 〈표. 신림동 242-48번지 등기부 표제부〉로 돌아가자. 표제부에 지목을 기재하는 칸이 있다. 지목은 토지대장 같은 지적공부에 기재되는 토지의 사용 용도를 의미한다. 「공간정보의 구축 및 관리 등에 관한 법률」 제67조 제1항에서는 지목의 종류를 총 28가지로 정해두고 있다. 대표적으로 전, 답, 임야, 대, 주차장, 도로, 잡종지 등이 있다. 간단히 설명하면 토지가 논밭으로 활용된다면 지목이 '전' 또는 '답'으로, 산림지라면 '임야'로 기재된다.

지목은 앞서 설명한 '용도지역'(383쪽)과 헷갈리기 쉽다. 용도지역은 행정청에서 수립한 전 국토에 걸친 행정계획이다. 반면 지목은 각 필지가 실제로 어떻게 활용되고 있고, 또 어떻게 활용될 수 있는지에 대해 지적공부에 기록해 둔 것이다. 즉,

지목이 '대'라고 해서 용도지역이 반드시 '주거지역' 혹은 '상업지역'인 것은 아니며, 지목이 '임야'라고 해서 용도지역이 꼭 '녹지지역'은 아니라는 이야기다(물론 '녹지지역'보다는 '주거지역' 등에 지목이 '대'인 토지가 많긴 할 것이다).

지목 중에서도 특히 주목해야 할 것은 '대', 또는 '대지'다. 대는 주거·사무실·점포 등 건축물의 터를 뜻한다. 대를 눈여겨봐야 하는 이유는 지목이 대인 토지

◯ 지목의 종류

지목	기호	지목	기호	지목	기호	지목	기호
밭	전	철도용지	철	대지	대	공원	공
논	답	하천	천	공장용지	장	체육용지	체
과수원	과	제방	제	학교용지	학	유원지	원
목장용지	목	구거	구	주차장	차	종교용지	종
임야	임	유지	유	주유소용지	주	사적지	사
광천지	광	양어장	양	창고용지	창	묘지	묘
염전	염	수도용지	수	도로	도	잡종지	잡

지목은 토지대장과 같은 지적공부에 기재되는 토지의 사용 용도다. 지목의 종류에는 총 28가지가 있는데, 건물을 지을 수 있는 '대지'와 다양한 용도로 활용할 수 있는 '잡종지'가 가장 가치가 높고 잘 팔린다.

수도권에서는 입지에 따라서 창고용지, 공장용지, 주유소용지 등 특정 영업을 위한 지목의 토지가치가 더 높게 책정되기도 한다. 지목이 '잡종지'인 토지 또한 통상 가치가 높다. 지목이 대지일 때보다 다양한 건축 행위 및 용도 변경이 가능하기 때문이다. 다만 잡종지는 현황이 더욱 다양해 가치를 평가하기 전에 반드시 답사해야 한다.

에만 건물을 새로 지을 수 있기 때문이다. 건물을 짓기 위해서는 시장·군수·구청장 등에게 건축허가를 받아야 하는데, 만약 건물을 짓고자 하는 토지의 지목이 대가 아니면 지목을 변경하는 절차를 거쳐야 한다. 그러지 않는 한 건물을 짓는 것은 불가능하다.

그러니까 지목이 대라는 것은 일종의 '건축 허용성'을 나타낸다. 지목이 임야, 혹은 전·답으로 되어 있다면 (별도의 절차를 거치지 않는 한) 그 토지에는 주거·사무실·점포 등 건물을 지을 수 없다. 이를 어기고 건물을 지으면 어떻게 될까? 건물을 짓는 게 그 토지의 용도가 아닌 만큼, 건물은 불법건축물이 되고 건물주는 행정적 처벌을 받게 될 것이다.

따라서 지목이 대인 토지가치는 일반적으로 다른 지목의 토지에 비해 높다. 보통 지목이 대지인 경우 지목이 전·답인 경우에 비해 세 배쯤 가치가 높으며, 지목이 전 또는 답인 경우 임야에 비해 두 배쯤은 가치가 높다. 따라서 지목이 임야에서 대로 변경된다면 단순 계산으로는 그 값이 6배쯤 상승할 가능성이 있다. 나아가 지목이 대인 토지는 많은 사람이 관심을 가질 만한 토지인 만큼 더 많이 사고 팔려서 환금성도 높다.

심지어 2000년대 초반 구리시에서는 임야에서 대로 지목이 변경된 토지의 가치가 2억 원에서 약 40억 원으로 20배가량 상승한 사례도 있다. 물론 지목을 임야에서 대로 변경하기는 일반적으로 매우 어렵다. 사례의 토지는 구리시가 토지를 임대해 건물을 지었기 때문에 지목 변경이 가능했다. 다만 이처럼 극단적인

○ 지목 변경 절차(전 → 대)

지목 변경은 일단 토지를 실제로 그 지목에 해당하는 상태로 변경시킨 뒤에야 이루어질 수 있다. 그래서 지목 변경 절차의 핵심은 개발행위허가를 받는 것이다.

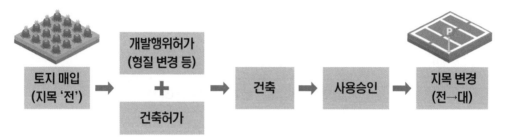

경우가 아니더라도, 전·답 지목을 대지 혹은 잡종지로, 임야 지목을 전·답으로 변경하는 것만으로도 큰 수익을 기대할 수 있다. 그러니 지목과 그 변경 방법에 관심을 가져볼 만하다.

토지가치를 끌어올리는 지목 변경 절차

지목 변경은 어떻게 이루어질까? 〈그림. 지목 변경 절차(전→대)〉는 지목이 전인 토지를 대로 변경하기 위한 대략적인 절차이다. 중요한 것은, 지목 변경은 일단 토지를 실제로 그 지목에 해당하는 상태로 변경시킨 뒤에야 이루어질 수 있다는 것이다. 지목을 대로 변경하는 게 목적이라고 해보자. 지목을 대로 변경한 다음에 건물을 짓는 게 아니다. 그 전에 '토지 매입~사용승인'에 이르는 절차들을 거친 후 건물을 짓고, 마지막으로 지목을 대로 변경하는 것이다. 지목을 '주차장용지'로 변경하는 게 목적이라면 어떨까? 마찬가지로 일련의 절차를 거쳐 일단 주차장을 만든 다음, 마지막으로 지목 변경을 신청하는 것이다. 일단 주차장이 만들어지면 지목 변경 자체는 신청만 하면 끝이다.

그래서 지목 변경 절차의 핵심은 지목 변경 부분이 아니라 '개발행위허가'를 받는 것이다. 개발행위허가를 얻는 데에 성공한다면 사실상 지목 변경에 성공한 것이라 해도 무방하다. 일반적으로 개발행위허가의 일종인 '토지형질변경허가'를 받은 뒤 일련의 절차를 거침으로써 지목을 변경한다.

지목의 성형수술, 토지형질변경허가

통상 토지형질변경이라고 하면 단순히 토지의 물리적인 형상을 변경하는 행위로 생각할 수 있다. 즉 토지의 토석을 깎아내거나, 새로 토석을 부어 땅을 평평히 다듬는 게 익히 생각하는 형질 변경이다. 그러나 토지형질변경허가에서 '형질 변경'은 '형상'과 '성질'을 동시에 바꾸는 것으로 이해할 필요가 있다. 본래 밭으로 사용하던 땅을 굳이 토석을 부어 가며 평평하게 만드는 이유가 무엇일까? 당연히 건물을 짓는 등 토지를 기존 용도와는 다른 용도로 활용하기 위해서일 것이다. 즉 형상 변경은 '성질 변경', 즉 지목 변경과 깊은 관련이 있다. 토지형질변경은 대다수 지목 변경을 전제로 이루어지고, 이 가운데 대부분은 '대'로 지목을 변경하기 위해 시행된다.

결론적으로 토지형질변경허가란 땅을 평평하게 다듬는 등 토지의 형상을 변경하는 것에 대한 허가임과 동시에 건물을 지을 수 있는 토지로 새로이 인정해 주는 등 토지의 성질을 변경하는 것에 대한 허가라고 할 수 있다. 따라서 토지형질변경허가를 구할 때에는 어떤 성질 변경을 위한 것인지(즉 그 토지를 어떤 용도로 새로 사용하고자 하는 것인지)를 함께 소명한다. 행정청 또한 단순히 그 땅의 모양을 바꾸는 것을 허가할 수 있는지에 대해서만 심사하는 게 아니라, '성질'의 변경에 관해서도 심사한다.

만약 토지형질변경허가를 받았다면 그 이후 절차는 어떻게 진행될까? 가장 어려운 관문을 넘은 만큼 법적으로는 더 거칠 것이 없다. 지목을 대로 변경하고자

◎ 토지형질변경

토지형질변경은 토지의 형태를 평평하게 해서(형상 변경) 건물을 지을 수 있는 성질의 땅으로 만드는 것(성질 변경)이다.

- **절토** : 평지나 평면을 만들기 위해 흙을 깎아내는 일
- **성토** : 종전의 지반 위에 다시 흙을 돋워 쌓는 일
- **매립** : 연안의 얕은 수역에 토사를 운반해 지반을 높이고 새로운 육지를 만드는 것
- **정지** : 흙을 이동해 수평 또는 균일 경사의 지표면을 조성하는 것
- **포장** : 길바닥에 아스팔트 · 돌 · 콘크리트 등을 깔아 단단하게 다져 꾸미는 일

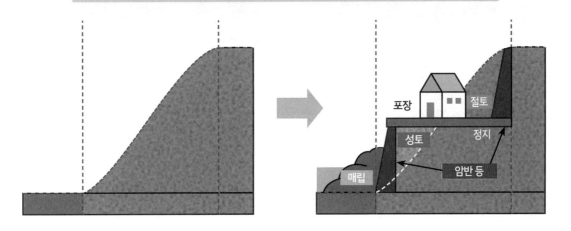

하는 경우 일반적으로 토지형질변경허가와 함께 건축허가를 신청한다. 건축허가는 원칙적으로는 필수적인 요건만 갖추면 무리 없이 통과할 수 있다. 물론 현실적인 측면에서는 건축허가를 받기 위한 요건을 갖추는 것도 쉽지 않을 수 있다. 대표적으로 건축허가를 받으려면 건물 부지가 도로에 일정 너비 이상 접해야 한다(접도 요건). 건축이 끝나면 건축이 잘 이루어졌는지를 검사받아 '사용승인'을 받은 뒤, 최종적으로 지목 변경을 신청하고 관련된 세금을 납부하면 된다.

지목 변경 대상인 토지가 「농지법」 혹은 「산지관리법」의 적용 대상인 농지 혹은 산지인 경우, 원칙적으로는 농지전용허가 내지는 산지전용허가를 별도로 받아야 한다. 그래서 통상적으로는 토지형질변경허가를 받을 경우 그에 관한 서류도 함께 제출해 심사받게 된다.

형질을 변경할 수 있는 토지는 어떤 토지일까?

토지형질변경허가가 지목 변경에서 그토록 중요한 것이라면, 과연 어떤 토지에서 토지형질변경허가를 받을 수 있는 것일까? 이에 대해서 완전한 기준은 없다. 건축허가 등과는 달리, 토지형질변경허가를 내려줄지 여부는 원칙적으로 행정청의 재량 영역이다. 따라서 해당 지역 행정청 등에 질의하는 과정을 거쳐야 한다.

다만 몇 가지 일반적인 기준은 있다. 대표적으로는 필지 규모가 「국토의 계획 및 이용에 관한 법률」에서 정하고 있는 최대 규모 이하일 것, 그리고 녹지지역이나 우량농지 등 보존의 필요성이 있는 지역이 아닐 것, 역사·문화적 가치가 높지 않아 원형 보존의 필요가 없을 것, 표고(바다의 면에서 수직으로 잰 높이)·경사도 등이 일정 수준 이하일 것, 개발제한구역 혹은 개발행위허가제한지역에 해당하지 않을 것 등이다.

이런 일반적인 기준을 통해 대략적으로 토지형질변경허가 승인 가능성을 점쳐 볼 수는 있다. 용도지역이 녹지지역이거나 보전관리지역인 경우, 혹은 우량농지인 경우 등 직관적으로 현재 토지 상태를 보존할 필요성이 매우 높을 때는 토지형질변경허가를 받아내는 것이 거의 불가능할 것이다. 그보다는 덜하겠지만 지목이 임야 등이고, 실제로 산림이 우거진 곳도 마찬가지로 토지형질변경허가를 받기 어려울 것이다.

반대로 용도지역 및 현재 상태를 고려했을 때 보존의 필요성이 크지 않으면 오히려 지목 변경이 수월하게 통과될 수도 있고, 심지어 별도의 토지형질변경허가를 받지 않고서 지목 변경을 신청할 수 있는 예외적인 경우도 있을 수 있다. 단적으로 도시지역 내 있으면서 지목은 임야로 되어 있지만 실제로는 수목이 거의 없는 토지에 대해서는 별도의 토지형질변경허가를 받지 않고서도 잡종지로 지목을 변경할 수 있는 가능성이 있다.

9

세입자와 미래 건물주
모두에게 중요한 '용도'

강남역 11번 출구 앞에 초등학교를 세울 수 있을까?

이제 건물의 표제부를 살펴보자. 다음 페이지의 〈표. 건물의 등기부 표제부〉에서 취소선은 이전 정보를 말소한 흔적이다. 여기서는 별것 아닌 변화가 있었다. 가장 오른쪽 칸의 '등기원인 및 기타사항'을 보면 단순히 기존 주소를 도로명주소로 바꾸어 기재한 것임을 알 수 있다.

건물의 표제부에는 '건물의 성질 및 형상'에 관한 사실관계가 기록된다. 먼저 '형상'에 관한 것을 보자. 철근콘크리트 구조로 건설되었으며, 지하 1층은 125.04㎡이고, 지하 1층 지상 4층에 옥탑층이 있다는 것 등을 알 수 있다. '성질'은 무엇일까? 이 건물은 '제1종 근린생활시설'이라고 되어 있다. 이것이 바로 건물의 용도다.

건물의 용도란 이름 그대로 그 건물이 어떻게 쓰이는지를 의미한다. 용도는 그 건물의 정체성에 있어서 가장 중요한 요소일 수밖에 없다. 건물이 얼마나 적절한 용도를 가지고 있는지에 따라 그 가치도 널뛰기 한다. 일단 우리 법이 정하고 있는 건물의 용도는 다음 페이지의 표와 같다.

용도는 원칙적으로 건축물의 동마다 하나로 평가되나, 한 건물에 여러 용도가

⬥ 건물의 등기부 표제부

표시번호	접수	소재지번 및 건물번호	건물내역	등기원인 및 기타사항
1	~~2008년 9월 23일~~	~~서울특별시 관악구 신림동 242-48~~	~~철근콘크리트 구조~~ ~~(철근)콘크리트 지붕~~ ~~4층 제1종 근린생활시설~~ ~~지1 125.04m²~~ ~~1층 63.16m²~~ ~~2층 101.25m²~~ ~~3층 101.25m² 4층 55.59m²~~ ~~옥탑 1층 12.18m²~~	
		서울특별시 관악구 신림동 242-48	철근콘크리트 구조 (철근)콘크리트 지붕 4층 제1종 근린생활시설 지1 125.04m² 1층 63.16m² 2층 101.25m² 3층 101.25m² 4층 55.59m² 옥탑 1층 12.18m²	도로명주소 2022년 7월 21일 등기

【 표제부 】(건물의 표시)

⬥ 건물의 용도

시설군	각 시설군에 속하는 용도
1. 자동차 관련 시설군	자동차 관련 시설
2. 산업 등 시설군	운수, 창고, 공장, 위험물저장 및 처리, 자원순환 관련, 묘지 관련, 장례 시설
3. 전기통신시설군	방송통신, 발전 시설
4. 문화집회시설군	문화 및 집회, 종교, 위락, 관광휴게 시설
5. 영업시설군	판매, 운동, 숙박, 제2종 근린생활시설 중 다중생활시설
6. 교육 및 복지시설군	의료, 교육연구, 노유자, 수련, 야영장 시설
7. 근린생활시설군	제1종 근린생활, 제2종 근린생활(다중생활시설 제외) 시설
8. 주거업무시설군	단독주택, 공동주택, 업무시설, 교정시설, 국방 · 군사시설
9. 그 밖의 시설군	동식물 관련 시설

섞여 있는 경우도 있다. 이러한 경우를 '복합용도'라 한다. 복합용도 건물의 가장 대표적인 사례가 '오피스텔'이라고 불리는 주상복합건물이다.

용도에 따라 건물이 확보해야 하는 주차대수 등 건축 관련 규제가 달라지고, 취득세 등 조세 관련 규제도 달리 적용된다. 따라서 우리 법은 최초에 건물을 짓기 시작할 때부터 건물의 용도를 정해 건축허가를 받도록 하고 있다.

건물 용도는 자유롭게 정할 수 없다. 용도에 따라 세워지기에 적절한 곳이 있고, 아닌 곳이 있기 때문이다. 강남역 11번 출구 앞에 초등학교를 세우는 것이 적절할까? 당연히 아니다. 건물 용도는 도시계획의 규제에 따라 제한된다. 건물을 새로 지을 때 토지의 도시계획에 부합하는 용도로만 건축허가를 받을 수 있다.

용도지역제 도시계획은 물론, 지구단위계획 등 다양한 도시계획에 따라 토지별로 허용되는 용도와 불허되는 용도가 달라진다. 대표적으로 주거지역에는 주거용 건축물 외에 초등학교 등 교육시설이나 슈퍼마켓, 세탁소, 식당 등 생활에 필요한 근린생활시설 등의 시설만 지을 수 있다. 또 백화점 등 판매시설이나 「식품위생법」상 유흥음식점 등의 시설은 상업지역에만 지을 수 있다.

한 건물에 여러 용도가 섞여 있는 경우를 '복합용도'라 한다. 복합용도 건물의 가장 대표적인 사례가 '오피스텔'이라고 불리는 주상복합건물이다. 사진은 마포구에 있는 주상복합건물 메세나폴리스.

그렇다면 주상복합건물은 용도 제한에 있어 어떻게 취급될까? 흥미롭게도 주상복합건물은 용도 제한 규제를 상당 부분 회피할 수 있다. 원칙적으로 상업지역에는 공동주택을 지을 수 없으나 우리 법은 예외적으로 공동주택 부분이 연면적의 90% 미만인 주상복합건물을 상업지역에 지을 수 있도록 하고 있다. 이는 상당한 혜택이다. 주거지역보다 상업지역에서 허용되는 건폐율 및 용적률 기준이 현저히 높기 때문이다.

따라서 입지만 좋으면 주상복합건물의 수익성은 매우 높다. 지하철역 바로 근처 도심지에서 오피스텔을 자주 볼 수 있는 것은 이러한 이유 때문이다. 다만 상업지역의 건폐율에 맞추어 지어진 만큼 쾌적성은 떨어진다. 동 간 거리는 일반적인 주거지역에서의 아파트 단지 간 거리보다 좁으며, 채광이나 조망이 좋은 곳은 찾아보기 어렵다. 애초 상업지역은 주거의 쾌적성을 고려한 지역이 아니기 때문이다.

건물가 상승의 만능키, 용도 변경

물론 이미 지어진 건물의 용도를 바꾸는 것도 가능하다. 생각대로만 이루어진다면 수익성을 매우 높일 수 있는 것이 건물의 용도 변경이다. 비교적 싼 값으로 주택을 매입한 뒤 상가나 병원 건물 등으로 리모델링을 거쳐 그 가치를 올린 사례가 적지 않게 있다.

그렇다면 용도 변경은 어떻게 가능할까? 402쪽 〈표. 건물의 용도〉를 다시 보자. 1번부터 9번까지의 시설군이 나열되어 있다. 어떤 시설군에 속하는 건축물의 용도를 하위 시설군의 용도로 변경하는 경우에는 용도 변경을 신고하기만 하면 된다. 또 같은 시설군 안에서 용도를 변경하는 경우에는 건축물대장에 기재된 내용의 변경만 신청하면 된다. 예를 들어 현재 용도가 판매시설인 건물의 용도를 공동주택으로 변경하려는 경우 신고만으로 족하다. 판매시설은 '5. 영업시설군'

에 속하고 공동주택은 '8. 주거업무시설군'에 속하므로 하위 시설군으로의 용도 변경이기 때문이다. 또한 단독주택의 용도를 공동주택으로 변경하려는 경우, 같은 시설군 안의 용도 변경이므로 건축물대장에 기재된 내용의 변경만 신청하면 된다.

문제는 어떤 시설군에 속하는 건축물의 용도를 상위 시설군의 용도로 변경하는 경우다. 이 경우 용도변경허가를 받아야만 한다. 해당 부지의 용도지역 등 도시계획이 허용하는 용도여야 함은 물론이고, 변경하고자 하는 용도에 관하여 적용되는 규제 기준을 모두 충족할 수 있어야 한다(허가와 신고의 차이는 제법 복잡하나, 일단은 허가 대상이 심사가 더 엄격하게 이루어진다고만 이해해도 된다).

◐ 건축물 용도 변경 절차

용도변경 가능 여부 검토 및 용도변경 설계도서 작성
용도변경허가 신청(또는 신고)
공사 착수
▼
사용승인 설계도서 작성 및 사용승인 신청
▼
해당 관청의 사용승인 검토 및 현장 확인
사용승인서 발급
건축물대장 변경

이 빌라는 왜 용도가 근린생활시설인가?

건물의 용도는 당연히 실제 사용되는 방식과 일치해야 하며, 그렇지 않으면 처벌 대상이다. 그러나 간혹 서류상의 용도와 실제 모습이 서로 다른 때도 있다. 대표적인 것이 바로 '근생빌라'다.

근생빌라는 실제로는 공동주택으로 사용됨에도 불구하고 그 용도는 근린생활시설(주택가와 인접해 주민들의 생활 편의를 도울 수 있는 시설)로 되어 있는 경우를 의미한다. 근생빌라에 해당하는지는 등기부만으로는 알기 어렵다. 같은 건물 내에서도 일부는 주택으로 등록되어 있고, 일부는 근린생활시설로 등록되어 있을 수 있기 때문이다. 따라서 건축물대장을 떼어 층별 용도까지 확인해 보아야 근생빌라를 구별할 수 있다.

근생빌라는 원칙적으로 불법이고, 통상 불법적으로 구조를 변경한 경우가 대부분이다. 따라서 단속에 걸리면 용도에 맞추어 원상복구하라는 명령을 받을 수 있고, 이행하지 않으면 이행강제금이 부과되어 심하게는 압류나 철거까지 이루어질 수도 있다. 그러나 실내까지 들어가야만 단속이 가능하기 때문에 적발이 어렵기도 하고, 제법 빈번한 경우라 굳이 단속하지 않는 부분도 있다.

그렇다면 왜 서류상 용도와 실제 용도를 달리하는 것일까? 물론 이득이 있기 때문이다. 가장 대표적인 것은 주차장 관련 규제와 층수 관련 규제의 회피다. 용도가 공동주택인 경우, 서울시 기준으로 원칙적으로 세대 당 1대의 주차공간을 확보해야 하고, 빌라와 같은 다세대주택은 따로 층수 완화를 받지 않는 한 4층을 넘겨 지을 수 없다. 그러나 용도가 근린생활시설인 경우 일정 연면적당 주차대수를 확보하도록 하고 있고, 더 높은 층수로 건축허가를 받을 수 있다. 즉 주차공간을 덜 확보하고도 건물을 높이 지을 수 있다.

이외에 일조권 관련 제한 등도 적용받지 않으며, 조세 측면에서도 주택이 아닌 근린생활시설로 취급되므로 특히 다주택자의 경우 이득을 볼 여지가 있다. 근린생활시설 보유자는 주택 청약 시 무주택자로 파악된다. 집주인 입장에서 용도를 '근생'으로 등록해 놓을 이유가 충분한 것이다.

싼 게 비지떡? 근생빌라의 위험성

그렇다면 세입자 입장에서 근생빌라는 어떨까? 우선 「주임법」 등 세입자 보호 규정은 근생빌라에도 적용된다. 「주임법」은 설령 건물의 용도가 주택이 아닐 등기부만 확인해서는 근생빌라인지 알기 어렵다.
건축물대장을 떼어 층별 용도까지
확인해 봐야 근생빌라를 구별할 수 있다.
근생빌라는 통상 불법적으로 구조를 변경한 경우가 대부분이고,
세입자는 전세보증보험에 가입할 수 없는 등 보호장치도 약하다.
근생빌라는 대부분 비슷한 다른 건물에 비해
전월세와 매매가가 낮게 형성되어 있다.
싼값에 혹해서 근생빌라의 세입자가 되거나
근생빌라를 구매했다간 자칫 큰 손해를 볼 수도 있다.

지라도, 실제로 주거를 위해 사용했다면 적용되기 때문이다. 따라서 전입신고
만 원활하게 이루어진다면 「주임법」상 대항력 및 우선변제권을 갖출 수 있다.

다만 문제가 있다. 근생빌라에 들어가는 임차인은 전세대출을 받을 수 없고,
무엇보다도 전세보증보험에 가입하는 데 제한이 생길 수 있다. 나아가 전세사기
를 당하더라도 정부의 대출 및 공공 매입 등의 지원을 기대하기 어렵다. 「주임법」
상 대항력 및 우선변제권을 갖추더라도 절대 안심할 수 없는 것이 전세사기다. 따

국가 또한 개인의 재산을 압류할 수 있다. 국가에서 부과하는 이행강제금 등을 제대로 납부하지 않으면, 그 돈을 받아내기 위해 압류 후 경매 과정을 거친다. 이렇게 국가에 의해 이루어지는 경매를 '공매'라고 한다(225쪽).

라서 이러한 부분에서 보호장치를 놓치는 것은 자칫 세입자에게 큰 위험이 될 수 있다. 나아가 등록된 용도가 근린생활시설인 만큼, 주택으로서의 안전 관련 규제를 충족하지 못한 건물일 가능성도 있다.

근생빌라의 소유권을 취득하려는 입장이라면 어떨까? 이 경우에도 물론 위험하다. 혹여 단속에서 불법건축물이라는 게 들통난다면 원상복구명령 혹은 이행강제금이 부과될 가능성이 있기 때문이다.

'불법행위를 한 것은 새로운 집주인인 내가 아니라 이전의 집주인인데 책임도 그쪽이 져야 하는 게 아닌가?'라고 생각할 수도 있다. 그러나 불법건축물에 대한 원상복구명령 및 이행강제금은 원래 불법행위자가 아닌 현재의 소유자에게 부과된다. 따라서 변명할 여지도 없이 원상복구를 하거나, 이행강제금을 납부해야 한다. 특히 이행강제금은 매년 최대 2회, 시가표준액의 10%에 달하는 수준이라 절대 무시할 수준이 아니다.

이러한 이유로 근생빌라는 대부분 비슷한 다른 건물에 비해 전월세와 매매가가 낮게 형성되어 있다. 위의 위험들을 제대로 인지한 상태로, 위험을 무릅쓰고 세입자로 들어가거나 건물을 구매할 정도의 가격이라는 판단이 들 때만 근생빌라에 손을 대야 할 것이다. 특히 세입자라면 소액의 보증금만으로 임차한다면 큰 문제가 생기지 않겠지만, 일정 수준 이상의 전세금을 주어야 한다면 좀 더 고민해야 한다.

10

등기부계의 돌연변이, 집합건물 등기부

토지 소유권과 건물 소유권은 별개

지금까지 등기부의 중요 개념들을 살펴봤다. 등기부 독해에 어느 정도 자신감이 생겼을 것이다. 그런데 웬만한 등기부는 읽을 수 있다고 자신하며 아파트 등기부를 출력해서 읽다 보면, 첫 페이지부터 좌절할 공산이 크다. 아파트 등기부는 지금까지 보아온 등기부와 구조가 다르기 때문이다.

원칙적으로 토지와 건물의 소유권은 별개다. 토지와 건물 등기부가 따로 있는 것도 이런 이유에서다. 서울시 관악구 신림동 ○○○번지에 세워진 빌라에 대한 소유권은, ○○○번지 땅에 대한 소유권과 별개다. 타인의 토지를 사용할 권리인 지상권 같은 개념이 있는 것도 토지와 건물 소유권이 별개이기 때문이다. 그러니 건물 소유자는 토지를 사용할 수 있는 권리가 있어야 한다. 즉 아예 토지를 소유하거나, 그럴 수 없다면 지상권 혹은 임차권 등 토지를 사용할 수 있는 권리를 취득해야만 한다.

다만 건물과 토지 소유권을 하나로 묶어서 취급하는 예외적인 경우가 있다. 바로 아파트 등 '집합건물'이다. 아파트에서 건물 중 어떤 세대에 대한 소유권은, 아파트가 차지하고 있는 토지 중 일정 부분에 대한 소유권과 묶어서 함께 거래된다.

소유권을 산산이 쪼갠 집합건물

아파트가 대표적인 집합건물이다. 꼭 아파트가 아니더라도, 사무실이 빼곡히 들어차 있는 상가 빌딩도 집합건물이다. 집합건물의 가장 큰 특징은 소유권이 여러 개로 분리되어 있다는 사실이다.

원칙적으로 건물 소유권은 한 동에 하나씩만 성립한다. 그런데 아파트나 빌딩의 경우 한 동에 하나의 소유권만 인정하면 어떻게 될까? 아마 한 동을 통째로 거래할 정도의 재력가가 아니고서야, 굉장히 불편할 것이다. 이런 불편을 막고자, 우리 법은 한 동의 건물을 여러 명이 나누어 소유할 필요가 있을 때 나누어진 부분들을 각각 하나의 건물처럼 취급할 수 있도록 했다.

우리는 이처럼 소유권을 나눌 필요가 있다고 인정된 건물을 집합건물이라고 부른다. 집합건물로 인정되려면 두 가지 조건을 만족해야 한다. 첫째는 '구조상·이용상 독립성'이다. 물리적 구조와 사용 방식 측면에서도, 독립된 여러 부분으로 나눌 수 있어야 한다. 둘째는 '구분 행위'다. 나누어진 부분 각각을 실제로 구분해 소유하겠다는 뜻이 드러나야 한다.

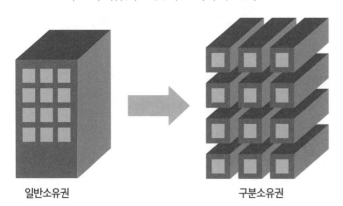

일반소유권 　　　　　 구분소유권

❍ 일반소유권과 구분소유권의 차이

원칙적으로 건물 소유권은 한 동에 하나씩만 성립하지만, 한 동의 건물을 여러 명이 나누어 소유할 필요가 있을 때는 나누어진 부분들을 각각 하나의 건물처럼 취급할 수 있다.

한 예로 흑석자이아파트를 생각해 보자. 각 세대가 주벽으로 구분되어 있고, 구분된 세대 각각을 주거 용도로 사용할 수 있게 해 두었다. 따라서 구조상·이용상 독립성이 족히 인정된다. 또한 2020년에 각 세대를 나누어 분양을 진행했으니, 실제로 각 세대를 구분해 소유하도록 하겠다는 구분 행위도 인정된다. 따라서 흑석자이아파트는 집합건물로 인정된다.

집합건물에서 구조상·이용상 독립성이 있는 각 부분을 '전유부분'이라고 한다. 즉 현관문 안, 벽으로 둘러싸여 있어서 우리 가족들만 이용하는 공간, 거실·주방·화장실처럼 신발을 벗고 다닐 수 있는 공간이 전유부분이다. 전유부분의 반대말은 '공용부분'이다. 전유부분을 제외한 공간이 곧 공용부분이다. 대표적으로 계단, 복도, 엘리베이터, 경비실, 주차장, 단지 내 노인정, 놀이터 등이 있다.

전유부분에 대한 소유권을 '구분소유권'이라 한다. 즉 흑석자이아파트 1××동 14××호, 딱 한 세대에 대한 소유권이 구분소유권이고, 그 소유자는 '구분소유자'라고 부른다.

구분소유자가 토지를 사용하는 방식

건물 한 동을 나누어 구분소유권으로 소유한다는 것까지는 좋았다. 그런데 다소 난감한 문제가 생긴다. 건물 소유자는 토지를 사용할 수 있는 권리를 가져야 한다. 그런데 구분소유자들은 대체 어떤 방식으로 토지에 대한 권리를 가져야 할까?

예를 통해 이 문제가 정확히 어떤 내용인지를 이해해 보자. 새로 신축된 ABC아파트는 총 50세대다. 아파트 부지는 대지주 김갑동 씨의 땅이었는데, XX건설사는 김갑동 씨에게 그 땅을 사들인 뒤 ABC아파트를 짓고 분양했다. 분양은 성공적으로 이루어졌고, 분양을 받아 101동 501호의 구분소유권을 취득하게 된 이을녀 씨는 설레는 마음으로 ABC아파트에 입주했다.

이제 문제가 드러난다. 현재 ABC아파트 부지 소유자는 XX건설사다. 이을녀 씨를 비롯한 50명의 구분소유자들은 그 땅의 소유권을 어떤 식으로 건네받아야 할까? 어떻게든 50명이 땅에 대한 소유권을 나누어 가져야 한다. 단순히 그 땅을 일정한 면적으로 쪼갠 뒤, 각 면적에 대한 소유권을 나누어 갖는 것은 좋은 해결책이 아니다. 애초에 공평하게 쪼개는 게 불가능하기 때문이다. 누구는 주차장 부분의 토지를 가지고, 누구는 아파트 건물 아래 토지를 가지면 여기저기서 불만이 터져 나올 것이다.

집합건물에서의 이런 문제를 해결하기 위해 '공유' 개념을 활용한다. 공유는 물건을 물리적

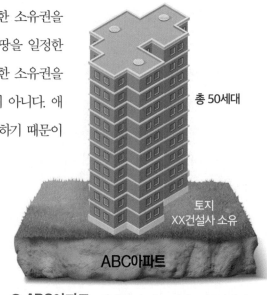

총 50세대

토지 XX건설사 소유

ABC아파트

○ **ABC아파트** ABC아파트는 총 50세대로 이루어져 있고, 현재 토지 소유주는 XX건설사다.

으로 나누어 갖는 게 아니라 물건 '전체'에 대한 소유권을 지분으로 나누어 가지는 것이다. 그렇게 나누어진 지분을 '공유지분'이라고 한다. 아래 그림을 보자.

왼쪽 그림은 땅의 면적을 단순히 50등분한 것이고, 오른쪽 그림은 땅의 소유권을 1/50짜리 공유지분으로 나눈 것이다. 그림에서 알 수 있듯 공유지분은 땅의 특정한 부분이 아니라, 땅 전체에 대한 소유권이다. 단지 지분이 1/50일 뿐이다. ABC아파트 50명의 구분소유자는 토지 소유권을 왼쪽 그림처럼 나누어 갖기보다는 오른쪽 그림처럼 공유지분의 형태로 나누어 갖는 게 더 나을 것이다. 더 공

○ **토지 소유권 분할 방법**

토지 소유권을 50등분한 것(왼쪽)과 1/50짜리 공유지분으로 나눈 것(오른쪽).

VS.

평하기도 하고, 각 구분소유자에게 어느 위치의 땅을 나누어줄지 고민하고 선택하는 과정을 거칠 필요도 없다.

이처럼 구분소유자가 (전유부분을 소유하기 위하여) 건물 대지에 관해 갖는 권리를 특별히 '대지사용권'이라고 부른다. 앞의 예에서 이을녀 씨의 50등분된 토지 소유권이 곧 대지사용권이다. 이을녀 씨(구분소유자)가 전유부분(101동 501호)을 소유하기 위해, 건물이 차지하고 있는 땅의 공유지분권을 가진 것이기 때문이다.

집합건물에서 구분소유권과 대지사용권은 한 몸

다만, 토지와 건물은 소유권이 근본적으로 분리되어 있다는 점 때문에 한 가지 맹점이 생긴다. 만약 토지의 공유지분이 거래되어, 구분소유자가 아니면서도 토지를 소유하는 자가 생기면 어떻게 될까?

예를 들어 급전이 필요해진 이을녀 씨가 건물의 구분소유권을 박병남 씨에게 팔고, 토지의 공유지분을 최정녀 씨에게 팔았다고 가정해 보자. 이 경우 박병남 씨의 구분소유권은 위태로워진다. 본래 건물의 구분소유권은 토지에 대한 공유지분 등 땅을 사용할 수 있는 권리를 기초로 하는 것이었다. 그러나 이을녀 씨가 토지의 공유지분을 최정녀 씨에게 팔았으므로 졸지에 박병남 씨는 아무 근거 없이 토지를 사용하고 있는 사람이 되어버린다.

이보다 복잡해지는 건 최정녀 씨 쪽이다. 공유지분은 토지 전체에 대한 권리다. 즉 최정녀 씨가 1/50만큼 소유한 토지 위에는 ABC아파트 50세대 전체가 자리 잡고 있다. 이 경우 원칙적으로 최정녀 씨는 자신의 토지를 사용한 것에 대한 비용을 50세대 전원에 청구할 수 있다. 원래는 건물의 구분소유자 전원이 토지 전체를 나누어 소유하고 있었기 때문에 이런 문제가 없었다. 그러나 건물과 토지 소유자가 (각각 박병남 씨와 최정녀 씨로) 분리됨으로써 그러한 관계가 붕괴된 것이다.

◐ 집합건물의 건물과 토지 소유권을 분리해 매각한 경우

이을녀 씨가 건물의 구분소유권과 토지의 공유지분을 분리해 매각한 경우, 건물 구분소유권을 매입한 박병남 씨는 졸지에 아무 근거 없이 토지를 사용하고 있는 사람이 되어버리고, 공유지분을 매입한 최정녀 씨는 ABC아파트 모든 세대에 대지사용료를 청구해야 하는 문제가 발생한다.

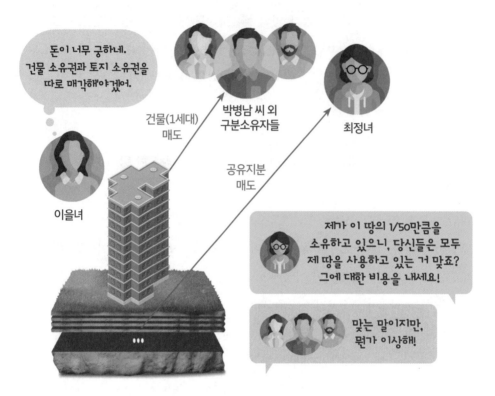

이런 복잡한 문제를 어떻게 해결해야 할까? 우리 법은 문제의 발생을 원천 차단했다. 애초에 건물의 구분소유권과 토지에 대한 대지사용권을 분리해 처분할 수 없도록 해둔 것이다. 이런 이유로 건물에 대한 권리를 양도하면 토지에 대한 권리도 함께 양도된다. 다만 매우 드물게 별도의 특약이 있는 등으로 구분소유권과 대지사용권이 분리 양도되는 경우에 우리 법원은 토지의 소유자(최정녀 씨)로 하여금 대지사용료 지급을 청구하도록 했다. 그나마 합리적인 해결책이지만, 어쩔 수 없이 법률 관계는 복잡해진다.

집합건물의 이러한 특수성 때문에 집합건물에서 토지와 건물 각각에 대한 등

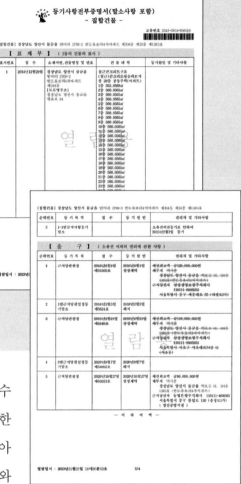

○ 아파트 등기부

기부는 따로 있을 필요도 없고, 따로 있을 수
도 없다. 그래서 아파트 등 집합건물에 대한
등기부는 일반적인 건물에 대한 등기부와 아
예 모양이 다르다. 즉, 토지에 대한 등기부와
건물에 대한 등기부가 붙어 있는 구조다.

　실제 아파트 등기부를 살펴보자. 등기부 제목에 '집합건물'이라고 표시되어 있
다. '표제부' 구조에 확연한 차이가 있다. 아파트 등기부는 표제부가 둘로 나누어
져 있다. 두 번째 표제부는 전유부분에 대한 것이고, 첫 번째 표제부는 전유부
분이 속해 있는 동 전체에 대한 것이다. 그래서 첫 번째 표제부에는 1~29층까지
의 사실관계가 모두 표시되어 있으며, 두 번째 표제부에 가서야 비로소 한 전유
부분에 대한 건물 및 대지사용권이 표시된다. 여기서 대지사용권에 관한 표시가
말하자면 건물과 합쳐져 있는 토지의 표제부인 것이다.

공급면적? 전용면적?
아파트면적을 표시하는 것들

'공급면적 106.94㎡ / 전용면적 84.99㎡.' 아파트는 하나인데 면적 표시는 둘이다. 아파트면적에 대한 설명을 더 듣다 보면 '평' '평형' '실평수' 등 정체 모를 개념들이 점점 더 쌓인다. 암호를 방불케 하는 아파트면적을 나타내는 다양한 개념들, 확실히 정리해 보자.

면적을 가리키는 가장 좁은 개념은 '전용면적'이다. 현관문을 열고 들어가면 보이는, 벽으로 둘러싸여 있어서 우리 가족만 이용하는 부분인 전유부분의 면적이 바로 전용면적이다. 즉 입주한 사람 입장에서 가장 직접적으로 느껴지는 면적이다. 취득세 등 부동산 거래 과정에서 부과되는 세금 또한 전용면적을 기준으로 하고, 등기부상 면적도 전용면적이다. 나아가 청약 시 청약 가능한 평형을 산정할 때도 전용면적이 기준이 된다.

흥미로운 것은, 전유부분이나 마찬가지로 활용되면서도 전용면적에 포함되지 않는 '서비스면적'이 있다는 것이다. 발코니(베란다), 다락방 등의 면적이 여기에 해당한다. 발코니 등은 개인적 용도로 자유롭게 사용될 수 있으면서도 전용면적에 포함되지 않으며, 취득세 부과 대상이 아니다. 그래서 실평수는 보통 전용면적에 서비스면적을 더한 면적을 의미한다. 이렇게 서비스면적으로 인정될 수 있는 면적에 관한 규칙들이 있지만, 일단 이는 잠시 뒤에 살펴보기로 하자.

전용면적에 '주거공용면적'을 더하면 '공급면적'이 된다. 보통 아파트를 분양받거나 거래할 때 '몇 평'이라고 얘기하는 게 공급면적이다. 분양 시 평당 분양가를 산정하는 것 또한 공급면적을 기준으로 한다. 따라서 일반적으로 '분양면적'은 공급

○ 아파트면적을 표현하는 다양한 개념들

▶ **전용면적**
방·거실·주방·화장실 등의 면적을 더한 것

▶ **주거공용면적**
계단·복도·엘리베이터 등의 면적을 더한 것

▶ **기타공용면적**
관리사무소·노인정·주차장 등 건물 밖에 있는 부대시설의 면적을 더한 것

▶ **서비스면적**
발코니면적

발코니 · 발코니 · 주방 및 식당 · 침실 · 드레스룸 · 침실 · 거실 · 침실 · 발코니 · 발코니

공급면적 ─ 전용면적 ─ 계약면적
　　　　　 주거공용면적
　　　　　 기타공용면적
　　　　　 서비스면적

면적이나 마찬가지다.

　평형은 공급면적을, 평은 전용면적을 가리킨다고도 하나, 특별히 평형과 평을 따로 언급한 것이 아니라면 대부분 공급면적을 가리키는 것이다. 통상 '국평'이라 부르는 33~34평형의 등기부상 면적은 전용면적이 85㎡ 언저리로, 대략 25평쯤이 된다.

　'주거공용면적'은 공용부분 가운데 일부다. 공용부분은 주거공용면적과 기타공용면적으로 구분된다. 주거공용면적은 계단, 복도, 엘리베이터, 공동현관 등 건물 내에서 공용으로 사용하는 공간의 면적이다. 기타공용면적은 주거와 꼭 직접적으로 관련되지는 않는 건물 밖 부대시설의 면적이다. 경비실, 주차장, 노인정, 놀이터 등이 기타공용면적으로 산입되는 대표적인 예다.

기타공용면적까지 공급면적에 더하면 비로소 '계약면적'이 된다. 보통 계약면적에 관해 논하는 경우는 드물다. 다만 예외적으로 오피스텔은 분양할 때(분양면적)나 거래할 때 계약면적을 기준으로 삼는 경우가 있다. 이러한 관행과 오피스텔 자체의 구조적인 특성이 겹쳐서, 같은 평형을 분양하더라도 전용면적이 아파트와 다를 때가 있다. 같은 33평형 분양이라고 해도 아파트는 전용면적이 대략 26평쯤이지만 일반적으로 오피스텔은 전용면적이 18평 내외다.

발코니면적은 전용면적에 포함되지 않는 서비스면적이라고 했다. 발코니나 베란다가 어떤 공간인지 어렴풋이 알고 있지만, 두 공간이 정확히 어떻게 다른지 아는 사람은 드물다.

발코니 혹은 베란다라는 용어는 국내에서 매우 '한국적'인 의미로 사용되고 있음을 알아둘 필요가 있다. 본래 발코니(balcony)는 건축물의 내부와 외부를 연결하는 완충공간으로, 건축물 외벽에 접하여 부가적으로 설치하는 생활 보조 공간이다. 발코니를 베란다(veranda)라고 부르기도 하지만 둘은 다른 개념이다. 베란다는 위층 면적이 아래층보다 좁을 경우 아래층 지붕 부분에 남는 공간이다. 베란다가 있으려면 구조적으로 위층으로 올라갈수록 집을 작게 만들어야 한다. 통상적으로 우리가 베란다라고 부르는 공간은 모두 발코니다.

그러나 우리나라에서 사실상 발코니는 서비스면적이라는 구색을 갖추기 위해 물리적으로 바닥재만 달리해 공간을 분리하는 정도에 그치며, 전용부분이나 마찬가지로 활용된다. 그나마 발코니는 「건축법」과 같은 법률에 등장하는 법적 개념이기라도 하지만, 베란다는 우리 법 어디에서도 등장하지 않

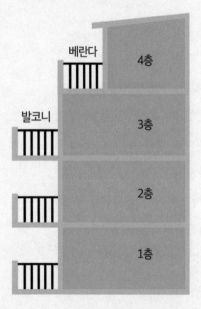

○ 발코니와 베란다 차이

베란다
4층

발코니
3층

2층

1층

는 용어다. 따라서 아파트의 서비스면적 등에 관해 논할 때, 엄밀하게는 발코니만 언급하는 것으로 충분하다(베란다는 법률이 적용되는 영역이 아니라서 건물마다 전용부분인지에 대한 해석이 달리 이루어질 수밖에 없다).

왜 발코니가 우리나라에서 이렇게 특수한 의미로 쓰이게 되었을까? 그리고 왜 서비스면적이면서 전용면적과 다름없이 쓰일까? 딱 잘라 말하기는 어렵지만, 오랜 불법 증축의 역사에서 원인을 찾을 수 있다.

처음 아파트가 우후죽순 지어지기 시작하던 때, 발코니를 전용면적으로 인정할지는 쉽사리 대답하기 어려운 문제였다. 물론 건설사나 입주자에게는 전용면적으로 인정되지 않는 것이 유리했다. 건설사 입장에서는 면적에 관한 규제를 일정 부분 회피할 수 있었고, 입주자 입장에서는 취득세를 아낄 수 있었기 때문이다. 이에 입주계약서에서 발코니면적을 제외하기 시작했다.

이러한 관행은 엄격히 보면 잘못된 것이었다. 만약 발코니가 외국처럼 건물 바깥으로 튀어나와 있는 형태라면 전용면적에서 발코니를 제외할 만도 하다. 실제로도 전유부분과 뚜렷하게 분리되어 있거니와 공익적인 측면에서 보았을 때 대피 등의 용도로도 사용할 수 있기 때문이다. 하지만 국내 아파트 발코니는 우리가 익히 알고 있는 것처럼 대부분 아예 외벽으로 둘러싸여 있고 별도의 창문을 가지고 있는 등 사실상 전유부분이나 마찬가지 형태였다.

정부도 이러한 문제를 인식하기 시작하며 '무늬만 발코니'인 면적에 대해 규제하기 시작했으나, 이미 뿌리내린 관행을 바로잡기엔 역부족이었다. 심지는 행정청의 검사를 받은 뒤 벽 일부를 허물고 발코니를 다시 만드는 경우까지 발생했다. 정부는 한발 물러서 외벽을 통해 둘러싸인 경우나 별도의 창이 있는 경우를 제외하고는 서비스면적으로 인정해 주겠다는 등 입법을 하기도 했으나 이 또한 역부족이었다. 결국은 현행과 같이 폭 1.5m를 기준으로 해 발코니를 전면적으로 서비스면적으로 인정해 주게 된 것이다.